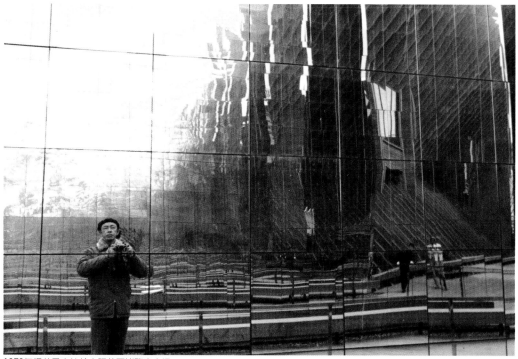

1970年楊英風自拍於大阪萬國博覽會會場。

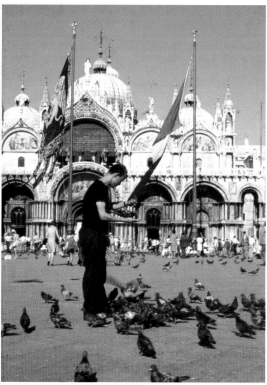

1965年楊英風於威尼斯聖馬可廣場。

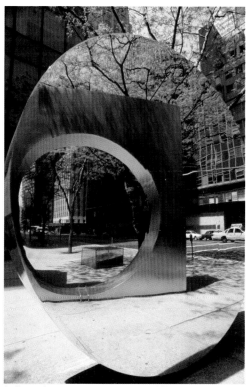

楊英風 東西門 1973 不銹鋼 紐約華爾街
柯錫杰攝

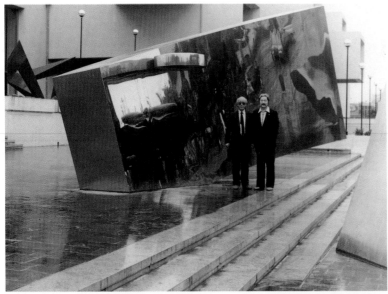

1983年楊英風（左）與丹羽俊夫（右）攝於北美館展示之作品〔分合隨緣〕前。

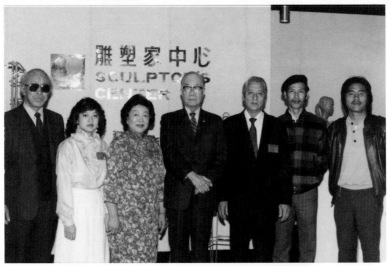

1983.12.22當時的謝東閔副總統（中）參觀雕塑家中心主辦「台灣的雕塑發展」展覽。左一為楊英風。

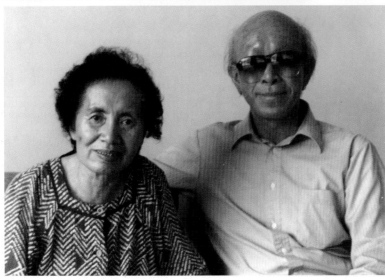

1984年楊英風與妻子李定合照。

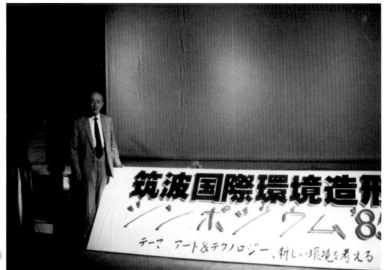

1985.7.7參加「筑波國際環境造型」會議。

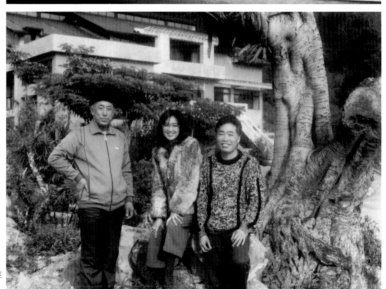

1986.3.4屠國威與友人至埔里拜訪楊英風。

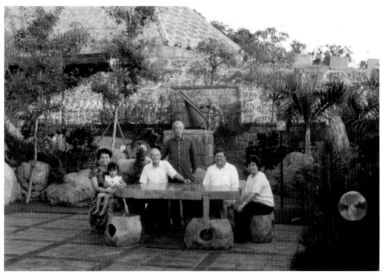

1986.9.6楊英風與友人攝於其所設計之彰化吳公館庭院。

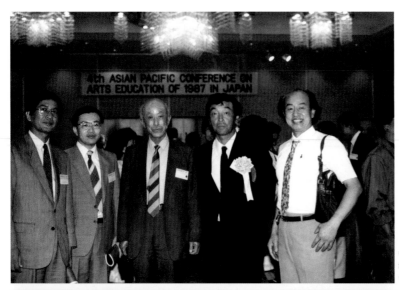

1987.8.1楊英風（右三）赴日
參加第四屆亞細亞太平洋藝術
教育會議（ASPACAE）。右二為
會長加藤晃、右一為楊英鏢。

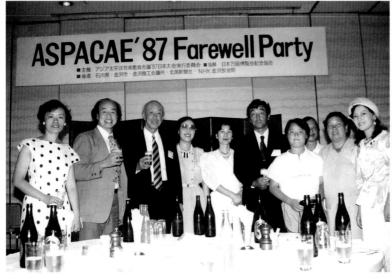

1987.8.4楊英風（左三）參加
第四屆亞細亞太平洋藝術教育
會議告別派對（ASPACAE '87
Farewell Party）。左二為二弟
楊英鏢、左一為二女楊美惠、
右五為會長加藤晃。

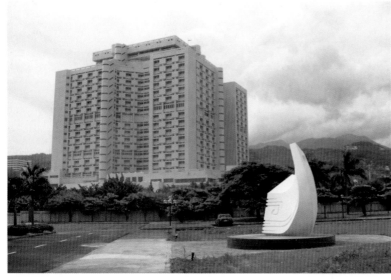

楊英風 止於至善
1988 水泥、鋼筋
國立台北護理學院

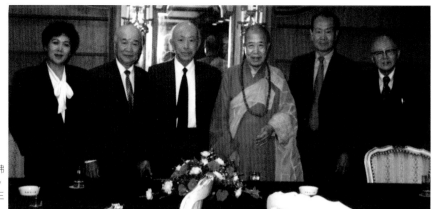

1988.11.16召開萬佛
城台北分會籌備會。
左三為楊英風，右三
為渡輪法師。

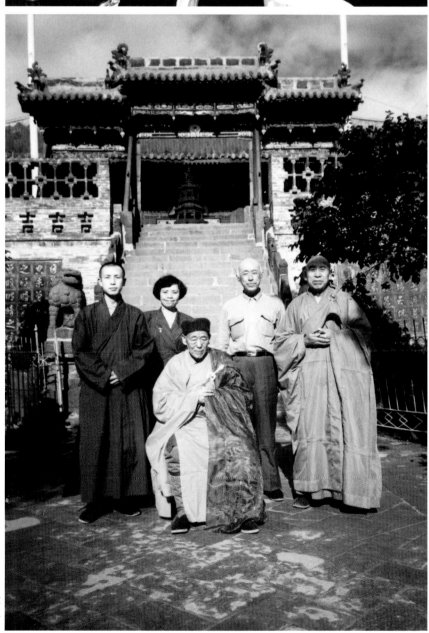

1988年楊英風及二女
美惠與山西大同市上
華嚴寺僧侶合攝。

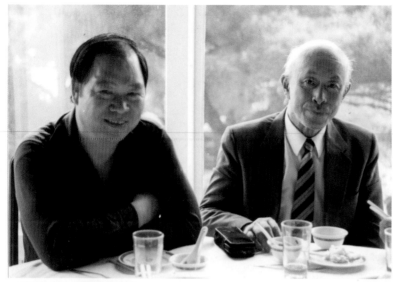

1988.4.4楊英風與收藏家葉榮
嘉合攝。

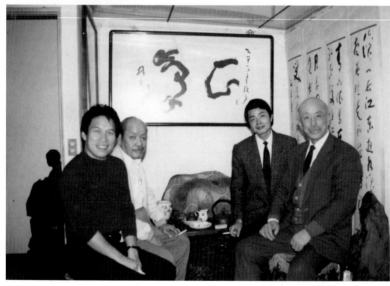

1989.4.17楊英風（右一）於
林岳宗（左二）自宅欣賞奇石
特展影片。

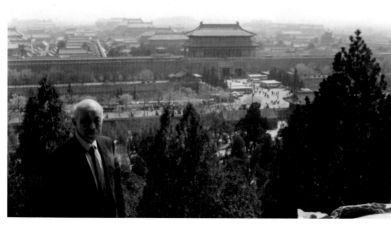

1989年楊英風攝於北京景山，
後方為故宮。

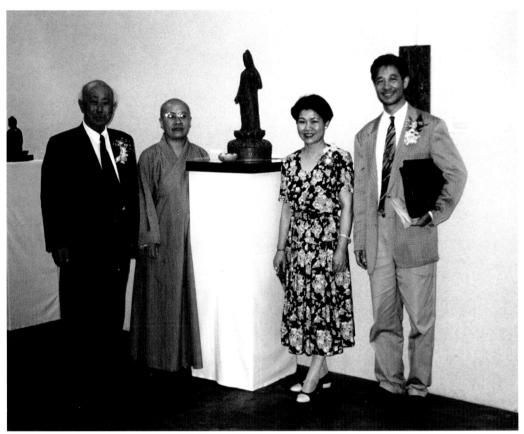

1990年楊英風及三女寬謙法師與設計家黃永洪（右一）合攝。

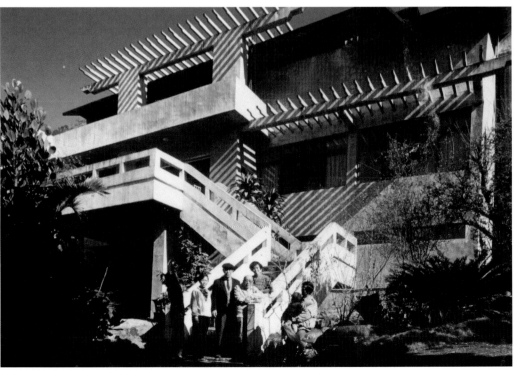

1990.1.11楊英風與家人攝於埔里自宅。

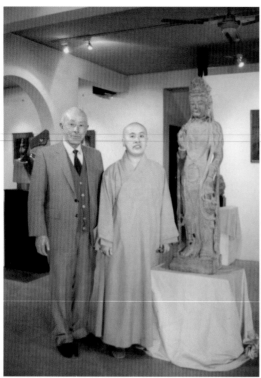
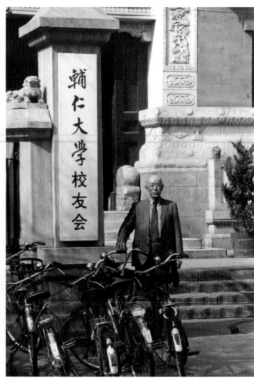

1989.11.21楊英風與三女寬謙法師攝於「中國古佛雕座談會暨出版發表會」會場。 1990.4.10楊英風重遊北京輔仁大學舊址（現為北京師範大學）。

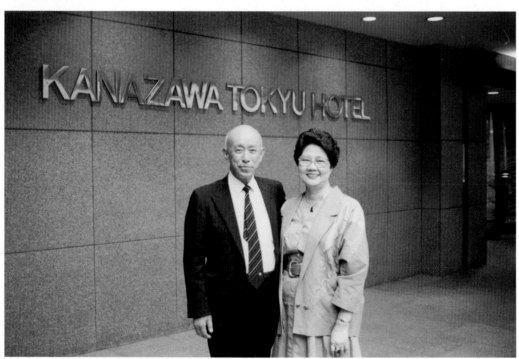

1991年楊英風與第二任妻子呂碧蘭合攝。

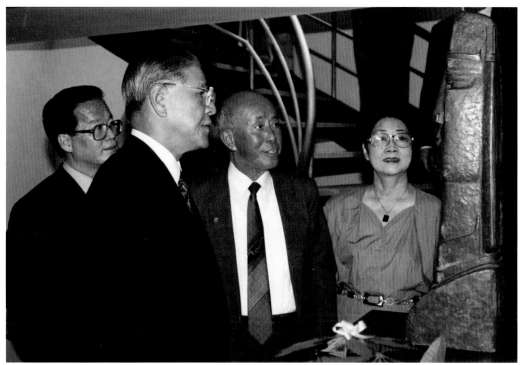

1992.9.30李登輝總統參觀楊英風美術館。劉蘇甯攝。

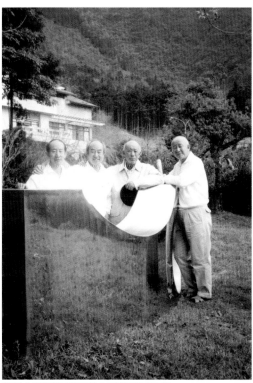

1992.2.19楊英風四兄弟合攝於埔里自宅前。

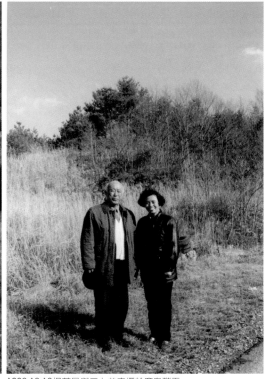

1992.12.19楊英風與二女美惠攝於廣島豐平。

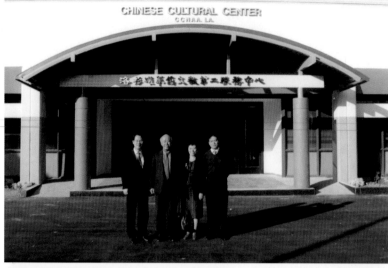

1992.12.21楊英風與二女美惠
攝於洛杉磯華僑文教第二服務
中心。

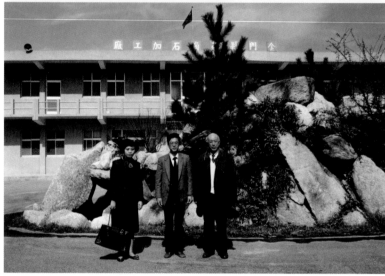

1992年楊英風與二女美惠及友
人攝於金門花崗石加工廠前。

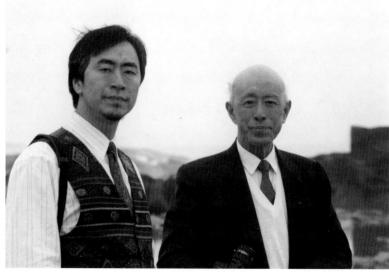

1992年楊英風與長子奉琛攝於
金門。

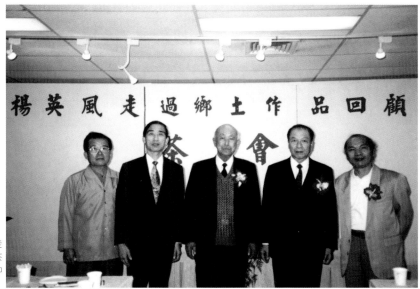

1993.11.24「楊英風走過鄉土回顧展」開幕茶會於台南縣立文化中心。

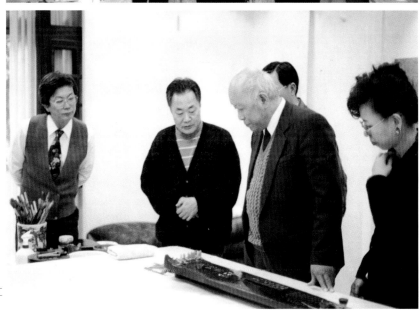

1993.11.25楊英風訪江兆申宅。

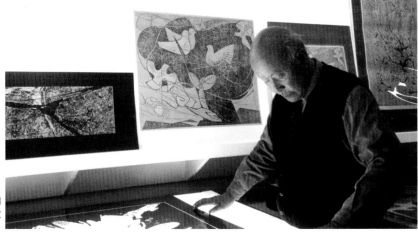

1994.7楊英風在舊金山蘇馬版畫工作室工作之情形。

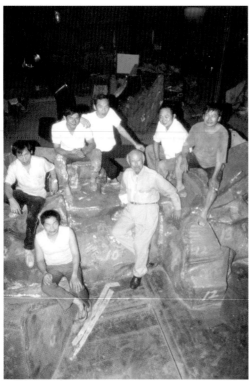

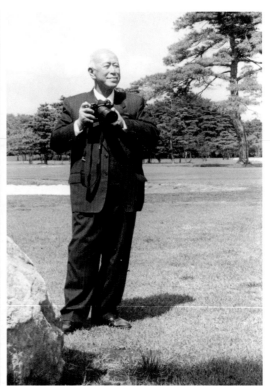

1994年楊英風（著藍色襯衫者）與工作人員攝於林口工場。　1995年楊英風攝於日本筑波高爾夫球場。

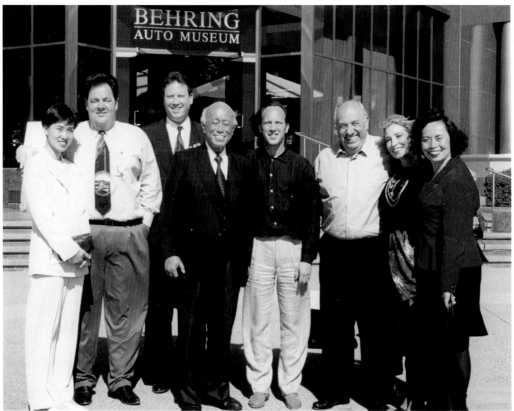

1995年4-10月楊英風（左四）與美國版畫家蓋瑞（右四）聯展於加州柏克萊大學美術館。圖為8月22日與友人合攝與展場前。

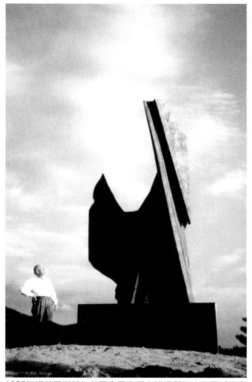
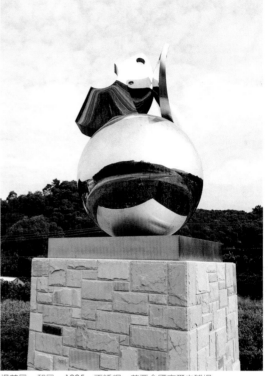

1995年楊英風與其為苗栗全國高爾夫球場所作之作品〔有容 楊英風 和風 1995 不銹鋼 苗栗全國高爾夫球場乃大〕。

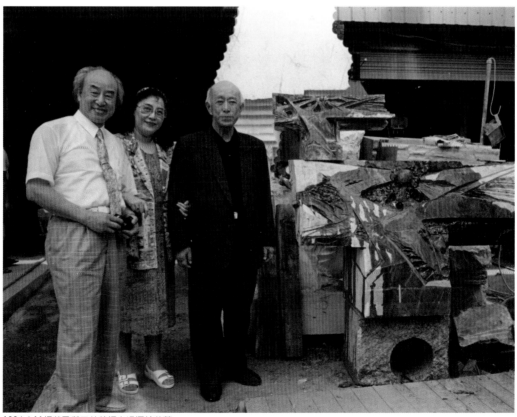

1996.6.11楊英風與二弟英鏢夫婦攝於花蓮。

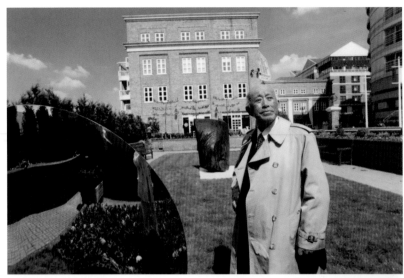

1996年楊英風攝於「呦呦‧楊英風‧景觀雕塑特展」會場。柯錫杰攝影。

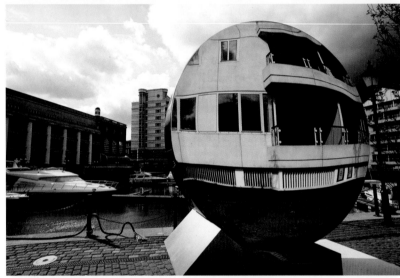

1996年「呦呦‧楊英風‧景觀雕塑特展」於倫敦查爾西港。圖為展出作品〔月明〕。柯錫杰攝影。

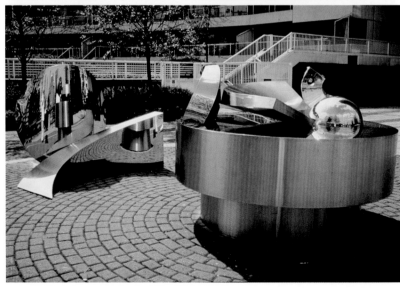

1996年「呦呦‧楊英風‧景觀雕塑特展」於倫敦查爾西港。圖為展出作品〔喜悅與期盼〕。柯錫杰攝影。

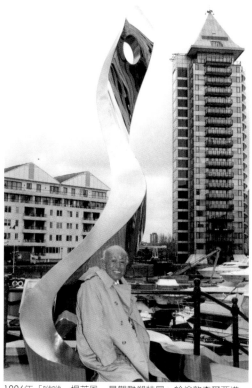

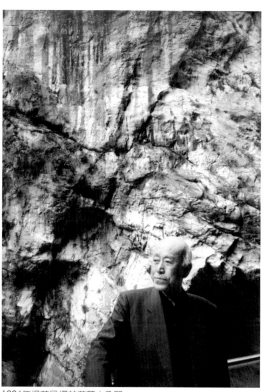

1996年「呦呦‧楊英風‧景觀雕塑特展」於倫敦查爾西港。圖為楊英風與作品〔龍賦〕。柯錫杰攝影。

1996年楊英風攝於花蓮太魯閣。

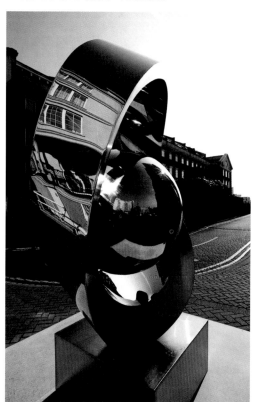

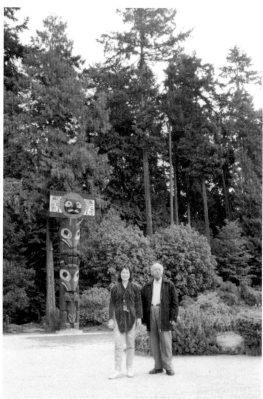

1996年「呦呦‧楊英風‧景觀雕塑特展」於倫敦查爾西港。圖為展出作品〔常新〕。柯錫杰攝影。

1997.5.19楊英風與皮革藝術家盧月鉛攝於溫哥華。

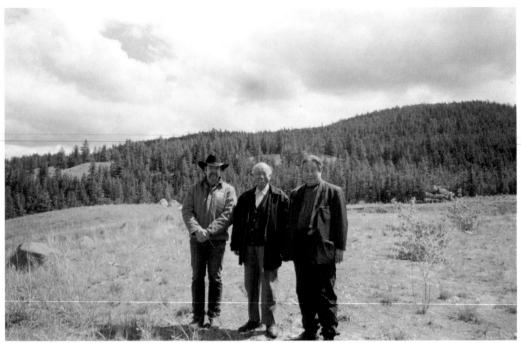

1997.5楊英風與好友劉介宙（右一）及友人攝於溫哥華。

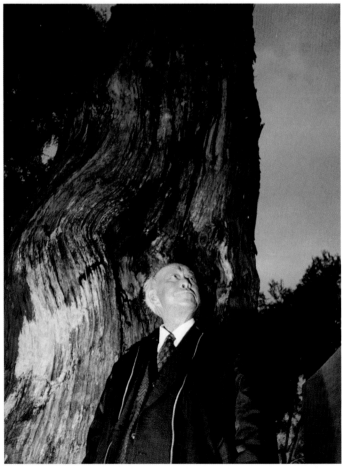

1997年楊英風與其作品〔協力擎天〕。

楊英風全集

YUYU YANG CORPUS

第十三卷 | Volume 13

文集 I | Article I

策畫／國立交通大學
主編／國立交通大學楊英風藝術研究中心
　　　財團法人楊英風藝術教育基金會
出版／藝術家出版社

感謝 APPRECIATE

國立交通大學　National Chiao Tung University

朱銘文教基金會　Nonprofit Organization Juming Culture and Education Foundation

新竹法源講寺　Hsinchu Fa Yuan Temple

新竹永修精舍　Hsinchu Yong Xiu Meditation Center

張榮發基金會　Yung-fa Chang Foundation

高雄麗晶診所　Kaohsiung Li-ching Clinic

典藏藝術家庭　Art & Collection Group

謝金河　Chin-ho Shieh

葉榮嘉　Yung-chia Yeh

許順良　Shun-liang Shu

麗寶文教基金會　Lihpao Foundation

許雅玲　Ya-Ling Hsu

杜隆欽　Long-Chin Tu

洪美銀　Mei-Yin Hong

劉宗雄　Liu Tzung Hsiung

捷拓科技股份有限公司　Minmax Technology Co., Ltd.

永達保險經紀人股份有限公司　Everpro Insurance Brokers Co., Ltd.

霍克國際藝術股份有限公司　Hoke Art Gallery

梵藝術　Fine Art Center

詹振芳　Chan Cheng Fang

對《楊英風全集》的大力支持及贊助

For your great advocacy and support to Yuyu Yang Corpus

楊英風全集

YUYU YANG CORPUS

第十三卷　Volume 13

文集 I　Article I

目 錄

目錄

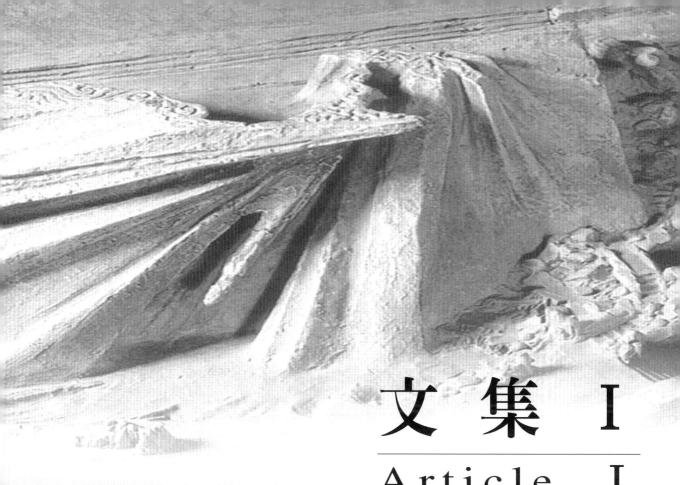

文 集　I
Article　I

是一項瀰漫黃金色的光線，改日後方身大。）

劇風氣的意義，並且

此，我便鼓起嘗試的

深赭色的磁磚，浮雕的質料用白水泥。

這兩大塊浮雕的造型應該是怎樣的呢？這是

關女士所設計，屬於

。我看過了圖樣以及

的建議：與其在建

一部分，讓二者和諧

讓獲得了劉廳長和修

擺置，我幾經考慮，

要的問題。我確定的原則是：採取半抽象半寫實的

手法；線條是中國風味的；基本上要和整個建築設

計的風格調和一致。在這樣的原則下，我最初的構

圖為一對經過變形了的鳳凰，這古中國的瑞鳥。線

條大體融合古器物上的鳳紋而成。可是，廳方以不

用鳳凰作浮雕，題材及立意方面有不盡適合之處，

主張另闢蹊徑，並給予作者在創作上的最大自由。

（鳳凰浮雕的一部分，改安裝在噴水池中。）

第二次的構圖被劉廳長欣然同意了。日月潭於

了我以豐富的靈感，我的兩幅浮雕底造型，一幅代

表「日」，另一幅代表「月」。在「日」的這幅裡

，以體魄壯健、精神奕奕的男子象徵太陽神，他高

舉的双手隱沒在雲霧中，掌握著宇宙的一切。他雙

手的上方，有一圈椭圓形的環，代表行星的軌道。

其上一顆圓球，是行星，也是原子能的象徵。太陽

神腳下和身旁有許多強有力的線條，顯示出他無比

的權威。而概略地看來，這一部分的圖形，宛如一

條耀起的大魚；文像太陽神乘着寶筏在廣大無垠的

生生不息

吳 序

　　一九九六年，楊英風教授為國立交通大學的一百週年校慶，製作了一座大型不銹鋼雕塑〔緣慧潤生〕，從此與交大結緣。如今，楊教授十餘座不同時期創作的雕塑散佈在校園裡，成為交大賞心悅目的校園景觀。

　　一九九九年，為培養本校學生的人文氣質、鼓勵學校的藝術研究風氣，並整合科技教育與人文藝術教育，與楊英風藝術教育基金會共同成立了「楊英風藝術研究中心」，隸屬於交通大學圖書館，坐落於浩然圖書館內。在該中心指導下，由楊教授的後人與專業人才有系統地整理、研究楊教授為數可觀的、未曾公開的、珍貴的圖文資料。經過八個寒暑，先後完成了「影像資料庫建制」、「國科會計畫之楊英風數位美術館」、「文建會計畫之數位典藏計畫」等工作，同時總彙了一套《楊英風全集》，全集三十餘卷，正陸續出版中。《楊英風全集》乃歷載了楊教授一生各時期的創作風格與特色，是楊教授個人藝術成果的累積，亦堪稱為台灣乃至近代中國重要的雕塑藝術的里程碑。

　　整合科技教育與人文教育，是目前國內大學追求卓越、邁向顛峰的重要課題之一，《楊英風全集》的編纂與出版，正是本校在這個課題上所作的努力與成果。

國立交通大學校長
2007 年 6 月 14 日　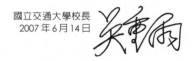

Preface I

June 14, 2007

In 1996, to celebrate the 100th anniversary of the National Chiao Tung University, Prof. Yuyu Yang created a large scale stainless steel sculpture named Grace Bestowed on Human Beings. This was the beginning of the relationship between the University and Prof. Yang. Presently there are more than ten pieces of Prof. Yang's sculptures helping to create a pleasant environment within the campus.

In 1999, in order to encourage the students' understanding of humanity, to encourage academic research in artistic fields, and to integrate technology with humanity and art education, National Chiao Tung University, cooperating with Yuyu Yang Art Education Foundation, established Yuyu Yang Art Research Center which is located in Hao Ran Library, underneath National Chiao Tung University Library. With the guidance of the Center, Prof. Yang's descendants and some experts systematically compiled the sizeable and precious documents which had never shown to the public. After eight years, several projects had been completed, including the Establishment of Image Database, Yuyu Yang Digital Art Museum organized by the National Science Council, Yuyu Yang Digital Archives Program organized by the Council for Culture Affairs. Currently, *Yuyu Yang Corpus* consisting of 30 planned volumes is in the process of being published. *Yuyu Yang Corpus* is the fruit of Prof. Yang's artistic achievement, in which the styles and distinguishing features of his creation are compiled. It is an important milestone for sculptural art in Taiwan and in contemporary China.

In order to pursuit perfection and excellence, domestic and foreign universities are eager to integrate technology with humanity and art education. *Yuyu Yang Corpus* is a product of this aspiration.

President of
National Chiao Tung University
Chung-yu Wu

張 序

　　國立交通大學向來以理工聞名，是眾所皆知的事，但在二十一世紀展開的今天，科技必須和人文融合，才能創造新的價值，帶動文明的提昇。

　　個人主持校務期間，孜孜於如何將人文引入科技領域，使成為科技創發的動力，也成為心靈豐美的泉源。

　　一九九四年，本校新建圖書館大樓接近完工，偌大的資訊廣場，需要一些藝術景觀的調和，我和雕塑大師楊英風教授相識十多年，遂推薦大師為交大作出曠世作品，終於一九九六年完成以不銹鋼成型的巨大景觀雕塑〔緣慧潤生〕，也成為本校建校百周年的精神標竿。

　　隔年，楊教授即因病辭世，一九九九年蒙楊教授家屬同意，將其畢生創作思維的各種文獻史料，移交本校圖書館，成立「楊英風藝術研究中心」，並於二○○○年舉辦「人文・藝術與科技──楊英風國際學術研討會」及回顧展。這是本校類似藝術研究中心，最先成立的一個；也激發了日後「漫畫研究中心」、「科技藝術研究中心」、「陳慧坤藝術研究中心」的陸續成立。

　　「楊英風藝術研究中心」正式成立以來，在財團法人楊英風藝術教育基金會董事長寬謙師父的協助配合下，陸續完成「楊英風數位美術館」、「楊英風文獻典藏室」及「楊英風電子資料庫」的建置；而規模龐大的《楊英風全集》，構想始於二○○一年，原本希望在二○○二年年底完成，作為教授逝世五周年的獻禮。但由於內容的豐碩龐大，經歷近五年的持續工作，終於在二○○五年年底完成樣書編輯，正式出版。而這個時間，也正逢楊教授八十誕辰的日子，意義非凡。

　　這件歷史性的工作，感謝本校諸多同仁的支持、參與，尤其原先擔任校外諮詢委員也是國內知名的美術史學者蕭瓊瑞教授，同意出任《楊英風全集》總主編的工作，以其歷史的專業，使這件工作，更具史料編輯的系統性與邏輯性，在此一併致上謝忱。

　　希望這套史無前例的《楊英風全集》的編成出版，能為這塊土地的文化累積，貢獻一份心力，也讓年輕學子，對文化的堅持、創生，有相當多的啓發與省思。

國立交通大學前校長　張俊彥

Preface II

National Chiao Tung University is renowned for its sciences. As the 21ˢᵗ century begins, technology should be integrated with humanities and it should create its own value to promote the progress of civilization.

Since I led the school administration several years ago, I have been seeking for many ways to lead humanities into technical field in order to make the cultural element a driving force to technical innovation and make it a fountain to spiritual richness.

In 1994, as the library building construction was going to be finished, its spacious information square needed some artistic grace. Since I knew the master of sculpture Prof. Yuyu Yang for more than ten years, he was commissioned this project. The magnificent stainless steel environmental sculpture "Grace Bestowed on Human Beings" was completed in 1996, symbolizing the NCTU's centennial spirit.

The next year, Prof. Yuyu Yang left our world due to his illness. In 1999, owing to his beloved family's generosity, the professor's creative legacy in literary records was entrusted to our library. Subsequently, Yuyu Yang Art Research Center was established. A seminar entitled "Humanities, Art and Technology - Yuyu Yang International Seminar" and another retrospective exhibition were held in 2000. This was the first art-oriented research center in our school, and it inspired several other research centers to be set up, including Caricature Research Center, Technological Art Research Center, and Hui-kun Chen Art Research Center.

After the Yuyu Yang Art Research Center was set up, the buildings of Yuyu Yang Digital Art Museum, Yuyu Yang Literature Archives and Yuyu Yang Electronic Databases have been systematically completed under the assistance of Kuan-chian Shi, the President of Yuyu Yang Art Education Foundation. The prodigious task of publishing the *Yuyu Yang Corpus* was conceived in 2001, and was scheduled to be completed by the and of 2002 as a memorial gift to mark the fifth anniversary of the passing of Prof. Yuyu Yang. However, it lasted five years to finish it and was published in the end of 2005 because of his prolific works.

The achievement of this historical task is indebted to the great support and participation of many members of this institution, especially the outside counselor and also the well-known art history Prof. Chong-ray Hsiao, who agreed to serve as the chief editor and whose specialty in history makes the historical records more systematical and logical.

We hope the unprecedented publication of the *Yuyu Yang Corpus* will help to preserve and accumulate cultural assets in Taiwan art history and will inspire our young adults to have more reflection and contemplation on culture insistency and creativity.

Former President of
National Chiao Tung University
Chun-yen Chang

劉 序

　　藝術的創作與科技的創新，均來自於源源不絕、勇於自我挑戰的創造力。「楊英風在交大」，就是理性與感性平衡的最佳詮釋，也是交大發展全人教育的里程碑。

　　《楊英風全集》是交大圖書館楊英風藝術研究中心與財團法人楊英風藝術教育基金會合作推動的一項大型出版計劃。在理工專長之外，交大積極推廣人文藝術，建構科技與人文共舞的校園文化。

　　在發展全人教育的使命中，圖書館扮演極關鍵的角色。傳統的大學圖書館，以紙本資料的收藏、提供為主要任務，現代化的大學圖書館，則在一般的文本收藏之外，加入數位典藏的概念，以網路科技為文化薪傳之用。交大圖書館，歷年來先後成立多個藝文研究中心，致力多項頗具特色的藝文典藏計劃，包括「科幻研究中心」、「漫畫研究中心」，與「楊英風藝術研究中心」。楊大師是聞名國內外的重要藝術家，本校建校一百週年，新建圖書館落成後，楊大師為圖書館前設置大型景觀雕塑〔緣慧潤生〕，使建築之偉與雕塑之美相互輝映，自此便與交大締結深厚淵源。

　　《楊英風全集》的出版，不僅是海內外華人藝術家少見的個人全集，也是台灣戰後現代藝術發展最重要的見證與文化盛宴。

　　交大浩然圖書館有幸與楊英風大師相遇緣慧，相濡潤生。本人亦將繼往開來，持續支持這項藝文工程的推動，激發交大人潛藏的創造力。

國立交通大學圖書館館長
2007.8

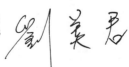

Preface III

Artistic creation and technological transformation both come from constant innovation and challenges. Yuyu Yang at National Chiao Tung University is the best interpretation that reveals the balance of rationality and sensibility; it is also a milestone showing that National Chiao Tung University (NCTU) endeavors to provide a holistic educational environment leading to the development of a well-rounded and open-minded 'person.'

Yuyu Yang Corpus is a long-term publishing project launched jointly by Yuyu Yang Art Research Center at NCTU Library and Yuyu Yang Art Education Foundation. Besides its outstanding achievements in science and engineering, National Chiao Tung University (NCTU) is also enthusiastic in promoting humanities and social studies, cultivating its unique campus culture that strikes a balance between technological advancement and humanitarian concerns.

University libraries play a key role in paving the way for a modern-day whole-person educational system. The traditional mission of a university library is to collect and access informational resources for teaching and research. However, in the electronic era of the 21 century, digital archiving becomes the mainstream of library services. Responding actively to the trend, the NCTU Library has established several virtual art centers, such as Center for Science Fiction Studies, Center for Comics Studies, and Yuyu Yang Art Research Center, with the completion of a number of digital archiving projects, preserving the unique local creativity and cultural heritage of Taiwan. Master Yang is world-renowned artist and a good friend of NCTU. In 1996, when NCTU celebrated its 100th anniversary and the open house of the new Library, Master Yang created a large, life-scape sculpture named "Grace Bestowed on Human Beings" as a gift to NCTU, now located in front of the Library. His work inspires soaring imagination and prominence to eternal beauty. Since then, Master Yang had maintained a close and solid relationship with NCTU.

Yuyu Yang Corpus is a complete and detailed collection of Master Yang's works, a valuable project of recording and publicizing an artist's life achievement. It marks the visionary advance of Taiwan's art production and it represents one of Taiwan's greatest landmarks of contemporary arts after World War II.

The NCTU Library is greatly honored to host Master Yang's masterpieces. As the library director, I will continue supporting the partnership with Yuyu Yang Art Education Foundation as well as facilitating further collaborations. The Foundation and NCTU are both committed to the creation of an enlightening and stimulating educational environment for the generations to come.

Director, National Chiao Tung University Library
Mei-chun Liu
2007.8

15

涓滴成海

楊英風先生是我們兄弟姊妹所摯愛的父親，但是我們小時候卻很少享受到這份天倫之樂。父親他永遠像個老師，隨時教導著一群共住在一起的學生，順便告訴我們做人處世的道理，從來不勉強我們必須學習與他相關的領域。誠如父親當年教導朱銘，告訴他：「你不要當第二個楊英風，而是當朱銘你自己」！

記得有位學生回憶那段時期，他說每天都努力著盡學生本分：「醒師前，睡師後」，卻是一直無法達成。因為父親整天充沛的工作狂勁，竟然在年輕的學生輩都還找不到對手呢！這樣努力不懈的工作熱誠，可以說維持到他逝世之前，終其一生始終如此，這不禁使我們想到：「一分天才，仍須九十九分的努力」這句至理名言！

父親的感情世界是豐富的，但卻是內斂而深沉的。應該是源自於孩提時期對母親不在身邊而充滿深厚的期待，直至小學畢業終於可以投向母親懷抱時，卻得先與表姊定親，又將少男奔放的情懷給鎖住了。無怪乎當父親被震懾在大同雲崗大佛的腳底下的際遇，從此縱情於佛法的領域。從父親晚年回顧展中「向來回首雲崗處，宏觀震懾六十載」的標題，及畢生最後一篇論文〈大乘景觀論〉，更確切地明白佛法思想是他創作的活水源頭。我的出家，彌補了父親未了的心願，出家後我們父女竟然由於佛法獲得深度的溝通，我也經常慨歎出家後我才更理解我的父親，原來他是透過內觀修行，掘到生命的泉源，所以創作簡直是隨手捻來，件件皆是具有生命力的作品。

面對上千件作品，背後上萬件的文獻圖像資料，這是父親畢生創作，幾經遷徙殘留下來的珍貴資料，見證著台灣美術史發展中，不可或缺的一塊重要領域。身為子女的我們，正愁不知如何正確地將這份寶貴的公共文化財，奉獻給社會與眾生之際，國立交通大學張俊彥校長適時地出現，慨然應允與我們基金會合作成立「楊英風藝術研究中心」，企圖將資訊科技與人文藝術作最緊密的結合。先後完成了「楊英風數位美術館」、「楊英風文獻典藏室」與「楊英風電子資料庫」，而規模最龐大、最複雜的是《楊英風全集》，則整整戮力近五年。

在此深深地感恩著這一切的因緣和合，張前校長俊彥、蔡前副校長文祥、楊前館長維邦、林前教務長振德，以及現任校長吳重雨教授、圖書館劉館長美君的全力支援，編輯小組諮詢委員會十二位專家學者的指導。蕭瓊瑞教授擔任總主編，李振明教授及助理張俊哲先生擔任美編指導，本研究中心的同仁鈴如、瑋鈴、慧敏擔任分冊主編，還有過去如海、怡勳、美璟、秀惠、盈龍與珊珊的投入，以及家兄嫂奉琛及法妮與法源講寺的支持和幕後默默的耕耘者，更感謝朱銘先生在得知我們面對《楊英風全集》龐大的印刷經費相當困難時，慨然捐出十三件作品，價值新台幣六百萬元整，以供義賣。還有在義賣過程中所有贊助者的慷慨解囊，更促成了這幾乎不可能的任務，才有機會將一池靜靜的湖水，逐漸匯集成大海般的壯闊。

楊英風藝術教育基金會
董事長　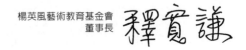

Little Drops Make An Ocean

Yuyu Yang was our beloved father, yet we seldom enjoyed our happy family hours in our childhoods. Father was always like a teacher, and was constantly teaching us proper morals, and values of the world. He never forced us to learn the knowledge of his field, but allowed us to develop our own interests. He also told Ju Ming, a renowned sculptor, the same thing that "Don't be a second Yuyu Yang, but be yourself !"

One of my father's students recalled that period of time. He endeavored to do his responsibility - awake before the teacher and asleep after the teacher. However, it was not easy to achieve because of my father's energetic in work and none of the student is his rival. He kept this enthusiasm till his death. It reminds me of a proverb that one percent of genius and ninety nine percent of hard work leads to success.

My father was rich in emotions, but his feelings were deeply internalized. It must be some reasons of his childhood. He looked forward to be with his mother, but he couldn't until he graduated from the elementary school. But at that moment, he was obliged to be engaged with his cousin that somehow curtailed the natural passion of a young boy. Therefore, it is understandable that he indulged himself with Buddhism. We could clearly understand that the Buddha dharma is the fountain of his artistic creation from the headline - "Looking Back at Yuen-gang, Touching Heart for Sixty Years" of his retrospective exhibition and from his last essay "Landscape Thesis". My forsaking of the world made up his uncompleted wishes. I could have deep communication through Buddhism with my father after that and I began to understand that my father found his fountain of life through introspection and Buddhist practice. So every piece of his work is vivid and shows the vitality of life.

Father left behind nearly a thousand pieces of artwork and tens of thousands of relevant documents and graphics, which are preciously preserved after the migration. These works are the painstaking efforts in his lifetime and they constitute a significant part of contemporary art history. While we were worrying about how to donate these precious cultural legacies to the society, Mr. Chun-yen Chang, President of National Chiao Tung University, agreed to collaborate with our foundation in setting up Yuyu Yang Art Research Center with the intention of integrating information technology with art. As a result, Yuyu Yang Digital Art Museum, Yuyu Yang Literature Archives and Yuyu Yang Electronic Databases have been set up. But the most complex and prodigious was the *Yuyu Yang Corpus*; it took three whole years.

We owe a great deal to the support of NCTU's former president Chun-yen Chang, former vice president Wen-hsiang Tsai, former library director Wei-bang Yang, former dean of academic Cheng-te Lin and NCTU's president Chung-yu Wu, library director Mei-chun Liu as well as the direction of the twelve scholars and experts that served as the editing consultation. Prof. Chong-ray Hsiao is the chief editor. Prof. Cheng-ming Lee and assistant Jun-che Chang are the art editor guides. Ling-ju, Wei-ling and Hui-ming in the research center are volume editors. Ru-hai, Yi-hsun, Mei-jing, Xiu-hui, Ying-long and Shan-shan also joined us, together with the support of my brother Fong-sheng, sister-in-law Wei-ni, Fa Yuan Temple, and many other contributors. Moreover, we must thank Mr. Ju Ming. When he knew that we had difficulty in facing the huge expense of printing *Yuyu Yang Corpus*, he donated thirteen works that the entire value was NTD 6,000,000 liberally for a charity bazaar. Furthermore, in the process of the bazaar, all of the sponsors that made generous contributions helped to bring about this almost impossible mission. Thus scattered bits and pieces have been flocked together to form the great majesty.

President of
Yuyu Yang Art Education Foundation
Kuan-Chian Shi

Kuan-Chian Shi

爲歷史立一巨石—關於《楊英風全集》

　　在戰後台灣美術史上，以藝術材料嘗試之新、創作領域橫跨之廣、對各種新知識、新思想探討之勤，並因此形成獨特見解、創生鮮明藝術風貌，且留下數量龐大的藝術作品與資料者，楊英風無疑是獨一無二的一位。在國立交通大學支持下編纂的《楊英風全集》，將證明這個事實。

　　視楊英風爲台灣的藝術家，恐怕還只是一種方便的說法。從他的生平經歷來看，這位出生成長於時代交替夾縫中的藝術家，事實上，足跡橫跨海峽兩岸以及東南亞、日本、歐洲、美國等地。儘管在戰後初期，他曾任職於以振興台灣農村經濟爲主旨的《豐年》雜誌，因此深入農村，也創作了爲數可觀的各種類型的作品，包括水彩、油畫、雕塑，和大批的漫畫、美術設計等等；但在思想上，楊英風絕不是一位狹隘的鄉土主義者，他的思想恢宏、關懷廣闊，是一位具有世界性視野與氣度的傑出藝術家。

　　一九二六年出生於台灣宜蘭的楊英風，因父母長年在大陸經商，因此將他託付給姨父母撫養照顧。一九四〇年楊英風十五歲，隨父母前往中國北京，就讀北京日本中等學校，並先後隨日籍老師淺井武、寒川典美，以及旅居北京的台籍畫家郭柏川等習畫。一九四四年，前往日本東京，考入東京美術學校建築科；不過未久，就因戰爭結束，政局變遷，而重回北京，一面在京華美術學校西畫系，繼續接受郭柏川的指導，同時也考取輔仁大學教育學院美術系。唯戰後的世局變動，未及等到輔大畢業，就在一九四七年返台，自此與大陸的父母兩岸相隔，無法見面，並失去經濟上的奧援，長達三十多年時間。隻身在台的楊英風，短暫在台灣大學植物系從事繪製植物標本工作後，一九四八年，考入台灣省立師範學院藝術系（今台灣師大美術系），受教溥心畬等傳統水墨畫家，對中國傳統繪畫思想，開始有了瞭解。唯命運多舛的楊英風，仍因經濟問題，無法在師院完成學業。一九五一年，自師院輟學，應同鄉畫壇前輩藍蔭鼎之邀，至農復會《豐年》雜誌擔任美術編輯，此一工作，長達十一年；不過在這段時間，透過他個人的努力，開始在台灣藝壇展露頭角，先後獲聘爲中國文藝協會民俗文藝委員會常務委員（1955-）、教育部美育委員會委員（1957-）、國立歷史博物館推廣委員（1957-）、巴西聖保羅雙年展參展作品評審委員（1957-）、第四屆全國美展雕塑組審查委員（1957-）等等，並在一九五九年，與一些具創新思想的年輕人組成日後影響深遠的「現代版畫會」。且以其聲望，被推舉爲當時由國內現代繪畫團體所籌組成立的「中國現代藝術中心」召集人；可惜這個藝術中心，因著名的政治疑雲「秦松事件」（作品被疑爲與「反蔣」有關），而宣告夭折（1960）。不過楊英風仍在當年，盛大舉辦他個人首次重要個展於國立歷史博物館，並在隔年（1961），獲中國文藝協會雕塑獎，也完成他的成名大作——台中日月潭教師會館大型浮雕壁畫群。

　　一九六一年，楊英風辭去《豐年》雜誌美編工作，一九六二年受聘擔任國立台灣藝術專科學校（今台灣藝大）美術科兼任教授，培養了一批日後活躍於台灣藝術界的年輕雕塑家。一九六三年，他以北平輔仁大學校友會代表身份，前往義大利羅馬，並陪同于斌主教晉見教宗保祿六世；此後，旅居義大利，直至一九六六年。期間，他創作了大批極爲精彩的街頭速寫作品，並在米蘭舉辦個展，展出四十多幅版畫與十件雕塑，均具相當突出的現代風格。此外，他又進入義大利國立造幣雕刻專門學校研究銅章雕刻；返國後，舉辦「義大利銅章雕刻展」於國立歷史博物館，是台灣引進銅章雕刻的先驅人物。同年（1966），獲得第四屆全國十大

傑出青年金手獎榮譽。

隔年（1967），楊英風受聘擔任花蓮大理石工廠顧問，此一機緣，對他日後大批精采創作，如「山水」系列的激發，具直接的影響；但更重要者，是開啓了日後花蓮石雕藝術發展的契機，對台灣東部文化產業的提升，具有重大且深遠的貢獻。

一九六九年，楊英風臨危受命，在極短的時間，和有限的財力、人力限制下，接受政府委託，創作完成日本大阪萬國博覽會中華民國館的大型景觀雕塑〔鳳凰來儀〕。這件作品，是他一生重要的代表作之一，以大型的鋼鐵材質，形塑出一種飛翔、上揚的鳳凰意象。這件作品的完成，也奠定了爾後和著名華人建築師貝聿銘一系列的合作。貝聿銘正是當年中華民國館的設計者。

〔鳳凰來儀〕一作的完成，也促使楊氏的創作進入一個新的階段，許多來自中國傳統文化思想的作品，一一湧現。

一九七七年，楊英風受到日本京都觀賞雷射藝術的感動，開始在台灣推動雷射藝術，並和陳奇祿、毛高文等人，發起成立「中華民國雷射科藝推廣協會」，大力推廣科技導入藝術創作的觀念，並成立「大漢雷射科藝研究所」，完成於一九八〇的〔生命之火〕，就是台灣第一件以雷射切割機完成的雕刻作品。這件工作，引發了相當多年輕藝術家的投入參與，並在一九八一年，於圓山飯店及圓山天文台舉辦盛大的「第一屆中華民國國際雷射景觀雕塑大展」。

一九八六年，由於夫人李定的去世，與愛女漢珩的出家，楊英風的生命，也轉入一個更為深沈內蘊的階段。一九八八年，他重遊洛陽龍門與大同雲岡等佛像石窟，並於一九九〇年，發表〈中國生態美學的未來性〉於北京大學「中國東方文化國際研討會」；〈楊英風教授生態美學語錄〉也在《中時晚報》、《民眾日報》等媒體連載。同時，他更花費大量的時間、精力，為美國萬佛城的景觀、建築，進行規畫設計與修建工程。

一九九三年，行政院頒發國家文化獎章，肯定其終生的文化成就與貢獻。同年，台灣省立美術館為其舉辦「楊英風一甲子工作紀錄展」，回顧其一生創作的思維與軌跡。一九九六年，大型的「呦呦楊英風景觀雕塑特展」，在英國皇家雕塑家學會邀請下，於倫敦查爾西港區戶外盛大舉行。

一九九七年八月，「楊英風大乘景觀雕塑展」在著名的日本箱根雕刻之森美術館舉行。兩個月後，這位將一生生命完全貢獻給藝術的傑出藝術家，因病在女兒出家的新竹法源講寺，安靜地離開他所摯愛的人間，回歸宇宙渾沌無垠的太初。

作為一位出生於日治末期、成長茁壯於戰後初期的台灣藝術家，楊英風從一開始便沒有將自己設定在任何一個固定的畫種或創作的類型上，因此除了一般人所熟知的雕塑、版畫外，即使油畫、攝影、雷射藝術，乃至一般視為「非純粹藝術」的美術設計、插畫、漫畫等，都留下了大量的作品，同時也都呈顯了一定的藝術質地與品味。楊英風是一位站在鄉土、貼近生活，卻又不斷追求前衛、時時有所突破、超越的全方位藝術家。

一九九四年，楊英風曾受邀為國立交通大學新建圖書館資訊廣場，規畫設計大型景觀雕塑〔緣慧潤生〕，

這件作品在一九九六年完成，作為交大建校百週年紀念。

　　一九九九年，也是楊氏辭世的第二年，交通大學正式成立「楊英風藝術研究中心」，並與財團法人楊英風藝術教育基金會合作，在國科會的專案補助下，於二○○○年開始進行「楊英風數位美術館」建置計畫；隔年，進一步進行「楊英風文獻典藏室」與「楊英風電子資料庫」的建置工作，並著手《楊英風全集》的編纂計畫。

　　二○○二年元月，個人以校外諮詢委員身份，和林保堯、顏娟英等教授，受邀參與全集的第一次諮詢委員會；美麗的校園中，散置著許多楊英風各個時期的作品。初步的《全集》構想，有三巨冊，上、中冊為作品圖錄，下冊為楊氏日記、工作週記與評論文字的選輯和年表。委員們一致認為：以楊氏一生龐大的創作成果和文獻史料，採取選輯的方式，有違《全集》的精神，也對未來史料的保存與研究，有所不足，乃建議進行更全面且詳細的搜羅、整理與編輯。

　　由於這是一件龐大的工作，楊英風藝術教育教基金會的董事長寬謙法師，也是楊英風的三女，考量林保堯、顏娟英教授的工作繁重，乃商洽個人前往交大支援，並徵得校方同意，擔任《全集》總主編的工作。

　　個人自二○○二年二月起，每月最少一次由台南北上，參與這項工作的進行。研究室位於圖書館地下室，與藝文空間比鄰，雖是地下室，但空曠的設計，使得空氣、陽光充足。研究室內，現代化的文件櫃與電腦設備，顯示交大相關單位對這項工作的支持。幾位學有專精的專任研究員和校方支援的工讀生，面對龐大的資料，進行耐心的整理與歸檔。工作的計畫，原訂於二○○二年年底告一段落，但資料的陸續出土，從埔里楊氏舊宅和台北的工作室，又搬回來大批的圖稿、文件與照片。楊氏對資料的蒐集、記錄與存檔，直如一位有心的歷史學者，恐怕是台灣，甚至海峽兩岸少見的一人。他的史料，也幾乎就是台灣現代藝術運動最重要的一手史料，將提供未來研究者，瞭解他個人和這個時代最重要的依據與參考。

　　《全集》最後的規模，超出所有參與者原先的想像。全部內容包括兩大部份：即創作篇與文件篇。創作篇的第1至5卷，是巨型圖版畫冊，包括第1卷的浮雕、景觀浮雕、雕塑、景觀雕塑，與獎座，第2卷的版畫、繪畫、雷射，與攝影；第3卷的素描和速寫；第4卷的美術設計、插畫與漫畫；第5卷除大事年表和一篇介紹楊氏創作經歷的專文外，則是有關楊英風的一些評論文字、日記、剪報、工作週記、書信，與雕塑創作過程、景觀規畫案、史料、照片等等的精華選錄。事實上，第5卷的內容，也正是第二部份文件篇的內容的選輯，而文卷篇的詳細內容，總數多達十八冊，包括：文集三冊、研究集五冊、早年日記一冊、工作札記二冊、書信四冊、史料圖片二冊，及一冊較為詳細的生平年譜。至於創作篇的第6至12卷，則完全是景觀規畫案；楊英風一生亟力推動「景觀雕塑」的觀念，因此他的景觀規畫，許多都是「景觀雕塑」觀念下的一種延伸與擴大。這些規畫案有完成的，也有未完成的，但都是楊氏心血的結晶，保存下來，做為後進研究參考的資料，也期待某些案子，可以獲得再生、實現的契機。

　　本卷為楊英風文集中的第一卷（全集第十三卷），主要是搜集楊氏一生的文字寫作，包括創作自述及為藝壇人士所寫的序與評論。這些文字一方面忠實地呈顯了楊氏的創作理念與思維，是瞭解楊氏藝術創作的重

要參考；二方面也如實地反映了楊氏生存年代台灣藝壇的重要面相，尤其是他所終生關懷的雕塑藝術，成為台灣美術史重要的見證與史料。

作為台灣戰後最具影響力的藝術家之一，楊英風在大量的實際創作之外，仍不斷地以文字陳述、闡析自我的藝術理念。楊氏是生長在一個傳統與現代、西方與東方激烈衝突的時代，既不願作一個孤芳自賞、侷促自閉的保守型藝術家，也不願成為一個隨波逐流、盲目追求西潮的藝術工作者；因此，只有為尋求中西文化的融和、建立具有自我文化特色的現代藝術而殫思竭慮，形成作品、也化為文字。這些文字對理解楊英風乃至當時的藝術家，具有不可取代的史料價值。

出生於日治時期，接受日文教育的楊英風，以中文來抒發自己的理念，其實是相當辛苦的；但他始終沒有因此擱下寫字作文的筆，反而為理念的宣揚而永不怠懈。這當中，固然有部份文字，是來自楊氏的口述，由他人代筆，但絕大部份，仍是出自他個人一字一句的撰寫；大量留存的手稿，可證明此事。

不是個藝評家，但基於對學生、子弟，乃至朋友的熱愛、支持，楊英風所寫的畫冊序言及評介文字也相當可觀。當中有一些論及攝影、繪畫（如介紹陳田稻、吳李玉哥等），但大部份則和雕塑、石藝有關。賞石、刻石，楊英風對之美學的闡揚，也顯然影響了後來花蓮石雕產業的成型與發展，這些文字都成為這段歷史的重要佐證。

個人參與交大楊英風藝術研究中心的《全集》編纂，是一次美好的經歷。許多個美麗的夜晚，住在圖書館旁招待所，多風的新竹、起伏有緻的交大校園，從初春到寒冬，都帶給個人難忘的回憶。而幾次和張校長俊彥院士夫婦與學校相關主管的集會或餐聚，也讓個人對這個歷史悠久而生命常青的學校，留下深刻的印象。在對人文高度憧憬與尊重的治校理念下，張校長和相關主管大力支持《楊英風全集》的編纂工作，已為台灣美術史，甚至文化史，留下一座珍貴的寶藏；也像在茂密的藝術森林中，立下一塊巨大的磐石，美麗的「夢之塔」，將在這塊巨石上，昂然矗立。

個人以能參與這件歷史性的工程而深感驕傲，尤其感謝研究中心同仁，包括鈴如、瑋鈴、慧敏，和已經離職的怡勳、美璟、如海、盈龍、秀惠、珊珊的全力投入與配合。而八師父（寬謙法師）、奉琛、維妮，為父親所付出的一切，成果歸於全民共有，更應致上最深沈的敬意。

總主編　蕭瓊瑞

21

A Monolith in History :
About The *Yuyu Yang Corpus*

The attempt of new art materials, the width of the innovative works, the diligence of probing into new knowledge and new thoughts, the uniqueness of the ideas, the style of vivid art, and the collections of the great amount of art works prove that Yuyu Yang was undoubtedly the unique one In Taiwan art history of post World War II. We can see many proofs in *Yuyu Yang Corpus*, which was compiled with the support of the National Chiao Tung University.

Regarding Yuyu Yang as a Taiwanese artist is only a rough description. Judging from his background, he was born and grew up at the juncture of the changing times and actually traversed both sides of the Taiwan Straits, Japan, Europe and America. He used to be an employee at Harvest, a magazine dedicated to fostering Taiwan agricultural economy. He walked into the agricultural society to have a clear understanding of their lives and created numerous types of works, such as watercolor, oil paintings, sculptures, comics and graphic designs. But Yuyu Yang is not just a narrow minded localism in thinking. On the contrary, his great thinking and his open-minded makes him an outstanding artist with global vision and manner.

Yuyu Yang was born in Yilan, Taiwan, 1926, and was fostered by his aunt because his parents ran a business in China. In 1940, at the age of 15, he was leaving Beijing with his parents, and enrolled in a Japanese middle school there. He learned with Japanese teachers Asai Takesi, Samukawa Norimi, and Taiwanese painter Bo-chuan Kuo. He went to Japan in 1944, and was accepted to the Architecture Department of Tokyo School of Art, but soon returned to Beijing because of the political situation. In Beijing, he studied Western painting with Mr. Bo-chuan Kuo at Jin Hua School of Art. At this time, he was also accepted to the Art Department of Fu Jen University. Because of the war, he returned to Taiwan without completing his studies at Fu Jen University. Since then, he was separated from his parents and lost any financial support for more than three decades. Being alone in Taiwan, Yuyu Yang temporarily drew specimens at the Botany Department of National Taiwan University, and was accepted to the Fine Art Department of Taiwan Provincial Academy for Teachers (is today known as National Taiwan Normal University) in 1948. He learned traditional ink paintings from Mr. Hsin-yu Fu and started to know about Chinese traditional paintings. However, it's a pity that he couldn't complete his academic studies for the difficulties in economy. He dropped out school in 1951 and went to work as an art editor at *Harvest* magazine under the invitation of Mr. Ying-ding Lan, his hometown artist predecessor, for eleven years. During this period, because of his endeavor, he gradually gained attention in the art field and was nominated as a member of the standing committee of China Literary Society Folk Art Council (1955-), the Ministry of Education's Art Education Committee (1957-), the National Museum of History's Outreach Committee (1957-), the Sao Paulo Biennial Exhibition's Evaluation Committee (1957-), and the 4th Annual National Art Exhibition, Sculpture Division's Judging Committee (1957-), etc. In 1959, he founded the Modern Printmaking Society with a few innovative young artists. By this prestige, he was nominated the convener of Chinese Modern Art Center. Regrettably, the art center came to an end in 1960 due to the notorious political shadow - a so-called Qin-song Event (works were alleged of anti-Chiang). Nonetheless, he held his solo exhibition at the National Museum of History that year and won an award from the ROC Literary Association in 1961. At the same time, he completed the masterpiece of mural paintings at Taichung Sun Moon Lake Teachers Hall.

Yuyu Yang quit his editorial job of *Harvest* magazine in 1961 and was employed as an adjunct professor in Art Department of National Taiwan Academy of Arts (is today known as National Taiwan University of Arts) in 1962 and brought up some active young sculptors in Taiwan. In 1963, he accompanied Cardinal Bing Yu to visit Pope Paul VI in Italy, in the name of the delegation of Beijing Fu Jen University alumni society. Thereafter he lived in Italy until 1966. During his stay in Italy, he produced a great number of marvelous street sketches and had a solo exhibition in Milan. The forty prints and ten sculptures showed the outstanding Modern style. He also took the opportunity to study bronze medal carving at Italy National Sculpture Academy. Upon returning to Taiwan, he held the exhibition of bronze medal carving at the National Museum of History. He became the pioneer to introduce bronze medal carving and won the Golden Hand Award of 4th Ten Outstanding Youth Persons in 1966.

In 1967, Yuyu Yang was a consultant at a Hualien marble factory and this working experience had a great impact on his creation of Lifescape Series hereafter. But the most important of all, he started the development of stone carving in Hualien and had a profound contribution on promoting the Eastern Taiwan culture business.

In 1969, Yuyu Yang was called by the government to create a sculpture under limited financial support and manpower in such a short time for exhibiting at the ROC Gallery at Osaka World Exposition. The outcome of a large environmental sculpture, "Advent of the Phoenix" was made of stainless steel and had a symbolic meaning of rising upward as Phoenix. This work also paved the way for his collaboration with the internationally renowned Chinese The completion of "Advent of the Phoenix" marked a new stage of Yuyu Yang's creation. Many works come from the Chinese traditional thinking showed up one by one.

In 1977, Yuyu Yang was touched and inspired by the laser music performance in Kyoto, Japan, and began to advocate laser art. He founded the Chinese Laser Association with Chi-lu Chen and Kao-wen Mao and China Laser Association, and pushed the concept of blending technology and art. "Fire of Life" in 1980, was the first sculpture combined with technology and art and it drew many young artists to participate in it. In 1981, the 1st Exhibition & Congress of the International Society for Laser Artland at the Grand Hotel and Observatory was held in Taipei.

In 1986, Yuyu Yang's wife Ding Lee passed away and her daughter Han-Yen became a nun. Yuyu Yang's life was transformed to an inner stage. He revisited the Buddha stone caves at Loyang Long-men and Datung Yuen-gang in 1988, and two years later, he published a paper entitled "The Future of Environmental Art in China" in a Chinese Oriental Culture International Seminar at Beijing University. The "Yuyu Yang on Ecological Aesthetics" was published in installments in China Times Express Column and Min Chung Daily. Meanwhile, he spent most time and energy on planning, designing, and constructing the landscapes and buildings of Wan-fo City in the USA.

In 1993, the Executive Yuan awarded him the National Culture Medal, recognizing his lifetime achievement and contribution to culture. Taiwan Museum of Fine Arts held the "The Retrospective of Yuyu Yang" to trace back the thoughts and footprints of his artistic career. In 1996, "Lifescape - The Sculpture of Yuyu Yang" was held in west Chelsea Harbor, London, under the invitation of the England's Royal Society of British Sculptors.

In August 1997, "Lifescape Sculpture of Yuyu Yang" was held at The Hakone Open-Air Museum in Japan. Two months later, the remarkable man who had dedicated his entire life to art, died of illness at Fayuan Temple in Hsinchu where his beloved daughter became a nun there.

Being an artist born in late Japanese dominion and grew up in early postwar period, Yuyu Yang didn't limit himself to any fixed type of painting or creation. Therefore, except for the well-known sculptures and wood prints, he left a great amount of works having certain artistic quality and taste including oil paintings, photos, laser art, and the so-called "impure art": art design, illustrations and comics. Yuyu Yang is the omni-bearing artist who approached the native land, got close to daily life, pursued advanced ideas and got beyond himself.

In 1994, Yuyu Yang was invited to design a Lifescape for the new library information plaza of National Chiao Tung University. This "Grace Bestowed on Human Beings", completed in 1996, was for NCTU's centennial anniversary.

In 1999, two years after his death, National Chiao Tung University formally set up Yuyu Yang Art Research Center, and cooperated with Yuyu Yang Foundation. Under special subsidies from the National Science Council, the project of building Yuyu Yang Digital Art Museum was going on in 2000. In 2001, Yuyu Yang Literature Archives and Yuyu Yang Electronic Databases were under construction. Besides, *Yuyu Yang Corpus* was also compiled at the same time.

At the beginning of 2002, as outside counselors, Prof. Bao-yao Lin, Juan-ying Yan and I were invited to the first advisory meeting for the publication. Works of each period were scattered in the campus. The initial idea of the corpus was to be presented in three massive volumes - the first and the second one contains photos of pieces, and the third one contains his journals, work notes, commentaries and critiques. The committee reached into consensus that the form of selection was against the spirit of a complete collection, and will be deficient in further studying and preserving; therefore, we were going to have a whole search and detailed arrangement for Yuyu Yang's works.

It is a tremendous work. Considering the heavy workload of Prof. Bao-yao Lin and Juan-ying Yan, Kuan-chian Shih, the President of Yuyu Yang Art Education Foundation and the third daughter of Yuyu Yang, recruited me to help out. With the permission of the NCTU, I was served as the chief editor of *Yuyu Yang Corpus*.

I have traveled northward from Tainan to Hsinchu at least once a month to participate in the task since February 2002. Though the research room is at the basement of the library building, adjacent to the art gallery, its spacious design brings in sufficient air and sunlight. The research room equipped with modern filing cabinets and computer facilities shows the great support of the NCTU. Several specialized researchers and part-time students were buried in massive amount of papers, and were filing all the data patiently. The work was originally scheduled to be done by the end of 2002, but numerous documents, sketches and photos were sequentially uncovered from the workroom in Taipei and the Yang's residence in Puli. Yang is like a dedicated historian, filing, recording, and saving all these data so carefully. He must be the only one to do so on both sides of the Straits. The historical archives he compiled are the most important firsthand records of Taiwanese Modern Art movement. And they will provide the researchers the references to have a clear understanding of the era as well as him.

The final version of the *Yuyu Yang Corpus* far surpassed the original imagination. It comprises two major parts - Artistic Creation and Archives. Volume I to V in Artistic Creation Section is a large album of paintings and drawings, including Volume I of embossment, lifescape embossment, sculptures, lifescapes, and trophies; Volume II of prints, drawings, laser works and photos; Volume III of sketches; Volume IV of graphic designs, illustrations and comics; Volume V of chronology charts, an essay about his creative experience and some selections of Yang's critiques, journals, newspaper clippings, weekly notes, correspondence, process of sculpture creation, projects, historical documents, and photos. In fact, the content of Volume V is exactly a selective collection of Archives Section, which consists of 20 detailed Books altogether, including 3 Books of literature, 5 Books of research, 1 Book of early journals, 2 Books of working notes, 6 Books of correspondence, 2 Books of historical pictures, and 1 Book of biographic chronology. Volumes VI to XII in Artistic Creation Section are about lifescape projects. Throughout his life, Yuyu Yang advocated the concept of "lifescape" and many of his projects are the extension and augmentation of such concept. Some of these projects were completed, others not, but they are all fruitfulness of his creativity. The preserved documents can be the reference for further study. Maybe some of these projects may come true some day.

This volume is the first one of Yuyu Yang's Album (total thirteen volumes), mainly collecting Yang's literal writing in his whole life. It includes narration of his creations and preface or commentaries for other artists. These wordings on one hand truly represent Yang's idea and thinking of his creations, and on the other vividly reflect the important appearance of Taiwan's art field at that time. These wordings, especially the sculpture art he cared about in his whole life, become important witness and historical data in Taiwan's art history.

Being one of the most influential artists in the postwar Taiwan, Yuyu Yang not only had a mass creation, but constantly described and elaborated his own artistic idea literally. Yuyu Yang grew up in a conflict age with the bump between tradition and modern times, western world and orient world. He was not willing to indulge in self-admiration and become a conservative artist. Besides, he is reluctant to drift along blindly pursuing western trends. Therefore, what he could do was to devote himself mixing Chinese and Western culture, building up modern art with our own characteristic culture, and becoming works and wordings. These wordings are un-replacable historical data for understanding Yuyu Yang and other artists at that time.

Born in the Japanese dominated period and educated under Japanese style, Yuyu Yang expressed his own idea through Chinese characters. Though it was really hard, he didn't give up writing. Instead, he kept going on for propagating his idea. Some of the writing was written by other people through his oral narration, but most of them were written by himself. The mass manuscripts left are the evidence.

Yuyu Yang was not an art critic, but being because his passion and support to his students, disciples and friends, the preface of albums of paintings and commentaries was abundant. Some of them were about photography (introducing Chen Tain-daofor and WuLee Yu-ge for instance), but most of them were about sculpture and stone art. Stone appreciation and stone engraving represented Yuyu Yang's propagation for stone art, which obviously affected the formation and development of Hualian's stone sculpture industry. The written words have become the important evidence for this historical period.

It was a wonderful experience to participate in editing the Corpus for Yuyu Yang Art Research Center. I spent several beautiful nights at the guesthouse next to the library. From cold winter to early spring, the wind of Hsin-chu and the undulating campus of National Chiao Tung University left me an unforgettable memory. Many times I had the pleasure of getting together or dining with the school president Chun-yen Chang and his wife and other related administrative officers. The school's long history and its vitality made a deep impression on me. Under the humane principles, the president Chun-yen Chang and related administrative officers support to the *Yuyu Yang Corpus*. This corpus has left the precious treasure of art and culture history in Taiwan. It is like laying a big stone in the art forest. The "Tower of Dreams" will stand erect on this huge stone.

I am so proud to take part in this historical undertaking, and I appreciated the staff in the research center, including Ling-ju, Wei-ling, Hui-ming, those who left the office, Yi-hsun, Mei-jing, Lu-hai, Ying-long, Xiu-hui andShan-shan. Their dedication to the work impressed me a lot. What Master Kuan-chian Shih, Fong-sheng, and Wei-ni have done for their father belongs to the people and should be highly appreciated.

Chief Editor of the Yuyu Yung Corpus
Chong-ray Hsiao

Chong-ray Hsiao

編輯序言

楊英風一生相關的出版品很多,除了一九七六年出版的《景觀與人生》收錄了七〇年代以前的創作及思想觀外,並無一本完整且全面性的文集問世,而此書則補足了這個缺點,收錄了楊氏所寫的及口述的文章,包括已出版及未出版的文稿,不但具有研究價值,也可使讀者對楊氏的創作觀念、創作思想及創作歷程等有所了解。

楊英風文集為《楊英風全集》的第十三至十五卷,依文章的性質分成六類:創作自述、序·評論、實際作品或規畫、訪問、計畫書及其他。

此卷收錄「創作自述」及「序·評論」兩大類;「創作自述」包括其對景觀雕塑、東西方藝術觀、雷射藝術、中國生態美學等觀念的闡述。楊氏在一個偶然的機會裡跟著于斌主教前往梵蒂岡觀見教皇,並留在羅馬研究環境藝術和雕刻達三年,期間對西方的美學、人生哲學、宗教、建築等,有了更深一層的認識和了解,且進一步地體認出東西文化的特質與差異。自一九六六年回國後便不斷強調我國在美術教育全盤西化的情況下,藝術家做出來的雕塑無法顯現出東方美學的精神,並認為我國悠久的歷史、廣袤的幅員和氣勢磅礴的山川所孕育出來的藝術文化,確實珍貴,非常值得研究與發揚,藝術家應當從祖先的生活智慧及生活美學中汲取精華,融入創作中,發展出屬於東方的藝術觀。尤其後期更是強調魏晉南北朝時期自然、樸實、圓融、健康的生活美學是他創作景觀雕塑的精神核心,並認為「有健康的環境才有健康的生活,入世的景觀雕塑藝術家應該將中國健康的生活智慧融入作品中,更要使藝術品進入現代生活的深處,啟發現代人智慧的泉源,開拓精神生活的領域,導入健康、美滿的生活。」讀完此類文章則可對楊氏創作的中心思想有深切的了解。「序·評論」則包括楊氏為書寫的序言及對其他藝術家的評論,其中還收錄了四篇與朱銘相關的文章,敘述與朱銘間的師生情緣,更表達做為老師的楊英風對傑出弟子朱銘深深的期待及讚許。

感謝交大圖書館提供工讀生協助打字及校稿,最重要的是基金會董事長寬謙法師的支持及總編輯蕭瓊瑞老師的指導,讓此冊得以順利出版。

楊英風藝術研究中心
研究員 賴鈴如

26

Editor Preface

Through the book titled Landscape and Life published in 1976, readers can have an insight into Yuyu Yang's creation and viewpoints before the '70s. However, amongst the considerable number of publications related with Yuyu, only *Yuyu Yang Corpus* Volume 13, 14 and 15 offers a complete and comprehensive compilation of both Yuyu's written and oral articles, including manuscripts both published and unpublished. Therefore, this volume provides not only academic value but also an overview of Yuyu's artistic concepts and thoughts as well as his creative procedures.

Yuyu Yang Corpus Volume 13, 14 and 15 are classified into 6 categories: Yuyu's Personal Interpretations, Preface & Commentary, Works in Production or Planning, Interviews, Proposals and Others.

This Volume collects 2 categories: Yuyu's Personal Interpretations, and Preface & Commentary. Through Yuyu's Personal Interpretations, readers can recognize Yuyu's landscape sculptures, his view of eastern and western aesthetics and laser art as well as the beauty of Chinese nature. In the year of 1963, accompanying Bishop Yu Ping, Yuyu Yang visited the Pope in the Vatican. He remained in Rome and studied environmental art as well as sculpturing. During this period of time, he had gained a deeper understanding of western aesthetics, philosophy, religions and architecture. He also gained insight into western culture and how it differed from eastern culture. Due to westernized art education in Taiwan, the sculptures from Taiwanese artists could not reveal the essence of oriental aesthetics. From 1966, the year Yuyu came back from Italy, he emphasized that artists should integrate the wisdom of ancestors and life aesthetics into creations; while developing an oriental artistic view. He believed that Chinese artistic culture has benefited from China's venerable history, immense land area and magnificent mountains. Chinese artistic culture is so unique that later generations should study it and carry it forward. Later, Yuyu put more emphasis on the life aesthetics (Natural, plain, smooth and healthy) created in The Wei, Jin, South and North dynasties, as the core of his lifescapes. He also believed, "Only with a healthy environment can a person own a healthy life. A socialized landscape sculptor who integrates the public into his life should merge Chinese life wisdom into his works. Most important of all, his artworks are able to blend into modern lives; in the long run, they can inspire the contemporary; additionally, spiritual lives can be developed and fused into good health and happy lives". Through these phrases, we can better comprehend Yuyu Yang's creational concepts. Preface & Commentary includes prefaces that Yuyu Yang wrote for his books, and his commentaries of other artists. Here four articles on Ju Ming are found, providing evidence of their close relationship. Readers can also detect Yuyu's high expectations and approbation of his outstanding student, Ju Ming.

A host friends and colleagues have been instrumental in bringing this book to fruition. I am hereby indebted to National Chiao Tung University Library, for their offering more manpower to assistant us in many ways, such as typing and proofreading the texts. Most important of all, I must thank President Kuan Chian Shi of Yuyu Yang Art Education Foundation who has been extremely supportive, and Mr. Chong Ray Hsiao who has been very kind in being our instructor.

Yuyu Yang Art Research Center
researcher
Ling-ju Lai

Ling-ju Lai

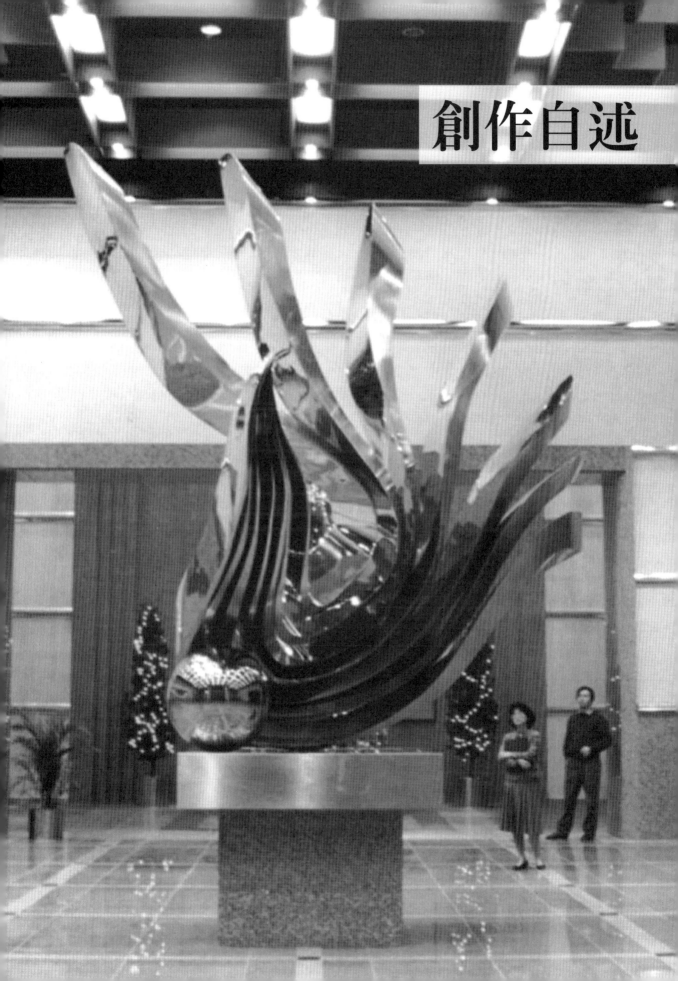

靈性良知創造力

藝術是可以充實人的靈性、洗鍊人的良知，以及充分發揮想像力和創造力的，而靈性良知想像力與創造力是與個人生命的燦明或黯淡，社會國家的振興或衰頹，常是保持著一種密不可分的關係的，換句話說，不論政治家、教育家、商人、工程師、宗教家以至於家庭主婦，如果缺乏這些原動力，他（她）們必會顯得沒有朝氣，整天甚至一生都受到自己所處身的那個狹小的環境所牽制，而呆板無意義。而我們今天的藝術教育，便有很多地方都忽略了藝術的眞實功能，認爲只要教出的學生能夠畫出兩張畫，彈幾首別人譜好的樂曲，就算功德圓滿了。而一般社會人士又多半把藝術看做是消遣的東西，有閒階級的人，纔去學畫與音樂來消磨時間，同時壯大自己的身價，這種現象，五十年來一直是如此的。

藝術的眞果不是一天可以結成的，它必須經過千錘百鍊，歷盡辛酸，超長之歲月，始能塑成一種定型。今天社會上的一切形態，很多地方都不是我們今天自己的產物，比如建築界以發揚國粹爲主，相競以宮殿式樓閣爲時尚，但官殿式已不是中華民國五十年代應有的建築形態了，相反地，那正是表現了我們建築界缺乏創造性的建築。卻一意仿古的頹廢現象，除了宮殿式以外，便是西洋式樣，用別人的文化結晶林立於自己的國土內，不是等

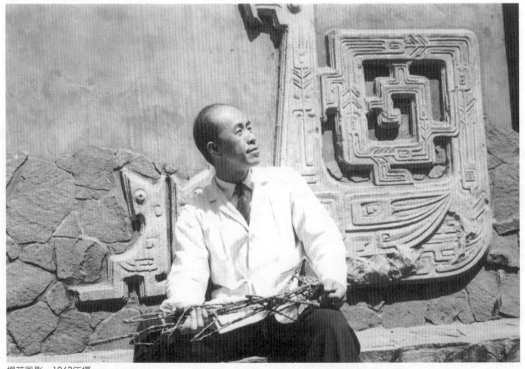

楊英風影，1963年攝。

於告訴別人，自己沒有時代的文明嗎？其次在很多地方，如一張桌子、一個碟子、以至於一件衣服，不是仿古，便是學洋，都未能真正表現出中華民國此一年代的風格及民族文化演進的特色。這種拘泥不進的癥結是極需要我們這一代藝術教育家、藝術工作者予以熱切檢討以求進步的。

　　為了不對歷史上交白卷，我們這一代身為研究純粹藝術的青年，便應該著重於靈性的培養，而不應只注重技巧的訓練。到處隨時，內心要充滿真誠的感情、追求宇宙人生的哲理，探索大自然永恆的生命所在，而且要以自己國家民族優厚淵博的文化為基礎，加上現代西洋的科學文明知識來融會貫通。所以我在北平歸來後，繪畫與雕塑便漸漸滲入中國的形態與風格，經過幾度艱辛的摸索，從古器物中領略了造形和文字花紋的特色，於是不期而然地攝受那種比較原始的抽象意味，引入創作。我的心靈常常馳騁在我國華美淵博的文化遺產中，如無羈之馬，不可抑制。然而當我窺及它的內涵時，我又懂得了朴質與含蓄。人類的心智對藝術的感受是無分中西的，在這動亂而又沈鬱的大時代，我總算尋找到了自己，於是循著自己民族的經脈探索這時代的動因，表現了我「心靈眼睛」所見。

　　當此出國赴歐前夕，我內心對藝專諸位青年同學實有依依不捨之感，但我深信，這別離只是形式上的分離，在心靈上我們仍是互相聯繫的，長久在一起的。因為我們須要同心協力來創造這個時代的新文明。並希望諸位同學不要忘記自己是在研究純粹藝術，不要忘記心靈的培養，要以人性為基點充分發揮人的靈性，為群眾道出心聲。以人類本性的良知，探索宇宙間的真理來創造美的事物，藉以充實生命的意義，指示人群走向理想的人生。

原載《藝術論壇》第1期，頁20，1964.1.15，台北：國立藝專藝術論壇社

半生摸索在雕塑

本文作者爲我國現代雕塑藝術家，曾居羅馬三年，研究揣摩，尤以雕刻大理石最具心得，並被選爲自由中國十大傑出青年之一。

懂事以來，大部份的時間，都在美術雕塑上揣摩研討，由愛好而逐漸認識，由認識而深知——一個中國藝術家，對當代國人的影響，對一代責任的重大，對整個中華民族的命脈興衰存亡，息息相關。

以我自己的看法，國人如不及早覺醒——尤以藝術家爲當務之急——數十年後，中國的一切，恐將逐漸喪失本來面目，到了有一天，國內國外的生活，大致髣髴，豈不悲哉！

半生追求藝術的我，可說要說的話太多，尤以近在羅馬耽了三年，眼界一開，對中西藝術的差異，有進一步較確切的瞭解，惜對舉筆爲文，實感生疏無從下筆。

最先，我要強調的，一個眞正藝術家的精神，不是屬於大自然的，一個藝術家的作品，是用心靈去體會的，不是用眼睛去看的，是超俗的創作，不是使用的器具……。

西方藝術以人為本位

西方的藝術，一般說來，一切以人爲本位，太重視人的一切，因爲一切的作品，都和現實生活有關，都可以應用到現實生活裡面。

東方——尤其我國，注重天人合一，和大自然融溶，陶淵明——採菊東籬下，悠然見南山——渾然忘我的境界，這種胸懷，豈能摹擬。

西方藝術，因爲滲入現實生活，於是有透視學的提倡與應用，嚴格說來，透視是物質的，科學的，用眼睛看的，有公式的，學來容易。（目前在西方，透視學已逐漸被揚棄，西方的藝術家，已慢慢發現透視學對人性的反映，對宇宙萬物變化的象徵，太過膚淺，雖然在我們國內，對這方面的學問，正在方興未艾。）

第一年在羅馬的感覺

我第一年到羅馬，因時間短，而所看的事物太多，好像一個旅行者，走馬看花似的，但所看到的，都是人家最好的作品，在不知不覺中，竟有自卑之感，深覺我們差人家太遠。但是，在我的心靈上，又同時有一種說不出的體驗，那些作品，無論是構圖，是技巧，美則美矣，好則好矣，我對之衷心佩服之餘，卻彷彿有欠缺什麼的感覺，這種感覺，我一時無從具體說出，於是，我決定將我所預定一年的計劃延長至三年，好和他們的作品，藝術家及一般人民的生活多接觸，深入探討，以求較有深度的瞭解。也免以後對自己藝術前途有茫然矛盾的感覺。

慢慢的，我發現他們一般人民，都有起碼的藝術認識與修養，他們住的房子，大體上

都有符合美術設計的最低要求，他們用的傢具，無論式樣與色澤，都能夠和他們室內室外的環境相配合，對東方的藝術品，他們固然愛好欣賞，但除少數收藏家而外，他們住的環境，無從安置它，如果在他們客廳內，飯廳，寢室，放置一、兩件東方的——中國的藝術品，都是以破壞他們原有現實和諧的設計，而這些中國的藝術品，並非因它是具有東方的情調將他們的和諧破壞了，而是因保守與落伍，缺乏現代的精神將它破壞了。

欠缺中國藝術的「意境」

至此，我頓然反省自覺，他們的藝術，一切以人為本位，件件和現實生活不脫節，他們也能吸收接受外來的藝術——中國的藝術，但將外來的溶化在他們自己的技巧和觀點中，直使你無從辨認，而同時，他們也發現初期對他們的作品那種好像欠缺什麼的感覺，原來他們的作品中，所欠缺的即是我們作品中所謂的「意境」，那種天、地、人綜合精神的意境，為我們所特有，也是我們所特長，我們藝術家的作品中，意境高超，出神入化，怡然悅性，這種作品，摹倣只能形似，學習則無公式可循。

我們這種人與大自然融合成一而二，二而一的作品，由來有自，歷史悠遠，取材無窮無盡，不受任何杆格束縛，以我個人的觀點，比諸西方的現代作品，更能接近藝術的境界，更堪當藝術品之稱。

所以我們的藝術家，要自覺自醒，更當自強自信，多瞭解我們的特有特長的之後，進一步將它發揚光大，使世人從我們的作品中，感到中華民族的存在與得到應有的尊敬。

這篇蕪文，只能算是為「新天」紀念一千期的隨筆，以後，如有機會，當較有系統地陳述拙見。

原載《新聞天地》第1002期，頁16，1967.4.29，香港：新聞天地雜誌社

從西方藝術談：中國現代藝術的新方向

　　我向雕塑的天地裡摸索、耕耘、勇往直前！滿懷是澎湃的熱血，滿腦子是綺麗的幻像，圍繞我的，是理想奏起的歡樂音符與令人震懾的豐富彩色。

　　我大踏步地向雕塑的世界進軍，因為我認定一個藝術工作者，沒有比在雕塑的探索裡，更能激勵自己的情操，更能創造一個美好與完整的世界。

　　我所想像中的雕塑，以一個少女來比方，那是她的形體，她的姿容；更是她的冰清玉潔，她的高貴靈魂。雕塑是永遠探取不盡的純藝術，同時它之附於一石、一木，任何一件家具，一幢建築，一塊花園，一項都市計劃，一宗國土整理，一個世界的重建，又能為生活其中的人們，帶來最多身心的歡愉，精神的豐富。

　　基於這些不變的理想，我在雕塑上的追求，是從未間斷的。我是台灣宜蘭人；但我的小學在宜蘭、中學在北平讀的，其後我進過東京美術學校建築系（今之東京藝術大學），北平輔仁大學美術系，台灣省立師範大學藝術系，國立羅馬藝術學院雕刻系。我很慚愧，我都沒有耐心將任何一間這些大學讀完，弄它一張文憑之類的東西；但值得安慰的是，藉著東奔西跑的讀書，使我在藝術上有幸深入地看過代表東方文化的北平、西方文化的羅馬，以及正在急起直追的日本。這對我在雕塑藝術的追求上，卻是極其豐富的。

　　有了這些機會的比較觀察，以及長期的冷靜思考，使我更熱衷於雕塑藝術的追求了。

　　我常想，為什麼在藝術中，找不出代表我們民國時期的造型、氣質呢？繪畫上，滿眼是明清的色彩，要不然便是西方的氣味；建築上，處處仍脫離不了帝王時代的宮殿、琉璃瓦、斗拱型的裝飾；其他任何藝術設計與工藝品仍然停留在明清的倣製品。設計家們不知要怎樣依循才好，幾乎每個現代中國人的腦中，也從未思想過，怎樣的造型，怎樣的氣質，怎樣的特徵，才是代表現代的中國的。我們只能陶醉在五千年的悠久文化中。

　　我們無法在任何一個花瓶，一件家具，一張繪畫，一項室內佈置，一座建築，一個都市上，找到足以代表民國時代的造型，這是可悲的。作為一個今日的藝術家，其責任也是沈重的。

　　我認為要創造代表這個時代的造型，必需先從立體美術的教育上著手；而雕塑則屬立體美術最重要的一環。

　　旅歐三年，我發覺西方的立體美術教育是從古至今很自然地作一貫發展的。而我們今天的美術教育，至今仍停留在平面美術之上。要知道人類生活環境中所包含的一切，無不需靠立體美術觀念去推動，才能邁進完美的。一座建築物的平庸，一個公園的讓人心煩，一座城市的紊亂，無不因著立體美術觀念的缺乏。

義大利翡冷翠國立藝術學院陳列館中的歷代浮雕與雕刻複製品。

　　立體美術所講求的是造型美。人們因為沒有立體美術的觀念，接著產生的問題，是色調的紊亂。當人們不再能從造型上設計創造時，他們只有以色彩去作自以為美的修飾了。因此我們摸到的茶杯，看到的花瓶，所住的建築物，都以一成不變的原有造型上，加著強烈的色彩。

　　我們該建立的觀念是，好的造型不以色彩為主題的，色彩只居於陪襯的地位。立體美術教育所講求的，正是從型體上解決整體問題，其後才考慮色彩的配合。

　　停留在平面美術的觀念裡，必然會讓我們忽略了光的問題，而使很多原屬美好的大建築，失去了它應可加給人們多采多姿的感受。

　　就拿一面牆壁來說吧！缺少立體美術的觀念，牆壁是平平的一片，或是為了裝飾，在上面塗上一層色彩，其所給人的感受是單調的、寂寞的，貧乏的。假如一個具有立體美術觀念的建築師，他必然會注意，怎樣發揮建築材料原有的色澤，怎樣去組合一小塊、一小塊的磚石，使他產生合適的凹凸面。當一天的陽光，從各種不同的角度，照射到這面牆壁時，便能產生各種不同的明暗色調，造成多種的趣味，多種的變化，多種的感受。

　　有了立體美術的觀念，光線、色澤的運用配合，將能應用到每一件生活環境的物品中去。我們為什麼不試試看，先從我們的室內佈置，我們的公園做起，看怎樣將燈光設計，才能將美好的立體面浮起，以增加我們的感受呢？古物的展覽場所，不也同樣能以燈光培養出觀眾遊人那思古之幽情嗎？

　　在今日中國的藝術環境裡，除了上面所說的觀念的培養問題外，我認為最重要的該是藝術資料館與現代美術館的建立了。

　　當我留學義大利時，使我流連忘返的該是翡冷翠國立藝術研究院了。那裡展覽著四千餘件從古到今，全義大利最重要的雕塑仿製品。院內具有一切翻造的設備，翻造出來的作品，除了展覽出來外，並且供應全國各級學校教學以及全世界購藏的需要。二次大戰義大利遭受戰火的損傷很大，很多名勝古蹟與藝術作品都破壞了。但是翡冷翠國立藝術研究院，藏有這一切的拷貝，因著該中心的協助，原有的古蹟，古物，很快地照原樣恢復了。類似這樣的藝術教育資料館，在我國該是多麼的需要。我們可以將故宮博物院、國立藝術博物館、中央研究院等處所珍藏的歷代雕塑珍品，如法仿製一批複製品，同時以之與世界各國交換。這將成為一個完美的世界雕塑藝術教育資料館。

讓我們來想想，它將造成的好處有多大吧！我們可以供應各級學校作為美術教材，使學生不致忘記了自己，一時迷戀著西方。世界各地會向我們買，我們能賺錢，能作文化宣傳，能在世界各國人們的心目中，贏得我中華文化應當的尊重。我們可以將我們好的藝術品翻造為大件，供應各城市的裝飾，使國民從此瞭解中國藝術的傳統偉大，增加國民的自信心與自尊心。大家可以從這些展覽品的比較上，踏上新的創造正統道路，影響手工藝，建築，家具造型的改變。

第二項該急起設立的，該是現代美術館了。目前台灣有關古物的陳列場所很多；但卻一直沒有一個陳列現代藝術作品的場所。藝術家辛苦創造出來的美好造型，難以很快地傳揚開去，使藉設計家的手，應用到生活環境一切的物體造型的改變上。

西方建造美術館，當做以往的建造教堂。因為他們瞭解美術館對民眾教育，對文化促進的重要性。要使藝術得以發展下去，現代美術館是不能沒有的。單就應付觀光客來說，沒有現代美術館，你將如何告訴他們什麼是中華民國現代的藝術呢？同時，也只有現代美術館的設立，才能讓人們合力去針對今天與明天的問題開拓。

我所瞭解的西方，已開始向東方，尤其是向中國探索了，當二次大戰後，敏感的藝術家，在他們的畫面浮現出人心的浮動，對現實世界的失望。畫面上的美，遭受體無完膚的破壞，畫面上呈現的是世界的末日。當美已中止，發展到醜的極致時，卻又循環到更健全的美了，新生的美已在西方的抽象藝術中抬頭。

今天的抽象藝術，已不再是破壞性；而是建設性的了。抽象藝術朝著自由創作的路上行走，它所表現在觀念上與材料工具的應用上，滿是啟發性。讓設計家的手，依循著抽象藝術所指示的製造精神，創造人類今天的環境。

抽象藝術在西方，已走向精神面的探索去了。但不幸的是，西方的歷史文化，自始至終都是走在人文主義與實用觀念上的，它必需要向天人合一思想的東方探索，才能達到它所追求的自然境界。這該是帶有中國思想，中國背景的抽象藝術抬頭的時候了。

我們能不趕快健全我們自己，繼承起珍貴的文化遺產作為我們創作上的基礎，為今天，為明天，為世界的藝術，加速地努力嗎？

我深信，雕塑在這項任務的重要性，因此我歡樂地在雕塑天地裡耕耘，創造，勇往直前。

原載《中央日報》1967.5.6，台北：中央日報社

從我們今天的城市思索明日世界的開拓

　　一切都在急速地變動。在人類智慧的累積下，在工業機械的發展裡，形而下的世界在變動裡走向極端。

　　放眼看看人類生活的環境，到處是一片迷惘、矛盾與苦痛。人類生活的天地，在變動裡愈來愈窄狹，人類在無窮的慾望驅使下發明機器，使用機器，現在卻為機器所役。當我們所追求的物質文明充斥了整個世界時，卻僅為人類帶來更多的虛幻！

　　為什麼人類在無窮的慾望中永不能滿足？為什麼永無休止的不安，成為人生存的唯一標記？

　　很顯然的，這個世界構造得並不好，處處呈現的，是令人無法排除的矛盾。我們必須期待著這個世界第二次的文藝復興。不！必須合力去推動第二次的文藝復興，讓一個新世界的重新到來，讓這個世界是適於全人類生活的世界。

　　我們或許用不著思想那麼多，我們或許更無需為過去咕嘆，但各自守著各自的崗位，為今天與明天的人類生活環境去創造，卻是每一個現代人所該做的。

　　整個世界是由無數的鄉村城鎮為基礎組合而成，我們何不先從我們所住的城鎮開始著手去思想一下人類生活環境的問題呢？

　　台北市自七月一日改制為院轄市，台北縣的若干鄉鎮也即將劃進台北市，趁著人們都在企望一個屬於現代，屬於未來都市的降臨時，該是我們著手創造的機會了。

　　我們從都市立體發展的過程與趨勢可以看出，一切客觀的條件，只要能配合著我們的努力，必能創造一個屬於全民生活的環境的。

　　最先的都市是「神的都市」。古埃及的若干城鎮可以作為神的都市的代表。整個都市的形成，說明人類對大自然暴力的恐懼，以及企求神的保護。城市中最好的位置建築起規模宏大的神殿，生存在恐怖戰慄中的人們，希望靠神的力量去壓制可抗拒的大自然力量。人所住的地方是簡陋的，都市裡的一切全以神為中心。

　　其後，被認為人與神之間代神講話的人，起而統治了社會，緊隨而起的是帝王的城市。這些滿懷統治慾的帝王，將城市建造為他一個人的世界。宮殿連綿，城樓處處，更特殊的是，寬潤高大的城牆圍起了整個城市。

　　帝王的城市，除了是為帝王一人的享受而建造的之外，城市的造型還可以看出，它是永遠存在於對外族的侵略，對被統治者的反抗，以及對大自然暴力等的恐懼中的。

　　帝王的城市可以用羅馬做代表，在第三世紀末以當時那城裡八十萬的人口去比較，大小宮殿內共有十七萬九千人，宮殿外市民約十萬人，分佈在城牆內城牆外的奴隸則多達七

十二萬一千人。以人口上看，奴隸爲當時城市的主體，堂皇的宮殿、高大的城牆、堡壘都是由奴隸建造的，但城市卻是屬於帝王一個人的。

城市的造型除了顯示對被壓迫者反抗的恐懼，對外族隨時入侵的恐懼外，城市內更到處裝飾著征戰後的戰利品。爲數七十二萬一千的奴隸過著非人生活，但他們是城市內唯一的勞動者。爲十數萬的市民、也只是帝王的爪牙，驅策著奴隸爲帝王建造更多象徵王權威嚴的東西。

但經過一段很長的時光後，商人終於奪得了城市的主權、並發展商人的城市。最顯明的商人城市應以中世紀的米爾蘭、威尼斯、翡冷翠等爲代表。

都市以廣場爲中心，圍在廣場四周的是教室、市政廳、遊樂場與商場。廣場是那時商業的中心、商人雖然並不參與政治，但他們對政治卻有很大的影響力。整個都市給你的感覺，商業重於其他任何的一切。

這種商業的城市，在極度的醞釀後，產生了文藝復興。科學、技術、機器、思想開始急劇的發展，人的慾望借著機器的運用，走進了極端的物質文明，擁有機器的資方以及受雇操縱機器的勞工成爲一個城市中最重要的兩種人，其所構成的城市是機器與財團法人的城市。

生活在這種城市的每一個人是競爭的，忙碌的，除了吃飯睡覺有限的一點時間外，其他的時間全部用於賺錢與花錢上。客觀的環境迫使他們不能不用機器代替手、汽車代替腳、一切無線電的視聽工具代替他們的眼睛、耳朵。一旦汽車停駛了，人們痛苦得像沒有了腳。其他任何方面也非有機器的配合不能滿足一天之中任何一刻的需求。

人們都像配滿了義手、義足、義眼、義耳的殘廢之人。都市之中非但充塞著各式各樣的機器，並且一條道路的開築、一座建築物的興建，無不要以配合這許多繁複機器爲主體。機器成爲都市的重心，人類的生活環境是機械的，生活內容是機械的、思想行爲是機械的。處在這全是機械的天地裡，大多數無法充分享用機器的人感到這個城市不是爲他所設的，即使少部份能充足享用機器的人，不是深感受制於大大小小的機器，便是在極度繁忙爲極度享受聲色後，感到最多的空幻。

如何創造一個屬於全人類的生活環境，創造一個個充滿靈性的未來都市，已成爲世人努力追求的目標。

我深信許多逐漸成熟的條件。已在醞釀著又一次的文藝復興，而使都市的形式，從現在機器的城市，推進未來所追求的都市。使人不再是城市的附屬品，每個人都能充份享用

都市的環境，並使生活在城市裡的每個人，肉體上、心靈上、都豐富而滿足。

　　第一次文藝復興，將商人的城市帶進了機器的城市。那時的背景，在思想上，因著哥倫布新大陸的發現，以及地球自轉學說的發現，人類對宇宙有了新的觀念；在傳播工具上，因著活字版的發明，使思想得以快速地傳播；蒸氣機的發明更帶來了新的動力。在這些條件下爆發了文藝復興，改變了人類的生活環境。

　　第二次文藝復興的暴發，在客觀的因素上是必然的：交通的極度發達，縮短了人與人之間的距離，人的活動範圍廣了，接觸頻繁。傳播工具走上了廣播、電視後，文化、商業的交流更快速、更密切。人造衛星的運轉，說明人類已開始向另一個世界開拓。動力更已走向原子能的應用。藝術與建築也在朝向新的世界發展。這一切都說明了另一個新的世界已在醞釀降臨，我們如何推動第二次文藝復興的快速誕生以及如何迎接新世界降臨的準備，當是我們的當務之急了。

　　要使都市發展為全民的，必須先要解決住的問題。設備完善，經過精心規劃的國民住宅，必需大量的興建。並且使每一區的國民住宅都附設足以供應大量精神文明的場所，使人們能充分獲得精神生活的滿足。

　　去除都市目前存在的許多矛盾，便要使這個都市是適應人類生存的。由於都市的擁擠，享受陽光與綠地已成為奢侈的事，只有富有的人，才能在郊外興建住宅，多享受一點大自然。城市已成為貧民擁擠一團的地區。因此在規劃都市時，如何讓人們多享受一點陽光、綠地、新鮮的空氣，該是最大的前題了。

　　現代都市的特色是人口流動的加劇，一種是為上下班而奔波流動的人，一種是為了接觸最多人、辦最多事，以獲得最多利益而奔波流動的人。他們都是疲憊的，他們無法去思想很多急待解決的問題，因此我們只能寄望於另一種漫無目的而流動的人了。

　　這種人是在忙裡偷閒也好，因失業而流盪也好，但他們才最有時間去思想的。使他們接近自然，接近藝術，將是刺激他們靈感，變幻他們智慧為創造力量的最好方法。

　　以前都市的建設是將自然改為人工，但今天規劃都市的方向卻是相反的。恢復自然，保護自然，該是公園設立，觀光區興建所應遵循的最大原則。

　　未來的都市在某一方面是需靠藝術的力量去創造形而上的世界的。但建設未來的都市所依藉的是立體藝術的觀念。國土整理，都市計劃、公園設計、建築物的興建、室內的佈置、家具的美化，假如都能有立體藝術的觀念去設計創造，這一切都將能使這個世界充滿精神的感受，引起人們在心靈上的共鳴。

　　一九五二年世界建築會議在倫敦召開時，曾特別強調藝術家在建築今天與明天人類生活環境的重要，他們會中的結論，呼籲世界任何一個都市的規模，代表都市的重要建築，都要邀請藝術家去參與。

　　這項覺醒說明了每個都市已嚴重感受到許多矛盾，發現這個機械的生活環境內，若無藝術爲靈魂，人們將在這樣的環境裡瘋狂。

　　另一項供應都市人精神上滋補營養的，該是博物館、歷史文物館、現代藝術館了。

　　西方今日建造美術館，如他們當年建造教堂，因爲他們已發現藝術給人心靈的慰藉，更甚於宗教。

　　在古物方面，我們應像義大利的翡冷翠國立藝術研究院。將我們從古到今的重要雕塑翻造出來。在現代藝術方面，應設立現代美術館，使藝術家辛勤創造出來的美好造型，得以陳列，得以傳揚，並藉設計家的手，應用到生活環境一切的物體造型的改變上。

　　翡冷翠國立藝術研究院展覽著四千餘件從古到今，全義大利最重要的雕塑仿製品。院內具有一切翻造的設備，翻造出來的作品，除了展覽出來外，並且供應全國各級學校美術教學，以及全世界購藏的需要。

　　二次大戰義大利遭受戰火的損失極其嚴重，很多名勝古蹟與藝術作品都被破壞無遺，但因著翡冷國立藝術研究院藏有這一切的拷貝，而使義大利各城鎮的古蹟、古物很快地照原樣恢復了。

　　我們故宮博物院、國立歷史博物館、中央研究院等處所珍藏的我國歷代雕塑珍品，爲什麼不能也如法複製呢？當這些複製品放進了課堂，可以使學生不致迷戀著西方而忘記自己。放大後的複製品，可以製飾我們的城鎮，加強國民對傳統的認識，增進國民的自信與自尊，刺激著手工藝、建築等造型的開拓。

　　我所以要在歷史文物館的興建之外，強調現代美術館的重要，因爲它是不是復古、仿古而是接受傳統。然後合力爲今天與明天的世界開拓的。總之，這一切在啓發人的精神面是滿富影響力的，它能讓人們產生高尚的情操。談新都市建築的設計，我們尤其不能背起古老的包袱從事著開倒車的工作。廣大、笨重、公寓式的西式洋樓，不是我們新都市所需的；宮殿的形式，琉璃瓦的古式裝飾更不是今天或明天的都市所該再興建的。

　　今天的建材已從木料進入鋼骨水泥。以鋼骨水泥去興建宮殿不但不倫不類，並且將中國的建築史硬拉回到數十年，甚至數百年前。只有忠於今天的建築材料，發揮所用建材的特性，去建造屬於我們，屬於現代的建築，才是一個中國城市所需要的。

　　多給城市人們享受綠地與陽光，除了公園設置外，多整建些觀光區將是重要的。讓疲憊的人們徹底沐浴在大自然裡，將能去除他的緊張疲勞與不安。

　　希臘有一個小海島，那裡的人民以打魚爲生，島上的房屋全以當地出產的白泥做成。一幢幢的白屋，沿山而築。巷子狹小，全白的房子配合著地中海藍色的天，藍色的水。海岸上點綴著晒網拉魚的忙碌漁民。那裡每天吸引了成千纍萬的遊人。推其原因，因爲它保存著原有的風格與面目而未被破壞而已。

　　從希臘這個小海島，說明了台灣現代許多觀光區整建的不智。能做到保護古蹟，保護自然，而不去破壞古蹟、破壞自然，便能使觀光區給人們最美的感受了。

　　一個健全的都市尤其需要更多爲兒童去設想。兒童樂園的設置除了應多之外，並且應朝向啓發兒童的幻想力、創造力上著手。使成人在這樣的天地裡能重現童心。

　　當人們能在城市裡安適地生活，能在他的環境裡接近到最多的大自然，在精神上獲得最多的悅樂，他將更能發揮他潛在的智慧，罪惡將能隨畸形社會的消失而鏟除。

　　總之，世界存在的許多問題，也正是一個城市所存在的許多問題。我們必須面對它，思考它，找出它的徵結，一步步去解決它。並且就從我們所居住的城市開始著手，讓她能成爲一個屬於每一個人生活的城市，一個充滿靈性的城市。讓世界在變動中以及人類智慧的累積下，走向一個新世界。使人類的慾望，因著精神與靈魂得著豐富享受而滿足，讓這個世界不再存在著迷網、不安、矛盾與痛苦，換之而來的，是永無窮盡的春之悅樂。

原載《東方雜誌》復刊第1卷第1期，頁101-103，1967.7.1，台北：東方雜誌社

邁向大自然

蔣經國部長這次訪日時呈獻給日本天皇的一套石桌石凳，以及文星藝廊最近一次的「設計家」展覽中我所參加展出的三項石景，可代表我向自然開發的若干意念。

向大自然追求，往自然界開發，是我這四件作品製作時的主要動機。並且，我企圖利用這四件猶未成熟的作品的創作，推動這項向大自然開發的意念。

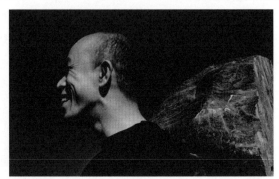

於梨山賓館庭院水池前。柯錫杰攝影。

對大自然的喜好與追求，本是我國故有文化重要的一部份。並且，那是中國文化所以深遠而燦爛的重要因素。翻開中國以往的古籍，無論文學、藝術、音樂、繪畫、庭園設計……以至於中國許多哲人的偉大思想，都在歌頌自然，追尋自然，結合自然，形成中國的古老文明。

然而，我向大自然追求，往自然界開發的呼籲並不是復古。因為單純的復古，將使你的作品成為故宮裡的複製品而已，它適於存在於中國古代的農業社會，在今日，它只能適於放置在故宮博物館或歷史博物館了。

中國人對自然的喜愛，確曾形成了中國古代農業社會燦爛的文化。然而今天我們已踏進新的文明，工業社會的機械已在我們的生活環境裡運轉了數百年，各式各樣的機械雖然在役使著人類，而使人類遠離自然，忘懷了仍有自然的存在，然而我們今天去追尋自然，去開發自然，並不是拋棄此一並不美滿的世界，而企圖生活在古遠的，仍未開發的生活環境裡，以享用大自然。

機械的利器，並非不值得歌頌，我們向大自然開發，銳利的機械，正是我們的利器。這項重要的意念，也是我那四件作品所希望表達的。

我要向大自然探索，有太多的理由與目的。最重要的，是要將對大自然理解的生活，加入現代生活之中，以抵消現代生活中機械化的矛盾。

在充滿現代化的西方社會裡西方的先知們已然發現，機械所造成的現代化，若再繼續如此長期下去，將不可收拾。他們開始向東方探索，向代表東方古老文明的中國文化探索，正是希望吸取東方對大自然所理解的那些，以補救西方機械化所產生的矛盾。

· · ·

我喜愛台灣的山石，我愛每一塊未經琢磨的山石的古樸；當我用機械將這些滿帶風痕雨漬的山石切開時，我更驚異每塊山石的斷面，竟蘊藏著一個我難以想像的天地。因此，這些山石成為我創作這四件作品的唯一素材。

在花蓮的海邊，我找到一塊古樸的頑石，它並非全合古人玩石所企求的「皺」、「透」、「漏」、「秀」的標準，但很顯然的，它具有另一種誘人的媚態。

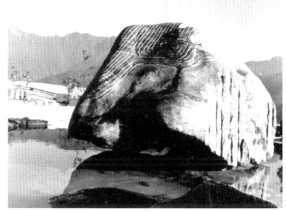

為梨山賓館庭院水池所設計的石雕之一。

我決心要把它陳設起來。依照一般玩石頭的人，必先在頭上加一番功夫：磨去石上的風雨痕蹟，塗上一層透明的油脂，並以一只鏤刻著繁複花紋的木架去安放它。但我沒有那麼做，歷經風霜後的古樸，正是這頑石的一層自然之美。

我將這塊頑石反覆把玩，我找到了一個最能表露其最多美點的安放姿態。然後我用機器將底部切平，並安放在一塊透著一層層波紋的大理石圓片上，切下來的底部，也放在頑石的一邊。

托著這兩塊切開之頑石的大理石圓片，是經過機械磨光的，一層層波紋，像透明的碧水，像湖光的盪漾。波紋較密處，又像一片片繁茂碧綠的水草。

我依著大理石圓片上的紋路，適當地放上這一大一小的石塊。大理石片像湖水倒映著石塊的儷影，石塊的四週是水草，我在這石景內看到了一個新的世界。那自然的，古樸的，歷經風霜雨露的永恆與奮鬥之美，寫出了宇宙的力量與生命的可貴。與其對比的，是那塊光滑的經過人工與機械琢磨的，透著石紋之美的人理石片，相形之下，更能增添相互之間不同的美。

·　　　　·　　　　·

我在設計家的展覽所展出的第二個石景，是以一塊雜夾著許多不同石質的石塊為主題的，將它鋸開並打碎後，安放在一塊四方的大理石片上便完成了。

製作時，我用同樣的方法將石塊底都切去使之能平放在大理石上，切下的底部都打碎成三小塊，襯托在四週，使小的碎塊能襯出主石的巨大。

我所選擇的這塊頑石，除了它具有一種特有的神態之外，外圍並呈現著一絲絲的雛裂，使它顯得更形蒼老與高雅。

頑石的外表，我仍保存其歷史的痕跡，但當你翻開覆蓋在大理石片上的切口時，你都可以看到深藏在頑石之內的天地是何等的美麗可愛。那是另一個蘊藏豐富的宇宙！

同時你會發現，這一外表粗醜的頑石，竟有如些豐富的內涵，只是我們以往未曾去探發過而已！

每當我走過這一堆石景時，我總忍不住要伸手掀開那覆蓋斷面，然後思潮與幻覺便跟著斷面那美麗幻化的石紋而神遊。

我驚訝宇宙的奧秘，覆蓋在平淡無奇的表面之下的，該有多少可探發的寶藏啊！

那雛裂、蒼老、怖滿時間痕蹟的頑石，正是我們待開發的大自然，而造成大自然的斷面，正需要現代化的銳利機械。當機械切出大自然的斷面時，更光輝的寶藏便被開發出來了。

這樣的頑石，堆滿海邊。藏在看不到那綿延起伏的山嶺中的，更不知千千萬萬。然而那蘊藏著一個綺麗宇宙的，只是一塊粗醜的頑石而已，在無盡的山嶺下，在浩瀚的海洋中，在整個大自然裡，還有多少比頑石更珍貴的東西開待發呢！

·　　　·　　　·

我所參加的第三件石景展品，是一項將「醜陋」轉化為「美好」的嘗試。

我在堆積於花蓮大理石工廠邊的堆堆廢材裡，找尋到一塊被認為最醜陋的廢材。原先它在大理石的廢堆裡，它確屬最醜陋古怪的。然而，我將它安置在一塊不規則的，四週未經琢磨的大理石片上，卻能引導入一個美好的抽象的境界。

因而我發現，宇宙間非但蘊藏著無盡的寶藏，而且大自然裡任何的一草、一石、一木都是美好的，雖然那堆大理石廢材，已在人工機械的破壞下成為醜陋，然而只要我們有美好的意念，將一切所謂醜陋的事物加以適當的處理，醜陋將可幻化為美好。

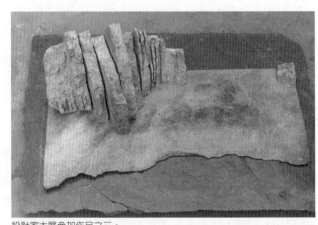

設計家大展參加作品之三。

　　我確信美好的意念，能產生良善的靈性。只要我們能有這種美好意念的訓練與習慣，良善的靈性將能帶引你如何去處理所謂的醜陋，而將這一切導向美麗。

　　或許這個世界存在著許許多多醜陋的事物，因此你無需悲觀喪志；你也用不著企求先將這一切全部剷除，然後建立新的，美好的。最重要的該是你如何去自己訓練，以養成美好意念的習慣了。因為良善的靈性將能引導你去安排一切。

·　　　·　　　·

　　蔣經國部長這次應邀訪日，行前我被邀設計若干大理石的禮物。送給日本天皇的石桌石凳是我這次設計中的一部份。

　　我在設計這套桌凳時有一個原則，它必需是代表中華的，它能說明中華的悠久歷史文化，它也要能表現出民國時代的藝術創作。它要能引導人們踏進大自然，但也要能在現代化的生活環境中顯得調和。

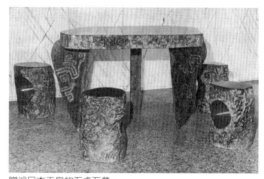

贈送日本天皇的石桌石凳。

　　假如可能的話，我還希望它能代表若干的中國民性，或中國人民的若干美德。

　　在石桌的設計上，我以厚重、堅硬，帶著綠玉色澤的大理石片做為桌面，它呈不規則的圓形。桌面雖然磨得很光，並透出美麗的石紋，然而它的圓邊，卻保持石塊在切開前的自然形態，只是在它的上面刻上些許帶有中國色彩的紋蹟而已！

　　支著桌面的是三塊更厚重的石片。在中國殷商時代所留下的許多銅器已顯示著，那時的中國人已知利用三個腳的原理，因為三個腳的支柱，比四個腳來得更平穩。

　　所配的四只石凳也採古代的形式。以一塊開鑿出來的橢圓形大理石，切去兩頭，一面使它能平放於地，另一面可做為凳面。石凳的中腰部份，加上一個洞，一則可減輕重量，二則可作為裝飾。石凳只有上下兩面與所打的洞是經磨光而透出美麗的大理石花紋的。其他部份則仍保存其毛邊的形態，只在必要處鏤刻一些花紋而已，而這些花紋則是中國特具的。並且從許多古銅器幻化出來的。

　　這一套石桌石凳中，最特殊的莫過於它不像一般家具的重視表面的裝潢與技巧了。其實中國人一向是重視內涵而不看重外表的，中國人輕視「繡花枕頭」，而對不露鋒芒的人，名不過實的人，以及守愚的人最為看重。相信這套石桌石凳也能多少表現出中國人的這種傳統的民族精神。而且我深覺，一部未經磨光的毛邊，也才更能使磨光的部份，對比

出它美的效果來。

· · ·

玩石頭將使你接近自然，使你瞭解台灣所蘊藏的大理石的綺麗與豐富。我們在玩石頭中，要發揚中國人對大自然的喜好與追求，而從事任何一件作品的雕刻時，也莫不應當如此。僅重視表面的裝潢與修飾，無論在一件工藝品的設計，或是一項大規模的庭園設計，國土設計或風景區的整建，則將只會見到你的破壞自然，而非開發自然了。

在你的作品上保留一點眞，用你善良的靈性去創造，你的創作必然是美的，並且是踏進自然的。

西方已經開始向東方追尋了，西方的文明，使他們踏入一個全然機械化的生活環境。沒有機械，他們將成爲一個廢人，因爲汽車是他們的腿，印刷機所印成的報紙，以及電視機、電話、無線電等是他們的眼睛與耳朵。起先，他們以爲他們在役使著機械，其後，他們的一舉一動無不仰仗各式各樣的機械時，他們知道他們是被機械所役。機械所造成的摩天高樓，使他們的生活環境見不到天日，見不到自然，甚至於忘懷了自然，他們開始煩燥與不安，他們發現只有東方的自然觀念能拯救這一方面的日趨敗壞！

然而，許多求進步的中國人，在創作時，在爲人類生活環境設計時，卻放棄了我們本有的自然觀念，而向西方學習，向西方追尋，這是今天的東方人，尤其是東方的設計家所應警惕的！

你擔當爲人類生活環境設計的重任，因爲你是受人尊敬的東方設計家，爲何你不從我們故有的東方文化的自然觀念中，設計一套開發自然的利器與觀念呢！西方人畢竟是西方人，他們雖已向東方學習但也只能學到有限的皮毛，改造世界的任務，正落在東方設計家的身上，我們豈又能枉自菲薄呢？

但，你應記住，這是廿世紀的六十世代，我們不是要將今天的社會拉回以往的歷史中去，因此我們大可舉起代表今天文明的機械利器，去爲今天與明天的世界人類創造，保留大自然裡的眞，應用你善良的靈性，美的世界將在你的雙手中產生。

原載《設計家》第5期，頁31-33，1968.1.1，台北：設計家雜誌社

從東西方立體觀念的發展
談現代建築的方向

　　建築之能奧妙神奇，幻生鬼斧神工的氣勢，在於它是包含材料力學、結構學、工程學、特別是美學的綜合藝術。

　　說得更真切點，科學應是建築的形體，藝術卻是建築的靈魂。一座沒有藝術氣質的建築物，不論多宏偉、多堅固、多實用，都像一具沒有靈魂的僵屍讓人可怕而又可厭！因此建築除了屬於科學的範圍外，它更應屬於藝術的範疇。

　　我不忽視今天建築家在科學方面不可思議的成就，但是建築若不能深深結合著藝術，其造型的趣味，創造力的表現，哲學的內涵，精神面的發揮，必然是異常薄弱的。雖然再高大，再堅固，最後必將為人們所揚棄。

　　當科學的發展，建築材料的進步，科學家、工學家，接過建築發展的擔子後，建築與藝術結合的問題被人們發現了，我們的社會也曾想過如何結合藝術去開創建築裡的新天地，但所獲得的成就卻多半是令人失望的。

　　推其原因，在於我們的藝術教育仍一直停留在平面美術的範圍，大多數人腦筋裡只有如何裝飾的想法，而缺乏創造新造型的衝動。因此很多建築師為表現出代表中華的造型，只有抄襲明清的宮殿型式，利用明清的琉璃瓦。建築上找不出足以代表今天民國時代的氣質、特色。甚至連任何一件家具、一只花瓶、一座庭園設計、一項都市計劃都找不到今天民國時代的精神。

　　從東西立體與平面觀念的發展去研究，我們可以發現我們的祖先早已深具大自然的立體觀念，造型創造所需有的幻想、寫意，以及抽象的精神文化基礎。只是其後「重文輕工」的觀念，使立體藝術的發展走了下坡，對造型的創造，變質為工藝、裝飾而已。培養自信與自尊，繼承精神文化的道統並從而發展屬於今天的中華民國造型，該是今天建築觀念推展的最大前題了。

　　我願把幾何學上的「點」、「面」、「體」，分別比喻為宇宙觀念中的「人」、「地」、「天」。西方的人文主義，造成其文化背景從「人」、「地」的觀念去發展。他們缺乏「天」的概念，因此局限於「點」、「面」，而無法達於「體」。

　　西方把許多自然現象以人去解釋，宗教、美術都以人為研究的對象。以人為主題去思想整個宇宙，造成他們對人的生活環境改善之最大衝力，科學成為他們解釋一切現象、解決一切問題的基礎。

　　東方的印度，著重「天」、「地」觀念的發展，但缺乏「人」的觀念而潰敗。

　　重視精神與物質，以精神解決宇宙與人之關係的中國，在思想觀念上早已兼具人、

地、天的點、面、體觀念了，因此對整個宇宙也具有立體化的綜合能力。

　　從中國山水花鳥去研究，可以發現那些作品中都表明中國人對大自然的瞭解與喜好。畫家們以大自然表達其遠大的心胸。中國繪畫的傳統在寫意，在表現氣韻的生動，而西方則以消失點的透視方法從事寫實。人是畫面的主題，自然只是其背景。

　　從雕塑上看，殷、商、周的石雕、銅器，其造型都具超然的觀念。不但寫意，並把大自然中偉大的力量，用幻想的動物，表達出當時中國人對大自然的感情。造型上有強烈的線條與量感，以幻想創造出鮮明的型態。直到宋瓷仍然保存那時淳樸的造型美。

　　但發展到今天，原有的穩重無華的造型已然少見。受著時代的影響，生活的緊張、精神的空虛，原有那種樸素、純良、一心一意的創造力都消失了。人們在物質上追求，再加上在思想、學術領導社會的文人，不肖應用刀、斧；認爲提筆寫詩，作畫才是正統，因而造型的發展沒落，代之而起的只是著重皮毛裝飾的工藝。

　　我要說明的是，中國人在思想上，文化傳統上是立體的，有創造能力與綜合力量的。每一時代都有發展其獨特造型的能力，只是我們沒去用它而已。我願意舉出「龍」的例子。以說明我們原有的創造力。

　　龍所帶給西方的只是由上古時期所遺留下來的恐怖與不祥。但龍在中國人的觀念裡卻恰巧相反。相傳中古代部落之間相互征戰時，各自都有自己的記號，分別畫著代表自己部落的動物形象。其後有一個部落的領袖統御了全體，他將所有被征服的部落記號綜合爲一，有鹿的角、馬的頭、雞的爪、蛇的身、魚的鱗甲，並稱之曰「龍」，使集合成的大部落，得以永久的結合而不復征戰。

　　從「龍」成爲力的結合，宇宙偉大能力的表現，其後復用之於帝王，成爲一種代天行道的權威。

　　從龍的創造，與中西方對龍的觀念，正可說明中西精神、文化的不同，以及對藝術的創造力。西方的繪畫與雕塑局限於人的範疇，充其量以人的現象去理解宗教上神的世界。只是其後的西方藝術在向自然、立體的方向急速邁進時，我們卻不知不覺摒棄了故有的一切，因而造成我們今日的潰敗而已。

　　我們再從東西方文字的發展上看，也可看出東西方原有文化內涵的差異。我們的文是從象形開始發展的，每個字正如一張抽象的繪畫，深具幻想與哲學的趣味。字、詞意義的豐富，變化的複雜，都可表現我祖先創造的能力以及精神文化的深厚。

　　書法的發展，更灌注了性格，情感的表現，其講求氣韻的生動，力的發揮，結構的配

合等，使中國文字成為世界最有內涵，最有趣味、最古老的抽象藝術。

　　西方的文字由記號發展，許多不同的記號，合之為一個單字，因此西方文字從任何一個角度去看，都遠不如中國文字創造力與精神內涵的豐富了。

　　西方的戲劇也與藝術同走寫實之路，我在意大利三年曾以很多的時間用於觀賞那裡的歌劇，他們的佈景，道具、服裝、以及所演出的每一場，都古雅可愛得像一幕幕活動的活動的古畫，舞台技術之完善是令人叫絕的，使人隨著故事的情節，徜徉在那個時代的故事裡。

　　然而正因為如此，他們的劇中需用馬車即搬出馬車，需用駱駝即在舞台牽出駱駝，一切都從寫實主義上發展。

　　反觀中國的京劇，佈景多是象徵式的，以簡單的道具，以及表示各種意義的動作去表現一切。上馬、下馬、開門、關門時，舞台上都沒有馬與門的存在，在表現上是抽象的。從戲劇的例子也正可說明中國人在戲劇上早已有創造意念與抽象的表現。

　　我們研究古代中國的造園與建築藝術，也可以發現中國人對自然的喜好。中國的造園都愛在自然發展中，將一切調和到大自然裡去。中國的建築是代代相傳的，建築師不受重視，在社會上沒有他們的地位，他們是受文人指揮的。有才華的文人，指揮著建築的工人去建築，因而文人將其對大自然的思想與宇宙觀，很自然地表現到建築物的佈局之上，亭台樓閣的點綴，樓台走廊的迂迴曲折，都宛如山水畫中的詩情。

　　從很多大庭園建築裡我們更能發現其在「空間變化」的妙用。從一個小單元再配合為大的單元，當你曲曲折折的走進去，在過完每一個不同的階段後，又都能在你的感觸中產生一種新的境界。這些庭園佈局不是一眼就看完的，你可以作三百六十度的旋轉，慢慢去摸捉它的情趣。

　　宮殿的建築，可以說是木造建築裡發揮的極致了。當時宮殿式建在建築史上的發展，是忠於當時的建材與工具的。只是今天科學的發展，比木材更好用的鋼筋，水泥等建材出現了，宮殿式的建築形式，便結束了它在那一個木造建築世界的紀元而已。

　　西元的建築藝術大多表現於教堂。宗教的建築都著意於繪畫、雕刻的裝飾，並且這些裝飾未能在適度的情形下停止，因而大多缺乏精神的高雅表現。並且我發現很多有名的西方建築都缺乏中國那種空間變化之美，換句話說，它只能在一個角度，給人一種宏偉的美感而已。

　　但西方國家成功的是，每個城市大都滿是藝術家留下的作品，這由於西方的生活環

境，除了其中一段建築開始蛻變的期間外，藝術家都實際參與計畫的工作。尤其西方的古代城邦政治，藝術家成為帝王裝飾其權威的重要顧問時，帝王都爭取並培植最好的藝術家，設計興建許多大建築物與創作雕塑及繪畫。

當西方社會由農業轉為工業，建築材料與建築技術，隨著科學進步往前急速邁進一步時，因著鋼筋、水泥代替了原有的木石，過去的建築方式整個開始改觀，藝術家被迫將建築的重擔，交給具有科學新知的力學家、材料學家、工業家的手中。當這批沒有藝術素養的科學工程人員負起了建設人類生活環境的責任後，機器化而缺乏美感，缺乏精神力量的新環境出現了，使得人類生活在毫無情趣，遠離自然的環境中。

到了二次大戰前，這種在物質上追求已到極端，對精神上享受愈來愈少的現象，已嚴重到非加以研究改善無以解決的地步了，一九五一年在倫敦召開的第八次國際建築會議（CIAM）時，這項問題被提了出來，並作了一次廣泛的討論，最後決定：以後都市計劃中最重要的表現對象，如公園，大建築物，紀念碑以及都市計劃等，應請有創造能力的畫家、雕塑家協助設計。

這次會議之後，為西方社會帶來了一種覺醒，很多重要的建設計劃都請了藝術家去參與，以阻止無人性之機械化，在人類的生活環境中蔓延。

反觀我們今天的社會，美術教育落後，沒有藝術素養的建築師，以及決定都市重點建設的政府決策人員，很少有虛心考慮藝術問題的。我們方脫離農業社會的巢臼而向工業社會邁進，很多新的建築材料與建築技巧已延進來了，再繼續處在這種發展之下，我們勢將步上西方工業社會初期的覆轍。

更可笑的是，很多想要追求中國建築藝術的建築師，將明清的宮殿建築形式取了過來。琉璃瓦，斗拱等等屬於木造建築的東西，一成不變地搬到了鋼筋水泥的建築上。那非但無法表現出屬於今天民國時代的造型，在建築上更是嚴重地開著倒車。他們不知，也不想往前另開一條建築的大道。

東方的日本，其建築上是採取我國唐以後的建築精華發展的，日本已能配合今天的科學，今天的時代，發展為他們自己造型的東西。他們算已能將唐朝的文化加以消化，並融合到他們自己的民族性格與地理環境中去了。

我常想，假如我們未來的建築創作仍然取唐代以後的精神去發展，易使人誤解，以為我們的創作，受著日本的影響。事實上日本與中國的民族性有很大的差別，其創造必然不會相同。唐以前的古代藝術作品，最能充分表達我民族的偉大個性，我們多該循著這些故

有文化、哲理與精神去消化，加上我們今天的創作，發揮出屬於這個時代的中華氣度與規模。

唯有消化我古老的文化，再利用今天的新材料，充分發揮新材料特質，然後從事創作，才能產生出有氣魄的有深度的東西。也只有這樣，才能有別於古代的與西方的。

因此，我發現我們非但要深切瞭解我們自己的文化，還要對未來中國世界的生活環境，有一清晰的透視。對未來的中國社會將如何生長與發展有一個幻想，這是這一代建築家與藝術工作者最重要的了。

未來的中國社會不能由西洋人為我們安排，我們想抄襲西方的藍圖，所建設成的中國，也無法適應未來中國之需要的。

從交通的急速發展，我們便可看出，作為一個現代中國的建築家，何以要積極的創造，並放遠眼光計較著未來了。

現在已是一個工業社會起飛的時代，工作效率的重要與日俱增。未來必然產生的現象是，人人將有自己的汽車，以便在有限的生命，做最多的事。

義大利應算是歐洲較窮的國，二次大戰後，正如今日的台灣，到處充塞的是腳踏車，其後演變成人人有摩托車，然後再發展為汽車。今天他們每七個人已有一輛汽車了。那裡的羅馬更是平均每三個人有一輛汽車。汽車已不再是奢侈的點綴品。沒有汽車的人，幾乎已無法競爭，無法生存了。

隨著這種急速的發展，都市計劃中的停車坪，房子建築時候的汽車間，都成為他們建設時必先解決的問題。市中心的大建築，尤其要設計如何在地面去掉那些阻礙車輛交通的大柱子，如何將佔地頗大的大建築，只用最少的地基去支撐。

西方除了在這些問題的解決上努力外，尤其發覺科學在急速的高度發展後，所造成的人類生活環境已漸不能適應，而需重新創造了。

生長在我們這個社會發展較慢的國家之建築師，除了在每一件創作時，需將眼光放遠。在基本觀念上，尤其不能滿足於現況，甚至於退到農業社會的觀念中去。

往往都市計劃，國土整理，以及許多設計人類生活環境的大規模工程，都需靠著國家各式各樣的人，群策群力，分工合作去設計，因此要使人人都具這種新觀念，當是推動社會往前發展，最重要的事了。

當我們有了這項意願，攜手為中國的環境創造時，第一件重要的事當是恢復民族的自信心與民族的自尊。前面我曾不厭其煩地從中西的哲學思想、繪畫、雕塑、文字、戲劇、

造園、建築等去分析，說明中國人早已具有立體的觀念與創造的能力了。研究，並消化那可貴的文化，在今天的環境中整理出屬於中國人的社會體系，創造具有深厚文化影響的造城將是最重要的一件事。

藝術上，西方雖已在研究一項世界的美術觀念，但那總不是中國的東西，而無法全部適應中國人的社會環境。西方的理論不該看作我們創造未來的藍圖，我們應加以批判，以我故有的文化精神以及今天的中國環境，加以修改。我們的發展雖然較慢，但在一塊處女的社會環境加以創造是更容易的。

其次，我認爲一切設計與建築，應給予純藝術家一席應有的地位。中國的畫家一向都僅將他的思想，他的創造，表達在畫面上。使純藝術家與廣大的生活環境脫節。充其量，純藝術家的作品，只能用於室內的細微點綴。

在建築上，在一切人類生活環境的設計上，我們應重視西方的覺醒，我們應立即借重純藝術家的創造力，與合乎人性的理想，使我們環境內一切的建造、設計、不致朝向古板、枯燥、乏味，令人生厭的路上發展。

要使社會的建設結合藝術家的力量，我認爲應立即設置一所、甚至於多所中國現代藝術館之類的東西。那裡非但能經常展出藝術家在造型方面的創作，更重要的是，要使那裡成爲建築家、藝術家、文藝界人士經常交換意見的地方。

這將是一個針對今天與明天世界建設的地方，那裡有展覽、有活動，有川流不息的人們聚在一起談天說地，專家與專家之間藉著那個地方交換意見。新的觀念在那裡醞釀並傳播。一般人想要解決任何一項藝術上的難題，可以隨時到那裡請教專家，並獲得答案。

西方目前這樣的藝術館到處皆是。西方人建造藝術館等於他們從前建造教堂，因爲他們深信教堂的功用在教育民眾的精神，而藝術館卻能教育民眾如何去美化其生活。

我們目前雖有藝術館，國立歷史博物館等，但卻不是屬於我上面所說的藝術館。即使將來用以作爲討論未來問題與觀念的地方，但在一個放滿古物的地方去談天說地，很容易讓人忘記現代的問題，忘記去爲今天與明天而準備。

目前要全面推展的另一件工作，便是立體美術教育的推廣了。無論從我們日常生活所接觸的一只花瓶，一件家具，一座建築，以至一項都市計劃等，無不需要有立體觀念的人，才能應付。

因此我認爲建築師應有藝術素養外，尤其需要有雕塑的素養。我們大學裡的建築系都屬於工學院，但很多國家則將建築系也放入藝術學院內，對建築系的學生，給以更多藝術

與雕塑的養成教育。

雕塑在建築上，以及任何人類生活環境的設計上，是重要的，因爲它講求的是立體的造型藝術。可是今天在台灣一般人觀念裡，以爲雕塑便是塑像或刻花。豈不知那僅是雕塑中細微末節的部份而已，雕塑最重要的該是研究造型美術。而且只有在雕塑中追求造型美術，才能直接影響到未來社會建設造型的需要。

我們談創造屬於這一代的中華造型、更需靠著這批從事造型的藝術家了。有了新的造型才能產生建築，造園等方面的特性。

這種立體美術觀念，還需灌輸到全民的腦中。能這樣，社會才有新的審美觀點，才能向新的道路上追求。社會上也才能產生一批具有新觀念的應用設計家，使工藝、建築等等走向立體觀念的設計上去。

另外一項鼓勵造型設計家勇於在造型上創造的原因，由於許多產銷制度都不願對造型設計家的利益加以保障。想要使產品的造型精益求精，必需在造型設計家設計好一件東西後，給以合理的產銷百分比。

我在農復會工作時，手工藝推廣中心的一位美籍顧問曾邀請我爲該中心若干手工藝術品加以改良的設計，我提出的條件便是收取這些經我設計的手工藝品產銷總值的某一百分比。我設計得好，銷得多，我的報酬比例增加，我設計得不好，銷不出去，我一個錢不拿。

那時的手工藝推廣中心還是美援機構，那位美籍顧問說，美國雖有這樣的制度，但美國是美國，台灣是台灣。言下之意認爲台灣的藝術家不值得享受這套報酬辦法，我憤而拒絕了他的邀請，其後他雖以保送出國等條件引誘我，但我終於不爲所動。而且我有一種被欺負的感覺。

我們的社會應做的另一件事該是對抽象藝術的重視了。因爲抽象藝術在觀念與材料的應用上是有啓發性的。雖然它在實用上是犧牲者，但若經過設計家的手，延伸到應用藝術上去，我們便將感到抽象藝術的重大貢獻。

抽象藝術家相當於純醫學的理論者，設計家相當於爲人診療的醫師。要使醫學進步，控制人類的許多疾病，爲人類帶來更多的健康，醫師必需靠著純醫學理論研究者的苦心鑽研。同樣的，抽象藝術將是設計家設計時的動力，靠著抽象藝術的貢獻，將可啓發設計家的靈感。在西方，這些開路的抽象藝術家是備受尊敬的。

在西方，抽象藝術最初雖然是破壞的，但目前它已肩負起建設的責任。最先抽象藝術

在破壞一切美術的理論時，它是歌頌醜惡的，但當它從美走向醜的極致時，新的、更豐富的、更有創見的美卻在轉過醜的極致時從新出發了。

二次大戰期間的抽象藝術，經過藝術家敏感的筆觸，反映的是人心的浮動，對世界的絕望，在那時一幅幅的抽象藝術作品裡，讓人看到了世界的末日。然而，今天的抽象藝術已滿是建設性與啓發性的了。我們的純藝術能從我們健全的文化中開步，必將為抽象藝術帶進一個嶄新的紀元。這正是何以西方藝術家，向東方文化摸索的原因。

有了上面這許多新觀念的推展，建築也好，人類生活環境中的任何設計也好，將可步上新的里程。

在建築上，我認為能將「地方感」與「時代感」作忠實表現的，才是好的建築。這是建築上兩項最重要的原則。抄襲西方的建築形態則沒有我們這裡的「地方感」，把古代的宮殿形式搬出來，則缺乏民國時代的「時代感」，我們必需捕捉我們這裡，我們這個時代的精神去著手創造。

最後，我願以一個從事純藝術的工作者的觀點，對建築物與光的問題提出一項意見。這將包括了建築物的色彩與建築物在型式上的處理。

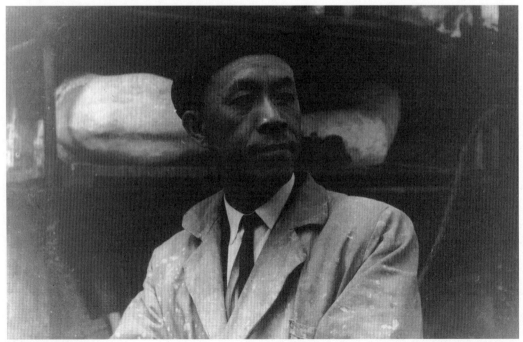

楊英風攝於羅馬。

我發現很多不健康的建築物，大多在於忽略了光的問題。很顯然的，光所帶給我們感覺中的是色彩的變化與型體的凸現。光在科學上許多新的發現。在繪畫上產生了十九世紀的印象主義與新印象主義。但光在建築上，卻被多建築師所忽略。

在建築上，我主張充分應用建築材本身的色澤，無論是磚、是石、是金屬、是水泥，當他們分別組成一個整體後，所產生出來色澤上的變化是豐富的。遠看、近看、晴天、陰天，其所泛現的色澤都相異其趣，這比用油漆在建築物上塗抹高明多了，因為後者非但會隨著年歲的消逝而變色、剝落、即使不斷地漆塗，其所給人在色澤上的感受仍是貧乏的。

利用光線以增加色澤美感的另一方法是，造成建築物表面不同的粗細。一面平坦的牆給人的感受是乏味的，將磚石以不同的方法組合，以造成牆壁不同的凹凸，會因不同角度陽光的照射，在一天之中變化出不同的美麗色澤，以及充滿了力的感覺。

在建築的造型上單純與統一常能取勝於複雜的配置與繁多的裝飾。以中國的廟宇為例，造型上是獨特而美的，但密密麻麻的裝飾與雕琢卻是可厭的。

有些建築以多種造型或多種色彩去配合為一，這遠不如單純統一的一種造型或色彩來得更有個性與更美。否則應表現的重點強調不出來，附屬的部份反而喧賓奪主了。

總之，我們該多想想，怎樣去發揮新材料的特性，使我們的建築成為屬於今天，屬於我們自己的建築。甚至廟宇的興建，也應避免抄襲古代的造型。多為今天與明天想想，這樣的建築，這樣的生活環境設計，才能適合這一代人的需要，並為下一代開闢一條他們可依循、發展的道路。今天該是我們努力的時候了，我們不能到了民國五十七年的現在，仍讓立體造型藝術呈現一片空白！

原載《東方雜誌》復刊第1卷第8期，頁90-94、111，1968.2.1，台北：東方雜誌社

從突破裡回歸
—— 論雕塑與環境必然性的配合

從阿姆斯壯的腳步說起

從「阿姆斯壯的腳步」到「雕塑與環境必然性的配合」，乍看之下，似無可循的脈絡關係。事實上，我們若有暇面對那無數火箭奔馳而去的河漢沉思片刻，就不難理悟其間親切與自然的關係。

還記得一句已逐漸成為歷史記載上的名言嗎？

「一小步一大步」——讚頌著阿姆斯壯成功的登月之舉，及其蘊含的深意。

的確，那月球上所邁出的一小步，足以號稱是地球上七十年代初人類文化邁進的一大步。這一大步乃是人類跨入群體文化新紀元的開始。

不可諱言，「科學」是近幾世紀來文明躍進的主要動力之一，當然，它的進展，直接間接的也帶動「人文」上的巨變。如歐洲一七六〇年導源於科技發展的產業革命，帶來社會經濟制度的變革，以及後來真正尊重人權的民主政治的實現。

而今「太空科學」神速的進展，亦已逐漸促使我們走向另一次文化變革的新里程，這就是對群體文化功能及需要領悟的新時代。因為「太空科學」的研究，其系統佈置，是有史以來的精密與龐雜，不再是過去古典的某種單元科技研究所能解決的，在此，幾乎是結合運用了由過去至現代所有科技研究的成果，才得以在那塊遙遠而冰冷的土地上印上人類的足跡。這樣的結果，標示著為解決現代問題、科學體系必需聯合，擴大，因此太空科學的發展，即成為精密的科技群體，在高度分工合作中所達成的任務，它的影響擴散於人間，已逐漸在變化吾人的社會組織，經濟型態，甚至文化結構，而產生「群體文化」的經營，朝向統一性，整體性的目標拓殖。我們尚可憶及一九七〇年大阪萬國博覽會的表現，顯示人類追求群體文化，完美而豐碩的成果。因此，一切單純而獨立的東西，已無法面對這個世界整體性的需要而不感欠缺匱乏，這樣的覺悟，就與此地探討的主題——「雕塑與環境必然性的配合」，發生嚴密的關係。換言之，雕塑藝術亦在極自然的情況下，被包括在群體文化影響力所及的範疇中，而產生機動性的變化。

古典雕塑觀念的突圍，及與景觀雕塑的關係

雕塑，本質上原就是立體美學的實作，對於整體完美的照顧是基礎上的要求，因此更無法抗拒群體文化的影響力，而產生了大幅度的變化。當然，這也是順乎人類需要之平衡而生的調整。這調整明朗的表現在雕塑從古典觀念突圍而出的行動上，進一步與大環境結合構成景觀雕塑。雕塑，不再止於滿足純粹提供美的情緒與意念的表現，像過去大多數的

時候那樣，攀附於宗教建築，宮廷建築內，置於博物館藝術館的座架上，處於庭園、噴泉的點綴美化中，來裝飾有餘裕獨特的富麗堂皇，高雅美麗。今天，「時間」、「空間」、「人間」的關係已隨同文化的變異，產生急驟的調整，雕塑條件與對象的需要早已迥異於往昔，它們必須從那些侷促的角落走出、來到廣大社會與群眾面前展示自己，參加造就一個影響大眾民生情緒的環境，跨越純屬觀賞的距離，親切化入人們的精神領域，由環境的塑造進至「人」的塑造，它不僅成為一個被雕塑的作品存在人間，更要成為雕塑「人」的作者存在人間。因此，它必須緊密的與人的生活環境結合、尋找與廣大群眾需要接觸的機會，選擇發揮人性，施以教化的角度。這種雕塑的造型，名之為景觀雕塑或景象雕塑，尚稱妥貼。唯有此途，才可做到古典雕塑「形象」與「力量」的擴大、收到反為塑造者所預期的效果。此項觀念的突圍而立，似為西方文明潮流所影響，事實上，雕塑與景觀藝術的結合觀念，早已存在於東方立體美學之中。東方的造園學，建築學，結合自然山水景態的表現，可為例證處，彼彼皆是。故作為東方國民的吾們，與其說順應這個潮流是一種「突破」、勿寧說是一種「回歸」來得更恰切。我們如果肯虛心，丟棄無根由的自卑感，腳踏實地的對東方文化做徹底的認識，當可在其中找到更多結合雕塑藝術與景觀藝術的重要原則和方法。我們這樣做，也許更能把握於我們生活空間真正有益的再創造。

景觀雕塑與現代建築的關係

建築在七十年代，所表現受之於群體文化影響的程度更深，它在這方面的敏感度，可謂高於任何形式的藝術。因為建築始終離不開「人」這個主體，小如房屋，大如都市，無一不是為人所牽動，而與「人」生活空間關係最親密的設置。因此，人的思想，情感，觀念的變化，將比任何表達都快速，確切的反映在建築上。今天，在邁進群體文化世紀中，建築藝術早已迫不急待地跨越單純滿足人類物理環境的境限，而跟進一個滿足人類完整感覺需要的境界；即讓藝術家的情感與技術家的理智同時作用於人類生活空間整體性完美的創造上。在此，建築藝術亦成為造就「人」的環境，換言之，它也是一個讓人們有所依傍的「作者」，助長人們產生信賴、安定，適愉，美好等感覺。因此，它除了應具備工學上的內含，更應具備人性上的內涵，方能在計算上的完美與表現上的完美達成協調。建築體系，為滿足人性系列化的感官需要，而做的擴大，可在近代都市計劃，明日城市計劃中找到實證。在這個基盤上，建築藝術的範疇與體系因作了相當有彈性的增大，而與景觀雕塑的範疇產生了若干貼切疊合的部份，在這個疊合部分上，景觀雕塑與建築藝術幾乎是密不

可分的共同存在，來表現一個架構、一個主題。二者雖各同為立體藝術，但卻在互相依存的關係上，增加了彼此的性能與力量。而共同肯定造就大環境的重要性及價值。在設計上雕塑與建築理應同時作業，同時考慮環境的造就，任一者都是任一者的一部份，有大小之別，無輕重之分。

更直截的說，景觀雕塑離開了建築環境及其科技原理的搭配，無法達成「形象」與「力量」的擴大，而建築離開了景觀雕塑的調配，在內容則難以滿足人性多方面的美感需要，而調和工學氣氛之機械化，無法達到有意義有性格的空間創造。在造就人類真實完美的大環境此一前提下，雕塑必然運用建築的結構與材料，建築必然運用雕塑的造型與變化，這樣互相結合為相得益彰，產生共同目標與作用的作品，就是所謂的景觀雕塑。因此，在景觀雕塑的觀點，可呼一個經過整體性設計的都市為景觀大雕塑，如我們看萬國博覽會的建設所產生的感覺一樣。少數人們塑造了它，它再塑造多數人們。

在此，試舉個人近年來幾件作品及設計做為說明，或大或小，皆站在整體考慮的觀點，及與環境配合的關係上，來研設的。

（一）〔鳳凰來儀〕：

〔鳳凰來儀〕是一九七〇年三月中旬，在大阪萬國博覽會，為配合中國館而設計的一座巨型雕塑。（圖一）

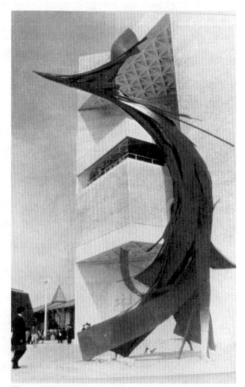

空間性的研究，是來到我思慮中的第一步。

中國館位於萬博會場之主題中心位置，面對一千平方公尺的大廣場，是人們視線容易放鬆，便於尋找落點的地方。但隔壁的韓國館，卻因此在原來的設計之外，又加了十三根碩大高聳的黑煙囪，對於中國館本身而言，或四週景象的調和，不免產生可憂的壓迫感。特別是對我的雕塑設計來說。

鳳凰的塑造材料是鋼鐵，高七公尺，寬九公尺，以片狀和管狀的線條來組合。它的顏色起先是漆上一層防鏽的紅丹，以後又漆了一層黑色，紅裡有黑，黑裡透紅，單獨看，感覺不錯，但是

圖一　鳳凰來儀

跟韓國館幾支大黑煙囪相形之下，不甚妥當。因此又改成鮮明的五彩顏色，雖然合乎中國古代鳳凰五色俱備的說法，畢竟色彩太複雜，與會場中其他國家的雕塑顏色的複雜度太近失去特性，而且更重要的還是彌補不了韓國館大煙囪所破壞的平衡。於是最後再漆了一遍大紅色的。這樣完成的鳳凰不是純紅的，而是大紅散金式中國況味。五彩是隱隱約約的襯在大紅色底下，隨著光線變化而產生了層次和深度。並利用煙囪的黑色做襯底，配合中國館的白色，表現中國館單純，簡潔，含蓄的美之外，又以自然飛舞的線條牽動週遭莊重沉默的空氣，使之流動出活潑的氣息，在空間上，似乎帶來了讓鳳凰展翅飛翔的餘地，遠近看來，既耀眼又得以舒暢。

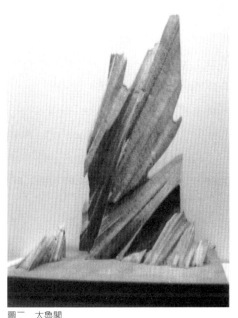

圖二　太魯閣

　　在時間上，「鳳凰」是跨越著三個時代的配合而來的，它從古代存在，降臨現代，又將飛向「未來」。

　　鳳凰在古來中國的信仰和傳統中，是一種形體非常抽象的神鳥，它只有在天下太平時才會出現，它代表對未來理想世界美好的憧憬和愛戀，它象徵一個超然理想世界的存在。

　　在西方，也有類似鳳凰的傳說，他們叫它「火鳥」，當它老化時，羽毛形色盡退，即發火自焚，在火焰灰燼中，它又慢慢生成一隻年青美麗的新火鳥。因此，它在一些非基督教國家人們心目中，也代表一種信仰。牠的存在是生於世而永存於世，牠必須經由死亡而獲得新生，牠象徵人類慾望的永恆。

　　在這裡，鳳凰同時說明兩種（東方與西方）過去的象徵意義。而今七十年代初，在標示著全人類的主題「人類的進步與和諧」的博覽會場上，它又頌讚著，祝禱著人們，無分東西，團結在群體文化中，創造生活一致的目標，使精神文明與物質文明得以平衡協調，共同協手追求未來華美新世界的富麗、和平、幸福與永恆。

　　此外，我們不得忽視，鳳凰所來到的「人間」，不再是古代那種保有相當樸實，單純的自然「人間」，而是當今，充塞著人工化、機械感的非自然「人間」。我們不要忘記給它替現代人說話的機會，因此，我採用鋼鐵的材料，現代機械線條，表現現代人的意志與情

感，但是我們亦不可否認它因而欠缺了一些重要的自然親切感。因此，在製作過程中，又把那種冷冰冰的幾何圖形加以破壞。如我要求技術人員儘量放大膽子，自由的去分割一塊鋼板，分割處，要露出自然粗糙的質地，在焊接的地方，留下必然不規則的痕跡，讓它們在機械化的操作上，多少削弱過份人工化的力量，保持一些自然事物應有的勢態。而且，在這些特質的創造上，又因每個人的不盡相同而有變化。「人性」的暢達，在此使之充滿著躍動奔放的生命力，增加近代西洋雕塑景態中少有的人間性，和溫暖感。

因此，結合了以上三點必然性：「時間」、「空間」、「人間」的考慮，「鳳凰」的來臨便不是偶然的。我深信，唯有對這三點必然性配合的表達，有絕對的把握，我才能在這個作品上表現整體性的象徵，和強勁的發射力、造成與建築相得益彰的景觀，來被人們了解，和嘗試著解釋一些東西給人們。

（二）〔太魯閣〕雕塑，〔開發〕景觀雕塑

〔太魯閣〕（圖二）是一小型鑄鋁雕塑，一九七〇年大阪博覽會期間，在東京作的，在博覽會中國館展出。是東台灣名景太魯閣的精神與自然之美的縮寫。

對產生這個雕塑作「必然性」的認識與執著，幾乎支配著我未來的工作和夢想。

一九六四年，我加入花蓮榮民大理石廠的工作行伍，開始了對這塊尚保持原始風貌的山地從事探索的生涯。我深入工地，從大理石的探採直到把它們分配到適當的用途上，我儘量不放棄觀察尋找任何有特質的景態，以及觸摸每一塊石頭的機會。漸漸，那處處高聳而峻峭的山壁，一塊塊巨大冰冷的石頭，都開始對我投射出不可思議的吸引力。我認識了它們的堅定卓絕，浩然挺拔。我看到了大自然景物在地球上生長的原始景態，它們親切的流露出質樸直率的力量，無憂無懼無動無靜。後日我遂開始去撲捉去連綴這些零碎的感動而企圖藉作品的雕作來表現。〔太魯閣〕便是在這種情態下蘊育創造的作品之一。另外的

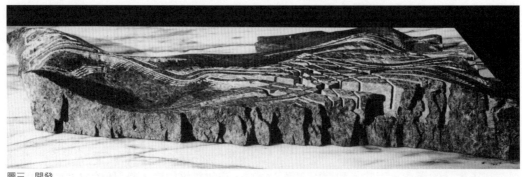

圖三　開發

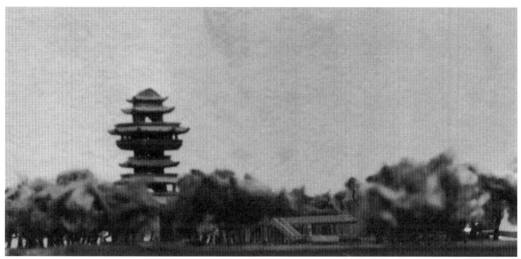

圖四　挹蒼閣

〔開發〕（圖三），也是與〔太魯閣〕同時期的作品，材料是大理石，表現東部自然被施以人工開發的意義。

　　太魯閣至天祥一帶，盛產（儲）大理石，因此我喜歡採用大理石做材料，這樣便容易抓住地方性的特點，而且，屬於石頭氣質的雄偉山景用石頭來表現是最恰當眞實的。

　　看起來〔開發〕的條理是整齊中有變化的，雖未必全然合於自然之眞貌，但是，這是我說話的途徑，我希望這樣能表達我的意志和對東台灣景緻恆久的認識和讚美，而又未違背它們本身的眞意。

　　目前，我所能做到的僅止於把太魯閣及東部景觀化育的認識和喜愛，濃縮在雕作中，有朝一日，我盼望它們能依傍在一個大環境中，放射它傳達自然「力」與「美」的意志與力量，做爲溝通「人間」與「自然」的橋樑。

（三）〔挹蒼閣〕

　　〔挹蒼閣〕（圖四）爲黎巴嫩貝魯特國際公園的中國公園設計之一部份，高七層共三十公尺，每一層造型均不盡相同，有四角形，八角形等。且全閣採開放式的結構設計，便於空氣流通。

　　國際公園爲黎國「綠化計劃」中一重要部份工作。黎國將貝魯特近郊一片廣大的沙漠三角松林地帶，劃爲國際公園區，中國公園，在全球三十多個國家中，所佔據的地段最優越，面積最宏大，無疑的被寄望於東方文化藝術代表者的地位。我在一九七一年十月赴貝，負責籌建中國公園。

　　中國園區亦處於一片高大濃密的松林中，而且有一個自然形的人工大水池。因此，我反覆的思考後，決定在水池的上方，應有一較高而面積小的建築物，此建築物必須穿過濃密的松林，由上可俯瞰一片樹海，其水中倒影亦可調和廣大水池周遭的單調。因此，爲了配合中國園基本的情調和黎國的生活空間，我設計了這座「變形」的〔挹蒼閣〕。

　　在空間性的考慮中，這裡是中東，不是中國，所以不能把中國閣塔一成不變的搬過

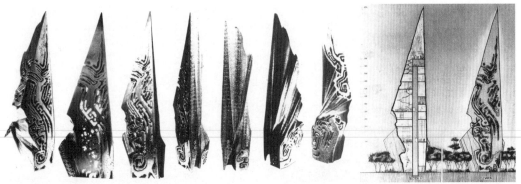

圖五 〔夢之塔〕模型和設計圖。

來。而且此地爲地中海型氣候兼沙漠氣候，中國密閉式的閣塔根本不宜置於此地。

在時間上，現代人的創作應有時代的意識與情感，以及有配合時代的材料和技巧的需要。

在「人間」上，我們所能做的，應該是傳播文化，而非移植文化。所以，我必須把純中國式的造型予以適度的改變。

基本上，我還是依據中國建築多變化的有機安排來打破西方幾何設計的單調，並啓示引發其對自然的愛好。

在〔挹蒼閣〕每一層上，均有個圓結構的拱門，但形態是由底層的微圓逐漸向上層發展爲全圓的。夜裡上燈，看來如一輪逐漸由缺而圓的明月高懸夜空。此外在第五層八角面的斜壁上、鑿有大小不一的洞孔，光線由孔口射出，連成帶狀星群，有如銀河。讓人們在這種種的暗示中，思索自然奧妙之美、洞察自然的和諧韻律。

（四）〔夢之塔〕

〔夢之塔〕（圖五），原爲高六十公分，鑄鋁的雕作，一九七二年二月在關島放大爲八十七公尺高的鋼骨水泥混合土產石塊的景觀雕塑設計。那是爲在關島商港進口處，設計一個如美國紐約港埠「自由女神」雕像般的雕塑，目的在標示關島未來的拓展性及做爲港埠地區一個有特性的標幟。雕塑內部是人們的活動空間，光線可從那凹陷不規則的紋路中透出。

（五）〔新加坡的進展〕

〔新加坡的進展〕（圖六），是一九七一年爲新加坡設計的景觀雕塑模型，擬以鋼筋水泥與當地的石頭建造。位於一個「未來市中心設計」的一百公尺寬的馬路邊。

新加坡是當今亞洲國家中，唯一在短促的時間內，以其迅速確實的努力，向世人證實了其進步成果輝煌的

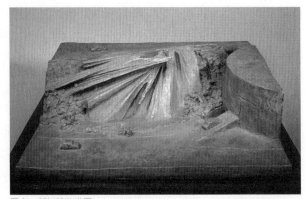

圖六 新加坡的進展

國家。它在經濟事業，教育事業，建築事業，觀光事業，國家工業化等種種現代國家必行的建設上，都表現了令人驚讚的成就。

　　這座雕塑，以單純有力的線條，聚合而變化著，散出一股似乎由地殼裡被擠壓而迸射出來的力量，堅實、巨大、懾人心魄。正如新加坡在複雜的國境中，力爭上游所做的努力。這努力已給這個國家帶來巨大快速的變化。雕塑本身即被要求來傳達這種體認，濃縮這個國家新銳的精神亦標示未來拓展的潛力和希望。

　　七十年代是個新生的時代，面對它、我感謝、我激動、我幻想、但更惶恐。

　　因為，在現代社會的需求中，或為僅止於單純的雕刻家、畫家，和景觀設計者，使我不得不感到如此薄弱和欠缺。

　　也許，那是個夢：做為城市設計者，完成一座未來東方的城市，在花蓮，濃縮著東方人的生活、文化和尊嚴，特別是屬於中國人的。

　　可是，哪個藝術永不曾是造夢者，哪個有意義的建設不是最初都埋藏在夢裡？

原載《淡江建築》第4期，1972.7，台北：淡江學院建築學系

雕塑的一大步
——景觀雕塑展的第一個十年

從維也納向南行，乘車約七十公里的地方，有一個被葡萄園和麥田圍繞著的村落叫桑特・瑪嘉雷頓（ST.Margarethen），村邊一角，有個覆碗似的丘陵，表土一部份長滿雜草，一部份露出石灰岩層。丘陵一隅，有個很大的採石場，石塊採下來以後，露出高15公尺至20公尺的幾面岩壁，把這個採石場圍住。這裡就是所謂的人工壁面，其上鐫刻著採石工的名字縮寫和採石的年號，年代古老的，可追溯至羅馬時代。從這裡採下來的石頭，據說千年以來總是取來做附近教會跟維也納教會及住宅的建築材料之用，或者是造像。這裡的石頭色白，質地並不堅硬，其中也有部份火成岩，很容易可用斧子或鶴嘴鋤來削解。（圖一）

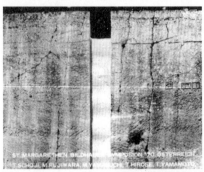

圖一　ST. Margarethen（桑特・瑪嘉雷頓）採石場的人工壁面及經過山本哲三雕刻處理後之部分作品。

一九五九年，奧國雕塑家卡普蘭（Karl Prantl）（圖四中立者）就在這個採石場舉辦了世界第一次的石雕景觀展出，藉此成立了所謂「歐洲景觀雕塑協會」（Symposion Europäischer Bildhauer）。如今看來，在雕塑的領域中，這種年代的到來，是一大突破，更是一種必要。

雕塑家跟他的作品，由傳統的工作室走向更多人群游動的層面；他開始揚起雙眼張開雙手迎接「自然的素材」——一座山壁，一際原野，一片森林，一面廣場，他終於跟上了自然呼吸的腳步，勇往邁進。那之後，新天地、新課題的發現，予雕塑漸疲乏的生命，輸入了新血液，讓它更具能力更鮮活的在現代空間中滋長、繁衍。卡普蘭和採石場的此項開端令人感動激奮不已。從一九五九年以後，該地已陸續舉辦過十次的石雕景觀展。十幾年之累積的作品散見於採石場每角落。見圖一、圖二、圖三，這是五位日本雕塑家山本哲三等在瑪嘉雷頓採石場岩壁上留下的作品及其工作情形。他們在這面高十一公尺長廿公尺的岩壁上雕鑿一條寬七十公分深八十公分的直線形溝道，剛好可

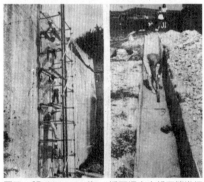

圖二　ST. Margarethen採石場山本哲三等進行景觀雕刻工作現場。

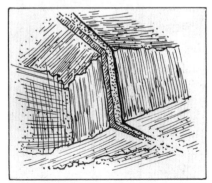

圖三　ST. Margarethen採石場山本哲三等完成之景觀雕刻作品全貌。

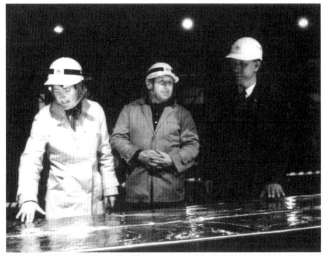

容一人通過。溝道從壁面上延伸到岩壁的下盤基部，溝底有波狀的紋路起伏著。表現直線的方向感與曲面的連續等有機的感動。人為的存在把自然的存在改變了，而又不失為自然的一體。

圖四　Karl Prantl（中立者）與其夫人（左立者）於大阪川崎製鐵西宮工場接待作者（右立者）。

　　不僅如此，雕塑的Symposium（景觀雕塑展）之風，在歐洲各地引起普遍的響應。特別是德國、奧國、南斯拉夫、捷克、日本等，迄今仍然不斷地舉辦各種材料各種主題的景觀雕塑展：如金屬、木材、水泥、火成岩、砂岩等。作品必然置於野外的草原、丘陵、城鎮的公園、廣場，或教會的庭園，或工廠中，統稱為景觀雕塑展（Sculpture Symposium）。

　　Symposium一詞係古希臘「宴會」的意思，後轉化為「邊喝酒邊討論」，現在，用意沿伸更廣，在藝術範疇中，作家作品的研討會、發表會都用它而稱之為某某Symposium，此地，卡普蘭所創之Sculpture Symposium，在實質上跟環境有密切的關係，有特殊的含義，故中譯之為景觀雕塑展。

　　卡氏最初研創瑪嘉雷頓石雕景觀展時，希望將它構造成一個藝術家的理想國，願見藝術家們真正完全站在友愛平等的基礎上，組合為一個生活的共同體。但是他這種願望在邁向成功階段的同時，也遭受到阻礙。理由很單純，那便是，在歐洲高度產業化的社會中，單單由藝術家們建設一個原始的協同團體有可能嗎？

　　當然，卡氏在此目的的追求上，最初也經歷了若干程度的膠著；他這種Symposium運動的理想在原理上包含著挫折的必然性，雖然受到抗力，卻廣泛地引起反應，相對的提高了他在世俗上的成就度。原因不僅是「在力學上存在的抗力，相對的即為助力」這簡單的推論上。重點在於雕刻本身的迫切需要；它要隨著時空的轉移而蛻變。正如卡氏所說：「……規模鉅大的道路急促的出現，大廈林立街頭，生活空間在急驟的改變，雕塑家的空間概念也非改變不可；個人工作室式的製作及神聖的工作室製作意識已是不合時宜的了。而且，美術館、畫廊，定期展覽是有極限的，光是選拔作品展出，然後又拆去，怎麼能夠容納年青人那種充沛的創作才能呢？」在這種現實迫力的導引下，景觀雕塑年代的邁入是極其自然的。

　　一九六一年的春天，卡普蘭又在離維也納150公里的工業都市卡芬堡（Kapfenberg）

舉辦「鋼鐵景觀雕塑展」（Steel Sculpture Symposium）。這個城裡有奧國最大的鋼鐵公司——貝拉公司（Böhler），每年在文化活動季裡，即由各贊助單位舉辦許多別開生面的各種前衛藝展。卡普蘭深知貝拉公司的潛力及優越性，而使決定在貝拉鋼鐵廠中舉行此項鋼鐵景觀雕塑展的成就堪稱輝煌。這也是世界首次的「鋼鐵景觀雕塑展」。它有一個鮮明的副主題：「藝術與技術的合作」。這樣的標示今天聽來稍顯陳腐，但在十年前的歐洲，卻是一件堪稱新鮮的事。此後，從事雕塑的藝術家開始進行與鋼鐵公司的合作，已不再是一個故事。流風逐漸普及歐洲各地。一九六二年，義大利的斯普雷德鋼鐵公司，亞歷山大，卡達鋼鐵公司等，也開辦了大規模的鋼鐵景觀雕塑展。東歐的捷克也從一九六二年起，每年舉辦類似的鋼鐵景觀雕塑展。

從石頭的景觀雕塑展到鋼鐵的景觀雕塑展；從瑪嘉雷頓到卡芬堡，卡普蘭把人們對石頭和鋼鐵的常識性看法改變，把藝術家的製作立場和方法情緒改變，當然，在效果上，「雕塑與人間結合」的理想，似乎就要在眼前開花結實了，換言之，我們可以說Sculpture Symposium運動把傳統的雕塑帶進一個生活的、機動的創作年代，雕塑家對自身以外的環境負責，對那與大眾共有的生活部份關心已是一種風尚。雕塑家的創作與生活成為社會連鎖關係的一環，而且居於產生動力的重要地位，因此為了別人，更為了自己他必須站出來，來到工廠，進入社會的產業機構，接受挑戰。卡普蘭說：「我之所以能生氣蓬勃的工作，那是因為我在工廠，工廠就是學院。工廠是充滿人性的地方，在那裡，以創作為中心，可以跟眾技工達成完美的交通，沒有今天所謂的「疏離」這回事。在那人性鮮耀活動的情況下，那能生出「力」的根源的場地，靈感的湧現像泉水，像閃電，令人措手不及，令人激動。新而美的空間概念便在刹那之間獲得」（見圖五，卡普蘭一九六九年在大阪川崎製鐵西宮工場處理不銹鋼雕刻）。個人在諸多工作經驗中，也多有類似的感覺；如一九七〇年大阪萬博會的〔鳳凰來儀〕製作期間，我們的工場就是在員工們工作現場的一角，耳邊充塞著研磨機的聲音，熔焊的火花四處飛射，人的熱氣與鋼鐵的迫力與機械的冷酷與火的燃燒與環境的映照交融為一體，在其中潛藏著不可思議的力量與生命，給予我

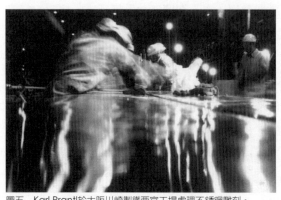

圖五　Karl Prantl於大阪川崎製鐵西宮工場處理不銹鋼雕刻。

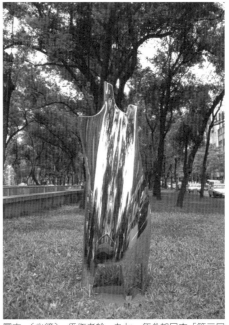

圖六 〔心鏡〕，係作者於一九七一年參加日本「第二屆現國際雕塑展」作品。

們強烈的刺激與深刻的印象。從中我們可以機動性的「盜取」自己所需要的靈感，發揮高度的想像力，構造力。此外，與助手們一齊進行工作，經我解說後，他們終於放開習慣於規則工作的雙手，大膽的，有力的在屬於自己的鋼鐵板上切割熔接，像個做自己的作品的熟練藝術家，愉快與自信使他們看起來像遊戲，碰到難題大家一齊研究試驗，工作進行的順利與速度令人吃驚，人與人之間情誼的增進更是美妙神奇，此刻我終於領會到集體創作的真意；其中「獨樂」「眾樂」的分別了。這也就是Sculpture Symposium特具魅力的地方。

在景觀雕塑運動澎湃的浪潮中，顯然的衝激出一些原則性的問題來衡量得失；諸如：

一、企業能對藝術家提供什麼？

二、藝術家能對企業提供什麼？

三、企業與藝術家能達到什麼樣式、什麼程度的合作？

四、二者協力的結果，對社會能提供什麼？

五、對企業家的意識會發生什麼變化的徵兆？

六、對藝術家的意識會發生什麼變化的徵兆？

七、幻想與實體的關係如何？

八、助手與技術家的關係如何？

九、在這種情況生產出來的作品對市民們能給予什麼樣的享受？

問題的答案是肯定而堅實的，而且必然要肯定堅實，景觀雕塑與現代企業及科技間緊密的關係之確立，是可做為景觀雕塑的部份銓譯。

從瑪村的石雕Symposium到卡市的鋼鐵Symposium在本質上有很大的差異。前者是田園的、牧歌的、冥想的、擴散的、原始的、詩化的製作，後者是都會的、機動的、集約的、技術的、現代的構成製作。雖然如此。它們在本質上仍有共通之點，這就是所謂Sculpture Symposium的精神特質：

一、作家抱著對「人性」對「自然」進一步理解進一步溝通的希望集合在一起，生活在一起、製作在一起，強化藝術家之間的關係及其與自然的關係。

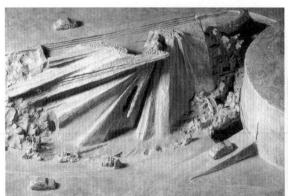
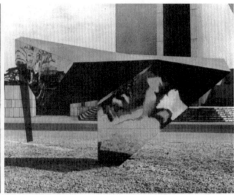

圖七　〔新加坡的進展〕係作者一九七一年作於新加坡。　　圖八　"Shadow of Mt. Fuji"，日本名雕塑家志水晴兒作於一九六九年。

二、製作現場對一般大眾開放，製造與大眾接觸的機會，使大眾對一般認為難解的現代雕塑由漸進的認識而產生親切感。

三、探求企業界或地方社團與藝術家協調之最大可能性。

四、雕塑必須具有時代性的意義，「時間、空間、人間」的考慮不可或缺，以與社會，生活結合。

五、由工作室走向街頭，或一切自然的空間。

六、從神聖的藝術進化為無名的藝術。

　　從一九五九年以來，景觀雕塑運動在世界各地廣泛而深刻的引起迴響，不論是遠離了當初的理想也好，或是更接近了，卡氏所倡導的此項運動，在雕塑史上是有其舉足輕重的地位的。

　　據個人的印象（個人在萬博會製作雕塑時曾拜訪在鋼鐵廠工作的卡氏，圖四）卡氏是個性情中人，他認為發掘有才能的藝術家的同時，也非給他們一個適於創造的工作場地不可，作品應該是共有時間與空間的，它要根植於它所從出的地方，而且是永久性的，才有生命可言。他百般呼籲在工廠、在採石場、在森林、在草原、在廣場、在曠野，給予青年們材料和行動，即為Symposium的精神。

　　「一個人的天國是不想進去的」，他希望雕塑家超越自我的關懷，為大家的天國而奮鬥。

景觀雕塑運動的迴響

　　卡普蘭Sculpture Symposium的運動理想畢竟深深觸動了世界各地雕塑家創作的心靈與活力。今茲抽樣性例舉一九六一年以來各地舉行過的景觀雕塑展，做一簡單的回顧。（美國與加拿大的資料未及收錄）

一、一九六一年七月至八月，在南斯拉夫的佛洛瑪匹帕由佛洛瑪匹帕國際景觀雕塑委員會主辦屬於該地的景觀雕塑展。以後每年均循例舉辦，招待各國作家15－20名。雕塑素材有石、木、鐵、水泥等，分別在不同的地區舉行；視其地方特有的環境或材料或需

要輪流變換素材從事製作。主題是：「生活空間的造型研究以及參與國家事業的建設。」

二、一九六三年七月。在日本神奈川縣眞鶴道無海岸採石場，由朝日新聞主辦「眞鶴國際景觀雕塑展」，主題係「迎接東京世運會」。

三、一九六六年七月至八月，在波蘭的波達維亞由波蘭美術家聯盟主辦「科學與藝術的國際景觀雕塑展」，材料不拘，主題為：「探討自由素材與科學的結合運用」。

四、一九六七年七月至九月，於捷克的奧斯托拉帕鋼鐵廠，由捷克美術家聯盟主辦「形態與空間的國際景觀雕塑展」，素材是金屬。主題係為公園景觀配置。

五、一九六七年七月至八月，於奧國克拉斯塔採石場由德國的拉烏斯塔石業公司主辦「六七年克拉斯塔景觀雕塑」，素材是灰色大理石、蛇紋石。

六、一九六八年於奧國的克倫頓州庫拉根福魯特市雕塑公園由庫市主辦「六八年庫拉根福魯特景觀雕塑展」。素材是白大理石，蛇紋石、花崗岩。主題為：「站在文化觀點設立市內雕塑公園」

七、一九六八年七月十五日至八月三十一日，在日本香川縣小豆島內海町福田採石場，由日本青年雕塑家推進委員會與內海町石業聯盟合辦「日本青年雕塑家景觀雕塑展」，約40名雕塑家在該地集體製作。素材是花崗岩，主題為：「小豆島石材活用及設立雕塑公園」。

八、一九六九年九月一日至十一月三十日，在日本大阪兵庫縣內各鋼鐵廠，由國際鋼鐵景觀雕塑委員會及鋼鐵聯盟，每日新聞社聯合主辦，「國際鋼鐵景觀雕塑展」，招待來自世界各地的雕塑家十三名，從事鋼鐵雕塑創作。主題為：「促進作家間的相互交流，探求美術與社會的關係，為迎接

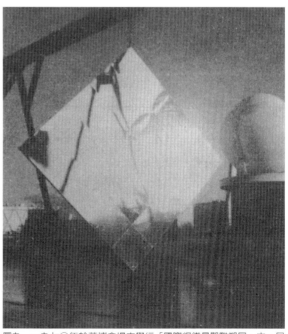

圖九　一九七○年於萬博會場中舉行「國際鋼鐵景觀雕塑展」中，日本作家飯田善國作品：〔時間的風景〕。

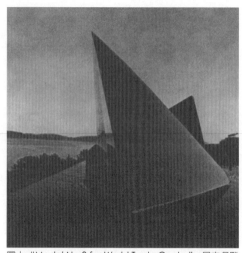

圖十 "Model No.3 for World Trade Center"，日本名雕塑家流政之一九七二年作於紐約。

萬國博覽會」，展出場地在萬博會場內，總設計丹下建三（建築家）曾經考慮到爲了避免雕塑被四週的建築群及人群吞沒，而將它配置在萬博會場中央東西延伸的長形人工湖畔。雖然如此，作品還是陷入被埋沒的命運。當初設想在萬博會場展出的興奮決定，沒想到是一錯失的開端。不過，在展出本身，其特殊意義的昭示乃是不可否認的；那就是使居於兩個世界的人（藝術家與企業家）的價值觀，形成微妙的交融。當企業界領袖們提供金錢予那些與其企業並無直接關係的製作時，他們不再視其毫無意義，而藝術家把自己隱入鋼鐵，那更是無上的光榮。（圖九）

九、一九七〇年九月於德國繆拉石業場由A.F.D.墓石、紀念碑製作協會主辦「A.F.D.景觀雕塑展」，材料是紅色砂岩。

十、一九七〇年七月末至九月中旬，在奧國林達普隆採石場由雕塑家麥斯匹茲主辦「國際林達普隆景雕塑展」，材料是砂岩，主題爲「促進作家之間的交流，發揚人性與和平的理想」。

十一、一九七一年七月一日至九月十二日，於德國紐倫堡市內的工廠及市外工廠，採石廠由「紐倫堡都市計劃景觀雕塑家協會」以及紐倫堡市內多數企業團結贊助主辦「七一年紐倫堡都市計劃景觀雕塑展」，係爲紀念西德紐倫堡的畫家阿陸普雷特・杜拉誕生五百年紀念而開設的，從一月份起募集世界各地建築家、造園家、雕塑家等31名在市內造園局的援助之下企劃此項展出。當局請作家們在紐市的市內公園、廣場、建築物等四週，爲都市空間研擬雕塑計劃，提出解說，入選者則進行製作，材料爲石材、木材、金屬及其他，是雕塑家與作品走入群眾的一大契機。

十二、一九七二年六月十日至七月一日，於奧國由建築家戴克氏與普蘭特魯夫人合辦「國際景觀雕塑展」，材料爲石材木材。會中加入音樂作品發表及討論會、聚餐等。

十三、一九七二年八月十九日至二十一日，於日本香川縣小豆島海町福田採石場由日本景觀雕塑名家發起「七二年小豆島景觀雕塑展」，主題爲「超越個人的製作，作家意識的積極交流，促進地方企業團體、公共團體、居民的合作，以產生有主題性的新藝術」。這是一次別富趣味的Sculpture Symposium，參加者不限於雕塑家，任何對景觀雕塑關心的人都可以參加。三天之內，舉行討論會，檢討過去十年間的景觀雕

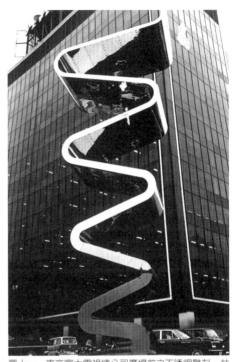

圖十一　東京富士電視總公司廣場前之不銹鋼雕刻，井上武吉作。

塑經驗，放映幻燈片介紹景觀雕塑之過去，分析各種問題，探討建立國際新景觀雕塑的途徑。此外還有釣魚大會等餘興節目。此會的目的在於向更廣大的群眾宣介景觀雕塑的種種，藉石材的活用，與「土石」達成諧和的交流，其教育性勝於創作性。

以上所列僅係部份景觀雕塑運動，從中不難窺見此項雕塑活動之真貌。還有，舉辦此類展出的單位或團體，大半（除了旅費以外，有的連旅費也在內）在製作費或工具上對作家們都提供有效的資助，對作家們方便不少，也形成 Sculpture Symposium 的特徵之一。

今天，「時間」、「空間」、「人間」的關係已隨同文明的變異產生急驟的調整、雕塑條件與對象的需要早已迥異於往昔，它們必須從侷促的角落走出，來到廣大社會與群眾面前展示自己，造就一個影響大眾民生的環境，親切化入人們的精神領域，由環境的塑造進至「人」的塑造，它不僅成為一個被雕塑的作品存在人間，更要成為雕塑「人」的作者存在人間。因此，它必須緊密的與大眾生活環境結合，尋找與群眾需要接觸的機會，選擇發揮人性，施以教化的角度，景觀雕塑展運動之方興未艾，已普遍而有效的加速這個時代的來臨。

看看那業已結束的十年的同時，做為雕塑家的吾們，已經被推進至第二個十年當中了，追古思今，徒生感慨是無補於事的，如何跟上這順乎時代需要的步調，調整自己的使命感與責任感才是當真重要的。在我們，「景觀雕塑」僅是一個名詞的時代，早該過去，雕塑家們應趕快使它成為過去。

原載《美術雜誌》第29期，頁3-7，1973.3，台北：美術雜誌社

另載《楊英風景觀雕塑工作文摘資料剪輯1952-1986》頁53-55，1986.9.24，台北：葉氏勤益文化基金會

《牛角掛書》頁53-55，1992.1.8，台北：楊英風美術館

《楊英風六一～七七年創作展》頁85-90，2000.12，台北：國立歷史博物館

金、木、水、火、土的世界
——人造景觀、景觀造人

「金、木、水、火、土」五行，是古代中國先哲分析萬物的原則，在歸納有形物質的同時，也歸納了諸多無形的事物。換言之，天地間「具象」和「抽象」的事物，幾乎都可分別歸屬於五行之中，再加上陰陽二性之說，因而形成了中國文化中一大特色。這種特色的傳揚，遂造成中國人信賴自然，喜愛自然，親近自然，返於自然的特質。宇宙現象，透過金木水火土的概分，一切便有了合理的解釋，和肯定的認同。譬如：在方位上而言，「東方」屬木，與之有關的顏色是青色，故青色屬木。以此類推，「西方」屬金，色曰白，「南方」屬火，色曰赤，「北方」屬水，色曰黑，中央屬土，色曰黃。在時序方面，春屬木，夏屬火，秋屬金，冬屬水，各季中都含有土。從「金木水火土」，「方位」，「顏色」，「季節」四項個別事物看，其彼此間之相屬關係是顯而易見的符合自然現象的表徵。除此之外，在「五行」之間其生剋制化的因果關係，更昭示出宇宙間「形而上」、「形而下」的許多萬變不離其宗的原理原則。因此以今天的術語來說，金木水火土所組成的，就是一個「區位」，「境態」，「環境」，甚至就是「世界」及至「宇宙」。這是站在東方人的立場來理解五行，個人的概述並無特異之處。但於此再加上另一種身份；雕塑藝術工作者，來透視「五行」，則可發現「金木水火土」，「環境」，「雕塑家」三者間者存在著微妙深刻的相關性。這層關係的理解及運用，個人認為對一個雕塑家，甚或任何藝術家而言，極為重要。特別是當今，藝術家跟其他所有人們一樣，面對著日益嚴重的世界性環境問題時。

首先，我們就近處檢視，不難發現，「金木水火土」實在就是一個雕塑家的世界。它明顯地包括了我們經常所使用的雕塑素材：金屬（礦物）、植物、水、火、石、土等。「金木水火土」組成了我們的工作

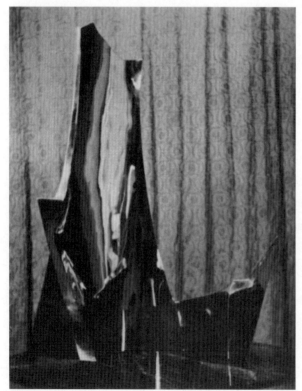

不銹鋼〔燃燒的皇后〕紀念伊麗莎白皇后號而作。

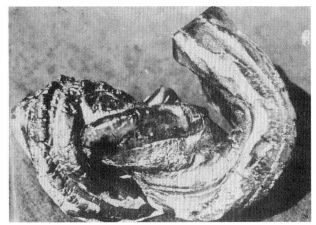

燒陶〔迷〕1964年作於羅馬。

室，在其間，它們由「單純的存在」變爲「組合的生命」。其中的關鍵在於雕塑工作者的使、用、調、度。即淮南子墜形訓所謂：「五行相治，所以成器也」，作家把形而下的材料，造化出形而上的生命。就遠大處看，金木水火土的「相治」也逐漸成就了人類文明的演化；從舊石器時代、新石器時代、陶器時代、銅器時代、鐵器時代、及與它們並行的生活史；漁獵時代、農牧時代等的進化演變中，人類生活漸呈豐實安定，文化藝術的果實順然結出，造成燦爛輝煌的人類文明財產。因此，我們可以這樣說，人類的「原始生存境態」，在金木水火土漸趨精密，更富變化的交互運用中，步上了「文化生活的環境」。前者，對雕塑家而言，是金木水火土的小世界，後者，對人類歷史而言，是金木水火土的大世界。但是，這裡由小而大，我們只看到了五行所作用的一面「表象」世界。在此，「五行」對雕塑家的要義，並非止於「材料」的提供，對人類生活演進的推動並非止於「相治成器」。

讓我們往「金木水火土」形而上的深處去，探索那隱晦的，眞實的，神妙的原理原則。這個層次的理解，對藝術工作者而言才是追本溯源，成就創作的一大關鍵。

第一、五行的所謂「五行生成」；按照順序爲水、火、木、金、土。

在這生成的順序中，我們可見它們是從玄微的物質進而生爲顯明的物質；表現著從簡單到繁雜，從無形到有形，從不定到安定，從液態到固態的自然生成現象。這也正是萬物生成的步驟。雕塑藝術工作者的創作過程，自然也不能列於這樣的順序之外。不過，在此當有一「文外之意」，應予以特別的思索留意。那便是在此生成順序上，亦喻示出「萬物起於水，而終於土」的意象，因此象徵著「無形致生」「成形致死」的意義，前者從「無至生」，是無限的增長，從「成至死」是有限的消滅，這一始一終是兩個相對的極端的現象。《莊子》的〈應帝王〉中有一段著名的寓言叫「鑿渾沌」，用來說明這層寓意甚爲恰當：「南海之帝爲儵，北海之帝爲忽，中央之帝爲渾沌。儵與忽時相與遇於渾沌之地，渾沌待之甚善，儵與忽謀報渾沌之德，曰：『人皆有七竅以視聽食息，此獨無有，嘗試鑿之』。日造一竅，七日而渾沌死。」

渾沌代表一個自然的、無形的，質樸的，純眞的無限生機，待儵與忽以一己之意強施於渾沌，便成了造作的有形的、繁複的、僞飾的有限物身，雖外在的七竅生成而本體的生

命卻死亡了。莊子以其喻示自然無爲的意義；無論人性物性自由伸展，充分發展的重要，強制或約束，有時反弄巧成拙。但其延伸的深意卻與五行生成；「無形致生，成形致死」的意義不謀而合。

在五行中的「始生」與「終死」，事實上只是兩種極端現象的解說，並無褒貶價值判斷的意義在內，不過在吾人的人生觀照中，它們就分別表示了兩種絕然不同的「好」「壞」價值。藝術工作者的人生觀照，當然也不出這個判斷基點，其意欲用無形的物質（金、木、水、火、土）等質材，造成有形的作品，是一種當然的生成行爲，而且尚不止於此，他當求在有形的作品中，注入無形的生命力，務使作品超生了死。而在創作過程中，如何成就素材的美和作品的生命，避免「形成神亡」，「鑿渾沌」的寓意，深遠的原則性暗示可供參悟，「五行生成」其間接性的提示更足以發人深省。（譬如吾人欣賞石頭之美，常求其形似某物，並特意於上刻出山水、人物、動物、植物等之象形，而挫傷了石頭原有的美，雖然吾人自己想看的景物生出了，而石頭天成的生命卻喪失了，這可以說是現代的「鑿渾沌」），藝術家之造型處理、對此原則之關注愼思是絕對必要的。

第二、五行的所謂「五行相生」；其順序爲木、火、土、金、水。木生火、火生土、土生金、金生水。係五行相互生出的自然的關係，正如吾人從母生子的關係，是表現生物間通常的相互依存消長關係，消滅某物質而增長某物質，（如木的生命消失了，而卻在火中獲得延續，開始了火的生命……）在五行中屬於一種「後天性」的「順生」，係生命轉換形態的延續方式。在藝術家而言，消化了材料作出了作品，藝術家爲母、作品爲子，藝術家的生命，在作品中獲得延續。擴大來說，在生活中的各項「景觀」而言，人造成「景觀」，即「人爲母、景觀爲子」也是一種相生化成的順然關係，從隱微處至鮮明處；個人居室、社區、學校、公園、都市、國土，無一不是人所造成的景觀，無數的小景觀造成大景觀，它們都是「人」生的「孩子」，人爲「母」的生命，在爲「子」的「景觀」上獲得延續。這個「人」、「母」，包括了政治家、科學家、藝術家、建築家、教育家、工商企業家，各行業從業員，一般百姓等。因此，顯然的，人與「景觀」二者之間，亦透露著如「母」與「子」；「木」與「火」的當然依存關係，什麼樣人造成什麼樣的景觀，景觀的素質反映著人的素質，二者是可以彼此說明的。所以五行相生的「順生」關係即可解說「人造景觀」的「順生」關係。

第三、五行的所謂「五行逆生」；其順序爲水、金、土、火、木。是爲水生金、金生土、土生火、火生木、木生水。與上言「五行順生」的順序恰恰相反，故稱爲「逆生」的

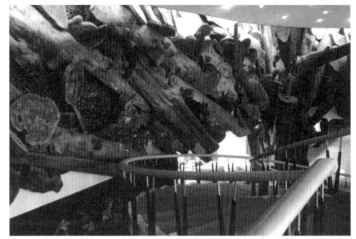

原木〔森林〕於花蓮亞士都飯店。

關係，在五行而言，屬於「先天性」的生成關係。在人而言，所謂「子生母」是也。這是「五行」形成上生長的意義再延伸。明白說來就是「子」的身體內包含著成為「母」的可能性，如「種子」中包含著「果實」的可能性，而果實又是種子之母，所以「子生母」實際上就是「子中有母」這種逆生關係，象徵著「生機不息」的意義，這層五行眞意，事實上較前言「五行順生」更重要。以金木水火土所造成的景觀來說，意義當更明顯。「景觀造人」就是「子生母」的關係。景觀是人之「子」的另一面也就成為人之「母」；因為人造了景觀之後，景觀開始造人，遺傳與環境是「人」形成的重要因素，環境即景觀，在藝術家而言，從小世界看，他創造了一個作品，這作品的存在將產生力量影響他人，作品即從「子」的地位再昇成「母」的地位，此乃藝術生命之生生不息。從大世界看，藝術家參加創造了一個大「景觀」，大環境，此大景觀亦能反為「人」之母，產生許多受了影響的「子」，亦唯有如此，才是有生命的景觀。當然，景觀造人是長時間性的漸成，影響力廣大而持久。我們可見，各國家特有的景觀，造成獨有的民族、生活、文化、歷久不變，而別於他國的實例。因此，人造景觀之時，同時也決定了將造成什麼樣的人，故謂景觀造人，與五行的「逆生」關係同理。

　　第四、五行的所謂「五行相剋」；順序為木土水火金，即木剋土、土剋水、水剋火、火剋金、金剋木。吾人可見，木從土中吸取養分長大，以致消瘦了土壤；水來以土掩之，煙火以水滅之，金屬以火熔之，木材以金屬刻之（不刻不成材）。此即五行間一種「制化」關係，「制為制服」「化為化解」，亦含「五行相治以成器用」的意義。制服與化解的作用，是維持宇宙平衡的要素。換言之，五行各原素，不是經常保持優勢的，它們在一方取勝，另一方便遭受挫敗。「白虎通」中說五行：「天地之性，眾勝寡，故水勝火也，精勝堅，故火勝金，剛勝柔，故金勝木，專勝散，故木勝土，實勝虛，故土勝水」，即是。宇宙萬事萬物有優點亦有缺點，能互相制服化解，缺陷即可獲得彌補，平衡均勢自可恢復，宇宙因而生生不息。由金木水火土等生存條件的提供，人們造成了今日的世界，儘管是吾人朝著理想奮鬥的成果，亦不是沒有缺陷的。但是缺憾不加彌補，弊害不加化解，愈積愈深，便難以控制而直接造成弊害。顯然的，當今人類嚴重的環境問題就是一個自然制化失去平衡的例子。自然界有限的生剋制化作用已無法應付迅速而龐大的（景觀）環境缺失；

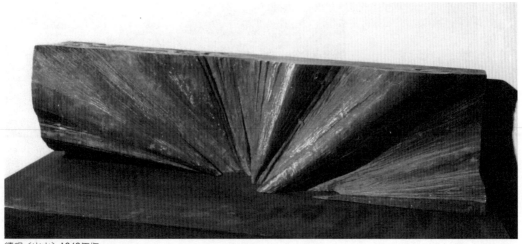

鑄銅〔山水〕1969年作。

諸如，大氣和水的污染，礦藏開發殆盡，海洋的污染，山林的採伐，野生動植物的死亡，……大自然的生態循環顯然在失去平衡、產生危機，人類正深受其害，如果任其發展，未來自然界求諸平衡的力量，亦愈需增大，那種震憾宇宙的大調整，恐怕不是這個地球的人類所堪承受的。

　　一九七二年六月五日起在瑞典首都斯德哥爾摩舉行爲期二週的「聯合國人類環境會議」，這是首次做世界性的集結研討此問題，顯示人們探求環境平衡途徑的迫切，大會主題是：「不可置換的地球」（Only one earth），大家共同意識到地球表面維持生命的物質遠比人們想像的還要脆弱，有計劃而迅速的保護景觀，再生景觀，該是全人類同心協力奮鬥的目標，如何在此項覺悟下，採取有效的行動，應是每個人的課題。站在藝術工作者的立場，雖然無能直接去制定法規限制污染、做廢物利用的擬議，和推動節制人口等，但在面臨破除人們改善環境障礙的緊要時刻，其責任重大並不次於科學家、企業家、政治家等。面對一居室的設計，公園的興建，社區計劃，藝術家當屬更有餘力去表現其作爲的人。況且，所謂的環境污染，已不止於有形物質的污染，日益嚴重的精神污染亦成爲求取環境平衡的障礙，這方面的彌補，應該是平日透達人性、心靈的藝術所能準確施以作爲的。金木水火土的世界對藝術家而言，不僅是材料和工作室，藝術家有能運用它，造成一個讓人們有所依傍的大環境，這樣的擴大，意味著藝術家生命和作品的無限生長，此外，面對生存環境的危機，站在全人類同一命運的立場，藝術家也是其中迎向挑戰的一中堅。

原載《楊英風景觀雕塑作品集（一）》頁32-33，1973.3，台北：呦呦藝苑、中國景觀雕塑研究社

另載《美術雜誌》第30期，頁2-4，1973.4，台北：美術雜誌社

《楊英風景觀雕塑工作文摘資料剪輯1952-1986》頁57，1986.9.24，台北：葉式勤益文化基金會

《牛角掛書》頁57，1992.1.8，台北：楊英風美術館

《楊英風六一～七七年創作展》頁101-103，2000.12，台北：國立歷史博物館

談一談環境設計

　　近年來，我常在國外旅行，每當我經過一個新的地方，由於地理位置、風俗環境差異所造成的環境特色，都會使我感覺到不同的刺激與興奮。

　　這種環境特色，我以為歐洲做得最了不起。尤其是義大利，不論威尼斯也好，羅馬也好，即使你走向任何一個鄉村或城市，也都有它不同的風格與代表那個時代的文化特質，當地的老百姓已經把文化當做生活習慣的一環了，他們不會隨隨便便接受外來的影響，自然與生活所產生的密切關係，引導著他們走向一個美好境界。

　　而在東方，環境設計的工作一直令我十分失望。

　　雖說大自然四時有所變化，但人為的活動方式卻非常沒有個性，甚至，走在東京，和走在台北西門町的感覺，也相差不了多少。

　　在台灣，環境問題的方向始終很混亂，就拿建築來說，什麼樣的建築能代表今天台灣的建築呢？我認為，它所需要的是生活的空間，而不是宮殿式的屋頂！

　　這幾年來，不少人把北方的建築移向南方的台灣。但以實際情況來說，北方的宮殿南移，不僅氣候不適，建築的方式也相迥異。

　　就環境問題討論，如果我們不理會台灣地區的種種客觀因素（如土壤、環境、氣候、民情等），就把北方的習慣、觀念都移植過來，不僅顯得凌亂，也變得生硬。

　　中國人對環境問題的教育，一直很欠缺，這點，一方面也因為經過若干歷史性的打擊而致迷信西方文化，無形中，就把自己的制度毀壞掉了。東西方文化本來就不相同，尤其在華僑地區，生為中國人，卻不曾平行接受中西文化，以致在西化之餘，又懷念本國文化，致使真正的文化大脈捉不住，只好從形體上力求模仿。

　　也因此，我們很容易在各華僑地區，南洋地區看到所謂的中國式建築，這種「回顧式」的文化，沒有未來性，只有陳舊的回憶，甚至還不一定捉得住過去的優點，外形的回憶，毫無根基與學術性觀念，材料，方式都不對，自然造成了環境的破壞。

　　今天的台灣，也可以說是華僑文化的一環，但由於方式上的錯誤，使得文化的路線走得不太穩定，而這種文化傳播的工作，應該與美術有很大的關係。

　　美術的範圍，分為「平面」與「立體」兩種，在今天的台灣，平面美術已經有了成績，立體美術卻非常落後，而環境問題，又與立體美術有著密切關係。

　　平面美術與立體美術的基本性格不同。平面美術是靈性上的陶冶，經過工具在紙上所表達的畫面，並不一定能與實際搭配。這並非否認平面美術，而是說明，一個畫家，儘可以用幻想描繪出一座美好城市，卻不見得會轉移至「立體」，真實的蓋出他畫面中的城

市。因此，在實用的效能上要比立體美術薄弱，而實際社會的進展中，雖靠平面藝術家的創造力，改善的工作則需立體藝術家來努力。

雕刻家（也就是立體美術家）與平面美術家不一樣，他也要會畫，但在勾出圖形後，必需用實實在在的工具材料做出來。雕塑家一定要有理想，而且需要實現，一堆泥土、一塊木頭，都是很實際的存在著。

從純粹美術的觀點上看，雕塑是研究造型，並非單指塑像家，立體造型家，才叫做雕塑家，他們對實際社會應用的影響很大。

社會環境的改善，應該是立體藝術家們的工作，本來，雕塑家、工程師、建築師都在這個範圍之內，但由於現代化的分工細膩所致，才產生了雕塑家專管雕塑、工程師專管工程，不能顧全大局而迷失了方向（在古代，分工較單純，藝術家們參與國防、城市、國土的建設是很經常的事）。

目前，在台灣所造成的環境混亂，也正因爲缺乏培養一批眞正的立體美術家，而使得整個環境和建築，熱鬧而無性格，是材料的介紹，而無設計的要領。如果我們能夠認眞重視環境問題，朝這個方向努力改善。做出一個造型來代表中國的未來性，則勢必能夠有效而迅速的影響整空間的結構。
實際上，環境問題目前在西方也是一個非常熱門的課題。

六十年代後期以來，科技文明的研究發展，在人類慾望的驅策下，顯然已經達到以現有的「能源」及資源僅堪維持的飽和狀態。

由於人類過份專注於科技實驗及推展的結果。以致忽略了寄以生存的地球應予以相對等的關照。直到空氣、河川、海洋、土地遭受污染，野生物、海洋生物大量死亡，糧食缺乏、人口膨脹、都市擁塞，以至最近日益嚴重的「能源危機」等問題相繼迫至，對人類的生存構成威脅時，才有所覺悟。

於是，隨著科技文明所產生的生態、公害、環境等問題，終於結集形成了一陣「環境問題狂飆」吹襲世界各地。

爲了有計劃而迅速地保護環境，今年五月一日開始在美國西北部的鄉村地區史波肯舉辦的世界博覽會，與歷年世界性博覽會的文化、藝術、商業等性質大不相同，而是以「慶祝明日的新環境」爲展覽主題。

在西方世界中，歷來有三種人被認爲是社會與人的有效保護者：即爲醫師（保護人的生命、身體）、律師（保護人的生活權益）和建築師——保護人類的生活環境，今天，美

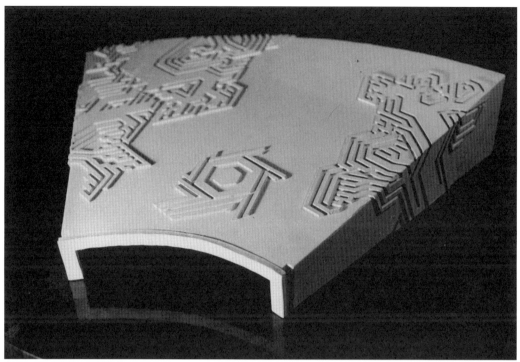

史波肯世界博覽會中國館模型。

國能以近代科技大國為覺醒，舉辦以環境整建為主題的世界博覽會，除了基於本身急待解決的問題外，亦可見其重視環境改造的決心。

　　一九七四年美國史波肯世界博覽會的中國館，是根據大會整體性規劃，舍館呈扇狀開展，前低後高，色白（大會基地皆以六十度角組合基形劃分各展區，並規定白、藍、綠三種基本色分配使用，以要求統一調和），故中國館的建置與美化，除表現中國人的環境特質外，也需配合大會主題及整體的環境安排。

　　關於這項博覽會的景觀設計，有幾點要旨是我認為可以介紹的：

　　一、人性化的照顧：在景觀設計中，要不斷提示人們多回顧自然的存在，多理解自然、接近自然、保護自然。人，原是與自然相屬的生物之一，有許多歸屬於自然的天性（如愛美、愛自由、愛清潔的空氣和水），然而，在以科技發展為主的社會中，這許多天性不免被抹殺、壓縮。

　　其實，仔細思索，親近自然、模擬自然原是我國千年來精神文明發展所一向持以為重的原則，因此，在中國館外的館壁美化，是以四面白色水泥板壁上嵌以白色浮雕，浮雕圖形亦以六○角度變化組合完成，間或從浮雕圖形組合中，透析中國的環境設計觀念：「自然中的變化，變化中的和諧」。

　　二、古典的現代化：環境設計講求「單純」、「簡潔」、「質樸」。「現代化」固然能調和現代人的生活情緒，同樣地，古典的環境造型觀念和方法，也可以簡化創新，運用於現代生活環境中。古典或傳統的環境美化，原則是正確的，但是，如果把它們直接搬進現代人的生活空間裡——把古典的環境構造一成不變的依樣畫造，而又不能真正使用古典

材料，不但造成生活環境「虛假」的一面，也無法發揮美化的調和作用。

三、**特質的護植**：近代考古學的另一重大成就，就是發現並確認每一種環境，皆有其特殊的個性與結果。每一個角落，因氣候、土壤、水質、生態各異，各具特點，人們生活方式、空間處理、文化成果、藝術造化，也因民族、種族、國家的物質環境與精神環境各不相同，因此，環境設計家應發揚其特質、尊嚴，而非將別人的環境處理方法和成果直接移入。

四、**機能與美化兼顧**：所謂機能是指實用功能的價值，直接對人產生影響；美化是精神功能的價值，間接對人產生影響，在環境建設中，一般而言，機能的講求大體可以照顧，但也只是往往只能做「有用，可以用」，其實「機能」與「美化」的講求，恰是一體兩面，有相輔相成之效。

五、**教化的功能**：環境給人的影響，可視為生理、人格、心理形成之重大因素。當環境設計家建置了「環境」於人們的生活空間後，這項「人造環境」便開始發生作用影響與它接近的人們，因此，環境設計，不但應解決當前的問題，也要連帶解決無形的未來問題，不但要考慮其單獨存在的效果，也要考慮其擴散存在的後果。

在今日，「時間」、「空間」、「人間」的關係已隨同文明的變遷產生急驟的調整，雕塑的條件與對象的需要也迥異於往昔。因此，它們必須從侷促的角落走出，來到廣大的社會與群眾面前，展示自己，參加並且造就一個影響大眾民生的環境。

原載《聯合報》第14版，1974.2.13，台北：聯合報社

談雕塑造型教育及雕塑藝術的欣賞

一、雕塑造型教育需要幾項觀念之商榷

　　談雕塑，不論是教或是學，總免不了讓人聯想起：泥土、人像、器物或其他非具象的製作表現，或雕塑欣賞的基本方法，雕塑名作欣賞說明等等，對於古典雕塑而言，大致是不出這個範圍就能應對的。但是，在今天，我們生活的世界，所有發達的通訊系統，連繫起所有單一的個體，成為有著共同命脈的整體，任何個人，都無法割離與他人的相關性，雕塑家跟其他的藝術家一樣，應該比任何人都要細密的體會這種與社會整體生活關係的感應，而後付出可能而有效的關切。面對著這樣的局面需要，單單以上所指的雕塑教學就顯然難以應對，除非它建立起一項在今天看來已不新穎的觀念——與生活環境結合。但很遺憾的，這方面觀念的建立，在我們當今的雕塑教育中，至今尚未得到應有的積極的關切。

　　雕塑是立體美學傳達的最佳工具，向來它的社會意義是大於個人的表現意義的。在我們中國古代的社會——無論民間或宮廷，所玩賞及使用的器物，如瓶、盤、碗、盒、盆等，不但形態變化萬千，上面還繪飾著各種圖案，有精美的，有粗俗的，有素拙的，不論怎麼，中國人在生活中對立體美的認識，從這裡算是一個起點。古代社會，交通不變，限制了人的移動，跟著，時間亦限制了人的學習，因此，古代的藝術家們就把自己捏入這些器物，去向人們傳達他的美的意想。隨著時間空間的轉移，他不存在了，甚至連姓名也被遺忘了，但是他所製作的器物還在一代一代的流傳，這期間，他引發了多少人的批判和創革，也詮釋了他身處時代的文化生活背景。因此，我們不要小看古代那些生活中必備器物所含蓄的意義，可以說它們都或多或少的背負著文化傳衍的責任和當時對立體美學體認的傳達使命。在這種情況下，雕塑家雖然埋沒了自己，但創造了、改善了大家的生活，充實了生活空間的內容，普及了「美」的概念。

　　在今天來說，由於日趨精密的分工，和產業社會的機械化，人們各司其專職的劃分也日趨細密，大家非聯合起來才能推動一種事業。雕塑家若以雕塑品本身的美好為唯一追求的目標，是不合時宜的。換言之，雕塑工作者專注於自身意念、情感、技巧的表現是無能引發現代大眾的關切，更談不上對他們會產生舉足輕重的影響，除非雕塑家真正走入他們，像古代大多數的中國藝術家們，把自己化在人們的生活裡。

　　我們目前的雕塑造形藝術教育，在好方面來說，至多是培養少數開展覽會的作家，在壞方面說，就是忽略了那廣大的社會群體的需要。在文化藝術的傳延使命下，這是一個致命的缺失。開展覽會本身，當然有其特定的推廣意義，但是展覽會場同時也是作家們的一個限制場所；限制它們走入群眾的真實生活中，作家們大多數被教成認為會場就是作品的

最佳去處，作品在一個特定的空間和時間裡展出，過後就移走，人們必須有心緒有機會，才能來欣賞它，來接近它，對大多數的群眾而言，作品根本是不存在的，因此，對作家「美」的傳達，又構成一種限制。古代藝術家少有開展覽會公諸於人的機會，所以他們反而求到了接近群眾的更佳途徑。這裡所言，並非反對開展覽會，而是說光開展覽會的雕塑工作者，傳達「美」予大眾的能力是不夠旳，雕塑教育之根本不是培養這樣的雕塑工作者為完滿，而是如何教導群眾，關切群眾而「化大眾」，雕塑教育的對象是大眾、而非少數雕塑家。這樣，對大眾而言，助長其對立體美學有所認識。對作家而言，因創作之需求對象的擴增，相對的也擴增了創作的彈性，而突破某種局限。

因此，在擬議雕塑教育藍本時，應先給予學習者觀念上的確定；雕塑造型應與社會建設結合運用，以推動群眾的立體美學教育，打破為「雕塑而雕塑」的局限，雕塑家不但要照顧自己，更需照顧他人。在邁入群體文化新紀元的今天，雕塑家跟其他任何人一樣，都有著一份對大眾的擔當，雕塑家不但要調理人們的精神生活，更要調理人們的物質生活。在教授學習者基本面作技巧前，不要忘了讓他們先認清自己的對象應該是什麼？責任應該是什麼？雕塑對立體美學的傳達，唯有在人們「立體」生活的運用中才能獲得完美的發揮，亦唯有如此，社會才會因有雕塑家的存在而有所不同。

下面要談到雕塑如何「化大眾」，如何與群眾結合，如何擴展純雕塑的發揮與應用等問題。

首先讓我們來檢討我們目前所生活的空間，有那些缺陷是雕塑家的能力可以彌補的。我們將很容易發現，從一個裸體火柴盒到灰屋頂的改善都是雕塑家所可以照顧的範疇。舉凡生活中所有成形成體的東西，都跟雕塑有關，雕塑家在面臨它們時，跟面臨自己一個意念表達時一般神聖，雕塑家不能說那是工業家、工程師、建築師、企業家的事而不是自己的事。生活空間可茲入手處彼彼皆是也。

近代產業開發，給人們帶來了福祉，也帶來了禍害，甚至在未受其福之前就先受其害。因工商業群集了大量的人口，形成紊亂擁擠的都市，人們的生活空間隨之益形醜化，諸如住屋的狹隘黑暗，建築物爭先恐後缺乏秩序地矗立起來，街道不斷的修築變更……髒與亂形成一個人山人海，吵吵鬧鬧的世界。物質的，精神的平衡已逐漸喪失，面對這樣的局勢，雕塑家能無動於衷嗎？可以安心地說那些觸目驚心的髒與亂與自己毫無關係嗎？

因此，在雕塑教育中，必須安排讓學習者有認識自身以外生活環境的機會，並訓練其走入其中擔負創造與革新的能力。故在課程方面，除了應具備雕塑課程上的基本知識，對

於近代環境學的探討，更應著力推介。環境學的範疇包括公害問題、國土的利用問題、自然的保護問題、都市計劃等。由此課程可以直接認識近代人類生活環境的諸問題，以及考慮改善的途徑，培養應對的能力。當然，在雕塑工作者的崗位，雖然無能直接去制定法規限制污染，做廢物利用的擬議，土地利用的設計和推動節制人口，但是間接的，這些工作中有關立體美學的運用部份卻是雕塑家可參與的。況且，今天所謂的污染已不止於有形物質的污染，日趨嚴重的精神污染亦成為求取環境平衡的障礙，這方面的照顧，應該是平日關切人性、對立體美學有素養的雕塑工作者所能準確施以作為的。

雕塑與環境結合的必要，因是而產生景觀雕塑年代邁入的必要，是雕塑與環境產生密接的最佳途徑。

景觀雕塑乃不至於提供純粹美的情緒與意念的表現，它從侷促的工作室中走出來到廣大社會與群眾面前展示自己，參加造就一個影響大眾民生情緒的環境，跨越純屬觀賞的距離，親切化入人們的精神領域，由環境的塑造進至「人」的塑造，它不僅成為一個被雕塑的作品在人間，更應成為雕塑「人」的作者存在人間。

雕塑造形教育中，對此項觀念之建立，應予以特別的留意與充實。

綜合以上所言，雕塑造形教育應包括「純雕塑」及其與社會結合運用的廣泛意義，去理解宇宙立體存在的事實對人類的影響，擔負建設未來有益於社會改善的空間創造責任。而不單是個人創作慾望與情感的滿足。

因此，摘要言之：

（一）雕塑教育以雕塑品本身的美好為唯一追求的創作，是不合時宜的。雕塑教育負有其社會使命，推動立體美學之傳達。

（二）雕塑教育應教授學習者從古代中國的藝術家們學習其將自己隱入在流傳給大眾的作品中的創作精神。

（三）以雕塑創造環境，創造生活空間，景觀雕塑時代的邁入是一大契機，雕塑教育的終極目標應為人們帶來健康的生活環境，健康的人生觀。

雕塑造形教育要求有效地普及於大眾，技巧的展示，製作方法的公開，並不能給群眾帶來什麼建設性的意義。雕塑學習者應被教給與群眾結合的能力，而且確認必須與群眾結合。

二、雕塑藝術的欣賞途徑

在這裡談雕塑藝術的欣賞，間或也涉及了一些創作的原則，以互為說明。

首先，欣賞的著眼處，當然是那個展示於眼前的作品本身。不論是抽象或具象的處理方式，作品本身都表現著一種細部與整體的關係，欣賞者可找出這種關係，循此關係認識作品甚或進入作品。

（一）雕塑品的細部構造與整體目標的關係

一個好作品其細部構造是追隨著一個目標而構成整體的，由於細部的統一，才能帶出整體的流動，使作品鮮活而具有力量，造就了作品的生命。

雕塑的細部基礎構造是建立在材料的「加」「減」關係上，在這些加減關係上進而構成空間、佔有空間。譬如，我們雕塑一個頭像，在鼻孔，唇縫等地方，是屬於泥土的「削減」；鼻頭、臉頰等部份是屬於泥土的「增補」，這一加一減的聯綴組合就形成部份臉孔的造型，構成一部份空間，佔有一部份空間。在鼻、眼、嘴等細部構造上，雖是個別造形，但是它們之間都有一個共同的行動方向，因而形成一種動態傾向，亦或內容的表達傾向。譬如，頭像上的兩隻眼睛所看的方向不同，看起來就覺得它渙散，我們也渙散。不但眼耳鼻嘴，連生長的肌肉筋骨亦然，它們都由個別的存在結成組合的存在。它們之間有一致的生長脈絡，像真實的面孔，構成統一的清楚的表達內容。

因此，作者必要強調一細部表現時，他不但需要在這個細部上下功夫，其他的細部亦同時要配合這個細部來處理，以從細部的統一追求整體表現的統一，由此帶出鮮明的主題，整體的流動。再如舞蹈，雖然是由每個單元動作連綴合成的，但每個動作卻不是一個「獨立」「無涉」的動作，更不是某一部份肢體的獨立表現，而是合部份筋肉骨骼機動配合朝著一個目標重心運動的結果。可以說，一個顯現的動作是所有或顯或隱的動作共同作用的結果。一個完整的雕塑品，應表現為所有或顯或隱之細部之依歸，在這個依歸上我們產生感覺和判斷。因此，細部的構造是追隨著一個目標結合為一個整體的，這結合應該是必然的，而非偶然的，仔細觀察，尋找一件雕塑品細部間必然的

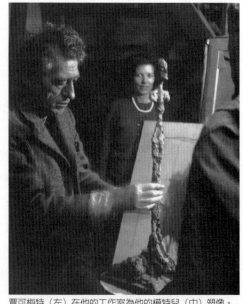

賈可梅特（左）在他的工作室為他的模特兒（中）塑像。

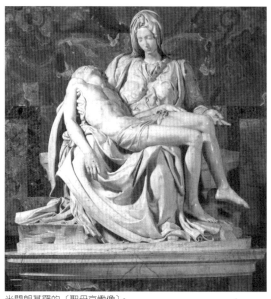

米開朗基羅的〔聖母哀慟像〕。

關係，傾向、行動，就很容易找到一條清楚的理解途徑。

（二）雕塑品的強調與寫實間的差距

去年，有一名匈牙利的流亡者，在梵蒂岡的博物院裡，突然兇性大發，揮舞著鐵鎚，打壞了米開朗基羅的雕塑傑作〔聖母哀慟像〕，造成轟動世界的大新聞，今已由教廷請專家將之修補完好。讓我們以這〔聖母哀慟像〕爲例來說明雕塑品的一種強調，這座雕塑是已死的基督，躺在一個比他年輕的美婦人的膝蓋上。我們很容易發現米氏竟把聖母雕得比其子還年輕得多。觀眾大都在讚賞前先產生驚疑。然而米氏是自有其看法的：「任何一個純潔的婦女，不是都能把青春保留許多年嗎？最重要的是，神聖的愛改變了她的形貌，使她永遠年輕美麗。」米氏在這座雕像上，以有違處理的年輕強調了聖母的神格，而使作品的寓意增擴。如以寫實的眼光去衡量它，要求它，當然要奇怪。但事實上，米氏這樣的強調正是他過人之長，他不但是模寫那人人皆知的人物，更是創造人物，賦予其新的生命，新的光輝。這樣的強調，誠然與寫實有所距離，但不可否認的，就是這段差距，提昇了雕塑品的效果和意義。

很多時候，爲了整體大動作之清晰鮮明，細部構造可予以簡化，以增其強調。屬於現代諸多雕塑家中的賈可梅蒂其風格是顯然突出的。他不理會豐滿的肉體美，而以極細長的人體爲標誌。他塑造這樣的人體，看起來讓人覺得高峻，遼遠，甚至有深沉的孤寂感。他這些瘦削的人體，出現於第二次大戰的末期，可是它們並非集中營裡的餓俘，賈氏要說的，泛指人類，一雙大大的腳粘著大地，負荷著無言的孤單、委曲、茫然、不可親近，亦不可侵犯。這是賈氏塑造人體爲「尋覓筋骨而放棄肌肉」的簡化。強調或簡化，與寫實之間誠然是有距離的，但是這距離不是不可理解的，雕塑家往往就在這段距離上，建立主觀的造型，它不在「形式」，也不在探索人體的理想化，而是那以外的東西，諸如精神和情緒，和作者對世人的講話，而不是對某人單純的模寫。

（三）雕塑品的「標題」與「無題」

欣賞雕塑品常常會覺得作品的標題與作品本身無關，甚至，許多作品根本無題可索；在「無題」的標題下。這裡就是通常容易引起觀者排斥和納悶的地方。其實不論標題、無題，在作者而言，雖有其實際上的需要和依據，卻不是唯一可信賴的。觀者欣賞作品，不

必一定要在作者的題旨上尋找題旨，不一定要理會作者的題旨，更不要以題旨來衡量一切。因為，在作者，作品的標題有大多數的時候僅係提供一點觀賞情緒和線索而已，有時，作者的本意亦是埋藏在題旨下面很深的地方。對觀者而言，它只可以做為觀賞的起點，而終點乃在於觀者自己的探索中。況且，即使作者要表達的意思很清楚，他所提供的仍然是個人的經驗和感覺所理解的結果，而不能概括所有觀者的經驗和感覺。所以，在觀賞後，結論與作者的表達宗旨不盡相合是極自然的。

有時候，標題不但常常限制了觀賞者的想像，同時也限制了作者的創作，因此，很多人寧冠以「無題」為題，旨在避免「限己」「限他」。

我們應和作者一樣，知道「標題」和「無題」本身都不是去「解」作品的公式。觀者應跳出對「題」的依賴、限制，從作品反映給自己的整體意念和情感中去肯定自己的題旨。雕塑品應如一面鏡子，對每個人的反射都不同，關鍵在於每個人不同。再加上因時因地之變化，一件雕塑品實有無窮的「解」產生。

（四）雕塑品的抽象與具象

在這裡談「抽象」及「具象」的問題，並非肯定什麼好壞的問題，而是說明表達的彈性限度問題，換言之，雕塑品的精神和氣氛用抽象或具象的處理都可構成，只是，其中表達的深度和層次有很大不同。

抽象和具象這名詞來自日本的翻譯，但是其觀念之建立，在中國，實可追溯到一個相當久遠的年代以上，那時「抽象」、「具象」的問題乃是我們中國人所稱的「傳神」與「傳形」的問題。「神」與「形」，就是顯然的兩種不同的境界，兩種不同的表達程度。讓我們從一段寓言來探討。莊子的「應帝王」篇有一段著名的寓言叫「鑿渾沌」：「南海之帝為儵，北海之帝為忽，中央之帝為渾沌。儵與忽時相與遇於渾沌之地，渾沌待之甚善，儵與忽謀報渾沌之德，曰『人皆有七竅以視聽食息，此獨無有，嘗試鑿之』。日鑿一竅，七日而渾沌死。」

這裡的渾沌代表一個自然的、無形的、純樸的無限生機，包含著無窮生長的可能性，當儵與忽以一己之意欲與概念強施於渾沌，它就成了一個不自然的、有形的、造作的有限物身，雖然外在的七竅生成，而本體的生命卻死亡了。這個寓言揭示了「形成神亡」的寓意。此外亦顯示出一個「造作」跟「裝飾性」的問題。物在貴於淳樸單純，形式的刻意有時會帶入干擾。抽象的表達在於原則性的、含蓄的揭示，能傳達語言文字圖象以外的東西，具象的表達則著重細部的說明，當然也有其傳達功能，但往往流於「不留餘地」，一

覽無疑，反而構成一種局限；傳達和感覺的局限。「抽象」與「留餘地」幾乎可說是一物之兩面，留餘地是留給作者和觀者。關於留餘地，讓我們來以一個例子說明吧！在眾所週知的人體美表現極致的雕塑〔彌羅的維納斯〕上，我們發現大家欣賞的重點終於會落在那毀斷的雙臂上，有時大家甚至叫它〔斷臂的維納斯〕。她的兩臂姿勢原來是怎麼樣的？失去雙臂的經過如何？幾世紀以來，許多雕塑家、藝術鑑賞家，甚至人體解剖學家，對此都極其熱心的爭辯過，各提出不同的見解，然而它還是一個謎，而且將永遠是個謎，這個「謎」就是「留餘地」，這片餘地很廣大深遠，無邊無極，可容下千古千萬人的探討。我們亦可以說它的「殘缺」造成了無限「完美」的想像與假設，這是藝術品之無限境界，可以說是它享有如此的關鑑。形象愈具體，說明性愈清楚，相對的，觀者的漫遊境界就愈狹窄。

在禪宗中曾有語：「無一物中無盡藏」，一解為空無中藏有無盡的事物意念。想來與抽象的含意頗為相通。「空無」有無限的可能性存在，抽象之留有餘地，也是一個「可能性」的問題。

所謂「現代」，不一定是抽象的，抽象不能拿來衡量作品的現代不現代，現代是有時代感的，有地區性的，民族性的，而不是一個抽象與具象的問題。

（五）若干美學觀點的欣賞標準之商榷

首先，我們可大膽的說，「美」，不復是

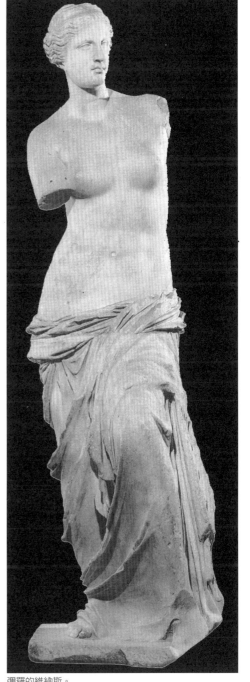

彌羅的維納斯。

87

欣賞或創作中唯一可追求的目標。不均衡，不對稱，不協調已不足以否定一個作品的價值，只要它有一個目標，既使它「不美」，甚或「醜」。假如我們把「美」視爲「陽面」，把「醜」視爲「陰面」，這陰陽兩面是各有作用的。美的一面有時會激起醜的聯想，醜的一面有時也會激起美的聯想。這看中國人欣賞石頭是一恰當的例子。中國人論石之美乃是以石之奇醜爲美，其瘦、皺、透、個別看來無所謂美，但有變化，吾人欣賞的不再是醜美，而是它的變化。美有其變化，醜亦有其變化，亦同時能與人強烈刺激，引發感想。隨同心理學、精神分析學發達的結果，人對「醜美」的精神度向，已無法滿足於事物單純外表的顯示，在「醜美」的內裡的含蘊，亦需同時提出來參加「交感」，才能生欣賞的真意。不均衡有導向均衡的可能性，不對稱有導向對稱的可能性，不協調有導向協調的可能性，它們都處於一種「虛缺」的態勢，提供了「達實」的可能性。我們欣賞作品，常常落於自我概念化的套式，合於自己，習慣的爲是，否則爲非，這是狹窄的、有限的。美醜本身是一種狀態，而非標準，自以爲的醜美並非恆定的，所以以醜美論作品之價值，是不足咸信的。我們應著重於它可能引起的變化這一要點上。

此外，欣賞外國作家的作品，除了作品本身，還要從這個作品的作者，作者的環境，作者的時代背景，生活習慣等的了解入手，更有助於真切的產生欣賞的樂趣。

科技與材料的不斷更新，增加了藝術表現的彈性，相對的也增加了藝術表現的負荷，然而，做爲一個藝術工作者，這種負荷是必要的，足以引爲光榮的，因爲，這種負荷，不純爲了供人欣賞，有更多時候，它是被今日的生活需要的。科技與材料的更新，方便了藝術家們跳出狹窄的工作室，去把作品放大到人們的生活中，去適應人們的需要。藝術，被「欣賞」的過去，換取到一個被「需要」將來，是值得大家努力的，藝術家和非藝術家都得努力，而且同等重要。

原載《全國美術教育展覽專輯》頁83-87，1974.5.30，台北：國立教育資料館

雕塑與環境的關係

最近廿年來，國際間雕塑藝壇上的變化是相當驚人的，然而這不單純是雕塑的變化，而也是國際間整個文化界的變化，雕塑只是其中被帶動的變化而已。變化的結果是使雕塑以新的姿態站立在人前，而且是大多數的人前；他們不一定會喜歡雕塑或其他的什麼藝術，但是他們非經常看到不可，因為雕塑是恆久而固定的展示於眼前，即所謂景觀雕塑。景觀雕塑時代的來臨，是近雕塑史上的一大跨越，它意味著的不只是雕塑本身的改變而是藝術使命感的改變──藝術如何展示於生活。所以，我今天在此談雕塑，不是談雕塑本身技巧的問題，我是談一項觀念及文化轉變的歷程，看在這樣的歷程中，雕塑所受的影響為何？換言之，也就是把雕塑放在實際的生活中，實際的歷史環境背景中來思考檢討，我想，這才是問題根本了解之道。

考古學家們的發現

第二次世界大戰以後，散佈於世界各地的考古學家積若干年之工作經驗，提出了一項有趣的研究報告，那是：每一地方出土的器物都有其地方性的特點，絕然不同於另一地方的器物。深究其原因，原來是各地器物都深受環境因素的影響，每種器物都是其環境的產物。因此，從這些器物所表現的與環境的關係上，我們可以很清楚看出並推知文化與環境的關係。因此，什麼環境，造就什麼性質的文化，這是無庸置疑的了。

當這項結果公諸於世時，最大的作用是給當時的「國際化運動」，當頭棒喝的反駁。

在二次世界大戰前後，國際化運動的思想，也在一般文化界藝術界人士之間流傳起來，他們倡言文化活動也必須國際化。諸如在美術活動上要打破國家、民族、地域的限制，使用統一的表現方法，捕捉共同的美感經驗，使作品以統一的面貌在國際間流動等等。

這種國際化運動，原先是工商人士所設計施展的商品推銷技倆。緣由於工業革命之後，科技文明發展迅速，新式機械工業取代了舊式傳統的手工業，大量的產品快捷地從機械中流洩出來。為了便於大量產品做廣泛地區的銷售，適應廣大群眾的需要，產品的裝配必須規格化，功能必須大眾化。譬如電器用品的插頭插座的規格化，到處皆一，便於購買裝配使用。的確，產品的規格化給人們許多方便，當然產品的國際化更能推廣銷售，給產業人士帶來巨大的財富，問題是這種產業上的國際化之施展應用於文化藝術界是否合理？而為我們一再深思時，我們可想而知此種文藝界之倡言國際化運動的風潮亦是商人推波助瀾，企以聲勢造成事實的宣傳活動。畢竟，產品除了實用物質面以外，還代表著文化（精

神面）的素質。所以商人把這種運動推展到文藝界來，自有其利益可圖。再者，一種運動推展倡導，能得到文藝界人士的呼應及參與，其價值必然是可以穩當的建立起來的。工業革命之後，產業的變化，也帶來文藝界一個這樣的變化。當然，這是一個不合理的「騷動」，一直到考古學家們發現了器物，文化與環境之關係後，這種文藝界的國際化運動才算遇到有力的駁斥，並覺悟了這方面的錯誤。事實上，人、物、環境是彼此相關相屬的。環境既然不同，人文的發展必然不同，文化的表現也必然不同，硬要使其相同是不可能及違反人的天性的。因此，世界各地區各種特異的環境下，產生了各種特質的文化，而形成世界文化今天這種多樣性的光燦面。

抛開考古學家的發現不談，從植物的生長適性上我們更可體認「物與環境」的關係。譬如，北海道的蘋果吸收北海道的水土養分，受其天氣的影響，長出來的蘋果絕不同於梨山的蘋果。而把北海道蘋果的種子，拿到梨山種，長出來的也絕不會是北海道的蘋果，而是經過了梨山水土氣候影響的梨山蘋果。植物、動物與環境的關係之密切。其理至明。再者，既使礦物都不例外。我曾經在義大利研究過大理石工業，然後回到花蓮從事大理石有關的景觀雕刻工作。我很驚訝地在義大利發現「國際間產大理石的地區的大理石各有顯露如此鮮明的特點。西方的大理石花紋與色彩都非常的鮮明、清晰，像西方人的天性一般。花蓮的大理石花紋及色彩就暗淡模糊得多，甚至有中國幽遠深厚的感覺滋味。「人」與「自然」表現著多麼明顯的相關性。

我之所以不斷說明「環境」與「人」的關係，乃是同樣解說了「文化」與「環境」的關係，這「文化」裡包括著藝術的大部份，雕塑藝術自無法例外。

今天，在雕塑藝術界，已無人倡導雕塑要國際化，但是以上的歷程應該知曉，對一個雕塑藝術家作者來說是很重要的。從中當可感知，任何藝術工作者不能脫離其所處環境的影響，他必須知道，當他在塑造作品之前，環境已經先塑造了他。因此，要做一個真誠的雕塑工作者，要先認識要先學習自己所從出的環境。從環境中體認出一種性格或特質（也許是抽象的，也許是具象的）然後再與自己的技巧搭配，達成某種表現，這種表現不僅屬於他個人，也屬於和他同處一地的大多數人們，這樣的作品便有了一條為大眾血脈溝通的路線。在國際間，他也不僅是代自己說話，也表現了一個國家的特質和榮耀。在這裡設身處地想想，作為一個中國的雕塑工作者，應如何體認自己的環境因素，以及如何汲取這環境的養分來壯大自己是多麼重要而理所當然的了。

這一次，我從七四年美國史波肯世界博覽會回來，有一個有趣的發現。大家也許都知

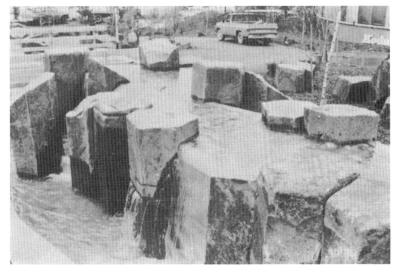

史波肯當地出產的六角柱形石塊。

道這次博覽會的主題是研究人類的環境問題。每一展示，都從環境的角度出發，予以考慮。大會的會章是六角形的，大會各參展館的基本設計型態也是六角形的，這是一個很特別的情形。當初，我只知道大會考慮到環境佈置彼此的調和問題或者氣氛的統一，主題的突出等。但是我不知道為什麼要採用六角形做基形來統一各展出館的設計。待我到了現場，我終於明白了。原來史波肯當地出產無數六角柱形的石塊，真是奇怪，直徑一公尺左右，高低參差的六角柱形石塊散佈各處。對了，這就是環境設計應當關注的地方。「六角形」是史城的環境特質，設計家們終於發現了這項特質，最後把它凝聚在一個徽誌上，或所有建築上，就建立起一項統一的，並與大環境相呼應的特質。同樣的，雕塑家也應該從自己，環境與作品三者之間，去追索那相關的必然性，並固定在那個根上，才能創造出有生命的東西，活在人間。

景觀雕塑的發現

約在十五年前（一九五九年）奧地利有位雕塑家叫卡普蘭（Karl Prantl）在維也納南方七十公里的一個村落──瑪嘉雷頓的採石場上舉辦了世界第一次的石雕景觀展。卡普蘭因此成為景觀雕塑的創始人（詳見62年3月出版之美術雜誌第29期），他也是受考古學家研究報告影響深重的人士之一。他開始認真考慮「雕塑」與「環境」的關係。

在過去雕塑家總被認為是關在斗室中，面對一個旋轉台，和一堆泥土的人，然後再看著作品在展覽會中展出，或者在美術館中收藏。僅此而已嗎？這樣公式化的「創作」跟環境能有什麼程度的關係？跟廣大的群眾能有什麼樣程度的交感？能真正滿足藝術的熱情與創作慾望嗎？於是他在思索探尋一條新的雕塑創造路徑。當他注意到「雕塑」與「環境」的關係後，他開始知道這條新路徑該怎麼走。是的，該是讓雕塑家帶著他的工具走出傳統的工作室的時候了。走向那兒呢？走向大環境──他所從出的大環境，也就等於他所生長的大自然。在那裡，他可以採用真正而原始的環境素材，可以真正感受到環境的特質；並且一座山壁、一際原野、一片森林、一面廣場、一個公園、一所工廠，可以容納雕塑家的靈感之馳騁，熱情之奔流要遠比一間工作室和台座所能容納的不知多出幾許。在這些真實

的大環境中，雕塑家才能感受到大環境的魄力，才能創造出與環境相屬相關的作品，才能進入更多人群流動的層面而與「人間」結合。這就是卡普蘭所倡導的景觀雕塑，是一種根植於「環境」的雕塑新形態。這樣的雕塑家所擁有的自由也是空前的，他可根據環境的特質做各種材料各種主題的創作。譬如他來到一個火成岩的大峽谷，火成岩的岩壁就是他的材料，他可以思索一個切合大峽谷環境特質的主題，然後大錘大鑿地從事他的靈感表達。迄今為止，景觀雕塑展早已在世界各地引起迴響。在工廠、在公園、在城市、在原野、在山林、在海邊、在礦場，無數運用金屬、木材、水泥、礦石、砂岩的景觀雕塑創作展不斷地舉行著。它們強有力的佇立在廣大人群的面前，進入與大眾共有的生活空間接受挑戰，參加造就一個影響大眾民生的環境，親切化入人們的生活。我們可稱之為「環境與人」的塑造者；在大眾耳濡目染所及的範疇中，它不僅成為一個被雕塑的作品存在人間，更能成為一個雕塑「人與環境」的作者存在人間。

我在美國旅遊時，景觀雕塑非常普遍地存在於各大城市的角落，各大建築的面前。它們或許是有實用價值的天文儀器以雕塑的處理存在人間。或許是一件簡單純樸的鋼鐵造型，坦率無飾的存在人前，它足以反映當地環境的特質，也足以調和環境的氣氛，人們長時期的觀賞它們，自然會受它的影響。景觀雕塑的發現與流傳，是雕塑新血的輸入，豐富了雕塑的生命，更是雕塑家介入社會大環境從事環境改善的一大跨越，也是雕塑家體認環境為創作母體及環境重要性後的最完美的表現。事實上，僅從景觀雕塑的字面上「景觀」兩字，我們就可窺知景觀雕塑與環境的關係，「景觀」其實就是「環境」的同義詞。

從景觀雕塑年代的跨入，我們還可以順便檢討另一個問題。那便是純粹美學的正確與否問題。

純粹美學的檢討

所謂純粹美學的要義之一是：藝術作家拋開社會的需要，而來注於個人美感經驗與情感的撲捉及表達，為自我的感受而「藝術」，為「藝術而藝術」，把美訴諸於一種純粹自我的表達，與實用，與大眾完全隔離。佔不論此項觀念是否正確，我們先看看它是怎麼演變來的。

在西方從古至文藝復興時代，美化社會的環境原是藝術家的專職，教堂、皇宮、花園、住宅、學校，城市的興建都少不了他們。藝術家受著社會的尊重與禮遇，藝術家也具備著解決社會形質美化的才幹，所謂藝術，也是實用的另一面意義。這種風尚一直到工業

革命以後才改變。換言之，即是藝術家緊密與大眾結合，應付群眾需要的傳統創作本質，在工業革命之後便走向專注於個人情感表現的純粹美學創作路線，這是一項由開放進入閉鎖，由大眾退縮到自我，由廣大進入狹隘，由實用進入到虛幻的改變。改變的原因係工業革命之後，新科技帶來材料與技術的巨大改變，一切講究經濟、效率及大量製造、大量生產。本來由藝術家才可做的事，現在一個普通的工人就可藉機械之便而操作了。如鋼筋水泥的發明，對營造業是一大革新。傳統的磚塊石頭委托藝術家造房子的情形變成了由鋼筋水泥委托工程師造房子的情形。鋼筋水泥又便宜又方便使用，可以任意蓋各種造型的房子，最重要的，這種房子可大量製造。藝術家的地位及工作便自然而然的被土木工程師及工人取代了。工藝品的情形也相同，機械的工藝品又快又多又便宜，手工藝品便難以與之抗衡，從事手工藝品的藝術家又被機械取代。久而久之，藝術家便失去了其原有的重要性及工作機會，甚至生活的依持。再如攝影術發明後，寫實派的畫家就無法與之相抗衡。於是這無數失業失志的藝術家不得不另謀出路。在若干嘗試之後他們終於找到一條逃避該項現實的出路，那就是純粹美學的發現與創造，在此範疇的創造中，可自立門派，創革屬於自我的表達，不理會社會，「社會即可棄絕我，我又何嘗不可棄絕社會」，在這條新途徑所帶來的新天地中，藝術家又可以唯我獨尊從事創作。當然，這樣形質的藝術活動，也自有其光燦奪目的一面成就。不過就長時期的發展看，便造成社會很大的危機。藝術家不理會大眾的結果是什麼呢？是大眾對藝術的逐漸陌生，不解。是社會的建設落到一些外行技工匠人的手中，是產品只徒有形式和用途而欠缺靈性和人性。是科技的極速發展忽略了環境的照顧和保護，是物質面的豐富精神面的空虛和混亂，這一切的總和到今天就形成了威脅人類生存的公害，和環境系統失衡與破壞。因此，說來，純粹美學本身是一種表達藝術的方式，並無甚不妥。然而藝術家退避到其中不關心大眾與社會生活的實質，致使其產生如此嚴重的病態，實在是純粹美學藝術永不可原諒的過失。不過，所幸，在今天以前的二十年前，純粹美學的誤失早已被肯定，而藝術家也有所覺悟。紛紛掉轉頭來重新關注社會，這時他們也才發現自己是多麼被需要的角色。景觀雕塑的踏入，也可算是「純粹美學」轉變為「生活美學」中的一大成就。今天，生活美學的確立已是庸置疑的事，而且在環境問題重重的威脅下，大家相信唯有生活美學的應用與推廣才能解決危機。

在美國，我看到很多設計精美絕倫的椅子，傢俱等生活用具也添列為美術館的展示品時，我更確信生活美學的推廣時代已經真正來臨。藝術家關心社會生活空間中的每一事物的表現，已獲得了具體而有效的成果。而我為什麼要把已成為過去的純粹美學搬出來說

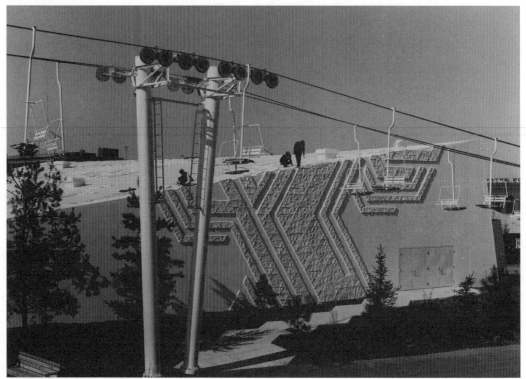

1974年楊英風為美國史波肯博覽會中華民國館設計的浮雕〔大地春回〕。

呢？那是我感覺到在我們今天的處境中，大部份的藝術家仍然抱守純粹美學的原則，不屑關心社會，更不樂意投入社會，這樣，對我們的社會是一項很嚴重的損失，而對藝術創作言更是開倒車的做法。

雕塑比起繪畫等其他藝術來說，本質上是較實際的表現，它是立體的處理，比平面的處理要俱備更多的現實條件，也更能作用於大眾的需要。但是在基本上，還是要認識其必需與環境結合，必需與群眾溝通的道理。

現代雕塑與大環境的關係

美國是一個推展現代藝術極成功的地方，特別是在雕塑方面的造就相當驚人。在他們的城鎮或都市中心，那些巨大的景觀雕塑在人群集散的地點造成強有力的存在。它們多數是造型極其單純，質地極其樸實（充分顯示質感毫無裝飾性）的作品。單從幻燈片或照片上看無法了解為什麼會產生這種造型的作品。但是在旅遊美洲大陸之後，就可立刻明白其中之所以然。說來，這又是與環境相關的一項課題。

眾所週知，美國是一個幅員極為廣大的國家，立國時間短，大部份的國土環境仍保留天然的面貌，這種面貌的特色就是非常的單純統一，非常的雄壯。美國人為了開發，為了建設，當然面對如此大環境神貌與自然交通的機會就增加了，而且是不知不覺的身置其中了。當然，在這種情況下，美國人也受到大環境氣氛的影響和塑造，自然而然地崇尚樸實單純的美。特別是在藝術界，這種對大自然的體認最為敏感，而且在當今反公害反污染的

呼聲中，大家又都眞正知道該走回大環境，照顧大環境，與大環境和諧並存才是挽救於危亡之道。美國的雕塑家對這方面的感悟當然特別深刻，故作品才能挾持那樣如自然神貌的簡潔魄力走向人間。

再者，美國是高度科技文明發達的國家，各大都市及城鎮都開發得極其人工化和複雜化，簡單樸實的造型可以調和這種複雜及人工化的景象，所以這單純巨大的景觀雕塑的存在是一種必要，也是必然。

其實不論現代或是古代，任何使人清靜，使人易於親近，使人易於了解乃至於接受的東西，都是簡單而樸實的東西，沒有裝飾，沒有虛假和過多的技巧。眞正的美是在沒有技巧的地方，像大環境的自然面貌與氣勢。人的天性，對這些則是有其天生之眷愛的。

這種崇尚單純質樸的天性之愛，中國人表現得最爲完整與強烈，因爲中國的大自然大環境擁有與美國國土那種相同的條件與特質，再加上中國人經過了長遠的農耕文化發展，對「天性之愛」的表現「大自然的體認」當然更有一番成就。不像西歐人那樣，屬於游獵文化的歷史發展背景，對自然環境欠缺尊敬與愛，只有人的地位沒有自然環境的地位，在藝術乃至於文學、哲學上，中國人崇尚自然的情操和觀感，因而舉世皆知。「天人合一」、「物我合一」的理念貫串著中國文化的本質。中國人懂得欣賞一塊不經人工雕琢的石頭之美，中國人體會得到那不沾人間煙火的山水之美。這種屬於大自然的生活美學的欣賞和崇尚不是藝術家的特權，任何老百姓都具有與藝術家們相同的情操和審美觀念，這點是西歐人所望塵莫及的，這也是中國天然環境對中國人發生的影響力所使然的明證。近年來西方的雕塑家們，有很多已經懂得了這些東方文化簡化純樸的要領了。如阿普的圓石雕刻，亨利摩爾的簡化人體造型及打洞的雕刻，都是接受東方生活美學——單純，原始、樸實及留空白的影響而成就創作的。今天像具有他們這樣觀念爲技法的雕塑家、在美國，比比皆是，他們發現唯有如此做，才能與他們的大環境相呼應、相調和。而做爲一個藝術家也唯有與大環境相屬才能獲得永恆及不朽。我直覺到中華文復興運動的火炬似乎在他們手中傳遞著。

1974.6.6文稿

巨靈之歌

口述／楊英風　撰寫／劉蒼芝

> 讓雕塑在原野上生長
> 把雕塑在都市中屹立
> 雕塑家們終於唱出了
> 仰望一片天空的快樂

　　它們碩大、簡單，如古代原始民族棄置在荒郊野地的神秘祭壇。它們樸實、自然，如久經風雨剝蝕所殘留的古老岩石。然而，都不是。事實上，它們是現代雕塑家們精心構造的雕塑作品，以堅實的骨肉，頂天立地，共風雨的呼號，迎太陽的照耀，像亙古不變的巨靈，歌唱著自由，溝通天上人間。

謙卑與默默無名的位置

　　「我希望我的作品，能在森林裡、山野裡、大自然裡，找到它謙卑、默默無名的位置。」阿普（Arp, H. J.）這位偉大的雕塑家，面對禁閉著他無數作品的畫廊，曾如是表示。亨利‧摩爾（Heny Moore）這位曠世雕塑奇才，也喜歡把作品擺置在野外、公園。（圖一）

　　很久以來，這一直是雕塑家們說出及未說出的願望；拋棄畫廊裡平整均衡的檯座、溫暖的燈光，跑到野外或街頭，把作品立在那裡，任憑風吹、雨打、太陽晒。

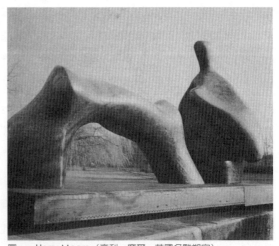

圖一　Herry Moore（亨利‧摩爾，英國名雕塑家）

擺脫美術館熱鬧高貴的保護，找一個自然中默默無名的處所停息。雕塑家們這種從畫廊、美術館、藝術館的創作，走到野外、街頭、甚至工廠的創作，其中有多少掙扎與歷鍊，又有多少心境與意志的完成，乃是無法計量的。

雕塑家與雕塑品的野宴

　　一九五九年的某一天，維也納的南方，聖‧瑪嘉雷頓村，晴空萬里。三十六歲的奧地利青年雕塑家，卡普蘭——站在陽光下，對著眼前的景物發呆。

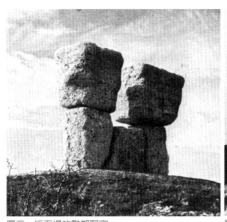
圖二 採石場的雕塑野宴

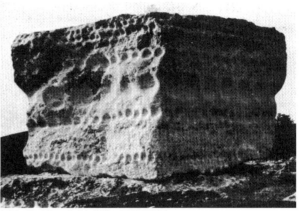
圖三 Karl Prantl（卡普蘭，奧國雕塑家）

　　這裡是一個巨大的採石場，有千年的歷史，石塊由人工打鑿下來之後，留下無數立面一五公尺～二○公尺高的陡直岩壁，把石場圍成一個斗狀的窪地。剝蝕龜裂的岩壁間，隱約可以讀出鑴刻上去的採石工的名字縮寫，和採石的年號，年代久遠的，可追溯到羅馬時代。從這裡採下的石頭，供給附近或維也納的教會及住宅，作建築材料，不然就是造雕像用。石頭色白，質地不十分堅硬，可以用簡便的工具任意打鑿。

　　卡普蘭想：就是這個地方，沒錯。把雕塑家們找來，在這裡一起工作，利用這石材與岩壁，做幾件石雕。並且，做完了不搬走，就像把孩子留在他們母親的身邊，把石雕的作品也留在岩石的旁邊。

　　不久，就在這一年中，卡普蘭果真在這個採石場上，舉辦了世界第一次的雕塑野宴（Sculpture Symposium），這個維也納南方的聖·瑪嘉雷頓（St. Margarethen）村落的採石場，頃刻間聞名世界。

　　雕塑家結伴相繼來到，在風雨烈日下展開工作、友誼、娛樂，乃至於生活的全部活動，有如進行一場日夜不息的野宴。卡氏是個嚴謹的天主教徒，心中卻燃燒著像十九世紀的梵谷般的熱情，渴望藝術家們能完全站在友愛平等的基礎上，建立一個生活的、工作的、思想的、原始理想國。

　　卡氏雖然不是第一個把雕塑搬到野外的作家，但是他卻是第一個糾集雕塑家們做一種聚會式的創作，共同進行工作、研究、生活的雕塑家。雕塑野宴（Sculpture Symposium）的創設，不但做到作品的集合，可貴的是，也做到了「人」的集合。不但是作品的野宴，更是雕塑家的野宴。不能不算是一項恰合時宜的突破。（Symposium一詞係古希臘的宴會、飲酒、談論的意思，後來，有集約性的作家作品討論會、發表會都用它。）

　　自一九五九年這次以石材為主的石雕野宴開始，雕塑野宴如烈火燎原，燒熱了世界各地漸趨冷漠的雕塑家的心。特別是德國、奧國、南斯拉夫、捷克、美國、日本等地，每年都輪流舉辦各種材料，各種主題的雕塑野宴展；如鋼鐵、木材、水泥、岩石。然而跟初次稍有不同的是；工作與作品不一定是在野外、草原或丘陵上。市鎮的公園、廣場、或工廠，也很快的成為雕塑家們，和其作品的最佳工作場地和展示場地。他們、它們，開始真

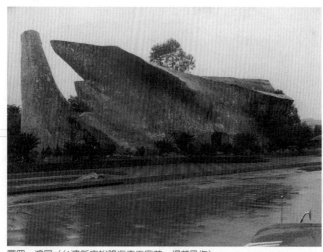

圖四　鴻展（台灣新店裕隆汽車工廠前，楊英風作）

正的進入人們真實的生活裡。當他們工作時，笨重粗糙的材料到處堆積，敲打鑽鑿的聲響四方擴散，一群群圍觀的人們開始評頭論足，孩子們好奇的比手劃腳。

卡氏笑著說：「我們的目的是要當地的人參與、關心，讓他們瞭解我們，也讓我們瞭解他們，大家協力美化環境，使雕塑成為社區永久的一部份。」

「再說……規模龐大的道路，急速出現，大廈紛紛相競矗立，我們的生活空間在急驟的改變，雕塑家的空間觀念也非改變不可；個人工作室式的製作，及神聖的工作室製作意識，已經不合時宜了。而且，美術館、畫廊，定期的展覽是極有限的。光是選拔作品，然後又拆了去，怎麼能容納年青人那種充沛的創作才情與慾望呢？」

是的，時間與空間不斷在改變，雕塑家們，窒息與停頓在幽暗狹小的工作室中已經很久了。牆壁和屋頂，使他們隔絕了人群和大自然，見不到天空和太陽，觸不到人性鮮活的生命，除了蒼白、惶恐、不安、貧乏以外，還能有什麼、做什麼呢？如今，雕塑野宴的出現，像春雷驚蟄，喚醒掙扎已倦的雕塑家們，衝出工作室，奔向人群流動的空間，與人們共頂藍天。在山壁、原野、森林、海邊工作，把作品留在那裡，接受大自然的洗禮和滋養。跟天空對話，跟風雨呼喚、跟大海咆哮、跟人類追逐自由與光明的天性飛翔。

風雨日光完成至美的雕琢

看到那些粗粗笨笨的石頭堆砌在原野上，說它是雕塑家的作品，而且還是精心傑作，我們也許會覺得十分可笑。看雕塑家愛倫絲特（Ernst, M）給朋友的信上所寫的：「我們在大大小小的花崗岩上工作……，由於時間和冰霜氣候的關係，它們已經被磨損得十分光亮，它們本身未加處理已經是十分美好了……，因此，我們乃將雕琢的工作，留給大自然的風雨去完成，而我們只是在這些石頭上，銘刻著屬於自己的神秘符誌吧！」我們覺得好笑並沒有不對。

只要我們放眼細心觀察，像那樣的雕塑自然界彼彼皆是，毫不稀奇。而且，說老實話，它們任何一角，都要比我們人類所有最好的雕塑家所能做的還要美好，充滿生命。

宇宙本身就是最偉大的雕塑家兼最美好的雕塑素材。風、霜、雪、太陽、冰，就是它的最佳工具，它隨時用這些工具，在自己包容萬物所形成的肢體上，刻劃著屬於萬物的生

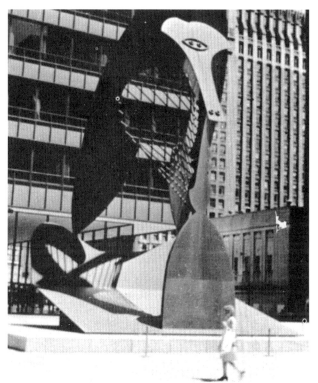

圖五　Pablo Picasso（畢卡索，為芝加哥市民中心作之鋼鐵雕塑1967年）

命的痕跡，這就是至美至真至善的雕塑。假如您到過花蓮的天祥太魯閣一帶，您將會覺得那壯偉奇麗的山巒疊壁、飛瀑奔流，才是真正的雕塑。比起來，這幾塊呆石頭，簡直不值得一瞧。

說得一點不錯。那麼為什麼還要雕塑它呢，而且還選它為雕塑的傑作呢？

檢討一下，我們不得不承認；大自然中雖然遍佈著無數美好的作品，但是我們經常是視而不見，或見而不知。因為它們太多太久的存在，反使我們把它們忘記。加上，近代科技商業的神速發展，我們亦捲入刻板、忙碌、奢侈、機械化的生活中去打轉，當然，麻木、遲鈍、不知不覺的隔絕了泥土與天空……。

於是，現代雕塑家們亦有感於此，便造做一些自然純樸的東西，一如在自然中所形成的那樣；幾塊堆疊的岩石或風化的岩石，殘缺粗糙（圖二、三），不加任何裝飾，讓岩石純粹用自己的骨肉來說明自己，以樸拙的面目重現於我們眼前。這工作及工作的結果，目的是在提示我們，告知我們，去留意，去觀察單純質樸的美，把我們從偽裝修飾的薰習中拉出來，去體認坦誠的、敦實的情感與力量。從而點悟我們再發現眼前的自然之美。這些作品，不過是一項提示，或給我們一個強烈的印象，從此印象中，去對比自然，回歸自然。用看過它尚不滿足的眼睛，去看更大的世界，用關切過它的心，去關切自然更多的生命。因此，他們所做的，雖不完美，但是十分重要。此外，他們必須為自己在世界上留下一些屬於自己的生命的痕跡──留在石頭上和人們的心上。像愛倫斯特說的。

當我們知道隨時放眼用心去體察面前的事物時，我們也將是一個雕塑家。連摩爾這位大雕塑家也承認，他常常被自然中極單純細小的事物所吸引，像骨頭、貝殼、石子等，它們那些單純的形貌和生命力，給他很大的感動，甚至成為他創作造型時的靈感泉源。

閃耀在大都會的雕塑火花

「喂喂，接線生，接線生……。」

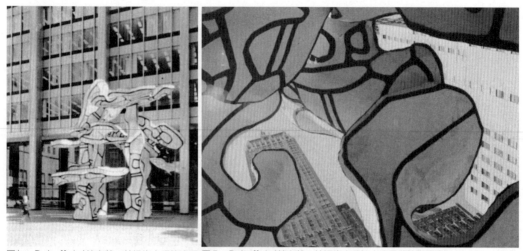

圖七　Dubuffet（杜布菲，於紐約之鋼筋水泥 圖八　Dubuffet（杜布菲，於紐約之鋼筋水泥雕塑特寫鏡頭）
雕塑）

「是的。」

「請你告訴我地面上的天氣如何……我在五十樓，上面什麼也看不到……。」

這就是現代的大都會；座座高樓平地起，有它的驕傲，也有悲哀。在地面上看起來，街道成了千遍一律的狹谷；陰霾、呆板、壓迫人、透不過氣。

於是雕塑野宴的火種，很快的又從原野傳到都市。

當雕塑家衝出了工作室和畫廊，同時也衝破了一道傳統高貴的自我防線；把「藝術高高在上，超脫現實，為藝術而藝術」拋開，謙虛的跑到荒郊野地去向自然學習。也熱心地跑進都市，介入廣大人群的生活機體，去感受快樂或痛苦。

「面對這逐漸壞死的城市，能為它做什麼？」

「建築師該同意在冷冰冰的大廈與人們之間加點溫暖的東西吧！」

「高樓圍成的廣場中，應豎起一個標誌；屬於靈性的標誌，來象徵這個城市。」雕塑家們不期然地都這麼想。「而且，假如為自己打算的話，把作品立在人群當中，不必他們跑到藝術館來，而是我們帶作品走到他們面前，長期在他們眼前，像從地上直接生長出來的，不是更能發揮作品的影響力和魅力嗎？」

於是雕塑家紛紛在都市奔走呼籲，並選擇散佈火種的地方，把雕塑野宴的精神在都市燃起。

幾乎同時，建造大樓的建築師也在想：

「我們處在這樣的機械時代，蓋著如此幾何圖形特徵的建築，實在比過去任何時代更需要藝術家給我們一些人性的觸及。」

「假如一座建築沒有雕塑和畫，只是一棟房子而已，它可能非常精巧，但是它們仍然不能超越『房子』，而假裝是造型之后。」

可幸在這一天並未來遲，建築師終於跟雕塑家合作了；他們共同結合才智，為建設美好的生活環境獻身。這些建築大師，包括我國旅美名建築師貝聿銘（I. M. Pei.）在內。特

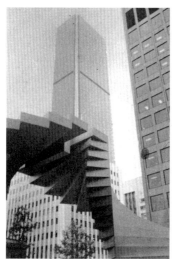
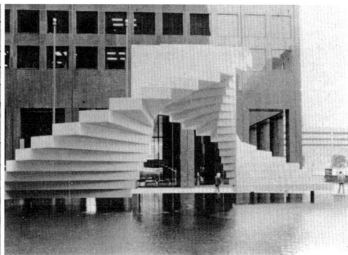

圖九　天梯（洛杉磯美國銀行廣場前之鋼板雕塑）

別是貝聿銘先生，據我所知，他在每一
棟建築中都極力探求與藝術家合作的可
能性，成就非凡，對美國城市建築新里
程的邁入，貢獻奇鉅。〔QE門〕就是
貝氏找我合作的例子。雕塑是不銹鋼材
料，以中國的「月門」為基形變化出來
的，有陰陽、方圓相合的象徵，另一方
面，也有特別為董浩雲先生的被焚毀的
伊麗莎白皇后號作紀念的意義。QE是
Queen Elizabeth的縮寫，圓為Q，方為
E。QE門也可象徵為紐約的東西文化交
流之門。雕塑後面就是貝氏為董先生建
造的東方海外大廈，在紐約的華爾街。

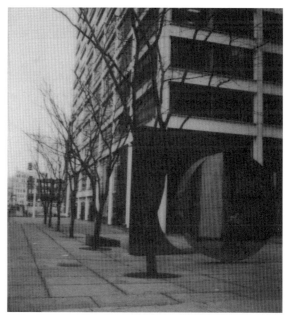

圖六　QE門（紐約華爾街東方海外大廈，楊英風作）

　　其他，還有藝界泰斗如畢卡索、杜
布菲（Dubiffet）的作品。它們屹立在那裡，以誇張的孩童似的天真、純樸安祥的造型，
逗人欣然一笑，引人片刻沉思，給現代都市的神貌，點了一個有靈氣的眼睛。更促使藝術
家在新生的城市環境中，獲得他們正常而合理的地位。這一把火花終於照亮了城市的街
道，並賦予城市以新生命。

一塊鋼鐵的美等於一塊石頭的美

　　我們中國人可以說是最懂得玩賞石頭，也最喜歡玩賞石頭的民族。一塊石頭，常常被
供奉在庭園裡一個顯著的位置上或客廳的水盆裡。古人玩石，悟出許多「美」的原則——
瘦、皺、透、秀；在單純的石頭中，可以感覺到一個完整的宇宙。這是中國人深厚的文化

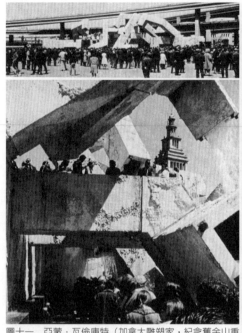

圖十一　亞蒙·瓦倫庫特（加拿大雕塑家，紀念舊金山重建局局長海爾曼作品）

圖十二　Minami Tada（多田美波，日本名女雕塑家，為日本Lee銀座大樓製作之玻璃雕塑）

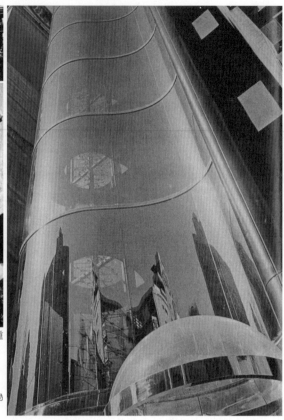

所透達的境界。

　　西洋人傳統的玩石，就與我們大不相同。當他們發現一塊美石，一定把它雕成一座雕像或人體，來欣賞。他們不會欣賞一塊單純的石頭，他們把石頭當成材料而已，認爲經過人力改造、製作的東西才能成爲欣賞的對象。

　　如今，他們卻大有改變。一方面是他們漸漸領悟出東方文化自然之道，另一方面是他們自己有所發現。

　　當米羅的維納斯挖出來之後，他們才發現那斷臂部份的殘缺美，是多麼驚人。從那殘缺的地方，露出石頭的原有質地；未經琢磨的自然生命的痕跡，從這種單純美、質地美的體認中，便提昇了美的欣賞境界。自然，他們便發現純樸拙實的可貴，而開始懂得欣賞一些最單純的東西了，如一塊鐵、一柱鋼筋水泥，就像我們欣賞一塊石頭。而那鋼鐵水泥都是他們生活中所習見習用的東西。後來雕塑家把它們做部份的放大，變形，使人欣賞得更細緻、更清晰。這裡，最重要的是，這些材料來自生活，是雕塑家走進生活，經過觀察選擇後做出來的東西，使人倍感親切熟悉，而且，只要願意，人人可以效而法之成爲雕塑家。

　　所以，當我們看到他們豎起一塊彎曲的鋼鐵，不能錯怪他們無聊，他們欣賞一塊鐵的美跟我們欣賞一塊石的美是同樣有道理的，他們沒有故意做作什麼。

　　圖九中的〔天梯〕，圖十中的〔火鶴〕，圖十二的〔李銀座〕，都是這類的作品。梯子

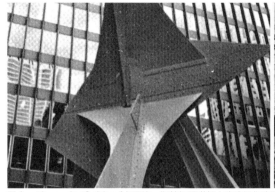 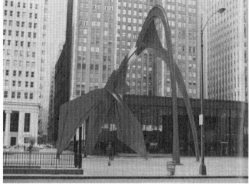

圖十　Alexander Calder（卡爾德，為芝加哥聯邦大廈廣場作之鋼鐵雕塑〔火鶴〕1974年）

是他們所熟悉的，因此也可以成為美化環境的雕塑品。卡爾德（Alexander Calder）的紅色鋼鐵雕塑〔火鶴〕是他前年（七四）十月完成的新作品，捐贈給芝加哥市，立在聯邦大廈前，把空間構劃得較有變化。卡爾德今年七十八歲，是美國一位享有世界性聲譽的雕塑家（本照片係由旅居芝加哥的吳永吉醫師提供）。圖十一，是加拿大雕塑家亞蒙‧瓦倫庫特的作品，以鋼筋水泥做成構體的放大，是為紀念舊金山重建局局長海爾曼先生而作；立在高速公路邊，揭示著「開發」的構造過程，把水泥的粗糙印模留下，毫不加裝飾。〔李銀座〕是日本名女雕塑家多田美波的作品，用玻璃做成。該銀座是我國旅日著名高層建築師郭茂林先生所建。這些雕塑，人可以進出其中，跟城市很恰配，跟人也很親近，是真正從畫廊走入人群的作品，給現代都市增添無限的光彩。

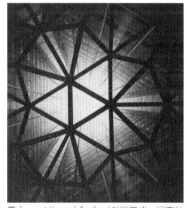

圖十二　Minami Tada（多田美波，日本名女雕塑家）

　　從田園到都會，近代雕塑逐漸成長、茁壯，它們載著雕塑家和建築師的理想，也刻下它們生命的符誌。而雕塑家和建築師，如今已經把它們給成一個能夠「給予」更多的巨靈。

原載《明日世界》第2期，頁62-67，1975.2.10，台北：明日世界雜誌社

另載《景觀與人生》頁88-97，1976.4.20，台北：遠流出版社

《楊英風景觀雕塑工作文摘資料剪輯1952-1986》頁65-67，1986.9.24，台北：葉氏勤益文化基金會

《牛角掛書》頁65-67，1992.1.8，台北：楊英風美術館

《楊英風六一～七七年創作特展》頁131-136，2000.12，台北：國立歷史博物館

未失去的樂園

口述／**楊英風**　撰寫／**劉蒼芝**

是表現尊嚴與特性的空間
是充滿感性與悟性的領域
是洋溢文化與人性的泉源

超世紀謀殺案

「大廈不再燈火輝煌，而隱現於濃煙污塵中，有如舞臺佈景。廢棄的車輛到處堆置，雍塞住充滿人群的狹小街道。人人衣衫破舊，形容憔悴，無事可做，爲排隊領取唯一的食物『綠豆素』而露出深深的憂愁。沒有清水、果蔬、肉類。點電燈還得自己踩輪發電。用帳蓬罩住予以保護的公園，只有一棵幾片葉子的小樹，人們排隊進入，圍住小樹轉兩圈，馬上出來，算是到公園散步。對於過去的世界，尚存有美好記憶的老人，終於選擇了『幸福死』。他說他喜歡：古典音樂，橘紅色，和二十分鐘。他被打了針，推進一間充滿橘紅色燈光的房間。貝多芬的田園交響曲悠然揚起，電影銀幕打開，配合著樂章，映現著五彩繽紛的青空、藍海、紅花、綠樹、和跳躍的小鳥、小鹿……。老人流下眼淚，在微笑中離去，歷時二十分鐘。之後，他的肉身被秘密送到工廠中，去製造『綠豆素』。」——這是西元二千多年以後，人口四千萬的紐約，一部叫『超世紀謀殺案』的美國電影，對它做了這樣的描述。在這裡，人類不是被逐出樂園，下入地獄，而是人類把自己原有的樂園變成地獄，這比被逐出樂園還糟，從此便再沒有樂園，連希望也不存在。

在這失去的樂園中，人類所謀殺的不僅是物質；公害、污染、資源殆盡、生存環境的破壞……，可怕的是謀殺了人類自己的精神面；沒有人格及人性的表徵，人早已遺忘了自己從屬自然的天性，而變成一部壞機器，一個符號，一個沒有心智活動的動物。
電影所提出的，不只是猜測，而是嚴重的警告。
明日的世界，未盡是更善更美的，假如我們不合理地經營今日的世界，不愛惜今日的世界。那麼過去的美好，和未來可能的美好。都將變成必然的醜陋，去扼殺了明日的世界。

專注於科技建設的缺失

六十年代以來，科技建設成爲各國不遺餘力推動的目標。就普通的認識而言，這當然是一種進步的表徵。然而更深的研究，我發現這雖然是國家強盛尖銳化的表現，但卻不足以其建立強國的尊嚴。理由在於：科技方法和物質功能所表現的一致性、機械性、制度化將統一一切，因此，以它爲對象的人，也只能有一種人，這種人無分民族、國籍、性別、

風俗、習慣等。譬如：操作計算機，東方人是無異於西方人的，它的設計和運用，有一定的程式和方法，不論那一種人都得知道方法才能操用它。對於計算機的有效因素而言，它所需要的只有一種人，就是認識它的操作程式的人，而不論他屬於那個國家，那個民族。所以在計算機的使用上，並能表現那一種人那一國家的特質。其他如電化用具的使用也是同理，沒有西方人這樣開關電梯而東方人那樣開關電梯的事，也沒有西方人用冰箱冷凍物品而東方人卻用它來焙烤物品的事。所以，對這些電化用品來說，它對每個人的功能，和每個人對它必需的使用方法，都是一致的，因此，以它為對象的人也只有一種，就是擁有它和懂得使用它的人。

科技的建設，是國際化的、標準化的，以科技建設為依歸的人，也只有一種，沒有種族、風俗、習慣之分，大家都一樣，受制於機械及科技的特定功能。在這種國際化的統一下，無所謂什麼民族、國家的尊嚴及特色。這種情形誠足可憂，特別又加上今日世界的公害、污染、環境破壞、生態失衡等嚴重危害人類生存的問題，又或多或少與科技發展有關。所以，今天許多科技先進大國事實上早已體認到這種缺失，而花下相當大的代價，嘗試在與科技相對的另一世界——精神世界，找尋彌補的途徑。雖然他們沒有明顯的打著反對科技的招牌，但是他們的確是在向精神性的世界探索。

精神文明所建構的個別尊嚴

精神文明之所以能表現特質是在於它是以「人」為本位的表現，是順乎人性需要的結果。人的思想、情感、意志、以其不佔空間，不具重量的形式存在，是多變的、鮮活的、無窮盡的，因此，以精神活動為基礎的精神文明的發展也是多變的、鮮活的、無窮盡的。而其中，最重要的乃是：精神活動是無法統一化、標準化、模式化的，與科技活動恰是強烈的對比。每個人的精神活動因其環境而不同，而各具特質。各個民族也因其環境的差異，而各具特殊的精神活動本質。因為互異，就產生特質，因為特質，就產生尊嚴。

以繪畫來說，它是精神活動的表現之一，它無法具有什麼模式及標準，它是因人、因地、因時，而變化無窮的，也是各具特質的。同樣是繪畫，東方人表現有東方人的特質，西方人表現有西方人的特質，二者極易分辨。以寫生來說，東方人（特別是影響東方至鉅的中國人）其立足點是在大自然一個廣大的面上，所以在同一張畫紙上，他可以畫出重重疊疊的山水雲霧，掩掩隱隱的草木樹石、人物、動物、小橋、流水、人家等，色彩是單一的，平實的，趣味是好幾個層次的，是整體性的，甚至是超現實的。那山水，也許早已經

不是眼前的山水了，而是畫家自己胸中的山水。西方人的寫生繪畫，往往是站在割取自然的一個小部份上，找一個基點，把這景物依照透視學的原理，再現於畫布上，我們視線的焦點，最後將被集中到一個點上。趣味是現實的。再說，東方人喜歡以自然的景物為作畫的題材，而西方人則喜歡以人體為作畫的題材，這也是明顯的不同之處。總之，這兩種在繪畫上不同的表現，歸納起來，也就很清楚地顯示出東西方人不同的特質，這特質將構成各自的尊嚴，不容侵犯與忽視。

精神活動的本質，是包含至少有民族、國家、地理、時代、人種、社會組織等幾種因素。這種種因素彼此經過長時期的互涉、調和、融鑄，漸漸形成一種不易受制時空變化的力量和質地。如果把這種特質，從個人、家庭、社會、國家、民族做一系列的歸納時，這一體系的表現，當然足以具現出國家間、民族間不同的特質。假如這種特質的提鍊，能產生優秀的結晶，那麼，一國賴以自強的尊嚴與自信就可建立。

重新認識自然為精神活動的依歸

精神活動雖不曾明白地排拒科技活動，但至少是不必依賴科技活動的。因為，最起碼精神活動的動力不必依賴機械。諸如：藝術的思考與創造，宗教的崇信，道德的建立，民情風俗的養成，文化的傳衍。語言文字的形成等，都是不必仰賴機械科技的精神活動。因為不與機械科技發生關係，所以相對的，它就較與「自然」發生關係。人們不依賴科技，凡事得自己動手，於是就有許許多多接近自然的機會。反過來說，以上例舉的精神活動，是一個民族長時期觀察自然，模擬自然、親近自然、敬愛自然的結果。拿中國人來說，中國人可以說是最懂得順應自然的民族，也是最敬愛自然，追求與自然合而為一的民族。它經歷了幾千年的考驗，以自然為依歸的本質，終於凝鍊豐碩的精神文明成果，使它在世界歷史中，佔有顯要而具有尊嚴的地位，獲得舉世的敬重。然而，眾所週知的，它的科技是頗為落後的。

在生活上，精神活動可以說是最為節儉的活動，它不必動用太多的自然資源，而只需利用現有的自然資源；如空氣、日光、水、土壤、山川、氣候、風、雨等。換言之，它不必去開發太多的自然；挖它的石油，砍它的樹木，殺害它的生物，破壞它的原有面目。精神活動與保持自然面目是同一回事。精神活動貴在純樸拙實，沒有虛假裝飾，而自然的面目也是如此，或者可以說精神活動是自然面貌的反映。精神的活動也是自然的活動。

至此，我們可以發現「超世紀謀殺案」的隱憂乃是擔心科技的發展失去了控制而肆意

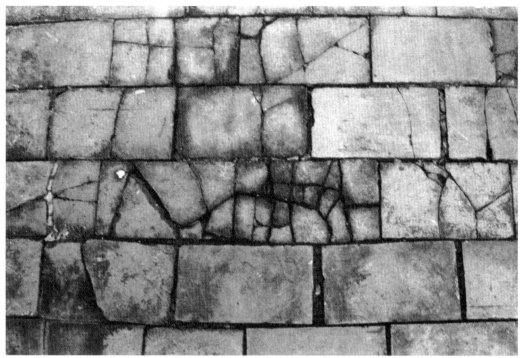

圖一　花磚的運用。

的增長，崩潰了自然有限的再生作用，破壞了自然的生長機能。同時它也擔心，「自然的活動」被扼殺之後，人類的精神活動也將被扼殺。再加上物質生長的停頓，這人間天堂簡直就是人間地獄。

　　至今，我們處於科技發達而大自然卻瀕臨破壞的邊緣，對於若干先進國家追求恢復美好自然的呼聲，應該是有所警覺的，也應該是有所呼應的。讓我們看看他們是如何以謙虛的腳步在追回「自然」，以及用何等誠心來重建精神的活動，重豎國家的尊嚴和人類的自信。

花園底下的藝術迷宮

　　美國加利福尼亞州的奧克蘭美術館（Oakland Museum）是一個非常典型的，追求東方自然精神的例子。

　　它整個建築是隱藏式的，隱藏在植物之下及土地之下，它不再像過去的美術館那樣誇示自己的建築物，它想盡辦法把自己化入在「自然」之中。在表面上看，它像一座花園，花草樹木佈滿屋頂牆垣。而走進去，你才發現它是個非常完備的藝術迷宮。它運用了中國造園技巧中曲折迴繞的方法，使得空間變化無盡，具有「山窮水盡疑無路，柳暗花明又一村」的雅趣。偶而，在水泥地上，也堆置起一兩塊自然形的石頭，然而也不忘保留其傳統的幾何圖形的安排。它刻意在追求自然，但是卻難能可貴的並沒有失去它處於西方世界的本位。在自然與人工之間，它找到一個恰好的位置。

愛情與歡樂的流泉

在美國波特蘭城，一個「愛與歡樂」的廣場（Love joy Plaza）前，有這麼一個極富自然韻味的流泉。最大的特色是從堆疊的幾塊巨石上，流下淙淙的人工泉水。西方人造「水」的景，在傳統上老是喜歡把水壓得往上噴射，稱爲噴泉。而此泉卻特別尊重水的特性，讓它自由自在的從上往下奔流。

丹下健三撐起的吊索世界

丹下健三是日本的名建築師，他運用吊索的原理替日本的東京世運會造了一座完美的運動場。這座建築的完美在於它表現了日本的獨特氣質，簡樸素雅。更順應了大自然的力與結構，撐起一座沒有柱子的運動空間（運動場最討厭柱子）。這種形式是同歸到自然純樸的原位，而又把吊索建築的功能發揮到極致的設計，可與自然融爲一體，也便於特殊需要的運用。

把人工還諸天地

這裡有幾塊帶有裂痕的地磚，是霧峰林家花園中拍攝的（圖一）。這些地磚無疑的是人工做的，然而今天它都破損了，但是這破損卻帶給它另一種美，那是把人工破壞之後的美，讓自然進入其中的美。那些裂紋才是自然的線條。對人們而言才是溫暖而有人性的東西。斷臂維納斯的美，在於它有那麼一份殘缺，從那殘缺中，我們發現大理石中人工以外的自然部份是何其具有情感與有力量。

這片是您的土地

「這片是您的土地」（This land is your land）是我在發現這片土地之後，常向人們說的話。土地位於內雙溪（圖二）。

約四年前，我開始計劃這片土地時，就爲內外雙溪的開發描繪這麼一幅遠景；建設內雙溪爲一現代生活文化的中心，與外雙溪爲一古代生活文化中心，兩地串連爲一完整的文教生活觀光社區。外雙溪代表古代，內雙溪代表現代。而在這片屬於內雙溪的土地上再建設一所藝能技術學校爲推展未來而努力。如此在文化上、精神上，從過去到現在到未來都有了交代。

內雙溪小瀑布附近（包括這片屬於您的土地），因風景絕佳，有山、有水，特具中國

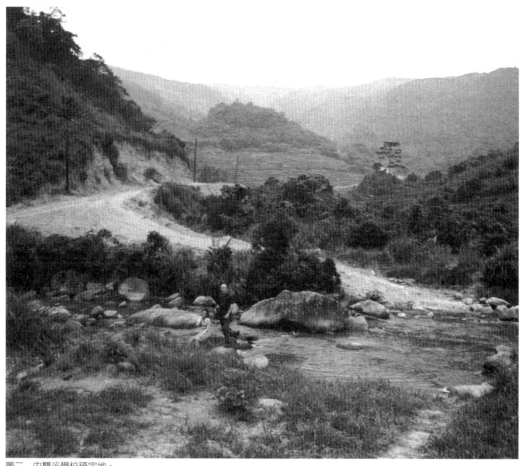

圖二　內雙溪學校預定地。

人所描繪的國畫中的境界，早已成為台北近郊頗具價值的遊覽勝地。然近年來未曾有整體性的開發，任其由民間草率處理，至為可惜。在關心它的開發下，我曾風聞有人要在此投下大量的資金建設華德狄斯耐樂園。我以為這是極為不智的構想。首先，此地是一山明水秀的風景區，不宜建設純粹的兒童成人遊樂區。而且最重要的，我們不能讓米老鼠來教我們的孩子。華德狄斯耐的動物世界，是美國人的環境與生活的產物，雖然很不錯，但是仍不適合我們的生活與環境，我們應該考慮自己生活與環境下的東西，並且也要能代表中華文化的精神的構築。否則我們教給孩子的將是變相的美國的文化，而不是中國文化。

　　以環境的條件而言，內雙溪實具有成為一生活文化中心的優勢。當地景緻純樸拙實，景色秀麗，又毗鄰故宮博物院。故宮是古代文化與生活的展示場所，光讓遊客看古代是不夠的，人家會說：此地只有過去，沒有現在。而國內迄今尚無一較具規模的現代藝術館，收藏展示現代藝術品。在此，實可設立一個現代藝術館，以與故宮形成新舊今古的對比，連成一個完整的文教體系及生活的社區，建立一種真正的精神生活典範。

　　我以為目前大家在討論建立紀念蔣公的中正紀念堂，無妨擴大，建立在內雙溪，成為一個「特區」或「社區」。那麼，以中正堂為重心，再設立現代劇場，現代美術館，以中正堂作為提倡現代文藝、美術、戲劇與文化的中心，以蔣公所提倡過的「新、速、實、簡」

做為建設的指標，如此所完成的文化社區，方足以紀念這一代偉人對這一時代所做的貢獻。

所謂的「文化」乃是指生活的文化，有錢、有科技並不能代表文化高，必須是具有完美的生活理念、生活形式才能表現文化。譬如，我國民間的許多風俗習慣，節慶祭祀就是文化的表現，因為這是長時間生活於自然中的結果，是民族情感與智慧的結晶，相當典型的能代表精神世界的活動，在這個新社區中，應該對此方面的「遺產」妥加整理。

雖然，在當今科技發展中，真正屬於人間的樂園正在漸漸縮小，但，「回頭是岸」，在某些尚未被科技觸及的地區，仍可發現那尚未失去的樂園。內雙溪是其中之一。只要我們把這片土地，視為自己的土地，去愛護它，關切它，在其中出現現代文化生活的樂園是可期待的。

這一片內雙溪的土地，以及屬於其中的藝術技能學校的預定地，都是您的，切盼借重您的智慧來完成它未來的美好。

原載《明日世界》第6期，頁29-31，1975.6.10，台北：明日世界雜誌社

另載《景觀與人生》頁134-141，1976.4.20，台北：遠流出版社

《楊英風六一～七七年創作展》頁181-185，2000.12，台北：國立歷史博物館

龍來龍去

龍與自然的結合

中國古代農業社會，男耕女織，從養蠶的生活，人們可以看出蠶蟲生命變化的奇跡。自蠶蟲變蛹再變蛾，三種不同的生長形態，生命在其中默默轉換，生生不息。

再推而觀察其他昆蟲動物，亦復如此。故，看到天上飛的，都想像它是從地上爬的這些長條蟲子變化成的。於是想像、傳說、描繪、根據蠶蟲等，以「長條、軟體、環節」為基形的動物就產生了，可算是龍的雛形，會上天、入地，是神奇變化的具體象徵，以便人們流傳、記憶。這是龍由蠶衍化而來的說法，我覺得很有道理。

農耕的生活，人們多依賴及面對大自然，也遭遇到大自然強烈的變化現象與災害：山崩、地震、狂風、暴雨、海嘯、雷電等。人們恐懼而又無能為力，因之產生敬畏，覺得其中有一個超人的、巨大的能力，在發動主宰這些變化——時而風調雨順，時而天翻地覆。

於是把「雛形的龍」的神奇變化性又放大，放大到無限大，終於跟宇宙這種超人的自然能力結合；把這股能力落實在「龍」的形象上。因此天地間動靜、幽明、內外、陰陽等一切相對現象的變化，就是龍的變化。這就更普遍性、通俗性的去解釋自然現象，便於人們傳說、記憶，牠有變化無窮的外形、內涵與力量。

因此，龍雖然是想像的動物，但是仍是從「生活」中生長出來的，是人們在觀察自然、結合自然後的生活成果。牠根植於「耕織」的生活實質。

所以，我認為在這一方面，中國人是了不起的。能從現實生活抽離出來，構築了一種精神的境界，而其間的系統性及邏輯性竟如此完美。

在另一方面，則是把對抗敵視自然強烈可災變的態度，提升為容忍與尊敬的心懷。我想所謂文化的演進，這種與自然相處的態度，確是中國人所創造的一段偉大里程。

龍形的恆變

既然龍是宇宙自然力的化身，具有無邊的大能，牠形態就必須是特殊的，平時見不到的。（中國人相信見得到的東西，都沒什麼了不起，唯有見不到的，才是偉大的、神奇的。）因此必須創出一種世間沒有的生物，威力才是無限的。是故，又把蠶蟲衍化出來的雛形，加上鱗蟲鳥獸的局部形態，七拼八湊的組合起來；如鷹爪、鹿角、觸鬚、鱗片、環節等，漸漸造成我們現在所常看到的「龍」。

由於它是人們想像拼湊而成的「神物」，各朝代的造形描刻都不盡相同，因此就產生類似的夔、虯、螭等。如夔紋，似鳥似獸，可能是龍的原始想像形態。西周中葉，漸漸變

為蛇狀，迄戰國，所謂虺紋、螭紋，便是蛇狀的龍。我們可以在古代許多器物上找到它們一直在變化的各種形態。

我個人認為殷周以迄漢代，龍的造形最高超完美，它只是簡單的、粗獷的線條刻紋，是抽象中的抽象。後來愈來愈裝飾化起來，成了抽象中的寫實。當然，愈社會化、通俗化的東西愈寫實，然而就愈脫離自然，愈喪失原始的力量。

由於龍代表無上的宇宙生命，它的形態世上絕無，皇帝也樂意以它象徵自己。戴龍冠、穿龍袍，所用器物也喜歡以龍做圖案，龍又添為至尊至貴的權威象徵。

當然龍也不盡是皇帝專用的標誌，民間也多取其為祥瑞、尊榮的徵兆而廣為應用。

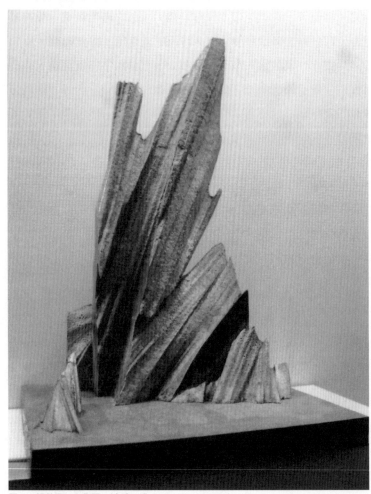

又，龍王經說：龍生九子，性格各異。於是龍乃變化為各種應用藝術，在實用價值外，又增添了美學上的價值。即亦為文化的表現之一。例如九子中，喜負重的變為碑下趺，好瞻望的變作屋脊獸頭，好鳴的轉作鐘上紐，好飲食的文飾鼎彝，愛水的化為橋柱，好殺的變為兵器等等。

從這一系的思索，我個人學習到一個觀念，龍是主宰自然生命（包括人自己）的力量變化的象徵。我肯定了一個價值——「變」的價值。有變，才有生命，生生不息。

圖一 楊英風 太魯閣 1969 鋁

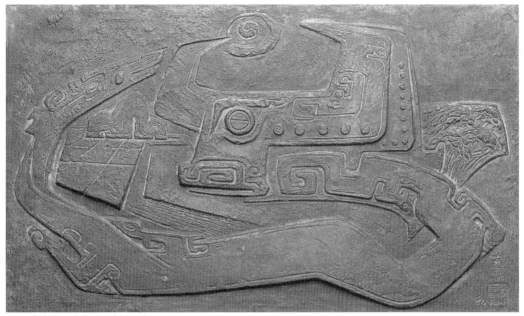

圖二　楊英風　春牛圖　1964　銅

　　所以龍在我看來，可以是山脈河流、雲朵、樹木、石頭的肌理紋路、切開的捲心茱等，一切有生命有變化的東西，而不只是常見的清代這樣「具象」華麗的龍。我以為歷史已經告訴我們：龍是跟著時代變的，清代的龍或過去任何時代的龍，是一份寶貴的文化果實、遺產，彌足珍惜。但我們應該在自己的時代上創造自己的龍，應該體認的是龍的內含及其象徵。今天，如何提鍊我們現代龍的精義對我們的後代很重要，不能讓龍的「變化」在我們的手上中止。

　　在我個人，我把這種體認溶入我的雕作中，並且一直以它為創作的骨幹，雖然我並沒有雕出龍的形態。如〔太魯閣〕（圖一）就是雕刻龍的象徵；我在花蓮看到山脈、石塊的綿延無盡，壯大碩實，變化多端，生命力在其中循環不息，我覺得這就是龍；我心目中的龍，我要刻下它。雖然只抓住這偉大時空的一瞬間、一角隅，我要它成為我的「永恆」，我的「宇宙」。

　　龍之可貴，乃在於超乎形的力量，所象徵的大自然與小自然，不在乎它有幾個爪子，金色、藍色或紅色。換言之，不是我們常見的「龍」才是龍，有很多看不見的，天地間萬物躍動的呼息運轉都是龍。

　　近廿年來我從寫實的雕作，進入抽象的雕作，基本上就是順此體認工作著；我雕作變化的自然，強有力的線條，凹凸的紋路，形態都很簡單，我希望我的龍在其中。

　　如在〔春牛圖〕（圖二）（民國五十三年的銅鑄作品），當時是推行農村機械化，發展耕耘機的時代。我把牛頭打上釘子，化它為鐵牛，表示一隻永不疲倦的牛：耕耘機。旁邊有稻禾、有山、有田、有溝渠。這一切都由外緣一條形態簡單的「龍」護衛著，這條龍，若隱若現的構成大地的骨幹，成為一個容受萬物的大自然。我在做〔太魯閣〕，不是做山的好看，而是在做山的精神，表面上看不見龍的形態，但龍在它的曲直、高低之間。

我覺得這個時代的龍應是充滿力的東西，有鼓勵性，進取性，而且是真材實料，不虛假、不裝修。譬如說塑膠花就沒有「龍」在其中，它有漂亮的形，但沒有生命，雖然永不枯萎，但也從未活過。每個人都應該有一條龍在心中，而且還要是「生龍」，才能過真正的「生活」，而不只是生存而已。

原載《聯合報》1976.2.2，台北：聯合報社

另載《景觀與人生》頁46-49，1976.4.20，台北：遠流出版社

《楊英風景觀雕塑工作文摘資料剪輯1952-1986》頁71，1986.9.24，台北：葉氏勤益文化基金會

《龍鳳涅盤──楊英風景觀雕塑資料剪輯》頁75，1991.7.26，台北：葉氏勤益文化基金會

《牛角掛書》頁71，1992.1.8，台北：楊英風美術館

《楊英風六一～七七年創作展》頁157-159，2000.12，台北：國立歷史博物館

雷射在藝術上的震撼與期待

「雷射」像一頭巨獸，它踏著大步，邁向一個人們從未夢想過的新境界！它那震撼而又急促的步伐，驚醒了酣臥在象牙塔中的藝術家；雷射的光芒，撥開了他們惺忪的睡眼，看到了雷射所踏進的世界，原來竟是未來藝術創作的一塊嶄新天地！

「雷射」初生不久，已為工業、醫療、通訊帶來了新天地。雷射可以傳遞聲音，傳遞電視的影像，可以測量太空的距離。雷射成為工業上切割金屬或大理石等的最佳工具。醫生用雷射去治療腫傷、癌症以及眼睛的損傷；諜報員用雷射去作為神秘的武器。

今天，「雷射」已成為娛樂的新媒體，配合著音樂，像放映一場「太空虛幻」的影片那樣，給人們在感官上帶來一種從未有過的刺激、震撼與滿足。

明天，雷射將成為藝術創作的新素材，「雷射的藝術世界」，必將是緊接著要來的最前鋒藝術，它所描繪出的綺麗、神妙世界，將是目前任何繪畫，雕塑所無法企及的。

雷射再邁進的一步，必將進入我們的家庭，我們的生活空間，而引起包括室內設計，建築等的重大革命！

做為一個藝術家，我們能不匍匐在「雷射」的腳前，伸開我們的雙手，迎接它、擁抱它、親吻它，縱而努力去駕馭它，以便翱翔在雷射所開拓的新天地裡！

雷射已在美國、日本的很多城市，配合著音樂，把雷射千變萬化的抽象光像，作公開的演出。雷射在我們頭頂一個像天文台的拱型圓幕上，所呈現的立體彩色光像，將觀眾帶進一個如癡如醉，如夢如幻的世界，讓人們像看到了宇宙的誕生，又像神遊太虛，捕捉到宇宙震人心弦的層層奧秘。

今天那一位畫家，那一位雕塑家，那一位攝影家，能在他的作品中，給人們帶來那種震撼的力量？或能像那樣的將人們帶進綺麗的幻想世界。

雷射顯然是一把神奇之鑰，把自然之門開啟，讓我們放眼宇宙自然之美。藝術家應得到的啟示是：美不是用人的技巧去創造的，藝術家所應做的是，如何利用我們的工具，在「自然」的寶山中，把覆蓋在上面的土石鑿開，讓自然重現。

雷射的發明是在一九五八年。到今天，他已快可以代替畫家的畫筆，代替雕塑家的刀斧，讓藝術家用之為創作的新工具。未來「雷射的藝術世界」，因著能引導人們踏入自然，進入精神的宇宙，它的影響與震撼將是史無前例的。

然而，今天一個藝術家所應體認的，不應僅止於此，他還應看到雷射進入我們的家庭，我們整個生活環境時的種種。

雷射的研究已在美、日等國先後展開。科學家們預言，到了一九八〇年，即可將雷射

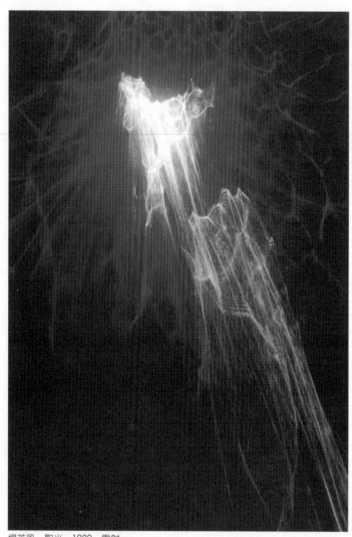

楊英風　聖光　1980　雷射

完全控制。雷射目前仍是一種很危險的東西，屆時能將雷射中不潔的「能」清除，便可做更廣泛的應用。

以前我們室內照明用油燈。電燈的發明，使室內的照明起了新的革命。電燈的使用，不再像油燈僅作照明的工具，同時也使室內、庭園以及舞台等地的美化與效果，進入了新的領域。未來當「雷射」進入了家庭，進入了我們的生活環境，並取代了今天的電燈，那又將是一種怎樣的革命呢？

雷射光的綺麗與變化，必將為我們的生活空間，開拓一新的領域，我們的家具、室內設計，以及住的方式，也必將隨之而改變，作為一個藝術家，我們能不為這一天的來臨，作積極的準備嗎？

雷射在藝術上的應用，是現年三十七歲的埃文‧德拉耶（Ivan Dryer），於一九七一年在美國開始的，在此之前他是一位經驗豐富的實驗、教育和紀錄影片的製作人，集編、導、拍於一身。到了一九七三年十一月，他已在一些專家的合作下，把他所研究發展成的雷射光與音樂結合，在美國加州格烈費斯天文台作首次演出。

德拉耶研究發展成的雷射光，寬約十六分之一吋，他以高速將其轉動，使達每秒數百圈的速度，各式各樣的旋轉圖案便形成了。他又用繞射技術，使這種細長的雷射光擴散，形成了像雲與蛛網般的另一種味道的圖案。

他把雷射應用在藝術上，立即受到了廣泛的讚譽。我們今天現有的任何影片，雖然已能探索我們這個世界的事物，思想與感情，而雷射光則能更直接地探索存在於我們心靈深處，而又屬於另一個世界的種種，這是他以雷射光表演而讓人著迷的原因。

　　日本在一九七六年三月，在白石英司所領導的日本文化財團支持下，把雷射光在藝術上的應用，引進了日本，並在京都做了兩年試驗性雷射音樂會的演出。目前更成立了日本雷射委員會，結合了對雷射研究有成就的許多學者專家，著手對雷射作更深一層的研究。雷射音樂會的場地，目前也已在東京池袋興建，預定今年十月便能演出。

　　我所主持的美國加州法界大學新望藝術學院，也希望在不久的將來，結合美國方面的專家，成立「科學藝術研究所」，對雷射在藝術上的應用，以及在精神醫療上的應用，作更深入的研究。

　　自由中國的台灣，也有很多對雷射研究有成就的專家學者，我很希望台灣也能在最近的將來，結合這些專家學者，成立一個發展雷射研究的組織。

　　我多希望，不久就能將美國、日本、中華民國所成立的三個雷射研究組織，結合起來，共同駕馭著「雷射」，鞭策著它為人類生活環境的美化而努力奮鬥！

原載《聯合報》1978.7.7，台北：聯合報社

另載《牛角掛書》頁81，1992.1.8，台北：楊英風美術館

雷射與藝術的結合
—— 雷射為未來世界描繪美麗的遠景

強烈的震撼、剎那的領悟

那是難忘的印象——神奇的光束，竟然和著音樂的旋律，跳起舞來！由點到線、由線到面、面到立體、到無限的空間，雷射光的掃描，交織成神妙、綺麗的生命動態圖畫，令人嘆為觀止。

回憶一九七七年某夜，坐在日本京都雷射表演場的觀椅上　我仰視圓頂的螢幕，任那綺麗萬千的北極光在我頭頂盤旋，遠處似乎有個聲音在召喚著，我於是隨著那神奇的光在時空中旅行。

首先拜訪太陽系一個個別具個性的行星，又欣賞了太陽風的衝浪表演，再穿過銀河系的宇宙雲，坐上了旋渦狀星雲刺激的雲霄飛車，在宇宙的大觀園中，還有球狀星雲的土風舞表演，變光星像探照燈似的忽明忽滅，真是琳瑯滿目，逛也逛不完。正在對宇宙的神奇陷入沈思的當兒，忽然間，某一個超新星爆炸了，宇宙的舞台又有新角色登場了。緊接著，無數流星在我頭上開花，下雨似的飄下，那不是我所熟悉的「放煙火」景象嗎？……

最後我回到了原子的最深處，看到那代表不可分的能在規律的振動，我發現：原子的根源亦是生命，它本身的律動和我的心跳、脈博是一致的——原來小宇宙和大宇宙並無不同，都是生命！難怪在宇宙中旅行就像回到老家一樣有一種神秘的熟悉感，或者說是自然的親切感。此時此刻，你如果問我有什麼感覺，我只能回答：「在我的心中，除了感動，還是感動！」

自古以來，很多的哲人、思想家、真理的追求者，對於宇宙、生命的起源，對永恆、無限的追求，總是抱著無比的興趣——他們要確定生命的意義，否則生存便無目的。在人類歷史上於是產生了許多科學家、哲學家、藝術家、宗教家，表面上他們似乎毫不相干各自追求真、善、美、聖，事實上他們共同的目標即為詮釋真理，揭發宇宙生命的奧秘，雖然我本身從事藝術工作，以往也曾試著接觸科學、哲學和宗教，在美國萬佛城聽法師講經，總覺得還是所悟無多，自從看了雷射藝術表演以後，自覺心中受了極大的震撼，剎那間若有所悟，對於已往所百思不解的問題，有了撥開雲霧見青天之感，如同親臨宇宙初創的場面一樣，對於自然、生命產生了崇敬感。啊，原來如此，真是妙不可言！

神奇的雷射、廣泛的用途

本人自從欣賞了雷射音樂表演以後，深受感動，於是激起了研究雷射的興趣。

雷射繼原子能、電腦之後，為本世紀三大發明之一，它是一種潛在不具形象的

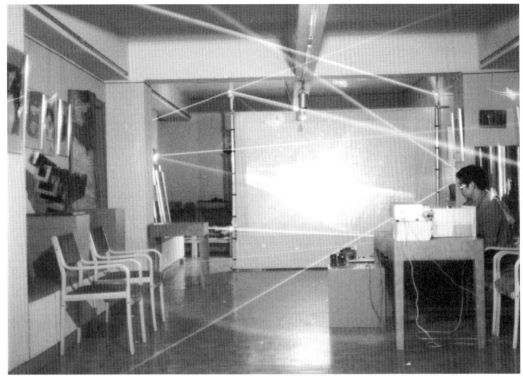

雷射藝術創作過程。

「能」，可以稱得上是一種取之不盡，用之不竭的新能源。在能源短缺的今日，雷射的應時推出亦是為人類未來闢出了新的坦途。

　　雷射是英文Laser的音譯，也就是Light Amplification by Stimulated Emission of Radiation的縮寫，意即「受激輻射所加強的光」。它是利用物理之原子構造與分子構造所發振成功的一種「最純粹的光」。為什麼說雷射光是最純粹的光呢？因為它是由同一單純介質所激發輻射出來的，雷射因具有以下幾種特性，所以有極重要的用途：一、單色性：每種光只有一種波長，透過三稜鏡不會分成多種顏色的光，用於光譜物理學、化學及化學工業、材料科學上。二、干涉性：同一雷射發出的光相疊加，如相位相同，則有強化作用，如相位相反，則有抵消作用。用於全像攝影、精密長度測量及其他光學、電子學用途。三、指向性：雷射光束不分散，能單行前進且能傳送極遠，用於精密工業、醫學上。四、高強度：雷射光的強度可達到一般光源的百萬倍，用於雷射焊接，遠距離通訊及武器發展上。

雷射的歷史、未來的展望

　　早在一九五四年已有「分子發振器」的製成，一九五八年C.H.Townc博士推出雷射理論，一九六〇年T.H.Maiman用紅寶石作媒體發振出紅色的雷射光，雷射正式誕生，後來又陸續有人用其他的固體、半導體、氣體、液體作媒體，製出各種的雷射光。二十年來不斷的研究，雷射被廣泛地應用到工業、通訊、測量、醫療、國防上，為各行各業開拓了新的

天地，將來雷射更可能取代電氣，到時候將成爲家庭生活的必需品。

雷射與藝術的結合

真、善、美是不可分的。這是科學與藝術結合的前題。以往科學家在從事於種種研究時，常發現到很多美好的東西，這些正是藝術家所追求的對象，但由於傳達觀念的不同，科學家所關注的是科技的發現，即使連帶發現了美，他們也未予重視。這時候，唯有藝術家的參與將此新的發現作爲新的素材，研究其性格、特性求能作充份的發揮、應用，以達到藝術淨化心靈，美化人生的目的。而廿世紀即是一個群體力量的合作，雷射與藝術的結合就在此環境下應運而生。

雷射藝術的首創者埃文‧德拉耶（Ivan Dryor）在一九七一年創立雷射映象公司於美國洛杉磯，即開始研究如何將雷射應用於立體映像上。一九七三年十一月，他在一些專家的合作之下，將他所發展成的雷射光與音樂結合，在美國加州格烈費斯天文台作首次的演出，立即受到廣泛的讚譽。德氏原是一位經驗豐富的實驗、教育和紀錄片的製作人，集編、導、拍於一身，又通音樂、天文、哲學，他認爲雷射藝術可以激發、引領觀賞者進入一種平時達不到的心靈境界，它也是一種抽象經驗，可以使人們無拘無束自由建構自己的意義，使心靈免被強制接受任何特定的解說，所以雷射藝術很接近禪的沈思境界——這也是它的吸引人之處。

雷射與各行各業結合可改革科技錯誤

人類的世界本是用靈敏的雙手所創造出的充滿感情的世界，從十七世紀工業革命以後，機器代替了手工，科技的發展一日千里，由簡到繁，擴到無限大，大到無從去控制，於是造成了種種公害，威脅到人類的生存，甚至是以毀滅人類。

人的雙手有靈敏的精神，人性透過雙手可以直接表露無遺。一件古時候留下的藝術品，雖然經過了長久的時間，仍然充滿了作者創作時的靈性，所以手工製品是有感情的、溫暖的，具有強化有力的生命，只因爲那是智慧與雙手的結晶。

然而人類從用手拿工具，到只按電鈕，雙手漸漸地退化，失去了它原有的功能，落到了只有靠機器才能生存的悲慘的結局。人用機器大量生產了許多冷冰冰，毫無人性的成品，因爲人性無法透過機器直接傳達，於是在缺乏人性的環境中，人自己也慢慢喪失了人性，新的環境製造了許多的「機械人」——刻板、冰冷無人性的機器人，這就是「人造機

器、機器造人」的循環道理。現代人的不安情緒即是由於不完全的人性使然,此乃分崩離析的科技產生的結果。

雷射的應用是由繁到簡,可以非常的單純化,因為它是純光學、純能源的(它是一種光能)。雷射利用光學的現象,即用光能的力量來解決一切,使繁雜的事項簡化到一個單純的方法,且可發揮極大的功能。雷射的操作是靠人的靈性直接反應(即智慧)以及用雙手去控制的,其效用遠超過以往科技龐大的設備,此種操作對人類而言,又回復到利用雙手的手工時代。

也因為雷射的使用是用人的手操作的,雷射藝術亦像手工製品或自然界的生命一樣,充滿靈性,而且件件不同。雷射的發明,使機器製成的「機械人」有恢復雙手的可能。使其雙手活用起來,慢慢的恢復其人性,使「機器人」回復到「自然人」,如此一來,冰凍的世界將可化解為溫暖的感情世界,此種改變可望於雷射時代來完成。

以往科技的單項發展既已造成了問題,雷射與各行各業的結合可以化繁為簡,便為解決問題,豐富人的生活。雷射是純宇宙生命本質,透過雷射與藝術的結合,能於短時間內讓我們領悟靈的世界,體會到人類靈的本質、自然的本質。人與宇宙的關係,因而激發內心深處對生命的崇敬感與自覺的人類愛。從此而知,雷射與美術、文藝、宗教等的結合將可發揮積極的教育功能,以真化、美化、善化人類的靈性,扭轉現今一些人對未來世界所存悲觀的看法。所以本人覺得雷射值得介紹給各行各業去運用,以創造新的生活智慧,豐富現代人的生活。

日本雷射的發展

一九六三年,日本東芝公司即開始雷射科技的研究,一九七六年三月,在理事長白石英司所領導的日本文化財團支持下,把雷射光在藝術上的運用,引進了日本,並在京都作了兩年試驗性的雷射音樂藝術表演,本人就在一九七七年認識白石英司,並看到了雷射表演。一九七八年更成立了「日本雷射普及委員會」,在創立之初即邀請本人參加成為創立委員之一,白氏更誠懇地表示希望互相提供意見及技術上的支援。一九七九年底,日本醫師大城俊夫(日本雷射普及委員會委員)曾來台訪問,在台北與高雄作了兩次有關雷射在醫學上應用的演講。本人與他談得很投機,他並告訴我一項重要的消息,也就是有鑑於對人類有很重要的貢獻,促使他覺得非要好好努力研究不可。他立志要創立一所雷射大學,培養一批有專門能力可以自如使用雷射的人才,將雷射的技術推廣到各行各業,幫助他們

改善目前不能突破的困難，期能產生類似雷射與醫院結合的功能，這樣人類的生活將可有新的進展。雖然這在目前的階段還只是一個理想，要靠人的信心和努力才能使它具體化，而且推展此一工作必然有相當的阻礙，但是事在人為，本人在和大城氏短短幾天的相處中，已能深深感受到他的熱心、誠懇及對人類愛的積極志願，相信由於他的熱心、毅力和辛勤耕耘，必能達成其心願。目前在東京接受雷射治療的人很多，應接不暇，足見雷射醫學值得加速發展。大城氏在此間看到一批熱心人士提倡研究雷射，已有幾位教授正在埋首研究，他很受感動，表示願意提供現有的設備，為我們訓練人才，若對雷射醫學有興趣者，歡迎去他那裡研究，他的雷射大學辦成之後，也將協助我國作此方面的發展。

呼籲國人重視研究

本人在美日兩國有機會認識一批雷射的專家，因為同好而結為好友，大家都感覺到應該共同關心人類的問題，甚於為人類謀求未來幸福的共同立場，以手足兄弟之情自然而然地攜手合作。

鑑於國外二十年來在雷射研究的積極發展，及雷射對未來世界可能有的宏大貢獻，國人自不宜坐視、旁觀別人的努力，而自己裹足不前，要知：「差以毫釐，繆以千里」，等到有一天覺悟到應該研究時，或許已經太遲。因此本人亟望國人能同來重視雷射，急起研究，為了好的目標，發揮團隊精神齊來努力，希望能對世界和平、社會安定有長足的貢獻。

雷射應用的基本精神是與自然的調和，尋求生活的智慧，故為中華文化的延續，循此方向繼續努力，必須開拓現代中國的新文化局面。

雷射蘊涵深刻的教育意義

雷射是從宇宙最精、最純的本質所散發出的光和能，它與藝術結合所表現出的宇宙生命的跳動，從美的觀點看，竟無一點一滴的敗筆（一般人為的美術，只要有一點照顧不到，便馬上產生敗筆），且是變化無窮的，它能讓人於一剎那間悟出宇宙的原理。西方科技因不能把握重點而造成片面的、畸型的發展，知識的爆發泛濫成災，在消息的傳播、接收上，給人無法承擔的壓力，壓得現代人幾乎透不過氣來，一個人如不受很多教育，則無法承受、適應。但是如果將雷射應用到教育上，則可以消彌以上悲觀的情況。利用雷射豐富、動態的表現，將可使一個人於極短的時間內，能了解以往必須經過幾十年的努力方可

以了解的內容。因為知識的獲得由外（界）而內（心）的累積學習，而智慧的啓發是由內心往外（界）的領悟；知識的發展由簡而繁，而智慧的凝鍊則是由繁而簡，所以智慧的作用方式與雷射相同。雷射至今已發展到相當有智慧的創造形式，將之用在教育上亦為人類帶來無窮的福惠。

把握真善美的運用原則

雷射的發明，是宇宙給人的恩賜，只有人類能運用此一恩賜，用得好，對人而言則享受；稍有不正常的用心，則很快的趨於扭曲、毀滅的悲劇，所以只靠技術還不夠，使用者的人品最重要，隨心向的轉移，善惡的分別極為清楚，這是宇宙生生不息的原則。善用雷射，則可幫助人類獲得精神上的純美，進一步建立安和樂利的人間勝境；反之運用的失當卻足以毀滅地球，正反的效果產生於一念之差。所以現在最重要的事應該是扭轉人心，大家齊來運用愛心，大公無私地在忘我的境地上關心一切生命，淨化我們的心靈、美化我們的家園，將人人心中的眞、善、美的本能結合起來，則未來世界必是幸福的人間樂土。

原載《藝術家》第10卷第5期，頁123-126，1980.4，台北：藝術家雜誌社

另載《牛角掛書》頁91，1992.1.8，台北：楊英風美術館

樸素是設計的理念　　生活是設計的基礎

　　我國今天的富足、繁榮，人民生活的安定都已到相當程度；眼看各項建設蓬勃興起，帶動著龐大人力、財力的運轉，社會充滿著朝氣與希望，真是令人興奮的事。

　　由於工作關係，我接觸建築界，設計界的機會比較頻繁，也看到這方面在社會富足的基礎上如何進展神速的情形，高樓大廈、社區住宅、商業城遊樂區等等，在在都在急速的建設中，亦在迅疾的構成一個鉅大活動的機體，成為「都市」及「生活空間」的基盤。但是在這當中，我們也發現，社會並不是如此就美好起來的事實，甚至有過份發展、過份建設形成錯誤結果的隱憂。

　　譬如：大家拼命蓋房子，設計人才輩出，各種建材要用什麼就有什麼，可是結果呢？蓋出來的房子，佈置的室內外空間，不是仿歐洲就是仿日本、美國。這樣表面的五花十色，其實是不對的，講嚴肅一點，從文化的角度看，建設的品質是大有問題的。其實我們不是沒有設計人才，更不是沒有錢財，所差唯教育不足，觀念不清。

　　常常聽說業主限制了設計家發揮的抱怨。這問題若追究下去，就要牽涉出剛剛所說的：「教育」與「觀念」問題，這不是業主或設計家某單一方面的錯，而是社會整體的差錯，大家沒有觀念，沒有適當的認識，沒有接受這方面教育的普遍機會，所以今天該努力的是教育，是建立正確的觀念。

　　在我的想法是；放棄國際化、加強區域化為其一。其二是改變奢侈浮華的作風而為自然純樸。這當然還是我的老調，不知說過多少次了。

　　國際化最大的壞處是在消失「地方特質」使人變成國際人。隨著許多世界性標準化生活用品的流傳（如電器產品、電腦使用），區域之間的差別日漸減少，物質上彼此相同的機械性日增，這是人類人文進展上的重大危機。近二十年來，國際間早發現、檢討這個問題，而愈發走回區域性、民族性的趨向。國際化是錯誤的、落伍的。

　　在設計界當然也存在這個問題。巴黎化、歐洲化都不對，應該朝著中國的現代化、生活化走。因為要根據生活需要出發，要符合中國人的生活觀念、文化背景，所以出來的東西自然就是區域化的，就是適合我們居住地域的。講到中國的地區化，並不是故宮化、宮殿化。如今我們做觀光方面的設施還一直做宮殿化的模倣，充分顯示一種造假、娛賓的景觀，實在是缺乏對現代生活的信心。

　　中國的現代化，可以從中國人幾千年傳下來的生活智慧上去尋求，祖先尚自然的秉性是其中最珍貴的。設計家做設計儘量要先思考：如何方不違逆自然，進而活用自然，使自然表現在生活的每一方面。

　　今天在台灣的設計界，還流行著過份裝飾的習性。活得像個暴發戶才風光似的。在我的設計理念中，我一直認為真正的設計是不需要裝飾的。我們常說的「裝潢」一詞實際上是不對的。我強調裝潢不是設計的本質，設計中根本就不需要有裝潢的觀念，在建材的應用上，更不可把材料當作化裝建築物的外表，也不一定用外國的建材就好，用得不恰當，就給人一種貼金塗脂的浮華感覺，建築的品質高貴不起來。

　　這裡我所以為的高貴不是看花錢多少、看材料比賽、看珠光寶氣。其實大家心中都明白那是頂俗氣的。我的高貴是樸素、實在，存在的都是必要，不只是為好看，為虛晃一招，樸素的設計不僅適於日常居住的個人環境，更適用於商業性的公眾環境。唯有簡單、純一的設計才能充分顯示產品的優越性，才能讓人看清產品。工作性的環境設計亦然。休閒到工作一系列的設計考慮都以自然、樸素為依歸，這便是我所堅信的一條設計之路，其實這也是一條世界性的路，但是我們中國人所做的樸素一定跟美國人、日本人有大不同，因為樸素中必然有誠實的、嚴肅的工作態度，必然會忠於自己的文化、習俗，那麼出來的東西就是地區性的、民族性的、自然性的。

原載《現代室內設計及建材大展特刊》頁37，1980.10，台北：中華民國室內設計協會

景觀雕塑之眞義
── 從中國生活智慧看景觀雕塑

一、文化、藝術與生活

　　景觀雕塑是本人向來努力推展的一個豐富的藝術領域。爲什麼不單談雕塑而必須與景觀合言？看來頗爲新奇的景觀雕塑怎會和古老的中國文化扯上關係？在還沒談正題之前，先讓我們假設兩個很實際的問題：甲：你做你的景觀雕塑，我過我的日子，我們倆有何相干？我誠心地回答：「景觀雕塑是你我間的橋樑，它滿含我的關懷；美是我所能獻給你的最珍貴禮物，以此祝福你的生活美滿、幸福。」乙：你們一天到晚高談文化，文化在那裡呢？恐怕只是學生應付考試，或某些人士的吃飯工具罷了。我回答：「文化就在你我的生活中，它是生活的智慧，我們吃的飯、穿的衣服、住的房子、看的電視、甚至於做人的態度、做事的方法、思想的方式等，在在都是文化的表現；美滿幸福的生活是人類所共同追求的，惟有運用智慧去選取、甚或創造最合適、最圓滿的生活藝術才能獲致，此乃一個高度文化所應具備的充分且必要的條件。而以上兩個問題，前者是談藝術與生活，後者是談文化與生活，再將兩者合而言之，可以說：文化是生活的智慧、藝術是文化的菁華之一，藝術可以提供生活的智慧，啓發人們內在的良知良能，以開創美滿幸福的生活。」

二、中國文化中豐富的生活智慧

　　中華民族很早就發展成高度的生活智慧，蔚爲泱泱大國，傳承源遠流長的歷史文化。中國文化之所以連綿不斷，就是由於中國人有全面性的宇宙觀與健全的人生觀，他們的時空觀無限久遠，肯定人是天地人三才之一，從不忽視宇宙、自然的現象，也不否定人的創造力，對於宇宙自然一直保持尊重與親愛的態度，更能深刻認識人與人間的相互關係，確認和諧與秩序才是宇宙生命生生不息的原動力。

　　此外，在人事上則本著明明德、親民、止於至善的理想，不只求一己的安身立命，更要推己及人、兼善天下。所以不管是堯舜等帝王、孔孟等聖賢，就是一般的老百姓，都汲汲於盡自己的本份，竭誠實踐「仁義禮智信等五常」，來維護人與人間的關係，使萬物各得其所，以保千年萬代無窮的幸福。

　　中國人生活智慧中有一個最重要的原則，就是中庸之道，不走極端，不執著片面的利弊，而是顧全大局，求整體的和諧。中國人講仁，就是推己及人的和諧精神，所以重視藝術，尤其是生活的藝術。孔子是中國古代文化的集大成者，他倡導的全面性生活必須志於道、據於德、依於仁、游於藝。六藝中禮、樂、射、御、書、數已包含了健全生活所需的基本訓練，尤其禮強調秩序、樂強調和諧。禮記樂記說：「樂者天地之和也、禮者天地之

序也、禮以道（導）其志，樂以和其聲，凡音者，生於人心者也，樂者，通倫理也，禮樂皆得謂之有德、德者得也……故先王之制禮樂也，非以極口腹耳目之欲也，將以教民平好惡而反（返）人道之正也。」禮樂既用以化民成俗，導民向善，所以中國人自古即崇尚和平，要「化戾氣而致祥和」，古聖先賢已看出藝術對於社會風氣深具潛移默化的積極效用。

三、景觀雕塑的真義

我們在此談景觀雕塑，不擬用西方現有的相關概念去界定它，因為中國文化很早就發展成為豐富且和諧的全面性智慧，而西方文化分工甚細，一直到晚近才體悟到「科技整合」的必要性，在景觀雕塑概念的闡揚上，寧可用中國的觀念來解說，方較圓融。

英文的Landscape只限於一部份可見的風景或土地的外觀，我用的「景觀」卻意味著廣義的環境，即人類生活的空間，包括感官與思想可及的空間。因為宇宙生命本非各自過著閉塞的生活，而是與其環境及過去現在未來的種種現象息息相關。例如人類工業化造成空氣、水源、土地、海洋等污染，改變了氣象、地質、動植物生態而威脅到人類以及其他地球生物的生存。

再如星球的運轉、地球磁場與星際間引力的關係都有形無形地影響到人類甚至萬物的生活。中國的古聖先賢能洞察機先，不輕舉妄動且努力防範未然，到晚近西方人從許多錯誤中得到教訓，於是漸漸修整以往自居宇宙主角的臆想，開始大力提倡防治污染、維護生態與保護野生動物等工作，這種仁義且智的作法正合我們祖先親親、仁民、愛物的慈悲胸懷。

西方人終於從切膚之痛中覺悟到人類與他所居住的大環境（即大自然）有不可分的關係，不能再對它予取予奪。本世紀七十年代，他們藉世界性的博覽會或學術會議來示範並大聲疾呼保護環境、保護大自然。歐美國家積極地立法，有效地執行，政府與民間密切合作，熱誠實在感人。他們更進一步動員有關專家，從事環境的設計與美化，當然其中少不了藝術家的參與，藝術家在人類環境的美化工作上自是義不容辭地擔上了重任。

更有趣的是西方人最近開始時興中國古老的堪輿學，他們要蓋房子時也要請中國人去看風水。這是怎麼一回事呢？「堪輿學」一向被近代科學斥為迷信，怎麼又流行起來呢？真是風水輪流轉，原來它是中國土產的「景觀科學」啊。堪輿學不只為死人看風水，更要為活人選擇最適當的生活環境，以保永久的安寧與幸福。我們不可忽略環境對於人的精神

具有很大的潛在作用，堪輿學其實是中國人形上精神與形下物質並重的生活智慧，只不過我們要借用最新的心理學、物理學、地形學、地質學、氣候學等科學去了解它，再用理智去選擇接受罷了。

我舉堪輿學的例子是為了說明中國人形上形下並重的生活智慧。如果一個人欣賞景觀或雕塑，只注意到外在（形下）的一面，事實上他只看到「景」而已，這樣還不夠，還不合乎中國的智慧。他必須再進一步把握內在於形象的精神面形上，用他的內心（本真的良知良能）與此精神相溝通，如此才是觀。所以簡單的說：「景」是外景，是形下的；「觀」是內觀，是形上的。任何事物都具形上形下的兩面，只有擦亮形上的心眼才能把握、欣賞另一層豐富的意義世界——用這個觀點來欣賞，則無物無非景觀了，所以古人說：萬物靜觀皆自得，誠斯言之不虛也！

由於中國人是很會「觀」的民族，他把自然（環境）看一個有機的生命體，尊重它、愛護它、欣賞它，並且不知不覺間自我的精神與它合而為一，產生「宇宙即吾心、吾心即宇宙、心包太虛、量周沙界」泱泱漠漠的天人合一思想。所以「天行健，君子以自強不息，地勢坤，君子以厚德載物」，宇宙萬物變成他欣賞、學習的對象，再把這種欣賞、學習之情表現於文學、藝術的創作上，即「外師造化，中得心源，取之左右逢其源」。這種源源不斷的創造靈感與活活潑潑的藝術精神遂蔚為博大精深、自然與人文並重的文化。

所以中國人可說是最會過生活的民族，他們樂天安命，將審美的精神表現在日常生活中，所居之空間，雖不一求豪華，但一定講究舒適、雅緻，庭園池榭、亭台樓閣引人接近自然，即使是竹籬茅舍亦化入自然之中而充滿生趣。古人使用的器物亦講究造型，美觀與實用並重，更在此中注入豐富的想像。對於環境與器物的安排創作，古人時時處處融入求「吉祥」——和樂幸福的意願，所以中國人事實上一直生活在安適愜意、如詩如畫的景觀雕塑中。

「天地有正氣，雜然賦流形，下則為河岳，上則為日星，於人曰浩然，沛乎塞蒼冥。」宇宙萬物外在已是相當美好的造型，內在又含蘊無限生機，自然成為景觀雕塑無窮的學習泉源，所以中國景觀雕塑表現出剛健、敦厚、典雅、質樸、含蓄、奔放、靈巧、華麗……等趣味。古代造型藝術普遍用於生活，與生活智慧融成一體，我們參觀故宮博物院或全世界的美術館可以看出古時的藝術品其實大多是生活用具，這是由求美的生活智慧所產生的用品，日常生活的用品中有美，才能提昇精神生活。

我們在這裡談雕塑，只談大原則不談技巧，有了大原則後技巧自可變通，所以說「運

用之妙，存乎一心」。雕塑之道何在？「一陰一陽之謂道。繼之者善也；成之者性也。」宇宙現象，虛則實，盈則虧，主要依據調和的原則。中國人吃東西，冬天冷就進補，夏天熱就清火，雕塑的初部原則也就是調和，雕與刻是減損，塑與鑄是增益，基於審美的眼光與生活智慧，當雕則雕，該塑則塑，要不失中庸之道才是佳構，才經得起考驗，我做景觀雕塑也是本著這個原則來學習的。

進一步而言，損益增減的調和工作是依據高度智慧而來的，所以雕塑是創造性的工作。《易經》上說人可以「贊天地之化育」，即人的智慧可以參加天地生生不息的創造工作。中國古老傳說中的后羿射日是一種雕（損減）的工作；女媧氏煉石補天則是一種塑（增補）的工作，這兩則傳說象徵中國人對生活大環境的關懷與參加創造的意願。對於今天整個生活與環境，更須運用我們的智慧與關懷來從事美化與創造的工作。

雕塑是因環境需要而生的，不管抽象或具象，實用或非實用，好的雕塑對環境有增減調和的作用；雕塑離不開環境，若與環境配合得宜則更能顯出它蘊含的特色。雕塑本身就是內外俱足的景觀，好的景觀其實也是理想的雕塑造型，為了強調以小見大、以大見小的

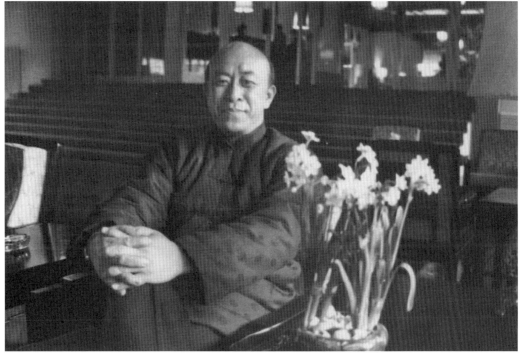

楊英風，1978年攝於台北圓山飯店。

豐富靈活觀念，我喜歡將景觀雕塑合言。

四、活用生活美學以創造美滿生活

今天的景觀雕塑應是智慧的創造，藉外在的形象表現內在豐富的精神境界，來提昇現代人的生活。理想的藝術家要有兩方面的修養，一是盡人之性，一是盡物之性：一方面把他的智慧與創造力用於生活中，生活即藝術，藝術即生活，真正的藝術即是他本身，他創作的藝術品是他生活自然的流露；一方面不被材料所限制，金木水火土……甚至科技的產物都可以運用自如以表現他的生活智慧。

今天的藝術家應該走出象牙塔，走向大自然，尋求人與自然的和諧關係；走入人群、關懷人們的幸福，謀求自然與人性的結合，爲人類安排一個充滿和諧與秩序的美好生活環境──透過美化環境來美化人生。

有健康的環境才有健康的生活，入世的景觀雕塑藝術家應該將中國健康的生活智慧融入作品中，更要使藝術品進入現代生活的深處，啓發現代人智慧的泉源，開拓精神生活的領域，導入健康、美滿的生活。

我們的祖先勉勵我們：「苟日新、日日新、又日新」，讓我們以景觀的精神，從生活中凝練智慧，用智慧領導生活；讓我們以雕塑的精神去增減調和我們的環境與生活，活用生活美學以創造幸福美滿的藝術生活。

原載《台北市第九屆美術展覽會美術講座》頁1-9，1980.10，台北：台北市政府教育局

另載《楊英風景觀雕塑工作文摘資料剪輯1952-1986》頁111-116，1986.9.24，台北：葉氏勤益文化基金會

《楊英風雷射景觀雕塑》頁12-13，1986.10.3，香港：香港藝術中心

《牛角掛書》頁111-116，1992.1.8，台北：楊英風美術館

心眼靈窗中看大千世界

——我的雷射藝術

　　對於雷射與藝術結合的問題，在本刊四月號中，我曾寫一番說明。十月十八日至十一月六日期間我在華明藝廊有「從景觀雕塑到雷射景觀」為題的雕塑藝術展覽，借此機會向本刊讀者談談雷射景觀藝術的形而上問題。

　　讓我們先從一個較為「玄虛」的面開始（也許你會說這不是反科技嗎？）

　　國際間，不論古今中外都有所謂「千里眼」的人或是「天眼通」的神秘功力者。根據紀錄，這些天眼通可以看出人週圍的光量，他們的說法是；人是會發光的，人的四圍有個光輪，這個光輪亦有顏色之區別。大致共同的紀錄是——品德最高如聖人者發紫光、賢人者發黃光、一般人發紅光、壞品德的則是紅濁不清的光。

　　天眼通不但能看見光，還能看見思想。他們說：對方的頭頂會現顯出思想的形態，他想什麼，他的頭頂的光量就會透視出那件事的形影。此外，他們也能隔著屋頂看見屋內的形況；如屋內在演奏音樂、辦婚喪喜慶等。這以現代人想來真是無稽之談。但是現代科技

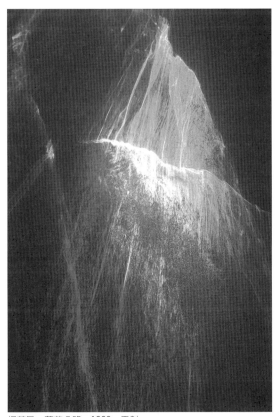

楊英風　蘇花公路　1980　雷射

以電子攝影技術，在這方面的研究有某些成果倒是可以有所解釋的。胡錦標，他在一篇「心靈震撼」的專欄中談到：電子攝影可以照出生物的靈氣。說這種照相術可能是發現了一種迄今尚未為人知曉的「有機能」，這種克里安照相術能夠顯示一般生物體所有的靈氣或氛圍，這種靈氣在照片上所現出的是一圈黃橙色的光量成放射狀。據說這種光量還會隨生物體的健康和心思以及電場的頻率而改變。這個有趣的發現是否可以說明那些天眼通所見的人的靈氣，還有待研究。不過至少植物會發出肉眼看不見的光，倒是被科學證實了。

　　依我們常識所知的古今中外的宗教畫，其所描繪的神聖賢者，頭頂或身週都環有一道光輪，憑什麼大家會有這麼一致的想像表現？

　　這三年來，我研究雷射科藝，我相信

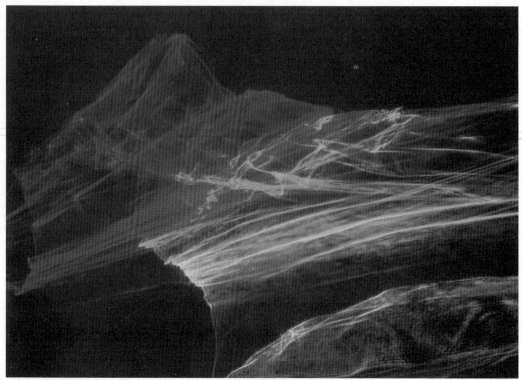

楊英風　遠山夕照　1980　雷射

雷射與心靈、心理、宗教有密切關係。這方面的許多形而上的現象，其實可以用雷射來解釋。如何解釋，這是個複雜的過程，我現在尚無能為力。這是否說來，也是巧合；我們在實驗室最難操作的就是紫光，紅光最易，象徵人的修養上達到「紫氣環身」的不易？蘇聯對雷射的研究很著力，聽說他們也研究心靈與雷射，心理與雷射的關係，他們發展一系列很成功的科幻小說，也就是這方面研究的想像發表。

三年前，我在京都看日本雷射音樂表演，當時非常感動，印象深刻。像是突然看到宇宙生命的本體。那段期間適逢，我經常在法界大學（美國）聽講經說法，一看到雷射的表演，就彷彿看到佛經中所描繪的宇宙千變萬化的神奇景象，在這個極樂世界中我深深震撼，遂反覺相對於這個世界的另一面是多麼微小。從此，我便迷上雷射，我覺得從雷射可以瞭解相對於人的「靈」界的奧妙之境。這一年來，我成立大漢雷射科藝研究社，就是想對這方面做更多的實驗探討，去發現去解釋一個靈的世界。一年來，我們在十數位專家的共同研究中已有很好的成果；我發現雷射光景不是虛假的，它完全可以反射一個環境的形質，環境中有什麼基質，它反射出的就是那個基質的刺激，這裡所說的環境也就是我們普通的環境，在它則形同一種媒介質、媒介體。所以我們發展出雷射的景觀藝術，把雷射通過某種環境的基質，或者元素所反射出來的景象加以主觀的攝取，用目前的基本攝影技術把它固定現顯，此即為雷射景觀藝術之一。

雷射科藝所涵蘊的是一個光學的世界，過去的科技一直停留在物質世界，所以無法解釋形而上的事情。雷射是找到了一個最單純的光，能量可大可小，所有的生命體都被這種

光所牽動，這種光用到和平與建設上的用途，21世紀將是一個人人能「神通」的世紀，如果用在壞方面，嚴重得足以導致人類的毀滅。

過去我們有很長的一段時間，利用雙手開展了人類文明最豐富的績效。其後，發明了機械代替或延伸了雙手；與日俱增的取代了雙手，人類迅速推進到了機械時代，最後竟至雙手無法控制機械。雙手——這個人類最原始的操作工具竟致失效。如今雷射的產生，它是由複雜而歸趨於簡單。把過去的科技單純化的一種機器，完全可以用手操作；單單是手的操作就可變化出萬千用途，解決我們生活中的所有問題。在雷射的世紀上，人類又可以「走回」手工藝的時代，然而這時的雙手都是萬萬能的。

有些人問我：這種科技與藝術結合的表現，會不會影響到其他如繪畫、雕塑等藝術種類的創作？我想不會的，雷射科藝的誕生不過是在藝術的耕耘園地中多了一行而已，它有它的發展途徑，不會影響別人，也不會排斥其他。只是打開美術世界的另一個面而已。我之所以大力推展雷射，純是個人的選擇，喜好，覺得它可以開展我的心眼靈窗，給我一個更加豐麗的世界去漫遊。如果在其中我還能做點什麼給別人，那就是我做藝術的本性使然。沒有我自己所堅持的藝術，便不再有我。所以我做雷射，就把它與藝術結合，以其歸屬於我的生命之中，如此我的藝術生命才有另一度努力的里程。

原載《藝術家》第65期，頁168-169，1980.10，台北：藝術家雜誌社

另載《楊英風景觀雕塑工作文摘資料剪輯1952-1986》頁92，1986.9.24，台北：葉氏勤益文化基金會

《牛角掛書》頁92，1992.1.8，台北：楊英風美術館

楊英風的藝術世界
——從景觀雕塑到雷射景觀

　　這回華明藝廊邀請我作一次二十年的部分回顧展，內心感到十分高興及惶恐。高興的是：得藉此機會對個人創作生涯中最重要的一段時期做個總檢視。在翻閱舊檔案中，當我觸及那成套成疊的照片及設計圖時，不覺的似也觸及當時創作之刻的脈息。隨著我思維的深透，那躍動的脈息就愈加鮮明有力，終於——像是被這股律動牽引著、吸附著，又重新回到了那個原點；是大山、大河、大石、大樹，是小花、小草、小魚、小蟲，是夢是眞，是刹那是永恆，是自然，是創作的母源。想到這裡，我又見到陽光，又受到溫暖，生命的欣欣又流動起來，二十年的歲月實在給了我太多。惶恐呢？當然，問起自己給了這段歲月什麼，怎麼不惶恐。自以爲給出去的那些，會是恆久如山河，溫煦如花草的東西嗎？如果不是，我從自然來又當回復到哪裡？如果不是，我所做一切又有何用？－沈思有感－

自然景觀——是我生活的起點，亦是我創作的始終

　　近來，我經常往山野裡跑，去埔里、去屏東、去花蓮，好像一個孩子去親近久未見面的母親，身心的疲憊便得以撫平。在這樣的旅程中，我看到了自己早時所雕的石頭，靜靜

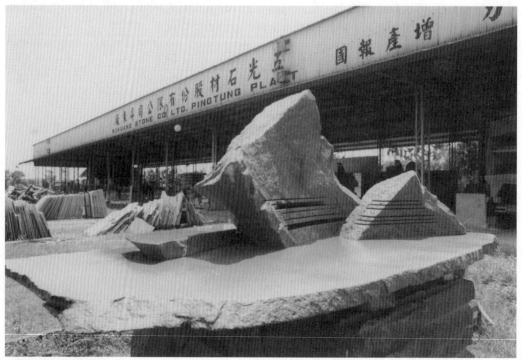

在屏東作的花崗石雕塑。

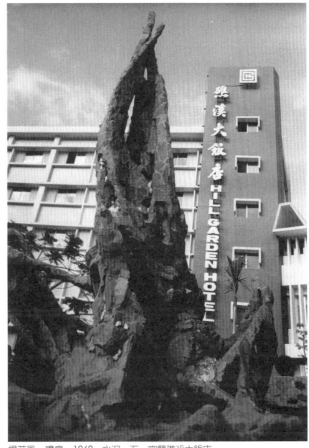

楊英風　噴泉　1969　水泥、石　宜蘭礁溪大飯店

臥在橋墩旁，刻紋已漸漸模糊，石質已失去光鮮，然而有什麼關係呢？抬頭一尺，有高山相伴，平視一丈，有河底的巨石連綿不斷，石雕在其中，雖然顯得渺小無顏，但是它好像是代替我，一直默默地蹲在那裡，承受著自然天地間的一脈情愛。在屏東一家花崗石工廠，我看到很好的機器及石材，又禁不住地動起手來，做了一系列的石雕。到埔里，看到雕石老人林淵，不斷地被他在生活中的許多美質感動。近來，就是一直這般地跑著，想追趕那一段在都市生活中所喪失的美感。

想起小時候的家鄉——宜蘭，是個山、海、陽光的地方，會拿剪刀起，我就把海中的龜山島「剪」下來，貼在作業本上。隔壁的花蓮天祥名勝，去遠足時必帶畫具邊寫生。鄉間的一切，就是我最早的美術教育課本，這課本一學，哪知是一輩子也學不完的。長大了，東跑

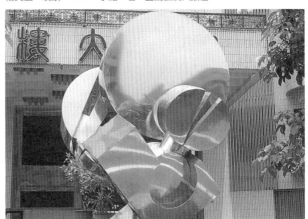

楊英風　國花（梅花）　1979　不銹鋼　台北國家大廈

、西跑跑，一再地發現，自己是終究離不開這兒時自然的天地了。這也就是我一向以來作品中不斷強調「自然」的原因。

人造景觀——之後，景觀就是造人的母體

在與自然不時的接觸中，我經常發現人造景觀把美好的自然破壞了。這種情形在風景區尤為顯著，有人到的地方，許多奇形怪狀的建置就跟著到那裡。這些人造的景觀也會如

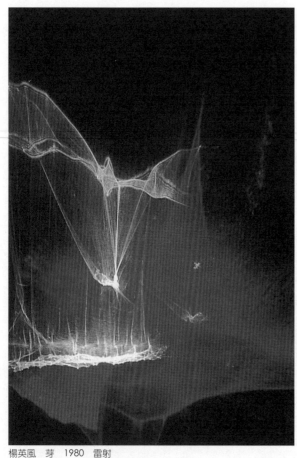

楊英風　芽　1980　雷射

自然景觀一樣的予人潛在的影響，就變成景觀造人了。

由於這個體認，我在六○年初從羅馬回國後便一直在雕塑的範圍內研究人與環境的關係。那個時代剛好也是西方產業發達帶出公害問題的檢討之初，生態學的研究亦應運而興，都開始在為人類的生活環境擔心。到了七○年代，世界經濟物質的繁榮到達頂點，相對的這方面的破壞亦愈加屬害。到七四年，萬國博覽會在美國西雅圖華盛頓州的史波肯開揭，提示了當時重大的主題；祈盼人類活在明日的清新環境中，它警告說：不是地球屬於人，而是人屬於地球，地球只有一個，經不得人類這樣破壞，我因為參與中國館的美化工作，比較可以深入地去順著那個時潮檢討一些問題。

其實在我國的文化傳統中，順應自然、愛護自然的「天人合一」精神一直是我們所深深堅持的信念。這條由人間通往自然的路，祖先早替我們開拓完備，深識中國文化的西方人士，都不得不承認他們從中國文化中汲取了寶貴的營養以重建他們明日的環境。

因此，這二十年來，我愈陷愈深地掉在這個自然、環境、生活與人的問題中，開啟了我的雕塑創作的一貫風格路線。

景觀雕塑──從自然走向人間，再重返自然

也是六○年代的事；雕塑作品開始在森林、山野、河谷找到它們謙卑的位置，是自然與人間的結合，是人類重返自然的內在呼喚。這類作品甚至打開了後日藝術創作更深廣的天地，告訴藝術家們：畫廊、美術館以外，現代都市的環境中，芸芸碌碌的街頭，單調直線的大廈前，亦是現代雕塑的去處。這個思潮在西方社會很快地形成一種必要；藝術家與建築家為了建設較美好的環境，遂攜手合作來提示人們重新去「看見」自然。

他們製作一些純樸、簡單的作品，一如它們是自然力所造成的那般；不加修飾，讓材

料展示自己原始的風骨,讓最單純的造型點化我們去發現自然之美。

在個人的工作經驗中,美國十大建築師之一的貝聿銘先生是我最佩服的一位。在他的大力倡導下,美國的建築界形成一種風氣;好的建築物一定要找好的雕塑家配製雕塑作品。因此在這種機緣下,我們有了多次合作機會,諸如大阪萬國博覽會,美國董浩雲先生的東方海外大廈,都有我的作品,對我的創作是一項很大的鼓勵。

在景觀雕塑的製作中,首先要考慮的是它四週圍的環境;要能反映環境的特質,當然還要增加這種特質的美感。所以它絕對是區域性的、生活性的、代表性的。並不是生硬的一件作品到一個地方立起來,在外,如美、日、新加坡等我做了幾件,在國內因受材料、技術、金錢與觀念的限制,設計很多,完成的還很有限。這次展出,十分抱歉,只能讓諸位看見模型性的景觀雕塑作品,設計圖或照片,成品都存在於某個特定的環境中。

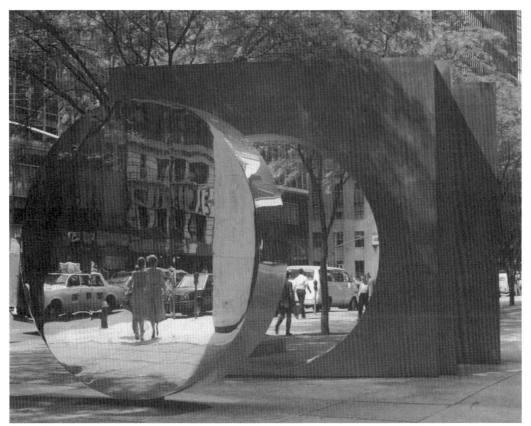

楊英風 東西門 1973 不銹鋼 美國紐約華爾街

雷射景觀──讓我看見生命的靈光

雷射是自然界中肉眼看不見的一種光體，在未來的廿一世紀中具有革命性的大用途。近三年來我在國內大力倡導它，希望國人提早認識它，運用它，為廿一世紀的到來做準備。而在藝術方面，如今我做了初步的運用，它的光體在布幕上會構成千變萬化的圖畫，它的變化是立體的、奇幻的景觀世界，在我的想像中甚至是一種生命原始構成期的世界，接近一種靈性的、冥想的境界。目前我是採取攝影的方式把它略予記錄，表達真正的雷射景觀，要直接看到它的現場表演，才會感覺美麗得嘆為觀止。

藝鄉──悠遊於雕塑、生活與環境的探索

二十年的工作結果，許多作品散置各地，在眼前看起來是缺乏記錄的。不過在我的心靈中早已開闢了一條通往自然的路；走在這條路上我不寂寞、不慌忙，因為它是創作的故鄉，它隱含著強大的包容力供我徜徉。目前具體而微的，在現實生活中，我把這個心靈的故鄉做了出來。我叫它「藝鄉」，它是我的工作室，是一群熱心藝術的青年們聚會的場所，是雷射科藝研究的基點。我與許多朋友在這兒談論雕塑、生活與環境諸問題，覺得十分踏實安慰。有興趣參觀的朋友請逕與以下電話及地址聯絡，這回華明之展結束後，所有的展示將持續於藝鄉展出。希望藉著您的參與，我們走回人類自然故鄉的腳步會快而穩建。

楊英風寫於中華民國六九年雙十國慶之前

藝鄉：台北市信義路四段一號水晶大廈六樓六十八室

電話：七○二八九七四

原載《「楊英風的藝術世界──從景觀雕塑到雷射景觀」展覽簡介》1980.10.18，台北：華明藝廊

另載《亞洲設計名家》頁116-117，1981.10，台北：圖案出版社

雷射對人類文化的衝擊

永恆的愛，

生於無盡壽光之翼，

這光，扯破了混沌的面紗

跨過時光的永續之流，

編織出無盡的存有形態。

奧義依然沈啞，

這生之旅的含義

這存在的無止探索——

它閃過蒼穹，

四面八方點燒起無數光圈，

終於，知識自這片朦朧裏迸出於

人心的無限之海

當朝曦初現，

她無言地瞪視著這一片迷濛的破綻，

望著生與愛的美景，

冉冉地升起於那苦與樂的烘爐

—泰戈爾

神奇之光話雷射

雷射利用物理與光學現象，從物質的分子發振出的一束神奇美麗具有極大能量的生命之光，它的出現，給人類文化帶來強有力的震撼。雷射與電腦、原子能同居本世紀的三大發明之一，二十年來它挾著種種奇妙的特性，侵入人類精神與物質生活的各個領域之中，引起廣泛的重視。雷射在各行各業的運用業已如火如荼地展開，在不久的將來，它馬上就會帶我們進入一個嶄新的「雷射世紀」。

一切生命源於自然，亦歸於自然。長久以來，天生知情意發達的人類，總是懷著好奇心，透過各種線索去追究宇宙生命與他自身的真象，此乃科學、文藝與宗教的共同出發點。雷射也是自然的產兒，它的某些特殊性格可以為我們揭發更多宇宙的奧秘，將科學、文藝與宗教帶入更深廣的領域且融合三者成為一個光輝燦爛、生動有力且無限純美的全面性真理。

雷射與科學

　　科學家是宇宙探險的先鋒，他們製造精密的儀器與裝置，推演複雜的公式，建構深奧的理論，企圖尋找出時間、空間、物質與生命的根本相互關係。不管是相對論所面對的至大無邊的宇宙以及量子論所鑽研的最小能量基本單位，科學家們發現大宇宙與小宇宙都受同一法則的支配。物理學家認為宇宙的基本物質是原子，而把原子分析起來，卻只是一團放射性的波，或者能；而生物學家認為生命乃潛藏於原子之中，有的竟索性認為生命乃起於電子和電子間的關係。充滿宇宙間的光波、無線電波、微波、紅外線、紫外線、X射線、γ射線、宇宙射線，（甚至於腦波）都是電磁波，只是波長不同而已，波長愈短的波頻率愈高、能量愈大，其中人能看見的只有週長有限的可見光波。

　　光與能不可分，是自然界中很重要的生命現象，所有物質的分子都潛藏著無限的能，都有生命，都會在一定的頻率振盪下發光；只要受到頻率相同的能的刺激（這種能不論自熱、電或強光）都可以發振出雷射光。雷射現象是美蘇兩國科學家不約而同地在一九五○年代發現的。在美國方面，一九五四年有「分子發振器」的製成，一九五八年Ｃ.Ｈ.Townes博士推出雷射理論，一九六○年 T.H.Maiman製成第一具雷射器，用紅寶石作介質發振出紅色的雷射光，後來陸續有人用其他的固體、半導體、氣體作介質製造出各種雷射光。有趣的是：蘇聯與美國的科學家曾各顯身手，分別用伏特加酒調製的飲料及果凍製成雷射光，科學家運用雷射可以變出許多「現代魔術」來。

　　雷射原文Laser，係取Light Amplication by Stimulated Emission of Radiation的五個字首而成，意為「由受激幅射所加強的光」。當一個原子中的電子受刺激而吸收能量，此原子的能量被提高而處於「激發狀態」。此一激發狀態下的原子馬上幅射光子而引發另一激發狀態下的原子發出同方向、同顏色（頻率相同）而加強的光束，這就是初步的雷射光（受激幅射），再在介質的兩端放兩塊放反射鏡使成「光學共振腔」，這樣雷射光在介質中不斷地來回反射，大大地加強，最後從其中的一面半反射鏡中輸出，就成為顏色單純、方向性好、亮度極高的雷射光。

　　雷射憑著它與眾不同的性格，在短短二十年內已發展成為許多行業的重要工具，其用途之廣僅次於電腦。今就目前已知的擇要介紹如下：

1.單色性：每種雷射光只有一種波長，透過三稜鏡不會分成多種顏色的光，可用於光譜物理學、化學、化學工業、材料科學及公害測量上。

2.干涉性：將同一雷射發出的光放大再分成兩道打在一起，會造成黑色的渦紋（抵銷作

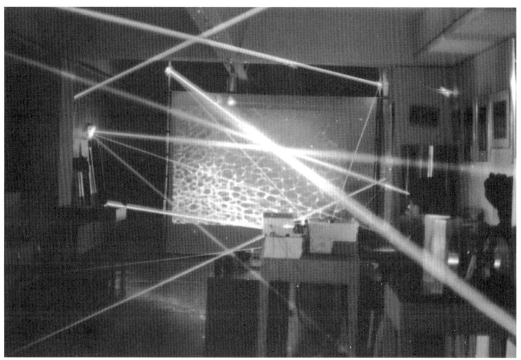

雷射景觀之動態表演情況。

用）。可用於精密長度測量、地震預測、光學、電子學、汽車工業等的檢驗，攝製立體的「全像攝影」而不用照相機。

3.指向性：雷射光束不分散，能單獨前進且傳送極遠，用於超精密加工、醫學（目前已用於眼科、牙科、胃部開刀、傷口直接縫合、不流血；照射治療腫腸、癌症及治療皮膚色素母斑而不會傷害正常的細胞——即一般所謂的雷射美容）。

4.高強度：雷射光的強度可達到一般光源的一萬倍至百萬倍，可用於切割混凝土和鋼鐵、銲接及熱處理金屬，快速清晰的遠距離通訊（包括聲音、影像和消息）、以及雷射發電及各種毀滅性武器的製造。

　　雷射是最純淨的光能，它不會造成污染且可解決許多科技上的問題，它的發明無異於找到了物質的動源，點燃了另一盞能源之燈。

雷射與藝術

　　科學家從事於研究時，往往發現很多美好的事物；藝術家進一步採用它們作為創作的素材，透過科學與藝術的結合，更開拓了另一片廣大的藝術園地。

　　一九七三年美國藝術家埃文‧德拉耶（Ivan Dryer）與一批科學家合作，在美國加州格里夫觀測台首次發表雷射藝術與音樂結合的表演，激起了廣泛的興趣，此種技術於一九七六年傳入日本，次年我在京都第一欣賞此種表演，深覺受到極大的震撼，於是開始研究雷射，並運用它來創雷射景觀。

　　雷射是科技的產物，很能表現現代的感情，藝術家的匠心獨運使它成為別具一格的創

作。雷射的美在於它的純淨、毫無瑕疵而又極富靈性，這種高貴的氣質可昇華人性、淨化現代人的心靈。再者它富有一種生命的律動感，讓人體悟到大宇宙、小宇宙運行的節奏與自身的脈博跳動原是一致的，於是心中油然生起一股對生命的崇敬感及對宇宙的親切感。因為雷射源於自然，無論怎樣變化，它的畫面永遠是和諧有力的，令人感到：萬物彼此間和諧之愛才是宇宙生生不息的原動力。

雷射景觀在藝術上抽象味較濃，頗接近東方哲學的禪境，觀賞者的心靈可以自由自在地建構自己的格趣；它的生機活潑，俯拾即是，恰似古人所言「好鳥枝頭亦朋友，落花水面皆文章」，總是那樣的引人入勝。

易經上說：「形而上者謂之道，形而下者謂之器」，告訴我們真理（道）是超出於形象之外的，只能用精神去領會；有形象、五官感覺到的物質。而精神是融和於物質之中的，文天祥正氣歌說：「天地有正氣，雜然賦流形」，更表明宇宙間生生不息的真理是寄託在有形象的萬物上。科學著眼於形而下的物質世界，宗教則歸心於形而上的精神世界，

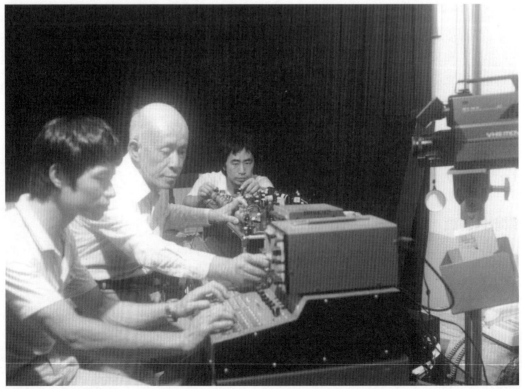

楊英風（中）操作雷射機械。

而實際上兩者所面對的是同一世界。藝術乃是藉形而下的形象來表達形而上的理念；藝術家的慧心是要為科學與宗教搭起一座橋樑，溝通形上與形下的世界，其積極目標是透過美化世界來美化人心，借用雷射以詮釋現代人所體會的真理，應是合時宜吧！

雷射與宗教

我們已知宗教所關注的是形而上的精神世界，欲藉心靈直接探索宇宙生命的本源，其步驟是：從（一）認識自我的良知良能並（二）肯定萬物的良知良能到（三）成己成物，使萬物各得其所，即大學所言：「在明明德，在親民，在止於至善」。

在宗教的立場，認為一切生命皆有光明朗耀的良知良能，此一良知良能本是充滿智慧與慈愛且具有極大的力量，但常被種種不純正的情緒所覆蓋，而失去了本來面目，經由外在的教育與內在修持（明明德，親民，止於至善）可以除去污染，返回圓滿的本性。在宗教中，常用光明象徵智慧（智），溫暖象徵慈愛（仁），而那無限的力量（勇）則是伴隨著智慧與慈愛而來的（有仁者必有勇）——智慧、慈愛與力量不可分而且永遠成正比，就像自然界中光（光明）、熱（溫暖）與能（力量）不可分一樣。靈性覺悟（返回圓滿的本性、與真理合一）後，能散發無盡的光明與溫暖，發揮無窮的力量，所以扭轉人心以建立美滿的世界是宗教的積極目標。

雷射既是從物質最小單位所發振出的光；從宗教的眼光來看，它那高強度的光、熱和能量再度證明智仁勇的不可分性，它暗示著宇宙中到處充滿了和諧美麗的生命，只有發自智慧與慈愛的力量才是宇宙萬物生生不息的原動力。野心家的用心是反自然的，雷射受其操縱，世界就有毀滅的危險，善心人士應團結一致，一方面研擬對應的措施，一方面用大智大仁大勇去轉化野心家不良的動機，處於當今進退存亡之際，道德家與宗教家更是任重而道遠。

光明的未來

雷射是二十世紀科技的新發明，人們一開始對它知之不詳，先認識的是它破壞性的一面，自然會帶著懷疑與懼怕的眼光去看它，當然，水能載舟，亦能覆舟，須看操舟的技巧。人類文化經長久演變至今，由於本世紀科技急遽的進展與兩次大戰及其餘波的動盪，造成很多不調和的問題，致使人類心靈受到空前未有的衝擊，唯有尋求合宜的智慧，慎擇有用的工具，基於人類愛，協力合作，才能開闢未來世界的新坦途。

雷射的問世是自然的結果，我們不必喜歡也不必恐懼，它猶如一條有力的猛龍，人類必須拿出大智大仁大勇的法寶去降伏並駕馭它，以使「雲行雨施，天下平也」。本文從科學、藝術與宗教去討論雷射，就是要從多重角度去認識它，並欲拋磚引玉，呼籲大家同時來研究，結合大家的智慧，有效地將雷射導入積極的和平用途，這樣，我們的國家以至於全世界將會有一個更光明璀璨的未來。

原載《自然雜誌》第5卷第1期，頁8-16，1981.1.10，台中：自然雜誌社

另載《楊英風雷射景觀雕塑》頁9-11，1986.10.3，香港：香港藝術中心

《楊英風景觀雕塑工作文摘資料剪輯1952-1986》頁122，1986.9.24，台北：葉氏勤益文化基金會

《牛角掛書》頁122，1992.1.8，台北：楊英風美術館

雷射景觀

──光明在望的雷射兼談科技與藝術的結合

　　隨著科技的發達和各種新觀念的衝擊，動態藝術（Kinetic Art）應運而生，自一九五〇年起，熱衷此道的藝術家與日俱增，聲光化電皆成為創作的素材。動態藝術可概括如下：第一類為藉著光學、力學、電磁學、電子學、電子機械學等系統，或藉著液體流動及化學反應，把因時推移而產生的色彩變化和運動效果融入繪畫、雕刻中；其次為對聲音的頻率和強度有所感應的動態藝術，最後是由幻燈片、電影、電視等技術所提供的視覺經驗。動態藝術今天已被視為同於繪畫和雕刻的純藝術（Visual Fine Art），最能反映現代人的情感傳遞現代美感，科技與藝術的結合及時勢所趨。

　　雷射光的誕生，使科技升級，更為藝術家提供創作的利器，是藝術界的生力軍。雷射理論研究有五〇年之久，雷射光正式問世則在二十一年前（1960）。雷射是超物質的一種光體，極富靈氣，對人類的科技與精神面，都將帶來莫大改變。

　　雷射的應用範圍很廣，力量無遠弗屆，做為武器可致人於死，和平用途則由工業、醫療、全像攝影以至日常用品等等，在藝術的表現上，提升我們的心靈境界，擴大視野，彷彿神遊太空，深體宇宙之妙。

　　二十一世紀將是雷射的世紀，水可載舟亦可覆舟，我們對於這種新科技，必須具有基本的了解認識，以前科技造成的公害，今日仍須以科技消除之。各個專家一本忘我的精神、奉獻所長、作整體的規劃研究，以免重蹈西方偏重局部發展，不當使用科技的錯誤，同時更發揮了中國固有文化裡重視人與自然和諧的一貫精神。

　　孔子以禮樂射御書數六藝教人，人格的薰陶和技藝的訓練並重，秉著中國文化講求和諧、重視整體發展的精神，使科學教育與美學教育合一，是今日復興中華文化的最佳典範，亦為現代化國家所必須。科技為我們帶來許多便利，但也造成不少公害，諸如生態破壞、環境污染等，這是因為我們沒有把握美的原則，缺乏藝術薰陶和統觀全局的智慧，而未能善加運用科技所致。

　　莊子曰：「……天下皆得一察焉以自好。譬諸耳目口鼻，皆有所明，而不能相通。猶百家眾技也，皆有所長，時有所用。雖然，不賅不備，一曲之士也。」科學與藝術的結合，正可免於各自為政，一偏之見的弊害，而能改善生活、美化人生建設圓滿和樂社會，發揮團隊精神、互補長短。

　　今後，更推而廣之，將科技的使用，奠基於藝術的涵養，復甦人類本有的美感，使各行各業的人都有相當的美育訓練，普及於生活之中，則可消弭戰爭、減少公害，人們因而達觀進取，幸福近在咫尺、世界大同於焉開始。雷射光是一種新的科技，燦爛的彩筆、鋒

利的雕刻刀，更爲世界帶來蓬勃生機、祥和之氣！

此次舉辦雷射景觀大展，是希望藉著雷射景觀藝術引起大家對雷射未來發展動向的注意，了解雷射的一般用途和基本常識。國家社會更應全面研究、發展雷射，乃是刻不容緩的當務之急，雷射在光學、精密工業上具有深厚的潛力，此種科技的落後，將造成國家經濟的損傷，而不能與外人一較長短，等到經濟主權操於他人之手，後悔莫及，歐美日研究雷射早有長足進步，我們更應急起直追。最後，更寄望於此次大展，能促使國人對文化的醒悟，以藝術修養駕馭科技，繼承中國文化固有的精神，創造更輝煌的文化成果！

原載《「中華民國第一屆國際雷射景觀大展」簡介》1981.8.14-23，台北

另載《楊英風景觀雕塑工作文摘資料剪輯1952-1986》頁133，1986.9.24，台北：葉氏勤益文化基金會

《牛角掛書》頁133，1992.1.8，台北：楊英風美術館

建築與景觀

建築與景觀之定義

人類為求生存，必有一蔽蔭、保護與禦防敵害之空間，於是建築便由此而形成。從遠古的穴居到邇近的高樓大廈，從分散之部落到聚集之市鎮，都算是建築。因此，建築可說是人為的環境，密切的成為人類休閒與工作的生活空間，但是，只要我們細心的觀察自然界，宇宙之各個生物，亦有其建築形式，或是取自外界，或是由自身體內分泌，例如蜂窩和蚌殼，無不俱安息與護己之功能，因此，它們也可說是極好的建築構造。

景觀乃指我們週遭之世界，為人類本身所能體會、查覺到的，其包括了自然環境與人造環境，而後者便是我們前述之建築。因此，人類所自創的生活空間可說是一小環境，而此小環境則寄居在這宇宙景觀的大環境中。

而大小環境又是互相依存的，因為人類的存續問題就是環境問題，若是人類的生活空間發生了大變化，生存環境遭受到嚴重破壞，人類的生存即面臨了殘酷的威脅。

近年來的景觀環境

十八世紀工業革命，帶來產業上的巨大變革，以機械代替手工，帶動大量生產，造成了物質的豐盛供應和大量流傳，而至六十年代以來，科技、知識的急速爆發，人類對宇宙太空的好奇慾望，自使人類不再像以前般的和諧於大自然中，而與大自然成對立姿態，觀念上的差異，自造成景觀的不同，於是一棟棟備冷調、熱調，與大自然相違隔離的高樓大廈，如雨後春筍般的矗立，人們也住在一幢幢不見天日的鴿子籠中；而在人類萬能的口號中，科技的無窮盡開發，更破壞了整個自然景觀、空氣、河川、海洋、土地的污染，野生物、動物、植物與海洋生物的中毒死亡，在在的說明，大自然本身所俱的有限淨化、再生作用，已無能應付人類科技開發所產生的破壞，大自然失去了其原本面目，人類的生存環境，自也失去其原有的潔淨與安適。

本來，建築的目的，是要求人類能擁有工作與充分休閒的空間，而科技的應用發展，也無非讓人們有更豐美的物質享受與更良善的生活。但是，我們有目共睹，於今所呈現的事實，卻未必如此，狹隘的生活空間、生態失去平衡的大自然，莫不反映了今日人類生存所面臨的危機。於是，人們開始反省檢討了。

反省改善與努力的目標

七、八年前，國際建築界發起一項「巢息運動」，將原有的住宅名稱，改為「巢息」，

意即模仿鳥獸棲於巢中的那種安心氣氛。因為，近年來，休息空間已完全混亂，疲憊一天，回到家後，往往也不能得到適切的休息，於是，建築界乃發起這項運動，欲使住宅空間擁有真正的安適與寧逸，亦即要人為的建築，和諧的置建在人們寄以生存的自然環境中，於此大、小環境，則由主客對立的位置而變成合一的狀況，這點，將是人們未來所努力的目標。

至於原已形成的都市建築，則須努力改善；減少噪音、管制交通、限定公害、設立公園，都必要實施，尤其要正視建築蓋屋的問題，要針對人類的健康與休閒來著眼，而非只是空間上的買賣，任建築商於山坡地，不顧水土保持的任意建屋，人們似乎也毫無怨尤的住進那水電尚未完工的鴿子籠中，然後自己再敲一塊、蓋一塊的，把房子弄得更是烏煙瘴氣，這些都是人們應正視的問題。

台灣的環境問題，在過去，並不為人們所重視，於今，改善的程度也未若其他國家積極，因此，我們幾乎是混混然的在一雜亂的環境中成長，但是，究竟是什麼原因，而造成我們（甚至於全人類）混混於其中而不知？

內在精神的真正反省

大自然是不斷的在創新變化，從表面看來，似乎是動靜如一，但是，其內在都是不斷的在循環生長消滅。雖說任何物體的習性都是趨於保守、安逸，但是，只要是生命的個體，若遇到環境有所變化，為求生存、為求適應，它也必須跟隨環境而有所變，甚而因變而求新，如此，才能與環境相配合，生命也才得以延續。因此，小至一原子，大至整個自然環境，無不充滿了生生不息的生命力，由此，自然景觀亦有其連續性與存在性。

這種從為求適應環境到求變乃至求新的過程，雖說非常辛苦，但是，從那混混然而衝出的一剎那，也正是生命之所以可貴，人類之能進步的原因。這種從保守被動到創新主動的現象轉遞行為，在人類的藝術行為中，表現得尤為明顯。因為，藝術行為即是其變化過程中的創作部份，它是介於知與不知之間的感覺，突破了傳統保守，變化發展至未來，而呈現一和諧、嶄新的局面，因此，藝術，非一般人所誤認的知識份子寵物，任何人都有其藝術行為的，因為任何人都有要求生存空間更完美、生活方式更良善的意願。

因此，人類之所以會變得混混然，就是失去了這種自動性、求創新的藝術行為，而被動的安逸於此混亂的環境中，尤有甚者，更以為科技萬能，而妄信人智能征服一切，不斷的誇張人為與機械的力量，採取與自然對立的姿態生活，因此，人類的生活方式雖由簡到

繁，然而環境素質的提高，卻每趨下況，而造成人類精神心靈上的種種脅迫與不安。因此，我們深信，造成這種現象產生的根源，乃是由於人類藝術行為的殆失。

徹底的解決之道

努力的喚起隱藏於人們心中的藝術行為，將其與科技結合，由此科技活動有了指標，藝術活動也將人們的被動位置轉為主動地位，人們會正視自己的生活，會努力的求進、求創新、更重要的乃是調和了人與自然環境的地位。

因此，除了內心的反省外，於外在的科技發展又是什麼呢？肯定的答案是——雷射。

雷射約於五十年前所發現，二十一年前始試驗成功，由於其強大的威力，因此，剛剛開始被用於各國間的國防利器，其實，雷射的應用範圍極廣，工業、醫療、全像攝影，乃至於日常用品，無不包括在內，而在藝術的表現上，更能提升我們的心靈境界，擴大精神視野。

過去的科技發展，由於誤信人智的結果，而使一切方向皆偏於物質，使環境由簡到繁，然而複雜化以後，人們反而受制於自己所製造出來科技成果，而成了被動地位，因此，也造成了景觀的諸多破壞，然而雷射光則不然，它是一種純光學，無物質之參予，卻又有比物質更高超之力量，且能將物質之繁雜簡化成一單純形式，而發揮更超越的力量。國際間，蘇俄已將雷射應用至超心理學，由此可知，其應用，已從普通物質而進入心靈之境，而以科技來分析，研究物質與精神調和並進。而人之生活指標亦有更高之境界。

科學家預言，未來的世紀，將是雷射世紀，在一般用品中，雷射光可代替燈光，由於其可透過光導纖維引導，與其它產品混合，因此，燈源可消失於隱處，而任何事物更俱可塑性，許多產品也可發出柔和的亮光，由此基本材料的改變，未來空間的基本設計自然也有所不同。

未來的生活空間，可能由於雷射光之應用，可使一小空間，也能讓人如進一無限宇宙的感覺，這種空間，當避免一切裝飾，而呈現一片柔和色調即如面與面之間的線角，也會隱於無形中，人們在表面的感覺，如神遊太空，如化入宇宙太虛中，這種設計方式，即如動植物於成長時，所表現出來的結構方式，或似其居住之環境巢息，例如雞蛋的蛋殼，不但保護其內部的小生命，亦是建築之外牆，這不但是自然界的保護體，亦是最佳的自然建築。

因此，爾後的建築，必也隨雷射之發展而有所變，但是，其設計方向，不但是配合雷

射應用，更是效法宇宙生命的生成方式，於是活生生的有機體充塞於整個空間，在詳和的氛圍中，人的精神性更能發揮，人與宇宙也更能融合。

　　以出自於內心的精神反省，再加上發抒於外的生活環境改善，才是澈底的解決之道。而在於今日提倡中華文化的口號中，此點尤為重要，因為文化是反映在我們的生活空間中，唯有人人出自內心，正視自己的生活空間，改善自己的生存環境，提倡中華文化才有真正的效用。

原載《台灣建築徵信》第142期，頁13-21，1982.1.20，台北：台灣建築徵信雜誌社

另載《楊英風景觀雕塑工作文摘資料剪輯1952-1986》頁140-142，1986.9.24，台北：葉氏勤益文化基金會

《牛角掛書》，頁140-142，1992.1.8，台北：楊英風美術館

從雙手到思想的生命激光

從民國六六年迄今七一年，足足五年，我幾乎把大部份時間投注在雷射光藝的研究與推展上。

雷射光藝，是我將「雷射光」與「藝術」結合運用所自創的一個名稱，意指雷射光的藝術。

正如現在一般已經瞭解的；雷射又叫激光（經由受激幅射所加強的光），是一項純屬科技研進的產物。雷射自從一九六○年誕生以來，迭經俄、美、法、日等科技先進國二十一年之間的步步突進，其功能令人震懾不已 。

我預言，即將來臨的二十一世紀，必是雷射的世紀，彼時，雷射已然是推動人類文明再次躍昇的新動力。

約莫三十年來，我一直是從事藝術工作的，為什麼這六年來會對雷射科技發生如此濃厚的興趣？

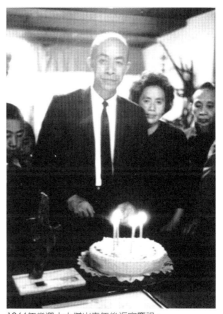

1966年當選十大傑出青年後返家慶祝。

我願意在此簡單地追索一下，或許也可以解說我個人「奮鬥人生」的形式和內質。我很高興想到「從雙手到思想的生命激光」這個題目，來逐次說明。

雙手

民國五十五年，我很榮幸當選由國際青年商會中華民國總會所選拔的——第四屆十大傑出青年。

於我而言，這項鼓勵可以說適時地對我耕耘藝術領域二十年後所獲成績的一項肯定。我一生奉獻藝術的志職自此立定。

回憶一下我那漫長二十年的「青年藝術之旅」是怎麼回事呢？一句話可以說完：就是「一雙手的訓練」。

我的學習過程乃是一段多變、多□（元）的歷程：始於東京美術學校建築系，繼入北平輔仁大學美術系，再上台灣師範大學藝術系，終至羅馬藝術學院雕塑系。從平面美術的中西繪畫，輾轉研究到建築、雕塑的立體美術，二十年之間，我無不深具興趣、兢業勤攻。

記得：我這一雙手，只要是我醒著，它就動；繪畫、設計、雕塑不停。那時，我很

瘦，唯獨這雙手，當我靜下來看它時，便覺得它變得異常粗大起來。

當然不容否認的，動手必是在動腦之後，腦手之間確乎是有些距離的；往往想得出不一定行得到，說得準不一定做得好，所以，我自當勤練雙手，以期追上腦的思辨。這雙手，那時我對它的要求，簡單說：就是做出腦中所想所憶，塑出心中所感所受，並且要精準無誤。

我那「藝術青年」的學習期間，確乎是腳踏實地、雙手不歇地「打拼」過來的。最後在羅馬的三年，總算完成一段完整的雕塑研習，做出多件雕塑，獲得佳評。自此信心大增，表現愈力，回國未久，便獲選十傑青年，二十年雙手的苦練，終於得到光榮的安慰。

講到這兒，我想起，頒給十傑的金手獎，不就是一雙堅實有力的雙手嗎？我當初（民國五十六）設計這尊金手獎，就很具體的強調一雙手的重要，特別是青年人的雙手，真是推動進展的希望啊！

到此為止，讀者知道我多麼倚重雙手。

然而，繼續深講下去，當「思想」的問題出現，我個人覺得這一雙手的努力，就相對應的具現另一端的含意，那就是說：手的作用只是有限的，手追求實形、實布、實相、締造現實。手代表「動」的境界、「實」的世界，因為手畢竟是要「觸及」實有才發生作用。

因此，問題再跳回我那二十年的青年期，那段由雙手所締造的藝術里程，就對應於「思想」而言，不過是一程有限藝術境界的初探而已，作品一件是一件，實在，規矩，令人飽眼神怡。

思想

現在，要說我的「思想期」了。

民國五十五年到六十五年的十年間，可說是我的思想期。這不是說我完全停止工作，只耽溺於思想。而是說：我乃以思想領導工作，以思想為作品的先機，以思想為作品的內容。

話說從羅馬回國之後，動極思靜。

因為我感覺繼續「動」下去，就難免不陷入重覆有限的自我模式，那就悲哀了！

民國五十六年，有個人家不重視的機會，我卻認為可能與我有利；我開始隱入山中，去花蓮榮民大理石廠工作。這下，學習、表現的青年期方始告終，我得進前去攀爬另一級

高原——便是思想的高原。

花蓮，乃至於整個東部，在那個年代還是尚未充分開發的山地。經常地，我隨著工廠的採石工人進入深山礦區，與工人一齊敲打石頭，眼看手觸一塊塊大理石笨重的、艱難的從山壁上、石谷中分離而出，粗拙而偉大。

我在這樣的環境中攀爬，會有所獲麼？後來知道，收獲良多，足以構成我這十年創作的基本內質。

大家或許看過花蓮天祥、太魯閣一帶，險峭的山壁拔地而起，幽秘的清流垂直在下。像一棟棟樓房大的石塊，奇形怪狀，在山與山之間，傾天疊落，令人驚心動魄。有時，山洪暴發，平常乾涸的河床，瞬間巨流洶湧，濁浪滔滔而去。

真奇妙！在這片荒涼的山野，我竟窺見大自然在雕造自己的神秘過程，大地暴露著自己最深遠的部份，迸發著排山倒海的力量。那無盡的森林、石頭、高山、大河，它們在一般無形的鉅力牽動之下，互相撞擊、擠壓、撕裂、掙扎的諸種形貌，同時也在撞擊、擠壓、撕裂著我。而另一方面，山撼地搖之間，萬物又牽制出一種新的平衡與和諧，那才真

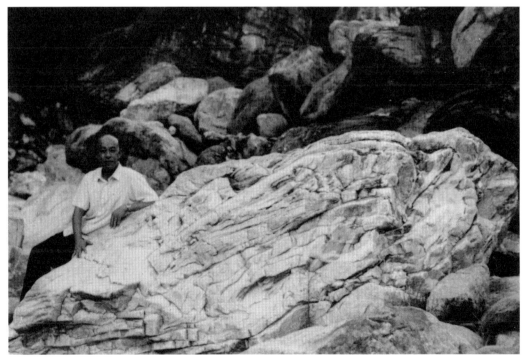

1970年於花蓮太魯閣峽谷。

是萬籟俱寂，千古絕美！

面對這一切；大自然的鬼斧神工，壯美逸勁，試問，我的雙手還能做什麼？！我的心靈怎能不深深感動，我的思潮何以不起伏澎湃？

因此，我只有用思想了，用思想去抓住一切，去包容、裝飾那無形之大、之美。

這段在花蓮對自然的透視、沉思，對我後日的創作而言。簡直是上了新而決定性的一課。我震懾於自然質樸之美，自然動力之奇偉，我開始真正瞭解我們中國人為何講求回歸自然，天人合一。

終於，我找到了一個據點，開始建立我作品的思想高原──自然即一切，一切在自然。

我的創作在於「學習自然」、「契合自然」、「回歸自然」，結果便開導出個人雕塑藝術的新境界──景觀雕塑，那已非雙手所能雕造的，而是思想之力。具體一點說：如果不用思想，是看不見作品、看不懂作品的。而這思想既不深奧、也不玄妙，唯「自然」而已。

譬如：我大量的運用自然素材，如石塊、木頭、花草、樹木、流水，構成作品的骨架，形體簡單、質地純一，我情願它成為環境的一部份，而不以純雕塑的姿態突出。正如一座山，當它處於其位，往往你並不見山。

這個階段，我做作品，形式已經不重要了，換言之，我不是用手在工作，而是用思想；我得凝聚抽象的思想，使之轉化成能表達清晰的具體雕作。我深信思想是作品的唯一力源，它能使「美」悠然襯現於無形。

十年悠悠而過，作品都散置在山中、海邊、或者人們的生活環境中。

由於介入人的生活環境，我特別注意到「人造環境」「環境造人」的相因循、互為果，我的「景觀雕塑」當然以這個問題為研究核心，企使以雕塑美化、純化、轉化一個環境，「自然」仍是我奉行不渝的法則。因此，作品呈現的面貌便自在的十分純樸，大家看到都認為「這個我也會」，毫無奇特之處。殊不知，這就是我要告訴人們的：的確，你能！只要你以自然為師。

景觀雕塑因涉及環境與建設，故而往往十分巨大，我早年在東京的粗淺建築學訓練，有助於我的製作。這系作品像〔太空行〕（一九七○），〔鳳凰來儀〕（一九七○大阪萬國博覽會），〔大地回春〕（一九七四史波肯博覽會）都是政府的委製。還有像〔QE門〕（一九七三年紐約華爾街），〔文華大酒店〕（一九七一年新加坡）等是私人大企業所委建的，它們的特色──形高體巨，等於一項建築物，我也自然而然隨著它們登高遠望，俯覽大

地，乘著「思想」之翅飛翔。在這系以「思想之力」所完成的作品中，在那凌空駕虛的位置上，我方始覺得又超越了一段有限的自我，向另一程的不可知探觸而去。

激光

一九七七年，我在日本京都第一次看見美國的雷射音樂表演，光與聲的璀璨組合，令我心靈震盪不已。從那時起，我便迷上這它叫「激光」的雷射，更驚訝於它也能運用在藝術諸方面，特別是配合映象性的、表演性的藝術——音樂、電影、劇藝等。當然，以它為工具的話，它能做的藝術方面的事，很多，一時也說不完。

激光，它的主要魅力還是來自它本身；它是直射的一束光，打在幕上只是一個小小的光點，經過很快的掃描，它就（視覺暫停）會出現在線與面，這個會震動的線與面，透過設計，就會構成各式各樣旋動的美妙圖案，而且色彩鮮麗無比。和上音樂，更溢出一種觸覺性的美感，而把那些奇瑰的視覺印象深深滲入體膚之中。

這樣一種單純又富變化的光在我眼前出現的剎那，我立刻知道，它將激發我的生命再次發光。

因為，我找到了一種新的素材，它可能可以更確切的表達我心靈中所追尋的那一層「不可知」的美。

所以，我是在把「激光」當作表達我的藝術創造的工具和素材的情況下，建立起研究它的大前提。我還是從藝術出發，回到藝術，仍不離我一向所致力的藝術領域。我在想；激光在我的應用中會發生怎樣的美？這樣的美於我的創作生命又有怎樣的意義？

前面我說過，由「雙手」到「思想」，是我個人創作的兩段不同境界的歷程，雙手所做到的是「實」，思想則是「虛」，而我又發現並肯定「虛凌萬有」。思想又是「無形」，而無形乃大。思想又是「靜」，靜是動的開始。所以我從「雙手」到「思想」的創作變替，可以視為一種昇華，一種自我的超越，愈來愈高，也愈來愈空。

「自然」是我那時思想的重點，我把自然整理成一系一套思想與理念，再設法使這系自然理念、自然思想在作品中誕生。然後我就做了一連串景觀雕塑，不論人家批評好壞，我自覺是步步調高、層層推遠、處處騰空——而去。

然而令人困惑的；「思想」之後呢？還能追求什麼做為創作的出發點呢？

生命。毫無疑問的，是指生命本身。生命不是排在「雙手」「思想」之後的另一層位置，確切的說，生命應是包容著雙手與思想的一個有機形式，萬變之宗源。

有很長的時間，大約六、七年吧，我的身體因皮膚病面臨相當的危機，我對生命感觸良多，我在想生命本身的究竟。

放下所有的工作，我出國旅遊，拍攝了各國無數的奇花異草，啊！生命的美麗令我神往與憂傷。

我又鑽研宗教，聽法師講經說法，企圖從宇宙生命本相的瞭解中來解除自身生命的皮肉乃至於心靈之苦。

那是漫漫黑夜的掙扎，雷射的出現於眼前，就像劃過這片黑夜的一道亮光。它的奇異能力鼓舞了我的生之意志，當我觸及它時，就好像它的異能也透達於我的肢體，我的心靈更隨著它所展現的幻明多姿，迅速充滿激盪的感情，而感覺生命再次重新躍動。

在做雷射藝術的這五年之中，事實上可以說就是我生病期間的生命掙扎之歷程。雷射的世界，正在激打我的生命再次放光。

發現雷射的藝術價值，自然是在聆賞那次京都的雷射音樂表演的當時，不過總覺得映現的圖案全是幾何圖形的變化，看久了會累、倦。而且你可以很清楚的知道，那種點線面體的變替完全是西方模式的——規律、均衡、齊整、劃一的美。那麼東方模式的美呢？我能做出東方雷射之美嗎？這個意念起動了我強烈的創作慾，美麗的激光還有怎樣的另一番美境嗎？

五年的抱病研究，我終於發展出一系列「雷射景觀」藝術映像；以攝影機錄了研究的過程，也同時以這個過程中所顯現的美境，作為創作的結果。結果就是一張張照片連作出一個奇幻世界：色彩、形象、層次、光度簡直變化無窮，你可說它是繪畫——光的繪畫。它的特點是有強烈的透明感（因為它本身是色光——有顏色的光），如輕紗的明透美，如夢幻的空靈美。最重要的，每張畫面，由於光點的來回跳躍、拉牽、掃描，線條之間造成一種震波式的韻律感，有音樂性的效果。並且，永遠有一個光點在快速的跳動之故，雖然已經不見那光點，你永遠會感覺到那個光源的存在，而形成畫面的重心——以及形色點線之間相當的聚合力，所以它又有一種精密、緊湊、無間、牽連之美。

先前提到的「生命」以及生命本象等問題，好像也在此找到答案：整個畫面宛如一張細胞顯微放大圖，由那個無形的光源向外擴展，延伸，多麼像一個生命的誕生、生長的形實，或者是宇宙混沌初開的天地化育。光源也是力源，你可以看出線條的收放多麼有力，因為光體的掃描是持續不斷的，力道也就彼此連見不斷，全局一氣呵成。這種「勁勢」卻是人為的生長，生命力自始至終不容中斷。這乃是我所追求的東方模式——自由、奔放、

無拘無束，力在爆發，光在顫動，相在變化，質在相關，生命在形成此番美境不但是激光之美的另一端，更是我藝術創作中所必要追求的生命之美。此番景觀，亦如生命變奏的景觀及太空結構體的景觀。

於是，在雷射景觀的藝術之旅中，我曾晦暗一度的生命再次發光發熱。這次所做的，雖然不像一般的實體塑造，空得更是抓不著碰不及，但確乎是心象的超昇冥思之紀錄，是生命的有機生長之繪寫。

在這層色、光世界，我真正要朋友的你去看的還不是以上的解析，你只要去看的激光的「映像本身」，讓激光直接激發你思想的躍昇，繪出你自在悠遊的心象，一如它之激發我的再出發。

原載《傑出青年的故事》頁180-184，1982.9.27，台北：國際青年商會中華民國總會十大傑出青年聯誼會

另載《楊英風景觀雕塑工作文摘資料剪輯1952-1986》頁151-156，1986.9.24，台北：葉氏勤益文化基金會

《牛角掛書》頁151-156，1992.1.8，台北：楊英風美術館

探討我國雕塑應有的方向

　　藝術文化是一個民族智慧的表現，和長久生活經歷的累積，亦為民族的精神命脈之所寄。

　　我一生從事於雕塑和景觀設計，常因工作上的關係，長期客居世界各處，在當地生活中，由於親身體會，更瞭解自然環境、生活習慣和藝術之間相互影響依存的微妙關係，對於世界的藝術潮流和我國今後雕塑應有的方向能略有領悟，同時常常感到我國五千年來悠久的歷史，廣袤的幅員和氣勢磅礡的山川所孕育出來的藝術文化，處有可貴，值得珍惜和探討，也加深了我對國家文化本身在藝術表現方面的肯定和信心。正如歷史所告訴我們，我國的文化向來具有極大的包容力量，可藉著藝術文化的涵蓄性，同化異族，不失泱泱大國的風範，而屢次的通過外來文化的考驗。

　　我在中學以至大學的期間裡，曾先後在北平活了八年之久，此磅礡大氣的數代國都，也是人文會萃之處，那裡的風土人情、生活習慣以及故宮，民間精彩的文物，都使我感到我國文化的淳厚、廣博和豐富，在我最具可塑性的青少年時間，無形中受到莫大的薰陶，如沐春風，影響了我往後創作的基本方向。中曾一度赴日求學，從西化後的日本到北平輔大，繼續未竟的學業，更認真的學習我國文化，甚至是在太極拳和國畫中涵泳到我國文化精髓的點滴。政府播遷來台，故宮的文物輾轉運送到台中的霧峰山間保存陳列，我藉著在農復會的豐年社當美術編輯之便，經常下鄉觀察各地區農民生活的風俗習慣，也不時造訪霧峰，徜徉於優美的文物之中。我的美學基礎和技巧訓練，不管在我國或日本，可以說接受的都是西化的啟蒙教育，一開始由西洋的寫實技巧入門，因對中西藝術境界的不同有所領悟，也產生懷疑，更引發了深深思考，我的創作從具象到半抽象以至抽象，從人體實物的表現，轉移到自然山水，宇宙現象氣氛的塑造，漸漸的，把我經年累月詳加揣摹而所得於心的我國文化內涵表露於作品上。在國內，因受到普遍西化的藝術觀點所左右，對我的作品反感到陌生隔閡，而國外，卻認為我的作品有現代中

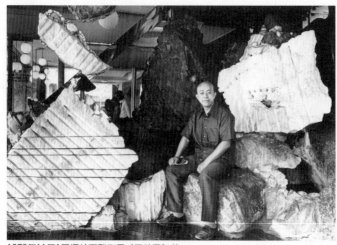

1972年11月1日攝於石雕作品〔天外天〕前。

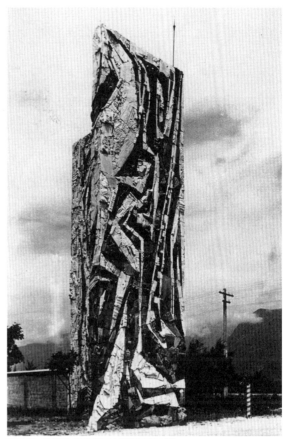

1967年〔昇華〕花蓮榮民大理石工廠大門。

國的格調和特色，爲他們所欠缺，也引起收藏研究的興趣。

　　清末明初，我國因備受外來的軍事、經濟之侵略，國勢不振，民生日疲，淪爲次殖民地，而最不幸的，連維繫文化優美豐碩遺產的信心，也連著失去，在一片改革聲中，我們的美術教育不可避免地，受到整個西化的影響，漸漸地，使我們這一代在審美的基本觀念上，已和固有的中國文化相疏離而產生了不可彌補的鴻溝。

　　就雕塑而言，從大學、專科的學院教育中，我們的確培養了不少人才，但是，在全盤西化的雕塑教育下，以西化的心態和觀念從事創作，無論如何，已遠離了中國文化本有的面貌，無從表現我們造型藝術的精神，同時和我們現有的風俗習慣與環境產生矛盾、脫節，因缺乏創作的根源而深深的感到了苦痛。

　　在廿世紀初期，挪威的首都奧斯陸出了一名叫菲格南德的雕塑家，提出來他的計畫，向政府申請他畢生石雕作品的陳列地與設備經費，政府鼎力相助，使他得償宿願展露才華，充分顯示出挪威政府對藝術文化的愛護和重視，該處現已成爲名震環宇的石雕公園，爲奧斯陸勝景，遊人絡繹不絕，也是挪威的文化瑰寶，謝副總統在早期的北歐之行，旅經於此，深爲這些粗獷豪邁，生意盎然的人體石雕所感動，內心深處對石雕藝術的推展一直耿然於斯，近年來，即想以手工業研究所的優美環境爲起點，在台灣復興石雕藝術，表現中國文化的精神。

　　石雕亦爲雕塑之一部份，只是使用材料不同，在雕塑的造型和基本精神上並無二致。西方的雕塑以人體寫實爲主流，從古希臘羅馬時代以降，就是承續著這個傳統，而我們要發展石雕及其他的雕塑，卻不能因循的模仿西方，我願以多年來辛苦摸索的心得和所塑造的作品，希望能和大家一起研究，供作參考。

　　我國以農立國，對農作物的生長，季節的移換，宇宙運轉的規律有深刻詳細的觀察，例如我們的象形之字，靈感取之於大自然種種變化的現象，加以抽象而爲文字，故有書畫

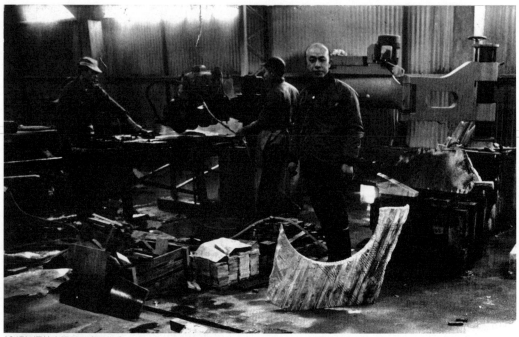

1967年攝於大理石工廠工作中。

同源之說，象形文字非單純的符號而具有表意、表象的功能；事實上，就我國雕塑的造形藝術而言，自石器時代以來，就本著這種抽象寫意的一貫精神，從玉石製作的飾品、禮器到遺留迄今殷商雕刻，如石鳥、立梟、蹲罷、虎形立雕，其簡樸、雄渾、有力，可見商周雕塑藝術特色之一斑。

漢朝以後，雕刻技巧雖有進步，但不及前代作品之氣魄，南北朝以至隋唐，因佛教興盛，來自印度西亞的犍陀羅造型藝術和新寫實技巧的引進，融合中原本土的文化，在中國雕刻史上出現一個新局面，石窟藝術及石雕佛像，結合宗教與藝術，表達了莊嚴永恆的境界，亦出現了新猷。

六朝為一動盪不安的時代，但當時，社會上的生活方式和觀念，仍穩定的能延續著前人的智慧，並無根本的改變，而且能以中原本土文化長久累積的基礎上，將異域文化加以吸收融合而更豐富了中華文化。

北魏的雲岡，由於天然的地理環境，類如氣候乾燥的西亞，石窟藝術隨著佛教思想傳入，也得以在中國自然的環境下發展，開山成窟、刻石造像，是極艱鉅的工程，雕刻的工作者，代代相傳，師承之外，也含有自我創造的成分，本著對宗教信仰的虔誠和奉獻的精神，以從事佛像的塑造為榮，歷數代而完成，不受時間限制，無名利之得失，在忘我的情況下獻身殫力地留下傳世之作。

佛像的造型也隨著時代的不同而有所演變，早期佛像的臉型和裝飾全仿自印度或希臘，以後才出現中國式的風格，北魏佛像型瘦削，隋代方正，而唐代則豐頤圓潤，這些演變和當時社會的審美觀及偏好有所關連而表現於雕塑上。

宋元以後的雕塑，仍延著唐代寫實的傳統，但因受理學的影響，人物的雕塑表現出一

種內在凝聚的精神，明清以後則偏向講究雕工的精細。

　　西方雕塑藝術的內容，早期皆取材自希臘羅馬神話故事，諸神的喜怒哀樂與悲歡離合，附以表現人體之美，與人間的眾生相並無兩樣。我國雕塑藝術，因文化背景的不同，所表現的內容也有異於西方。殷商是個拜鳥的氏族，遂產生了石鳥、立梟的雕塑，而漢代則有石雕的鎮墓獸，如霍去病墓前的石馬，以及其他的石獸，南北朝及隋唐因宗教的虔誠和對極樂世界的嚮往，而有佛像的雕造，此外，有表現社會生活內涵的雕塑作品，如明代的玉雕〔馬上封侯〕及〔漁翁得利〕，清代講求雕工精細，瑪瑙、象牙、珍貴的玉石皆用作雕塑的材料，內容有山水、蟲魚、花鳥、或民間傳說中的人物故事，如天女散花石雕和綠松石雕西施像。

　　總之，我國雕塑的內容範圍，十分廣泛，都是和生活環境與大自然的景象有關，我們的人物塑像，深宥於禮俗，通常是以彩帶和衣飾來襯托人體的肌理和動感，表露一種含蓄而深邃的東方之美，與西洋人不加掩飾由人體寫實傳達雕像情感的作風，確有霄壤之別。

　　雕塑藝術反映民族傳統文化與情感，顯出精神生活的內涵，具體而微，有民族性和區域性的色彩，不能以單一標準來衡量，須由各民族基本造形的特性加以把握而瞭解。我國的雕塑藝術在殷商周朝，已成就非凡，就造型學的觀點而言，當以造型的境界取勝，而非寫實技巧的極致發揮，只有在長期的文化累積薰陶之下，才會出現寫意的造型術，這是人類珍貴的藝術精華和進步。西方人的審美觀和我們有基本上的差異，若從西方人的寫實觀點來欣賞我們造型藝術中的抽象寫意，難免格格不入，也貶低了我們藝術的韻味風格。

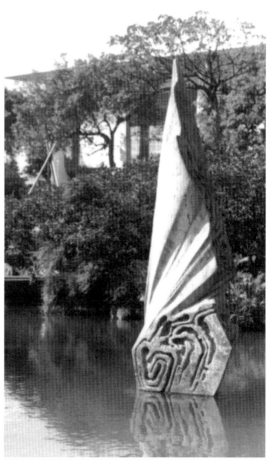

1970年中壢〔夢之塔〕蛇紋大理石雕刻。

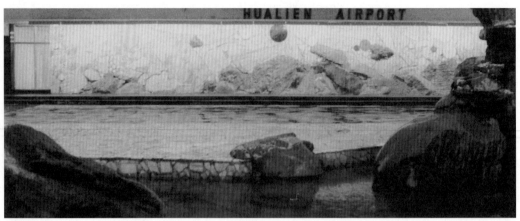

1970年花蓮航空站〔太空行〕夜景。

西方美術學者視盛唐渾圓寫實的作品，爲我國雕刻藝術的成熟期，此說有待斟酌，在他們的文化背景下，有此評說當是自然而然的錯誤了。

雕塑藝術涉及實物材料運用上的技術、工程問題，勞心勞力，把形而上思想落實於立體的造型中，傳達理想的藝術境界。在中國士大夫的觀念裡，雕塑只是百工技藝之一，工作者爲了生活或社會的需要，敬業樂群、克盡職守，所以他們的作品中自然流露眞摯的民族情感而不沾染矯飾氣息，也顯出民族及區域的特色。

我個人認爲發展我們的雕塑藝術，應從歷史性的造型藝術整理著手，並善加挽救，將此思想觀念灌注予現有的一批雕塑人才，矯正我們對自己造型藝術教育的缺失。

造型藝術是專治雕塑藝術中，表達形式與風格的專門學問。雖然，在故宮、南港中央研究院以及歷史博物館，保存豐富的歷代文物，但雜然陳列，令人難以深入體會其中之奧妙。爲了補救我國現有雕塑教育與創作方向的偏失，急待成立中國雕塑造型研究機構，對我們現有的文物，以造型藝術的觀點，重新整理分類，研究人員可充分應用故宮、南港中研院、歷史博物館既有的資料，彼此交流，成爲一龐大的研究圈，將我國歷代每一個時期具有代表性的造型，抽樣塑造而把此研究成果展現於大自然優美的山水間，建立一富有中國傳統文化色彩的景觀雕塑公園，使觀賞的民眾，易於瞭解我國歷代造型藝術的變化，感受其豐富優美，加強國民的信心，延續我們的文化，進而有所創意，並且，可供專家研究

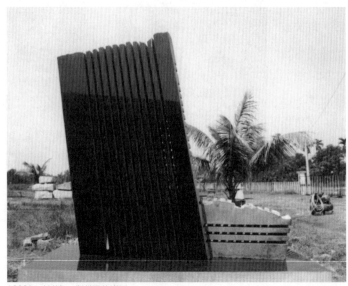

1980年〔斜樓〕非洲黑花崗石。

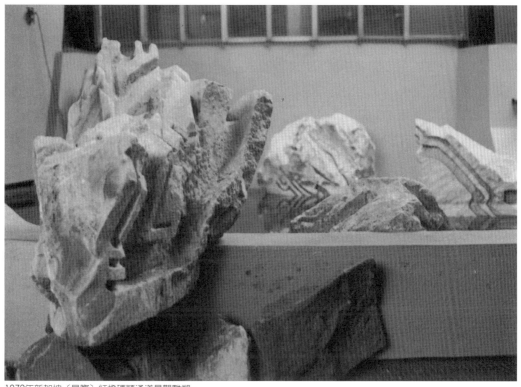

1972年新加坡〔星際〕紅燈碼頭通道景觀雕塑。

之用,做為我國未來的建築、庭園設計、工藝、日用器皿等生活藝術的借鏡,鑒往知來,消除以往累積下來的盲目模仿所造成今日的視覺混亂,使人耳目一新。

　　對表現區域性特色的雕塑,應結合當地的藝術家、專家學者集體商討,由地方政府提供一山水宜人之處,作為研究及展示場所,儘量就地取材,配合當地自然景觀的特點,把鄉土的色彩融注於造型藝術中。

　　就雕塑現有的人才而言,第一類是民間的愛好者,基於藝術的興趣,結合石雕與生活而蔚然成家。在群山環抱有如世外桃源的南投縣魚池鄉,林淵先生以天真純樸的藝術心靈,不斷湧現佳作,具有區域性的特色,未受現代文明洗禮而純粹來自中國土地的蘊育,他的作品流露著傳統文化根植於生活裡的觀念、思想,成為別具一格的藝術風味,我們應對他加以鼓勵保護,切莫給予太多的干擾,使他在大自然的懷抱中,繼續快樂的創作。第二類是師徒相授,從事於廟宇或墓園雕飾的工作者,他們四處流浪或迫於生活而改行,目前尚來得及找出一些技巧、境界皆臻於上乘的師父,希望政府及有心人士,加速挽救,幫助輔導,給予再教育,並照顧其生活,以保留傳統藝術。第三類為受過學院教育的雕塑者,因受西潮衝擊較大,應重以中國的美學思想薰陶之,從觀念的啟迪、轉化開始,將會發揮莫大的潛力。第一、二類的雕塑工作者,心態和生活習慣上,保有較多傳統文化的色彩,欲從生活中尋回民族創造的根源,這兩類人才堪值借重。

　　就社會的美術教育而言,我們應儘速的籌設美術館及博物館,公開展示私人的收藏,供民眾參觀及專家研究。歐美近二百年來的進步神速,因為文字和實物教育並重,除了圖

書館外，更充分使用了美術館和博物館的社教功能。十幾年前加拿大多倫多的博物館，採取了生活遊戲化的展示空間，使觀賞者身歷其境，並利用創新的視聽效果，而不再是隔著櫥窗的靜態陳列而已，從此影響了全世界的美術館和博物館展示空間的改革。

就學校的美術教育而言，我們需要美術教育家，由觀念的啓發，循序漸進的讓學生體會中國造形藝術的淵源，講授生活美學、中西的藝術史、藝術理論，多運用視聽教材，培養學生欣賞比較的審美能力，自然而然的接受薰陶，才不會產生排斥反抗的心理。對於有天份和興趣者，再施予專門的技術訓練。

值今，西方於工業科技方興未艾之時，藝術一度脫離了生活，純藝術應運而生，著重個人主義的唯我表現。民初，在歐遊留學生領導下的美術教育界，無形中也受到了誤導，我們的美術教育，從民初以來便有所偏差，藝術家不一定是美術教育家，而美術教育並非以培養藝術家爲主要目的。

今天，我們迫切的需要追本溯源，平心靜氣的深入探討我國固有文化的精髓，知己知彼，對西方文化的衝擊，採取不卑不亢的態度，謀思如何改善和運用現有的環境，延續發揚我國傳統藝術文化的長處，我們才有現代化的希望，而不致淪爲失去自我而成爲國際化的性格。

原載《台灣手工業》第13期，頁13-27，1982.11.1，南投：台灣手工業季刊社

另載《楊英風景觀雕塑工作文摘資料剪輯1952-1986》頁145-149，1986.9.24，台北：葉氏勤益文化基金會

《石材工藝選輯》頁10-24，1986.10，南投：台灣省手工業研究所

《石雕景觀專輯》頁15-21，1991.6，南投：台灣省手工業研究所

《裝飾陶瓷論述選輯》頁17-31，1991.9.2，南投：台灣省手工業研究所

《牛角掛書》頁145-149，1992.1.8，台北：楊英風美術館

「傳統文化與現代生活研討會」發言（節錄）

　　楊英風先生：民初以來，我們的美術教育因受到整個社會制度，教育全盤西化的影響，使我們這一代在審美的基本觀念上，已和中國固有的文化疏離而產生了不可彌補的鴻溝。

　　就雕塑而言，從大學、專科的學院教育中，我們的確培養了不少人才，但是，在全盤西化的雕塑教育下，以西化的心態和觀念從事創作，無論如何，大大的喪失了中國文化本有的面貌，無從表現我們造形藝術的精神，同時，在我們現有的風俗習慣與生活環境產生矛盾、脫節，因缺乏創作的根源而深感痛苦。

　　今後，發展我們的雕塑藝術，應從歷史性的造形藝術整理著手，並善加挽救，教育現有的一批雕塑人才，矯正我們對自己造形藝術教育的缺失。

　　造形藝術是專治雕塑藝術中表達形式與風格的專門學問。雖然，在故宮、南港中研院以及歷史博物館，保存豐富的歷代文物，但雜然陳列，令人難以深入體會其中之奧妙。為了補救我們現有雕塑教育與創作方向的偏失，急待成立中國雕塑造形研究機構，對我們現有的文物，以造形藝術的觀點，重新整理分類，研究人員可充分應用故宮、南港中研院、歷史博物館既有的資料，彼此交流，成為一龐大的研究圈，將我國歷代每一個時期具有代表性的造形，抽樣塑造而把此研究成果展現於大自然優美的山水間，建立一富有中國傳統文化色彩的景觀雕塑公園，使一般觀賞的民眾，易於了解我國歷代造形藝術的變化，感受其豐富優美，加強國民的信心，延續我們的文化進而有所創意。並且，可供專家繼續的研究，做為我們未來的建築、庭園設計、工藝、日用器皿等生活藝術的借鏡，鑒往知來，消除盲目模仿所造成的視覺混亂，使人耳目一新。

　　對表現區域性特色的雕塑，應結合當地的藝術家、專家學者集體商討，由地方政府提供一山水宜人之處，作為研究及展示的場所，儘量就地取材並配合當地自然景觀的特點，把鄉土的色彩融注於造形藝術中。

　　就雕塑現有的人才而言，第一類是民間的愛好者，基於藝術的興趣，結合雕塑與生活而蔚然成家。在群山環抱有如世外桃源的南投縣魚池鄉，林淵以天真純樸的藝術心靈，不斷湧現佳作，具有區域性的特色，未受現代文明洗禮而純粹來自中國土地的孕育，他的作品流露著傳統文化根植於生活裡的觀念思想，成為他別具一格的藝術風貌，我們應對他加以鼓勵保護，莫給予太多干擾，使他在大自然的懷抱中，繼續快樂的創作。第二類是師徒相授，從事於廟宇或墓園雕飾的工作者，他們四處流浪或迫於生活而改行，目前尚來得及找出一些技巧境界皆臻於上乘的師父，希望政府及有心人士，加速挽救，幫助輔導，給予

再教育，並照顧其生活，以保留傳統藝術。第三類為受過學院教育的雕塑者，受西潮衝擊較大，應以中國的美學思想薰陶之，從觀念的啟迪、轉化開始，將會發揮莫大潛力。第一、第二類的雕塑工作者，心態和生活習慣上，保有較多傳統文化的色彩，欲從生活中尋回民族創造的根源，這二類的人才堪值借重。

就社會的美術教育而言，我們應儘速的開放美術館及博物館，公開展示私人的收藏，給民眾參觀及專家研究。歐美近二百年來的進步神速，因為文字和實物教育並重，除了圖書館外，更充分使用了美術館和博物館的社教功能。十幾年前加拿大多倫多的博物館，採取了生活遊戲化的展示空間，使觀賞者身歷其境，並利用創新的視聽效果，而不再是隔著櫥窗的靜態陳列而已，從此影響了全世界的美術館和博物館展示空間的改革。

就學校的美術教育而言，我們需要美術教育家，由觀念的啟發，循序漸進的讓學生體會中國造形藝術的淵源，講授生活美學、中、西的藝術史、藝術理論，多運用視聽教材，培養學生欣賞比較的審美能力，自然而然的接受薰陶，才不會產生排斥反抗的心理。對於有天份和興趣者，再施予專門的技術訓練。

西方於工業科技方興未艾之時，藝術一度脫離了生活，純藝術應運而生，著重個人主義的唯我表現。民初，在歐遊留學生領導下的美術教育界，無形中也受到了誤導，我們的美術教育，從民初以來便有所偏差，藝術家不一定是美術教育家，而美術教育並非以培養藝術家為主要目的。

雕塑藝術反映民族傳統文化與情感，顯出精神生活的內涵，具體而微，有民族性和區域的色彩，不能以單一標準來衡量，須由各民族基本造形的特性加以把握而了解。我國的雕塑藝術在殷商周朝，已成就非凡，就造形學的觀點而言，當以造形的境界取勝，而非寫實技巧的極至表現，只有在長期文化的累積之下，才會出現寫意的造形藝術，這是一種進步也是人類相當珍貴的藝術精華。西方人的審美觀和我們有基本上的差異，若從西方人的寫實觀點來欣賞我們造形藝術中的抽象寫意，難免格格不入，也貶低了我們藝術的韻味風格。西方美術學者視盛唐渾圓寫實的作品，為我國雕刻藝術的成熟期，有待斟酌，在他們的文化背景下，有此一說也算是自然而然的錯誤了。

雕塑藝術涉及實物材料運用上的技術工程問題，勞心勞力，把形而上的思想落實於立體的造形中，傳達理想的藝術境界。在中國士大夫的觀念裡，雕塑只是百工技藝之一，工作者為了生活或社會的需要，敬業樂群，克盡職守，所以，他們的作品中自然流露真摯的民族情感而不沾染驕縱氣息，也顯出民族及區域的特色。

　　北魏的雲岡，天然的地理環境上，類似於氣候乾燥的西亞，石窟藝術隨著佛教思想傳入，也得以在中國自然的環境下發展。開鑿石窟、造像、刻石，是項艱鉅的工程，雕刻的工作者，代代相傳，師承之外也含有自我創造的成分，本著對宗教信仰的虔誠和奉獻的精神，以從事佛像的塑造為榮，歷數代而完成，不受時間限制，不計較名利，在忘我的情況下全身投入而留下傳世之作。

　　六朝是個動盪不安的時代，但當時社會上的生活方式和觀念仍穩定的延續著前人的智慧，並無根本的改變，而且站在中原本土文化長久累積的基礎上，所以能夠融合吸收西方文化而豐富了中華文化。

　　今天，我們迫切的需要追本溯源，平心靜氣的深入探討我國固有文化的精髓，知己知彼，對西方文化的衝擊，採取不卑不亢的態度，謀思如何改善和應用現有的環境，延續發揚我國傳統藝術文化的長處，我們才有現代化的希望而不致淪為失去自我性格的國際化。

原載《傳統文化與現代生活研討會論文集》頁637-369，1982.12.1，台北：中華文化復興運動推行委員會

此篇為中華文化復興運動推行委員會於1982年7月26日在台北市圓山大飯店

舉辦「傳統文化與現代生活研討會」中有關雕塑部份楊英風之發言

從自然環境的必然性談尋根

從石頭的彩紋中透視世界

當我在義大利進修期間，經常利用空閒的時候，到大理石工廠和貿易公司去參觀研究。義大利真是名符其實的大理石集中地，在那裡，可以看到世界各地運來加工處理的大理石。更有許多規模較大的工廠，切割成2公尺×3公尺的大小磨光樣區，陳列於特別設計的樣品間，供人參觀採購。

對於那麼多的大理石材，我花了不少時間去研究、分析、比較，透過大理石的色彩、花紋、質地、彷彿看見世界各個地區的繪畫特色與居民性格。

日本地區所出產的大理石，紋路堅硬，條理分明，好像日本和服上的圖案型式，是屬於日本地區的繪畫特色和日本民族的堅毅性格。

中東地區所出產的大理石，石材的色調與花紋的色彩極為相近，而且紋路十分規矩，清晰有致，彷彿中東地區的虔誠信仰和不逾越的生活規範。

歐洲地區所出產的大理石，色調華麗，紋路也相當細膩，表現了歐洲地區的繪畫風格和浪漫情懷。

我國大陸所出產的大理石，以白色的底夾雜灰色的花紋為主，紋路細緻，氣韻幽雅，有若國畫中的山川雲物和崇尚自然的生活藝術。

台灣地區所出產的大理石，與日本地區雖屬於同一脈絡，卻有顯著的不同，紋彩沉厚，線條變化大，好像台灣地區的生活快速成長，急遽更新。

各個地區所出產的大理石，不僅是色彩、花紋、質地有著顯著的不同，更由於當地居民的生活需求、文化特色，而發揮了各種石材的應用效能。

宿命論──自然環境成就了文化特色

大理石石材的色彩、花紋、質地的形成，可以說是濃縮了整體環境之後的呈現。同樣的道理，在其他各種各樣的植物、動物、人種等等的歸納中，我們不難找出另一些濃縮了整體環境之後的呈現。這些大大小小的異別，造就出區域性的文化特色。

其實，遠在地球形成與進化的過程中，一切就已經「註定」。比如，地球各處磁場強弱的不同；地球各地能量大小的不同；地球內部溫度高低的不同；地球表面氣候寒暑的不同；更有宇宙中太陽、月亮，或其他星球的運行，所造成的不同影響。因此，在地球上的各個區域中，均顯現著特殊的自然環境，環境培養當地居民的風俗習性，文藝美術，而當地居民的種種生活表現，形成了文化特色──這正是東方哲學中的「宿命論」。

　　中國的先哲們，運用他們高超的智慧，因循時序，觀察天象，觀察生物體的興衰，推衍出「宿命論」以及天地的道理與宇宙的原則，以「太極」、「八卦」、「星宿」、「五行」等科學理論，來告知後代世人，如何與不可抗拒的大自然現象相互調和，歷經數千年，給予人類無限的教導。

五行消長，萬物生滅

　　金木水火土「五行」的科學論說，自古至今，應用範圍十分廣泛，與人類的生活息息相關。

　　東方智者，經由不斷地觀察分析，將原本「形而下」的物質，付予「形而上」的生命；天地間「具象」和「抽象」的事物，都分別歸納在其中；大宇宙現象，透過金木水火土的概念，一切都獲得合理的解釋和肯定的認同。

　　從歷史文明、人類進化的演變過程中，我們可以很清楚的看到；金木水火土的相互消長、相互制剋，正是推展著人類文明的演進。舊石器時代、新石器時代、陶器時代、銅器時代、鐵器時代，以及與其並行的生活史。而在漁獵、農牧、市集、……的進化演變時，文化藝術開始蓬勃發展，人類精神文明日趨豐盈富實。

　　金木水火土的質能不斷地精密、不斷地改化，從簡單到繁雜，從無形到有形，從不穩定到自由運用，人類的「原始生活境態」逐漸步上「文化生活的環境」。

　　從金木水火土的特性和屬性中，我們可以很清晰的感應到，在我們四週的生活環境，所包含的「具象」與「抽象」事物：

　　木，個性中具有擴散四方的特性；在方位上代表東方；顏色為青色；音律為角音；時序為春季；……

　　火，個性中具有往上跳躍的特性；在方位上代表南方；顏色為赤色；音律為徵音；時序為夏季；……

　　金，個性中具有內斂隱藏的特性；在方位上代表西方；顏色為白色；音律為商音；時序為秋季；……

　　水，個性中具有向下奔騰的特性；在方位上代表北方；顏色為黑色；音律為語言；時序為冬季；……

　　土，個性中具有縱橫往來的特性；在方位上代表中央；顏色為黃色；音律為宮音；四季中都含有土；……

從金木水火土之間生剋制化的因果關係中，我們更能夠深刻地明瞭，宇宙間「形而上」、「形而下」的許多共通原則：

「五行相生」；順序為木、火、土、金、水，也就是木生火、火生土、土生金、金生水，表現宇宙萬事萬物相互依存消長的自然關係。可以說是生命轉換的延續方式。

「五行相剋」；順序為木、土、水、火、金，也是就木剋土、土剋水、水剋火、火剋金、金剋木，表現宇宙萬事萬物相互制服化解的自然關係。可以說是生命孳生不息的平衡方式。

金木水火土，生剋制化，旺極而衰，循環不已，在一定的時期之內必有一行能夠發揮最大的能量與效益。如何引導，如何發展，如何使生活空間更美好，是我們研究「五行」的最佳貢獻。

現代中國建築設計者的責任

「五行」的相生，依存、循環，就好像環境與人的關係，緊密相連。

什麼樣的自然環境生出了什麼樣的人；什麼樣的人又造成了什麼的樣的人造景觀；自然，人造景觀素質反映著人的素質，經過長時期的變化、累積，各個地區，各個國家，自然形成了各具特色的文化與民族性。

中國自古以來，即非常講究居住的環境，從北向南，隨著氣候的變化，自然素材的供給，以及居民生活的需求，房舍、庭園、鄉鎮、城市，均呈現出不同的風貌。

雖然沒有建築設計的特別設計，但是，僅從房舍屋頂的差別，我們就能夠很容易地分辨區域性的特色；我國北方的屋頂平直厚重；中部地區的屋頂較為輕巧而有斜坡，同時四角微微翹起；南部地區的屋頂則更為薄而翹，居民的生活習性，隨著大自然而變化，只須看到圖片，即可推斷出建築物的年代和所在地。

反觀現代台灣地區，許多「美國式」、「歐洲式」、「羅馬式」、「西班牙式」、「宮殿式」的「嶄新」建築物，如雨後春筍般地冒竄起來，全然不顧原有的環境是如何，最適宜、最舒適的建材是那些，居民生活的需求到底是什麼，我們自己的文化應該如何的展現。只是一味的模仿，一味的因襲，這種建築設計的錯誤引導，已經開始成為公害、污染，想想看，居住在這些建築物中成長茁壯的新生代，將往那裡去尋「根」？又將如何開展自己的文化？

建築設計是環境生成的重要環結，給居民美好的生活空間，讓居民享受更高的生活境

界，是從事建築設計工作者的使命與責任。西方的建築理論，基本知識、設計技巧，都是值得我們學習的。但是，在研究西方科技文明之時，切不可忘卻中國文化中蘊涵深廣的哲理，以及先知所給予的教導，所提示的訓誨。肩負著重任的建築設計者，應當深刻地了解東方哲學，再融和西方科技之所長，依據我們自己的環境、生活方式、生活需求，設計出最理想的居住空間，展現現代中國的精神與文化。

原載《台灣建築徵信》第181期，頁12-15，1983.9.5，台北：台灣建築徵信雜誌社

另載《楊英風景觀雕塑工作文摘資料剪輯1952-1986》頁159-160，1986.9.24，台北：葉氏勤益文化基金會

《牛角掛書》頁159-160，1992.1.8，台北：楊英風美術館

文化景觀與工藝

文化景觀與生活

　　自然和人類之間，有著相互影響的循環關係，自然生人，人造景觀。大自然在無形中決定了人們的生活型態、思想方式、審美觀念和風俗習慣；人們又因著生活需求、教育修為、素質涵養、境界提昇而增添許多景觀，而自然景觀與人造景觀，經過長久時期的變化、累積，產生了各個區域不同特色的「文化景觀」。

　　我們的祖先，從自然中找尋生活，從生活中體會自然，由畜牧生活進入農耕社會，教導後世寶貴的生活智慧。祖先們循時序、觀天象、重視宇宙、自然存在的本體與發生的現象；種五穀、植花木、依存於大地、自然之中，孕育生長；同時，發揮人類本有的創造力，調和生活，美化生命。天、地、人三才的時空觀，和諧有致，平衡有序，無限長遠，宇宙生靈萬物，因此而綿延不斷、生生不息。

　　大自然的演變進化、生長循環，從不休止，根植、出芽、成長、開花、結果、再生，所有的生命體，都循著自然的定律延展，而自然的原則，就像巨靈的雙手，悉心地照撫著萬物。

　　人們的生活，取於自然，用於自然，因之種種建設，種種人造景觀，應當與自然相調和，才能創造出高超的「文化景觀」，這種理念絕不可稍容忽視。

生活的基本素材——金木水火土

　　從歷史文明、人類進化的演變過程中，我們可以清楚的看到：金木水火土的相互消長、相互制剋，推展著人類文明的演進。舊石器時代、新石器時代、陶器時代、銅器時代、鐵器時代、……步步地推衍時，文化藝術開始蓬勃發展，人類精神文明日趨豐盈富實。

　　金木水火土的質能，隨著自然的演進，不斷地精密，不斷地變化，從簡單到繁複，從無形到有形，從不穩定到自由運用，人類的「原始生活境態」逐漸走上「文化生活的環境」。原本「形而下」的物質，有了「形而上」的豐沛生命，包含著天地間所有「具象」和「抽象」的事物。

工藝的發展與生活

　　人類為了繁衍生命、漁獵、農牧、市集、……日漸群居而生；為了生活的需求，發明各樣應用工具，從純粹實用到注重美觀，食衣住行各方面均有所需。

在東西方各個區域中，自然環境的不同，生活習慣的不同、可供使用素材的不同，所發展出的生活工具也就有許多差異。近代人類考古學家，從各地出土的化石、器皿中，可以明白地了解年代的演變，當時的人們是如何生活，以及每一個民族文化程度的高低。

中華民族幅員廣闊，歷史文化精深博大，是最懂得生活，又最會過生活的民族，親近自然、順應自然、讚美自然，將安祥、愉悅、喜樂、愛美的精神表現於日常生活。

自殷商以來，每一時期的造型藝術，都能反應當時生活的特色，尤其是先民的日用器物，兼具美觀與實用的特質。至於居住的空間，更是充滿生趣、意境、不求奢華，但十分講究舒適、雅緻、順暢。器具與環境的創作安排，充滿豐富的想像力，充份地表現了生活的智慧。

手工業設計發展的方向

這種將造型藝術普遍應用於生活，而與生活智慧融合一體的精神，正是現代工藝設計，製作者所應當學習、認知的，這是生活、是藝術、是文化的表現，若是在日常生活用品器物中，蘊涵著豐富的智慧與美，以外在的形象表達內在的精神，必能提昇群體的生活品質，開創充實、完美的生活境界。

近年來，我國的仿冒商標、抄襲製作，在國際間已經引起軒然大波，出口遭受限制、貿易遭受阻礙，經濟生活必然影響至巨，是警醒、覺悟的時候了。

中國人，秉承著數千年的優秀文化與智慧，有太多太多能善加運用的素材與資源，就在我們身邊，只要我們用心去觀察自然、體會生活，創作的靈感是取之不盡、泉湧不竭的，以現代的生活智慧，研展現代日用器物，呈現現代中國的文化景觀，將是工藝設計、製作者的發展方向。

除了設計製作我們工藝品的特色之外，對於產銷經營，也應該有整體的計劃，運用科學化的企業管理，與同業之間研究創造，消除惡性競爭，協力合作開拓外貿市場，把握正確方向，一定有美好的遠景，敬祝大家成功。

原載《台灣手工業》第15期，頁5，1983.12，南投：台灣手工業季刊社

雕塑・生命・與知命
——中國雕塑藝術在國際地位上所扮演的角色

文化景觀

自然和人類之間，有著相互影響的循環關係，自然生人，人造景觀。大自然在無形中決定了人們的生活型態、思想方式、行為處事、審美觀念和風俗習慣，培養出各個區域的文化特性；而居住在不同地區的人們，因著基本素材、生活需求、教育修為、境界提昇又創造出許多人造景觀，經過長時期的孕積、演變，成就出世界各地不同特色的「文化景觀」。

我們以「肉眼」所觀看的景象，為景觀中的外觀，相當於形而下的物質層面，具有波動、變化的具象表現，是生活文明的表徵；以「心眼」所描繪的意境，為景觀中的內觀，相當於形而上的精神層面，具有靜謐、沈思的抽象意念，是生活智慧的內涵。

藝術家，正是以他們敏銳的思維以及對自然美強烈的感應，將形而上的精神意念，轉化成為生活中具體的事物，表現在文學、哲學、音樂、戲劇、舞蹈、繪畫、雕塑⋯⋯不同的境界裡，創作出震憾心靈的作品，引領人們返回自然，走入理想、充實、豐盛、圓滿的人生。

中國雕塑藝術的發展

在廣袤的幅員和氣勢磅礡的山川中，中華民族很早就發展出高度的生活智慧，數千年來，黃河流域的農耕生活型態，自然孕育出悠久精深，蘊含富實的歷史文化，喜愛自然，順應自然、保護自然的精神，成為永遠堅定不移的信念。祖先們從自然中找尋生活，從生活中體會自然，循時序、觀天象、種五穀、植花木百草、定陰陽易理、消長制化五行，建立了全面性的宇宙觀與時空觀，明瞭大自然、大宇宙存在的本體和發生的現象，同時，更發揮人類本有的創造力來調和生活、美化生命。使生活與自然相結合，生活與藝術相通契。

我們若研究中國最早的象形文字，可以發現造字的靈感是取之於細心觀察自然，模擬自然的種種現象，而作為表意、表象的文字符號，對中國的造型藝術影響深遠。因此，中國雕塑藝術的造型，從石器時代開始到殷商、周朝時期，都充份地表現出抽象、寫意的本質，不論是玉石雕製的裝飾品、禮器、或是石鳥、石梟、石虎等，已是成就非凡。

秦、漢以後，雕塑技巧較為成熟、結實，漸漸地表現出靈秀之氣，但是在氣魄上卻不及前代。魏、晉、南北朝是動盪不安的時代，印度、中亞等異域文化陸續輸入，佛教思想深入各階層大放異彩，尤其是北魏時期，在龍門、雲岡、敦煌等地由於氣候乾燥、岩質特

殊，天然地理環境良好，石窟寺院，石雕佛像於極輝煌的展現。隋、唐兩代，佛教興盛，道教亦昌，來自印度、西亞的犍陀羅造型藝術和新寫實技巧的不斷引進，吸收融入於中原本土文化之中，在中國雕刻史上出現了一個新的局面。

探究我國藝術的發展，雕塑造型的演進，一定得了解自東漢佛教傳入中國以後的佛像雕造，就如同中華文化中所涵蓋、包容的佛教精神，使佛教更人性化、更生活化，而成為中華文化的一部份。

佛像的造型隨著時代的不同而有所改變，早期佛像的臉型和裝飾，幾乎全仿自印度，以後才逐漸演變成中國的性格。例如：北魏佛像臉型瘦削，充滿靈氣；隋代佛像臉型方正，十分嚴肅；唐朝佛像則豐頤圓潤，安祥和平，這些雕塑特色的演變，和時代背景、社會上的審美觀及喜好，有著密切的關係。

無論是闢建石窟或雕造石佛，都是非常艱鉅的工程，雕塑工作者，本著對宗教信仰的虔誠、奉獻，以從事佛像的雕造為榮，代代相傳，不受時間限制，無計名利得失，除師承之外，也深念自我創造的精神。生活、宗教、藝術三者因此結合成整體，表達出莊嚴永恆的理想世界，留給後世無限的敬仰。

宋、元以後的雕塑，仍然延續著唐朝寫實的作風，但是又受理學的影響，人物的塑造表現著一種內在凝聚的神韻。明、清之後，則偏向講究雕工的精細，特別喜愛將玉石、瑪瑙、象牙等珍寶作為雕刻的材料。

近代西方美術學者，通常以盛唐渾圓寫實的作品為我國雕塑藝術的成熟期，此說尚待修正，因為西方人的審美觀、價值觀和我們在基本上就有差異，若從西方人的寫實觀點來欣賞、評鑑我們造型藝術中的抽象寫意，難免格格不入，也貶低了我們藝術的境界與氣韻。

我們雕塑藝術的內容大多是和日常生活環境、大自然生態景觀有密切的關係，範圍相當廣闊，自然反映出民族傳統精神與感情，因而遠在殷商、周朝時期即以寫意的境界取勝。也唯有在長久生活經驗累積，長期歷史文化薰陶之下，才能展現民族智慧，才會出現寫意的造型藝術，這些都是人類最寶貴的藝術精華和進步。

東、西方文化特質的比較

東方文化所蘊含的生活自然觀，是西方文明所欠缺的。西方文明發展自畜牧、游獵，充斥著競爭、征伐、佔有，採取與自然對立的姿態生活，一心只想征服自然、控制自然、

改造自然，長久下來，隔離了人與大自然間的親密關係，破壞了自然中原有的平衡與協調。在藝術的發展上也就形成了美學的寫實主義。

西方雕塑藝術的內容，早期皆取材自希臘、羅馬神話故事，藝術家將諸神擬人化的喜怒哀樂與悲歡離合，不加掩飾，不加隱藏，以表現人體美的方式，來傳達豐富激烈的感情。自此以降，大都承續著具象寫實的傳統精神。

我們僅以「石頭」在藝術，在生活上的發揮，即能深切地感覺出東、西方藝術境界、文化特質的明顯差異：石頭的色彩、花紋、質地，因出產地不同而各異其趣。一般來說，東方石頭色彩較雅純、含蓄，圖案模糊不顯；西方石頭色彩較鮮活、明朗、圖案顯著清晰，可以說是濃縮了整個環境之後的呈現。從這些迴然不同的特質上自然能夠聯想到東、西方民族性的異別，大致是與石頭的表徵相同。

中國人一向喜愛玩賞石頭，常常將大小石頭恰當地擺設在庭園中合適的位置，或是客廳的水盆裡，保存其天生俱來的美、純樸坦率的美，並從其中悟出許多美的原則──瘦、皺、透、秀，揭示了中國山水畫、雕塑、造園等藝術特質的表現法。所謂瘦，是質地細緻縝密，線條單純生動、鮮明有力；所謂皺，是表面粗糙自然，型態自由奔放；透則是整體中留有空間，或窪洞或縫隙，疏而有秩，富於變化；秀則是蘊有自然靈秀之氣。在瘦、皺、透、秀靈活豐盛的小世界裡，我們看到的不再是寸土石頭，而是完整開放的大自然、大宇宙，在其間臥遊山水情景，捉摸貞固韻質，讓心神得以活潑暢旺，情感得以伸展舒放。

西方人傳統的玩賞石頭和我們大不相同，當他們發現一塊美石，一定把它雕刻成一尊雕像或人體來欣賞。他們用石頭表達了許多外在世界的美麗，如殿堂的雄偉聖潔與人體的優柔溫潤，就像西方民族的天性──對實際、直接、效用的追求一般，石頭本身不過只是一種材料而已，必須經過人工的改造，才成其美，才足以欣賞。

如今，西方藝術、西方文化有回歸自然，走向東方的趨勢，一方面是他們漸漸地領悟出東方文化的自然之道；另一方面是他們自己有所發現。當米羅的維納斯被考古學家挖掘出來之後，西方人才驚異地發現到斷臂部份的殘缺美，那殘破之處，顯露出石頭的原有本質與未經琢磨的自然生命的痕跡在質地美、單純美的體認中，自然提昇了欣賞美的境界。

此刻，他們了解純樸拙實的可貴而開始懂得欣賞一些最單純的東西，像一塊鐵，一柱鋼筋水泥，如同我們欣賞一塊石頭，因為那些鋼鐵水泥都是他們生活中所習見習用的東西。然後，雕塑家把日常所見的做部分放大，造型化，使人欣賞得更精細，更明晰，最重

要的是，這些材料來自生活，雕塑家走進生活，經過觀察選擇後再創作出的作品，使人倍感親切熟悉，而引起心靈的震盪，心底的共鳴。畢竟，欣賞一塊鐵的美與欣賞一塊石頭的美，在基本上並無二致的。

西方雕塑藝術由此快速地成長、茁壯，從室內到室外，從田園到都會，與居住環境相調和，滿載藝術家的理想，刻劃著生命的符號，呈現著文化的特質。

全面性景觀雕塑的開展

更有意義的是，西方人已開始熱心研究中國智慧先哲留傳給我們的生活哲學：與大自然、大宇宙的變化有密切關係的陰陽易理，五行消長制化；與星球運轉、地球磁場、星際引力息息相關的堪輿學、星宿學等等，這些天地道理、宇宙原則的「宿命論」，曾被斥為迷信，但是逐漸地，許多理論被心理學、物理學、天文學、氣象學、地形學、地質學、太空科學等實證科學所印證，大家才以理智的態度去研究、去了解、去接受。

中華民族原本就是最懂得生活又最會過生活的民族，老祖先總把大自然看成一個有機的生命體，尊重它，欣賞它、愛護它，並且在不知覺間與自我的精神合而為一，產生「宇宙即吾心，吾心即宇宙，心包太虛，量周沙界」泱泱漠漠的天人合一襟懷，以及「天行健，君子以自強不息；地勢坤，君子以厚德載物」實實在在的積進取思想。

宇宙萬物外在已是非常完美的造型，內在又蘊育無限生機，只需用心觀察自然、體會生活，藝術創作的靈感自然泉湧不絕，因此，自殷商以來，每一時期的造型藝術，均能反映當時生活的特色，尤其是先民的日用器物，兼具美觀與實用的特性。當我們參觀故宮博物院或歷史博物館時，不難發覺古時的藝術品其實大多是生活用具，日常生活中蘊含豐富的智慧與美，必然提昇群體生活品質，開創充實完善的生活境界。

至於先民居住的空間，更是充滿生趣、意境，不求奢華，但一定十分講究舒適、順暢、雅緻，庭園池榭、亭台樓閣引人接近自然，竹籬茅舍亦化入自然情趣盎然。不論器具或環境的安排，都充份地融合了智慧的生活哲學，注入豐盈的想像力，處處包含著求「吉祥」——安寧、和樂、平順、幸福的意願。中華民族——正是一直生活在安適愜意、如詩如畫的景觀雕塑之中。

而西方的雕塑家經過長久的掙扎與歷練，在六〇年代，終於實現了意志與心願，跳出畫廊、美術館、藝術館，雕塑作品在森林、山野、河谷，找到它們謙卑的位置；熙熙攘攘的街頭上，單調直線的大樓前，忙忙碌碌的工廠外，……亦是雕塑家創作的開展處。他們

製作一些拙樸、簡單、碩大的作品，彷彿是自然力所造成的，沒有矯飾，沒有妝點，讓材料展露出自己原有的風骨，讓最單純、最質樸的造型點醒人們去留意、去觀察、去發現自然之美。

　　自然給了我們太多美好的景物，那麼，因環境而生的雕塑，無論是具象或抽象，實用或非實用，都應當對環境產生增減調和的作用，雕與刻是減損，塑與鑄是增益，如何損益增減，使我們生活的環境更加和諧、更加平衡、更加完滿，是藝術家的使命，也是所有人類的責任。「自然造人」，然後「人造景觀」，相互循環依存，展現著「文化景觀」的特質。

未來展望

　　真、善、美是人生真義的詮釋，也是科技與藝術結合的前題。以往科學家從事種種研究時，總會發現到許多美好的現象，而這些正是藝術家所追尋的，但是因為價值觀念的不同，科學家關注的祇是科技的發明與推展，即使連帶發現了美，也未予重視，此時，唯有藝術家來參與，將新的發現作為新的素材，並依據其性格、特性，作充份地發揮應用。從此，藝術結合了音響、光電、雷射、其他科技等，呈現出新的面貌，激發引導欣賞者進入純淨優美的心靈世界。

　　廿世紀，科學技術進展日新月異，瞬息萬變，尤其當太空科技蓬勃地開展之後，由精密分工到群體力量的整合運用，使整體性的觀念再度深植人心，同時，更深刻地明白，祇有與自然配合，合乎自然法則發展的科技，才是有益於人類，最適宜生存的。人類文明自此飛速地躍升。

　　科技與藝術的結合，為我們帶來理想的環境與康樂的人生，各國人民在關懷整建自己的環境中，尋找出通往自然之道──崇敬自然、關愛自然、順應自然。中國的造型藝術、中國的生活智慧、中國的歷史文化。中國人自己研究追隨，亦成為世界的潮流。

　　台北市立美術館的揭幕，具有歷史性的意義，不僅是為了保存藝術創作者的慧心傑作，更肩負著教導全民、推廣藝術、美化生活、承傳文化的多重使命，祖先勉勵我們：「苟日新，日日新，又日新。」讓我們以景觀的精神，從生活中凝鍊智慧，以智慧領導生活；讓我們以雕塑的精神去增減調和我們的環境與生活，活用生活美學、科技新知以創造幸福圓滿的人生。

原載《台北市立美術館館刊》第1期，頁44-47，1984.1，台北：台北市立美術館

智慧・雷射・工藝

他山之石，可以攻錯

一九八三年的五月底，我到日本參觀訪問，在東京銀座的一條巷內，無意中看見一間舊舊的房子外掛著一塊不太起眼的廣告招牌，上面寫著「雷射切割、拔型製作」等字樣，好奇心的驅使，便前往拜訪──乍看之下，那衹不過是一座民間的小型木工廠，並沒有什麼特別之處，然而，當我請教了負責人片桐先生之後，才發現令人感動的不凡精神。

大約是一九七五年時，片桐先生與其他六家類似的小型工廠，花費約七千萬日幣，合資購買了一台電腦控制雷射切割機，放置於另一處而成立「拔型中心」，一天24小時輪流充分地利用，在研究改進中，又不斷地增添了許多更新的附件。

拔型中心的成立，雷射切割機的高效率使用，使得片桐先生和其他六家工廠的生產力大為

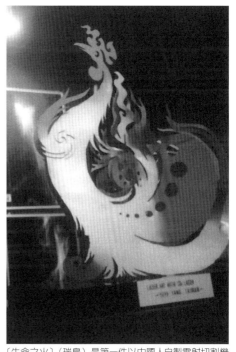

〔生命之火〕（瑞鳥）是第一件以中國人自製雷射切割機製作之雷射景觀雕塑作品。

提高。原本所製作的各類型包裝盒，從製圖、描繪版型、雕刻版型到置放切割刀的整個工作時間，往往需要十天至兩星期才能完成，現在竟縮短為半天至一天即可完成。在競爭激烈的商場上，時間就是金錢，快速交貨且品質又好，自然生意源源不絕。

逐漸地，他們又發展出許多新的產品，利用木板、壓克力、金屬、樹酯、纖維、紙張等不同的素材，作切割、雕刻與工藝品製作，依照素材的性質，可由電腦控制雷射的輸出而作深淺不一的刻度變化，不但迅速準確，而且精緻美觀，使片桐先生對未來的展望深具信心。

神奇的雷射

雷射，是英文Laser的音譯，也就是Light Amplification by Stimulated Emission of Radiation的縮寫，意思是「受激輻射所加強的光」，又稱為「激光」。

一般的光，（包括太陽光），都是由許多不同波長且不平行的光所組成，通常我們能

感覺到的各種不同色彩，正是因為各種不同波長的光，作用在眼睛的視網膜上而產生的不同反映。這些光能由於波長不一，無法聚成小光點，所以向四處擴散，而雷射光就大不相同了。

雷射光的波長範圍很小、色調單純、亮度極高、方向性好。當一個原子中的電子受到刺激而吸收能量，這個原子的能量即被提高，而處於「激發狀態」。激發狀態下的原子立刻輻射光子，且引發另一激發狀態下的原子，發出同方向、同顏色（頻率相同）而加強的光束，這就是初步的雷射光（受激輻射）。

然後再在介質的兩端放兩塊反射鏡，使之成為「光學共振腔」，如此雷射光在介質中，不斷地來回反射而不斷地增強，最後從其中的一面反射鏡中輸出，就成為顏色單純、亮度極高、方向性好的雷射光。

雷射憑著他與眾不同的性格，在短短二十多年間，已發展成為許多行業的重要工具，為各行各業開拓了新的天地：

一、**單色性**：每種雷射光祇有一種波長，即使透過三稜鏡也不會分成多種顏色的光。多用於光譜物理學、化學、化學工業、材料科學以及公害測量上。

二、**干涉性**：若將同一雷射發出的光放大，再分成兩道聚在一起，則會造成黑色的渦紋（抵銷作用）。多用於精密長度測量、地震預測、光學、電子學、汽車工業等的檢驗，更可以不用照相機而攝製立體的「全像攝影」。

三、**指向性**：雷射光束不分散，能單獨前進而傳送極遠。多用於超精密加工、醫學（眼科、牙科、胃部開刀、傷口直接縫合等均不流血；照射治療腫瘤、癌症及治療皮膚色素母斑而不會傷害到正常的細胞）。

四、**高強度**：雷射光的強度可達到一般光源的一萬倍至百萬倍。多用於切割混凝土和鋼鐵、焊接及熱處理金屬、快速清晰的遠距離通訊（包括聲音、影像等），以及雷射發電與各種毀滅性武器的製造。

科學家可謂宇宙探險的先鋒，他們製造精密的儀器與裝置、推演複雜的公式，建構深奧的理論，為人類開創無窮的福祉。

雷射切割——一支精巧的手

通常利用雷射來加工的項目包括：雕刻、切割、焊接、打洞、鑽孔、標記、模板修補、表面處理等多種功能，所使用的雷射有氣體雷射與固體雷射兩種。氣體雷射以二氧化碳雷射為主，固體雷射則以ＹＡＧ雷射為代表。如果能多做研究、利用，對我國手工業的發展，將有無可限量的助益。

二氧化碳雷射，對非金屬材料有很好的吸收率，因此對非金屬材料的加工極具特色－例如鑽切壓克力，精確度高、損失小；而切割高溫的石英玻璃等，整修花棒薄膜電阻器，刻鏤瓷器的花紋等，都有極佳的效果。

雷射光傳輸的能量，在經過空氣時僅有很小的減耗，因此能夠隔空對被加工材料加工，使加工品不會有接觸磨損的消耗。同時，雷射光經過適當的鏡子轉角與聚焦，更能完成一般加工無法達到的局部加工。

至於ＹＡＧ雷射則是目前最普遍的固體雷射，不但振盪效率高，輸出功率大，而且非常穩定。主要用途在於切割鋼板，所以在板金界很是熱門。

當我們將雷射光作為加工熱源，功率密度的大小必然會影響加工物。如果功率密度太小，只能對加工物加熱，如果功率密度夠大，則加工材料將被熔解甚至被蒸發，因此雷射的波長、輸出功率、振盪型態必須依照加工物品的種類與加工目的來決定。

不論是氣體雷射或固體雷射的切割機，都已配合電腦數值控制裝置，由電腦程式來控制雷射光束的左右移動，再與工作台的相互作用，即可將加工物品、切割或雕刻成理想的線條和圖樣，省時精確，亦節省了不少人力，相信這必然將是未來加工機械的主流。

未來展望

人類的文化，是運用高度的智慧和靈敏的雙手所創造出的。一件精美的藝術品，一些美觀又實用的民俗器皿……，雖然經過了長久的時間，仍然能讓人深刻地感覺到作者創作時的思想性靈。所以手工藝品的發展，不僅可以反映出當時人民生活的品質，更表現出區域文化的特性。

雷射的發明，是宇宙給予人類的恩賜，喜用它，可以幫助人類獲得精神上的純美，且進一步建立安和樂利的人間勝境，為人類的未來開闢出新的坦途，帶來無限的福祉。

二十多年來，世界各先進國家，對雷射的研究發展不遺餘力，其中機械加工，工藝品製作、藝術創作等，亦是重要的一環。然而，一切都是起步，可以說尚在摸索、實驗階段，如果我們未能急起直追，待「差之毫厘，繆以千里」時，就已是落後太多了。

　　就我所知，國內有數個民間工廠，已陸續添置了雷射切割機與電腦控制裝置，正積極地生產製造，這是可喜的現象。因此，台灣省手工業研究所，應當邁開大步，提昇研究，輔導民間工廠對雷射的運用和改進；活用智慧、勤動雙手，帶動我國手工業、精密工業的無限發展。

原載《台灣手工業》第16期，頁46-54，1984.6，南投：台灣手工業季刊社

另載《楊英風景觀雕塑工作文摘資料剪輯1952-1986》頁161-166，1986.9.24，台北：葉氏勤益文化基金會

《牛角掛書》頁161-166，1992.1.8，台北：楊英風美術館

由區域特性的發展透視藝術的未來

　　二次世界大戰後，考古人類學家從各地出土的古物中，驚訝地覺醒到：原來受到氣候、地形影響的區域性文化特色表現，是人類智慧生活的結晶，而東方的藝術境界融入生活，更是彌足珍貴的事實。

　　然而，在一片國際化的叫囂聲浪中、在各種因過度開發而產生的公害中，區域性的文化特色幾乎被淹沒了，美術的表現亦脫離了生活而著重個人表現的純藝術。

　　「現代化不是國際化」——區域文化應當回到原本的型態，以最適宜各區域人們生活的方式，來促進區域環境的成長與區域文化的發展。

人類的進化

　　從地球形成以來，它歷經了許多次的氣候變動，而逐漸成為較穩定的型態。據科學家推測，大約從兩百萬年前開始，地球上就交互循環地出現寒冷時期與溫暖時期，每當大規模的寒冷來臨時，都會使地球上大部份的地區變成冰河。冰河不但使地球的生態發生變化，同時也加速了文明進化的腳步。

　　目前正好是介於兩個冰河期間的間冰期，除了那些專門研究的專家們之外，一般人很少意識到地球上還經歷過冰河時期。專家們研究出：在我們日常生活中，有很多方面，確實都深受著冰河時期所影響。

　　比如說，現在歐洲北部的幾條大河，都是沿著當時的冰緣谷所形成；而大河旁所發展出的許多大都市——像倫敦、漢堡、柏林、華沙、莫斯科等，恰好位於當時冰河的邊緣。

　　人類的進化以及四大古文明的興起與衰落，和氣候變動所產生的環境變化關係密切。上一次的冰河時期約在一萬年前結束，然後氣溫不斷地回升，而且升得很高，濕潤的赤道西風風向比現在偏北許多，因此風力所及的北非撒哈拉、西亞、黃河流域，都形成潮濕溫潤的氣候，土地豐沃、地廣人稀，農業十分發達。

　　約在五千年左右，赤道西風風向南下，氣候由溫潤轉為乾燥，人類祇得紛紛遷往河邊，聚居成村，群居成族，尼羅河流域的埃及文明、底格里斯河與幼發拉底河流域的美索不達米亞文明、印度河流域的印度文明、黃河流域的中國文明，日漸蓬勃興盛、綻放異彩。

　　當赤道西風更為南下之後，古文明的發源地漸漸乾旱、農地荒蕪，甚至變為沙漠，文明的發展受到限制。再加上地球整體的變冷，北方民族大舉南下，文明的演變與進化受到考驗而展開新的局面。

有的文明從此沒落，有的文明停滯不前；唯有中國，因幅員遼闊、地形變化大，當文明隨氣候南移時，長江流域的英雄豪傑、文人墨客應時而生，繼續開創新的文明。

當人類歷經了冰河時期的寒冷氣候，面臨了許許多多的困境之後，學會了各種適應與克服自然環境的方法，發揮出各種潛能創造新天地，或許我們亦可稱冰河時期爲孕育人類文明的時期。

天體運轉·太陽系對地球人類的影響

如果再擴大作更遠，更廣的研究時，我們會發現，除了地球本身的變化外，太陽系大小星群的運行，對地球、對地球上的人類影響確實不小。

科學家們發現：生物的起源、進化與星球的起源、進化關係密切；細胞的分裂、再生與宇宙的分裂、新星球的誕生有共通之處；血液流經動脈、靜脈而循環全身、脈絡振動，正如同電流的循環、波動、亦彷彿宇宙星體循著一定的軌道運轉地球萬物賴以生存的太陽，散放著源源不絕的能量，表面溫度高達六千度，人類祇要能夠收集到一秒鐘的太陽全表面能量，就足以提供地球能源二十二萬年的消耗；此外，太陽和月亮的引力與地球自轉的離心力，造成了海洋的潮汐現象；而太陽黑子及放射線，不僅不斷改變地球大氣層中的電離層電流，更直接影響地球氣候與磁場的變化，在地球演變的歷史上，地核內部的磁場，正扮演著相當重要的角色。

磁場的發現與證實，使中國古老的堪輿學與命理學也幾乎成了先進科學，有許多中國老祖先知其然而不知其所以然的現象，都陸續與西方實證科學相互印證，得到肯定與認同。

現代科學告訴我們：充滿著電離子的人體，是由快速旋轉的分子所組成，在動作中不斷產生電流，每一個個體中分子群體的密度、電流都不相同，當生命體與地球磁場的磁性發生相吸相斥作用，並受太陽系群星運轉的影響。因此命理學告訴我們：由於它而造就了每個人不同的命運。又地球磁場與群星運轉則決定了地球表面居住環境的優缺點，堪輿學告訴我們：在各種條件都十分配合、十分協調的靈秀之地，人之氣既順且旺，也就是說，人體的電流得到極佳的引導，因此產生傑出的人才。

古文明的宇宙觀

隨著自然的演進，組成萬物的主要元素——金、木、水、火、土的質能，不斷地變

化、精密，由簡單到繁複、由無形到有形、由不穩定到自由運用，相互生剋，相互消長，推展著人類文明的演進：洪荒世界、舊石器時代、新石器時代、陶器時代、青銅時代……步步往前推衍，文化、宗教、藝術開始蓬勃發展、人類精神文明日趨豐盈富實。

誕生於尼羅河畔的古埃及文明，認為宇宙之初呈現著充滿「原始之水」的渾沌狀態，後來生出大氣之神「修」，修又高舉天空女神——奴特，將天地分開，於是宇宙誕生了生命，展開一切活動。

金字塔，埃及文明的表徵，不僅是埃及帝王的陵墓，更是埃及研究天文、研究數理的最佳場所。藉著金字塔與塔中的隧道，觀察出星象的位移，同時確立了東西南北的方位；而金字塔的高度力學原理與建築藝術，足供後世鑽研不已。

尼羅河幾乎每年泛濫一次，雖然帶來了可怕的洪水，但也帶來了肥沃的土壤，使人們更敬畏天神，並從定期而來的悲苦與新希望，製訂出延用至今的太陽曆。

幼發拉底河與底格里斯所灌溉而成的美索不達米亞平原上，蘇美人、加爾底亞人的科學文明十分進步，且對宇宙自然觀察入微，早在兩千五百多年前就已突破了原始傳說的窠臼，推衍自然法則，而建立起井然有序的宇宙觀。此外，他們還以人的型態與動物的名稱，來為觀測到的星星命名，同時相信星星與人類的命運，有著不可分的微妙關係，開啓了星座占命的學說，流傳久遠。

發源於印度河畔的古印度文明，有非常特殊的宇宙觀：宇宙是由人間界、夜摩界、化樂天、悲想天，悲悲想天諸天重疊所組成的，這種觀念延伸發展到後來，充份地表現在印度的宗教思想中，造就出獨特的文化。

中國文化發源於多災多難、變化萬千的黃河流域，滾滾河水，沖刷黃土，兩千多年泛濫了一千五百多次，如同尼羅河一般，雖帶來了災害，但也帶來了肥沃豐盈的耕地。

中國老祖先們從觀天象、循時序、種五穀、植百草花木、定陰陽易理、消長制化五行，建立起全面性的宇宙觀與天地人三才的時空觀，明瞭大自然、大宇宙存在的本體和發生的現象，調和有秩、平衡有序。祈求風調雨順、五穀豐收是基本心願，敬畏自然、順應自然、喜愛自然、保護自然，是永遠堅定不移的信念。

因此，在藝術境界中表現出極高遠的寫意本質，而「天地與我並生，萬物與我為一」的天人合一思想，則成為精神文明的最高境界。

基本上，以春耕、夏耘、秋收、冬藏，平和的農耕生活型態所發展出的四大古文明，都是敬天尊神的，相信諸神創造了天地、創造了萬物。農暇之時，在地廣人稀，視野遼闊

的平野上，天文觀察十分普遍；而各個王朝中都設有負責觀測星象的專職官員，作有系統的記載與研究，留給後人許多珍貴的資料。

從石頭的彩紋中透視世界

我一生從事於雕塑和景觀設計工作，時常因工作上的關係，必須長期客居世界各處，由於在不同地區的實際生活與觀察研究，更深刻地體會、明瞭自然環境、人造景觀和藝術文化之間相互影響依存的密切關連性。尤其當我在義大利進修期間，花了許多時間去研究、分析、比較從世界各地運到義大利加工處理的大理石，透過大理石的色彩、花紋、質地，彷彿看見世界各地區的藝術特色與民族性格，真可謂一沙一天地，一石一世界。中東地區所出產的大理石，石材的色調與花紋的色彩極為相近，而且紋路十分規矩、清晰有紋，有如中東地區的虔誠信仰和不逾越的生活規範。

從中亞經西亞一直綿延到北非的廣大乾燥草原地帶，俗稱中東，昔日曾有美索不達米亞與埃及文明的誕生，但赤道西風南移，帶走了溫濕的氣候與輝煌燦爛的文明。卻在當地留存另一項豐富的資源——石油，成為推動現代文明的原動力。

我國大陸所出產的大理石，以黑色的底夾雜白色的花紋為主，紋路細緻、氣韻幽雅，有若國畫中的山川雲物和崇尚自然的生活藝術。

日本地區所出產的大理石，紋路堅硬、條理分明，好像日本和服上的圖案型式，是屬於日本地區的繪畫特色和日本民族的堅毅性格。

亞洲大陸是人類最早居住的地方，地形獨特，崇山峻嶺、漠野千里，源遠流長的大江大河；使人與自然親近，人與社會融合，中國與印度文化都發源於此，引領世人提昇精神文明。日本是近代發展神速的民族，在現今世界經濟中，扮演著舉足輕重的角色。

南歐地區所出產的大理石，色調華麗鮮艷，紋路相當細膩，表現了南歐民族的繪畫風格和浪漫情懷。

歐洲大陸地形複雜、小國林立，雖與亞洲大陸相連接，但因氣候、人種、自然環境的不同，因此發展出另具特色的歷史文化——拉丁民族的浪漫熱情，日耳曼民族的理性現實、斯拉夫民族的冷漠無情。征獵善戰的西方民族特性，使得歷史文化中充滿了競爭，擄掠和控制慾。

美洲大陸開發得很晚，世界各地的各個民族遷移而來，使得這個「民族大熔爐」飛速進展，目前躍居世界第一強國，領導開展太空科技。

酷熱的熱帶雨林氣候與廣大的沙漠，使得非洲大陸非常不適於人類居住，也許在下一次的冰河期，會有新的轉變。

大理石石材的色彩、花紋、質地的形成，可以說是濃縮了整體環境之後的呈現。同樣的道理，在其他各種各樣的植物、動物、人種等等的歸納中，我們可以找出另一些濃縮了整體環境之後的呈現。這些大大小小的異別，造就出區域性的文化特色。

宇宙生命 · 生生不息

人類文明展開後，哲人、思想家、真理的追求者，對於宇宙、生命的起源，對於永恆、無限的追求，總是堅持著無比的信念──他們要確定生命的意義，要使人類的生活更加美好。

於是，在人類進化的歷史中，產生了許多科學家、哲學家、宗教家、藝術家，表面上，他們似乎各不相干，各自尋求著真、善、美、聖的真諦；事實上，他們的共同目標都是在詮釋真理、純淨心靈，探究宇宙生命的奧妙，帶來理想、充實豐盛、圓滿的人生。

科學所著眼的是形而下的物質世界，宗教、哲學則歸心於形而上的精神世界，兩者所面對的完全是同一個世界。而藝術則是藉著形而下的形象來表達形而上的理念。藝術家的慧心巧手為科學與宗教、哲學搭起一座美麗的橋樑，溝通形而下與形而上的世界。

當科學家從事各種研究時，總會發現宇宙萬物許多美好的現象，而這些正是藝術家所追尋的，但是因為價值觀念的不同科學家關注的祇是科技的發明與推展，即使連帶發現了美，也未予重視，此時，唯有藝術家來參與，將新的發現作為新的素材，並依據其性格、特性，作充份的發揮應用。科技結合了藝術，呈現出新的面貌，引導人類進入純淨優美的心靈世界。

宗教家相信，一切生命皆有光明朗耀的良知良能，良知良能本是充滿智慧與慈愛，且具有極大的力量，但是往往被一些莫明不安的情緒所蒙蓋，因而失去了原有的美德。如果經由外在的教育、內在的修持和藝術的陶冶，可以除去污染，返回圓滿的本性。在宗教中，常以光明象徵智慧、溫暖象徵慈愛，無限的力量總是伴隨著智慧與慈愛而來──智慧、慈愛與力量不可分，且永遠成正比，就如同自然界的光、熱與能量的不可分一樣。藝術將無形的意念轉換成有形的藝術品，使精神文明與物質文明同步發展。

廿世紀，科學技術進展日新月異、瞬息萬變，尤其當太空科技迅速拓展，由精密分工到群體力量的整合運用中，再度喚起人類整體性的觀念；同時，更深刻地讓世人明瞭；唯

有與自然配合、合乎自然法則研展的科技，才是有益於人類，最適宜生存的。

　　大自然給予我們太多美好的景物，不僅外在擁有非常完美的造型，內在更是蘊含無限的生機。那麼，因環境而生的雕塑無論是具象或抽象、實用或非實用，都應當對環境產生增減調和的作用，雕與刻是減損，塑與鑄是增益，如何損益增減使我們的生活環境更加和諧、更加平衡、更加完滿，是藝術家的使命，也是所有人類的責任。

原載《1985中華民國現代雕塑特展》1985.3.24，台北：台北市立美術館

另載《楊英風景觀雕塑工作文摘資料剪輯1952-1986》頁177-178，1986.9.24，台北：葉氏勤益文化基金會

《石材工藝選輯》頁25-31，1986.10，南投：台灣省手工業研究所

《牛角掛書》頁177-178，1992.1.8，台北：楊英風美術館

中西雕塑觀念的差異

宇宙生命‧生生不息

　　大宇宙、大自然以一種條理清晰、井然有序的狀態運行演進、生活循環，永不休止。所有的生命體，都依循著自然的定律延伸開展，有其個別的功能與貢獻；而宇宙生命的大原則，正如同一雙聖靈的手悉心地照拂、推進著。

　　自古以來，哲人、思想家、真理的追求者，對於宇宙、生命的起源，對於永恆、無限的追求，總是堅持著無比的信念——他們要確定生命的意義，探究宇宙生命的奧秘。

　　科學所著眼的是形而下的物質世界；宗教、哲學則歸心於形而上的精神世界，兩者所面對的卻都是同一個世界；而藝術則是藉著形而下的形象來表達形而上的理念。表面上，他們似乎各不相干，各自尋求著真、善、美、聖的真諦；事實上，他們的共同目標都是在詮釋真理、純淨心靈，帶來理想、充實、豐盛、圓滿的人生。

　　從歷史文明、人類進化的演變過程，我們發現：整個太陽系的大小星群，對地球、對地球上的人類影響確實不小。許多中國老祖先們知其然而不知其所以然的種種認識，都陸續獲得西方實證科學的肯定與認同。

　　根據科學家的研究，地球萬物賴以生存的太陽，表面溫度高達六千度，散放著源源不絕的能量。人類祇要能夠收集到一秒鐘的太陽全表面能量，就足以提供此時地球能源消耗狀態下二十二萬年之久的能源消耗；此外，太陽黑子及放射線，不僅不斷改變地球大氣層中的電離層電流，更直接影響地球磁場的變化，而地核內部的磁場，在地球演變的歷史上，正扮演著十分重要的角色。

　　磁場的發現與證實，使中國古老的堪輿學與命理學也幾乎成了先進科學。現代科學告訴我們：充滿著電流的人體是由快速旋轉的分子所組成，每一個個體中分子群體的密度、電流都不相同；在與地球磁場的磁性相吸相斥作用，以及太陽系中群星運轉的影響之下，命理學告訴我們：因此產生了每個人不同的命運。而地球磁場與群星運轉又決定了地球表面居住環境的優缺點，堪輿學告訴我們：在各種條件都十分配合、十分協調的靈秀之地，人的氣質既順且旺；也就是說，人體的電流得到極佳的引導就會產生傑出的人才。

　　隨著自然的演進，組成萬物的主要元素——金、木、水、火、土的質能也在不斷地精密、不斷地變化，由簡單到繁複，由無形到有形，由不穩定到自由運用，相互消長、相互生剋，推展著人類文明的演進——洪流世界、舊石器時代、新石器時代、陶器時代、青銅時代、……，步步往前推演；文化、宗教、藝術因此開始蓬勃發展，使人類精神文明日趨豐盈富實。

經過長時期的孕積、演變，人們的生活型態、思想方式、行為處事、審美觀念與風俗習慣，在各具特性的生存空間中，顯現出各個區域的文化特色。

中國雕塑藝術的發展

中國文化發源於多災多難、變化萬千的黃河流域。滾滾黃河，浩浩蕩蕩，層巒山岳，連綿起伏。當源遠流長的黃河從青海省的巴顏喀拉山，流經陝甘台地，沖刷著黃土高原上大量的沙土，兩千多年泛濫了一千五百多次，帶來了災害，但也帶來了肥沃豐腴的耕地——黃淮平原，奠定了農耕生活的型態，發揮了豐富的想像力，更發展出高度的生活智慧。

春耕、夏耘、秋收、冬藏，平和的農業生活，使祖先與天地親密和諧，他們相信上天有絕對的力量決定吉凶禍福。祈求風調雨順、五穀豐收是基本心願；而敬畏自然、順應自然、喜愛自然、保護自然，是永遠堅定不移的信念；「天地與我並生，萬物與我為一」的天人合一思想，則成為精神文明的最高境界。

農耕技術的日漸精進，使耕作有餘糧可以度過嚴寒的冬季，同時有餘暇可以吸收知識、美化生活。觀天象、究陰陽，不斷地從自然中找尋生活，從生活中體會自然，加上天地人三才的時空觀調和有秩、平衡有序，自然孕育出悠久精深、蘊含深厚的歷史文化。

如果我們研究中國古老的甲骨文，即可發現造字的靈感是取之於細心觀察自然、模擬自然的種種現象，而作為表意、表象的文字符號，對中國藝術發展有深遠的影響。因此，中國雕塑藝術在殷商周朝，已是成就非凡，不論是刻石、鑄銅、雕玉，線條靈巧，感情豐富，充分地表現出抽象、寫意的本質。

春秋戰國時期，諸子百家群起爭鳴，哲學思想十分發達。象徵性的藝術造型，如龍、鳳、麒麟等，帶給人們更高層次的精神境界。

秦朝的兵馬俑，應該算是中國雕塑藝術中最具爭戰性、侵略性的代表作，充滿著前進與活力的氣氛。撇開秦始皇的各種暴政不談，其「車同軌，書同文，統一量衡」的作法，對後世確也有不可抹滅的貢獻。

漢朝以後，雕塑技巧較為成熟、結實，但在氣魄上卻不及前代。漢明帝時期，印度佛殿開始傳入中國，而逐漸成為農耕生活方式中的一部分。藝術創作亦開始注入佛教色彩。

魏晉南北朝是個動盪不安的時代，印度、中亞等異域文化陸續輸入，佛教思想深入各階層而大放異彩；但是，當時社會的一般生活方式與基本觀念仍穩定地延續著前人的智慧，以中原本土文化為基礎，吸收融會西方文化，表現在佛教雕刻上的是將中國的寫實線

條與犍陀羅技法相融合，展現出一個新的局面。

　　隋唐雕塑藝術均以佛像雕造爲主體，但因時代背景與社會上審美觀及喜好的不同，使其特色各異其趣。隋代佛像臉型方正，眼部至嘴部較短，表情動作十分嚴肅；唐朝佛像則表達渾圓寫實的新風格，臉頰豐碩圓潤，表情動作活潑生動。

　　石窟寺院、石雕佛像，從六朝到隋唐，有著極輝煌的成就。雕塑工作者，本著對宗教信仰的虔誠、奉獻，以從事佛像的雕造爲榮，代代相傳，不受時間限制，無計名利得失，除師承之外，也深含自我創造的精神。生活、宗教、藝術三者結爲一體，呈現出莊嚴永恆的理想境界，留給後世無限的敬仰。

　　宋元以後的雕塑，在技巧上仍然延續著唐朝寫實主義的作風，但是受到理學的影響，表現出更理性、更誠懇、更踏實的風格，力求人生的各種平衡；因此，在人物的塑造上自有其一種內在凝聚的神韻。

　　明清以後，工藝美術應時而生，尤其喜好將玉石、瑪瑙、象牙等珍寶精工雕造；雖然極爲細膩，但不免予人造作堆砌之感，缺乏中原本土原有的寫實精神與大氣魄。

　　整體看來，中國文化深受儒、釋、道三家的影響，當人們虔敬地祭奉神明、孝敬雙親時，各型雕塑、各類文學因此創造。儒、釋、道三者雖各自發展，但相互之間都有著共通性——人性化、生活化，並有廣大的包容力與涵蓋力，對外來文化兼容並蓄，使其成爲中國文化的一部分。

　　李約瑟博士研究中國科學文明數十年，對中國文化了解深刻，他說：中華民族的基本信仰不是佛道或天主，而是科學的人文主義；既不把人與自然分離，也不把人與社會隔絕。唯有在長久生活經驗累積、長期歷史文化薰陶之下，才以展現如此高超的民族智慧，才會展現寫實抽象的藝術境界；這是人類最寶貴的藝術精華和進步。

西方雕塑藝術的發展

　　尼羅河谷、美索不達米亞平原的農耕時期，曾產生高度進步的文明，深深地影響著西方早期藝術的發展；然而，時序更替、物換星移，征獵善戰的西方民族並未持續得自近東文化的精華，其文化活動祇不過是殖民地拓展中附帶的裝飾品而已。

　　希臘、羅馬時代是西方藝術發展的重要時期。藝術家將神話故事中諸神擬人化的喜怒哀樂、悲歡離合，絲毫不加掩飾、不加隱藏，甚且帶著誇張的手法，以展現人體美的方式，來傳達豐富強烈的感情，明朗奔放、具象寫實。

東征西伐的各個王朝中，充滿著競爭、擄掠和控制慾。表現在文學上，是敘事詩中的游牧和戰爭；表現在藝術上，是繪畫、浮雕中的狩獵和征伐；甚至在建築設計的表現上，亦彷彿是隨時處在備戰狀態。這許多表現勝利形象的作品，均能流露著豐沛的生命力與活動力，更推展擴大寫實主義的傳統精神。

此外，如同東方民族一樣，宗教信仰亦屬於西方人生活中的一部分，同時也助長了藝術的創作。我們從殘缺的神殿遺跡中不難發現；不論是殿前石柱、柱上浮雕，或是各種裝飾性的壁畫，都是人體美寫實主義的延伸。

然而，基本上，西方文明極端缺乏生活自然觀，雖然宗教色彩濃厚，但是天和人總是站在對立的不同層面，不是重天抑人，就是重人抑天，一心祇想征服自然、控制自然、改造自然，講求眞實與理性的把握，以及實際與效率的幾何型態。

文藝復興時代，藝術家們試圖開拓一條嶄新的道路。希臘人本主義的文化精神、羅馬殖民地式的勝利形象，正可作爲藝術創作時靈感啓發的根本，同時，融入新時代的新觀念與自主性的人格，充分表現在基督教的故事中。

米開朗基羅是這個時期的代表人物。他終其一生從事於教堂的建造與雕刻工作，將內在深厚的情感，充分地投入藝術創作中，成爲後繼者競相模仿的對象。

十八世紀的工業革命，使人類在生活上、在產業上、在經濟結構上引起了不同程度的變化。以機械代替手工大量生產，造成豐盛的物質供應和流傳。但是，也因此累積了大量工業禍害，日漸侵擾到自然的秩序與生存環境的潔淨與安適。

十九世紀，高度科技文明更是日新月異、瞬息萬變。在不斷研究發展的同時，地球上天然的「能源」和「資源」呈現出枯竭的徵兆。然而，人類仍繼續著一切物質建設與武器戰藥的試爆；各類工廠、交通工具所帶來的空氣污染、公害；人口膨脹、空間狹隘；耕地減少，糧食缺乏；不停的戰爭；……迫使大自然原本有限的淨化和再生作用顯得更侷促，無法應付人類科技開發所產生的損傷，使生物與無生物的生態循環系統嚴重地失衡癱瘓。環境問題成了人類的存續問題。

在充滿了苦悶與不安的時代裡，純藝術應運而生——脫離生活而著重個人主義的唯我表現；美學教育特別著重於訓練培養個人的自由思想與自由意識的發揮，到處是偏激、極端、尖銳、刺激的過度擴展，使西方哲學思想幾乎瀕臨崩潰的邊緣。

廿世紀，當太空科技蓬勃開展之後，由精密分工到群體力量的整合運用，使整體性的觀念再度深植人心。因爲，唯有與自然配合，合乎自然法則發展的科技，才是有益於人

類，且最適宜生存的進步。

而羅丹的出現，使藝術創作亦有所突破，開創出一個新的局面。他以寫實而具現代感的雕塑打破傳統；自生活取材，使作品展現出具有觸感的特色，尤其內在神采的外射，更能顯現出生動活潑的效果。

此刻，美術教育開始從純粹藝術走向生活美學，不再衹重視技巧的傳授，而是基本觀念的灌輸──藝術教育不是課業的點綴；藝術創作不是功利的產品。

雕塑家和他的作品，由傳統的工作室走向有更多人群游動的層面。藝術家們抱持著對「人性」、對「自然」作更進一步理解與溝通的希望，相互集合，共同製作，拉近了藝術家之間的關係，以及與自然的關係。

藝術的創作與生活成為社會連鎖循環的重心。雕塑家對自身以外的環境有著深刻的責任感，為了別人、為了自己，都必須站出來，走到工廠、走到街頭、走進山林，接受挑戰。神聖高遠的藝術已進化為無名的藝術。

在衝擊中，自我的歷練

我一生從事於雕塑和景觀設計工作，時常因工作上的關係，必須長期客居世界各處。從不同地區的實際生活中觀察研究，更深刻地體會、明瞭自然環境、人造景觀和藝術文化之間相互影響依存的微妙關係，對於世界藝術潮流和我國雕塑應有的發展方向均有所領悟。同時，我也常常感到：我國五千年來悠久的歷史、廣袤的幅員和氣勢磅礴的山川所孕育出來的藝術文化，確實珍貴，值得研究與發揚。因此也加深了我對中國文化本身在藝術表現上的肯定與信心。

半個多世紀以前，我生長在台灣宜蘭的鄉下，中學時期跟隨父母到北平求學，悠久淵博的文化內涵與氣勢給我相當大的震撼。有八年的時間，我在人文薈萃的古都接受著高度中華文化的洗禮。生活的美學、生活的智慧、天人合一而崇尚自然的人生觀也在此時深植我心。

中學畢業後，前往日本東京美術學校（現在的東京藝術大學）建築系，攻讀建築與雕塑。在學習建築設計之中，深深地體認出環境與生活之間密切的關連性與相互間重大的影響力；而在追隨深受羅丹風格影響的朝倉文夫先生學習研究雕塑之中，奠定了堅實穩固的基礎。

再回到北平時，我進入輔仁大學的美術系西畫組研習西洋繪畫；同時，常常在課餘時

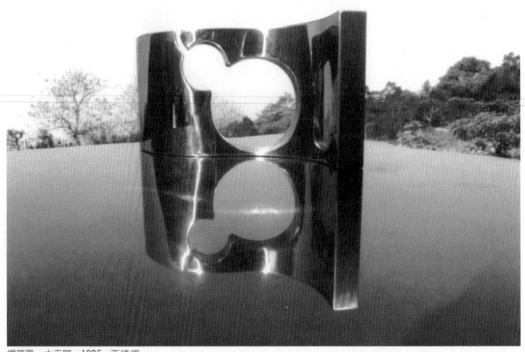

楊英風　大千門　1985　不銹鋼

間到民間老師傅那兒，尋求中國雕刻的基本精神。此外，東西美學不同的感受，不斷強烈地衝擊著我。

政府播遷來台，我則踏進了台灣師範大學，專心研習美術教育，做了藝術系第一屆的學生。當時的劉眞校長曾特別給予我許多鼓勵與支持。

之後的十一年間，我在農復會的豐年雜誌社擔任美術編輯工作，每個月當中約有一星期的時間，必須到全省各地去了解農民的生活情形、耕作狀況，去認識各處的自然環境；而當時尚在霧峰的故宮博物院，更是我經常埋首研究古代文物的理想場所。這段時期的磨鍊與研習，使我深深覺得：唯有在日常生活中蘊含豐富的智慧與美，才能提昇群體的生活品質，開創充實完善的生活境界。

在偶然的機會來，當天主教大公會議在梵蒂岡舉行時，我隨同于斌樞機主教一起前往，並留在羅馬研究環境藝術和雕刻三年。此時，我又再次碰到另一種文化震盪，使我對西方的美學、人生哲學、宗教、建築等，有了更深一層的認識和了解，且進一步地體認出東西文化的特質與差異。歷經了時代的變遷與文化的衝擊，內心產生更肯定、更明確的研究目標及努力方向。

一九七○年，在大阪萬國博覽會中國館前創作了〔鳳凰來儀〕景觀雕塑，是極深刻的體驗。一股神奇、巨大的力量推動著我，在短暫、緊迫的時間內，從各方出現了龐大的助力，使作品順利地完成。我衷心地感動與感謝。

這十幾年來，我專心從事於雕塑和景觀設計的工作，將數十年揣摩研習中國文化內涵

的境界，表現在作品中。

藝術創作經驗的領悟，正如同偉大的自然力量生成萬物一樣；原本一切都不存在，當意念、思想、信仰逐漸形成，使思想成為作品的生機，使信仰成為創作的泉源，再付以雙手製作，讓無形變為有形，並將造型簡化昇華，以完成對大自然全心的讚美。因為在宇宙自然的大生命中，我祇不過是一個小小的媒介體，而藉著我的腦、我的手所傳達的美，原本就是大自然的訊息。

未來的發展

民國以來，我國美術教育受到整個社會與教育制度全盤西化的影響，我們這一代與下一代的許多藝術工作者，皆以十八、九世紀西洋的心態和觀念從事創作。諷刺、不滿和極端殖民地式作品時有所見；不僅喪失了中國文化原有的面貌，更無從表現中國氣魄宏大的藝術精神。他們和悠久深遠、含蓄內斂的文化藝術越來越疏離；他們無法欣賞、無法了解、無法體會祖先的生活智慧、生活美學；他們不僅為缺乏創作的根源而深感痛苦，更在文化的承續上產生了嚴重的創傷和鴻溝。

此刻，研究與確定我國藝術未來發展的方向應是當務之急、刻不容緩。首先，我們必須跳出殖民地思想的範圍，避免重蹈西方十八、九世紀的歷史，而從中國歷史文化的基本精神著手，重建自鴉片戰爭以後日漸低落的民族自信心；從自己的民族性格中變化出更高的境界。

從歷史演變看來，中國傳統的藝術表現，大都從靜的做起，是意念的轉換；而西方的藝術創作，則源於動感，屬於現象的反射。一般說來，我們以「心眼」所描繪的意境，為景觀中的內觀，相當於形而上的精神層面，具有靜謐、沈思的抽象意念，是生活智慧的內涵；而西方則以「肉眼」所觀看的景象，為景觀中的外觀，相當於形而下的物質層面，具有波動、變化的具象表現，是生活文明的表徵。藝術家們正應以其敏銳的思維以及對自然美強烈的感受，將形而上的精神意念轉化成生活具體的事物，在不同的境界中，展現出博大而有內涵的作品。

藝術文化是一個民族智慧與情感的表現，是長久生活經驗的累積，更是民族精神命脈的寄託。中國文化中從宗教圓滿的氣韻和博大無私的氣勢，以求達到理想、充實、興盛的人生境界，正是老祖先留傳給我們最寶貴的生活美學和生活哲學。同時，更教導我們，以「宇宙即吾心，吾心即宇宙，心包太虛，量周沙界」泱泱漠漠的天人合一襟懷，與「天行

健，君子以自強不息；地勢坤，君子以厚德載物」實實在在、積極進取的思想，表達謙
遜、善良、敦厚、奉獻的民族個性。

　　大自然給予我們太多太多美好的事物，不僅是外在非常完美的造型，內在更蘊含無限
的生機。除了誠心讚美、衷心感謝外，祇須用心觀察自然、體會生活、藝術創作的靈感自
然泉湧不絕。讓我們的美術教育內容作一次觀念性的轉變──欣賞美好，讚美宇宙，歌詠
自然，以善導社會風氣、恢復中國藝術原有的神韻、堅強中國人固有的民族自信心。

原載《台北市立美術館館刊》第6期，頁20-23，1985.4，台北：台北市立美術館

另載《楊英風景觀雕塑工作文摘資料剪輯1952-1986》頁171-172，1986.9.24，台北：葉氏勤益文化基金會

《牛角掛書》頁171-172，1992.1.8，台北：楊英風美術館

藝術、生活與教育

在衝擊中歷練

我的一生，經歷著動盪變遷的時代，而學習磨練的過程，更是充滿著變化、艱辛與衝擊。

半個多世紀以前，我生長在台灣宜蘭的鄉下，宜蘭小學的美術老師林阿坤先生，啓蒙我最基本的繪畫概念，藉著繪畫，以抒發遠在北平的父母與弟弟們的思念。

中學時期，父母接我到北平求學，悠久淵博的文化內涵與氣勢，給我相當大的震憾力。有八年的時間，在廣袤的幅員和磅礡的山川中，接受著高度中華文化的洗禮，生活的美學、生活的智慧、天人合一而崇尚自然的人生觀深植於心。

中學畢業後，前往日本東京美術學校（現在的東京藝術大學）建築系，攻讀建築與雕塑。在學習建築設計之中，深刻地體認出環境與生活之間密切的關連性與相互間重大的影響力；而在追隨深受羅丹風格影響的朝倉文夫先生學習研究雕塑之中亦奠定了堅實穩固的基礎。

在回到北平時，我進入輔仁大學的美術系西畫組研習西洋繪畫，同時，常常在課餘時間到民間老師傅那裡，尋求中國雕塑的基本精神。此刻，東西美學不同的感受，不斷強烈地衝擊著我。

而又回到台灣時，我則踏進了師範大學，專心研習美術教育，做了藝術系第一屆的學生，在這段學習過程中，劉眞校長特別給予我許多的鼓勵與支持。

之後的十一年時間，我在農復會的豐年雜誌社擔任美術編輯工作，每個月當中大約有一星期的時間，必須到全省各地去了解農民的生活情形、耕作狀況，去認識各處的自然環境；而當時尙在霧峰的故宮博物院，更是我經常埋首研究古代文物的理想場所。這段時期的磨練與研習，使我深深覺得，唯有在日常生活中蘊含豐富的智慧與美，才能提升群體生活的本質，開創充實完善的生活境界。

又是一個機緣，當天主教大公會議在梵帝岡舉行時，我跟隨于斌樞機主教一同前往，並留在羅馬三年研究環境藝術和雕刻，此時又面臨到西方文化的另一種震盪，使我對西方的美學、人生哲學、宗教、建築等，有了更深一層的認識和了解，且進一步地體認出東方與西方文化的特質與差異。歷經了時代的變遷與文化的衝擊，內心產生更肯定、更明確的研究目標及努力方向。

一九七〇年，在大阪萬國博覽會中國館前創作了〔鳳凰來儀〕之後的十多年間，則長期旅居世界各地，從事景觀環境大型雕塑的製作，由於在不同地區的實際生活與觀察研

究，更是深刻地體會、明瞭自然環境、人造景觀以及藝術文化之間相互影響依存的微妙關係。

我的一生所遭遇的時代變遷與文化衝擊，堅定成就我積極從事於雕塑和景觀設計工作的意念。藝術創作經驗的領悟，正如同偉大的自然力量生成萬物，原本一切都不存在，當意念、思想、信仰逐漸形成，使思想成為作品的生機、使信仰成為創作的泉源、再付以雙手製作，使無形變為有形，並將造型簡化昇華，以完成對大自然衷心的讚美。因為在宇宙自然的大生命中，我祇不過是一個小小的媒介體，而藉著我的腦、我的手所傳達的美，原來就是大自然的訊息。

自然環境與人造環境的影響力

不論是在東方或西方，就廣大的空間，就整個地球來看，自然和人類之間，一直有著相互影響的循環關係，自然生人，人造景觀。

自然環境，不是人類能力或意志所能控制、改變的，以長遠延續的時間和規則有秩的變化而運行演進，能夠對人類產生根本性的影響力。比如地球各處磁場強弱的不同；地球各地能量大小的不同；地球內部溫度高低的不同；地殼形成時山岳水流形式的不同；地球表面氣候寒暑的不同；以及宇宙中太陽、月球或其他星球的運轉，所造成的不同影響等，這種種因素交替配合，金木水火土的質能，不斷地精密、不斷地變化，相互消長、相互剋制，就形成各具特性的空間。並且在無形之中決定了生活在這個空間中人們的生活型態、思想方式、行為處事、審美觀念與風俗習慣，顯現出各個區域的文化特性。

人造環境，是人類意志和能力可以創造、控制、改變的，也就是那些居住在各個不同區域的人們，因著自然所給予的基本素材，配合實際生活的需求，進而再加以教育修為、境界提昇所創造出的許多人造景觀。就廣義、長遠的範圍來說，即是歷史的演變、民族國家間文化、物質生活的往來、……；就狹義、短期的範圍來看，諸如都市計劃中的橋樑、水壩、鐵路、公路、住宅、公園等建築與設施，藉此以展現人們對生活的體認以及當地文化、文明的進展。

「文化」是生活的展現，自然環境與人造環境，經過長時期的孕積、演變，成就出世界各地不同特質的「文化景觀」，也祇有完美的生活理念、生活形式，才能表現出高度廣博的文化。

東西文化的特質

東方歷史文化孕育自農耕生活型態，喜愛自然、順應自然、保護自然的「天人合一」精神，是永遠堅定不移的信念。祖先們從自然中找尋生活，從生活中體會自然，循時序、觀天象、定陰陽易理、消長制化五行，建立起全面性的宇宙觀與時空觀，明瞭大自然、大宇宙存在的本體和發生的現象；種五穀、植百草花木，依存於大地、自然之中生長茁壯；同時，更發揮人類本有的創造力來調和生活、美化生命。天地人三才的時空觀，和諧有秩、平衡有序，使生活與自然相結合，生活與自然相通契。

如果我們來研究中國最古的象形文字，即可發現造字的靈感是取之於細心觀察自然、模擬自然的種種現象，而作爲表意、表象的文字符號，對中國藝術發展影響深遠。

滾滾黃河、浩浩江水、層巒山岳、無垠漠野，氣勢雄偉的自然山川，中國藝術的內涵大多是和大自然生態景觀、日常生活環境有著密切的關係，範圍十分廣闊，自然反映出民族傳統精神與感情。因此遠在殷商、周朝時期即以寫意的境界取勝。也唯有在氣魄宏大完美的自然環境中，在長久生活經驗累驗、長期歷史文化薰陶之下，以能展現民族智慧，才會出現含蓄內歛、抽象寫意的藝術境界。這些都是人類最寶貴的藝術精神和文化進步。

東方文化中所蘊含的生活自然觀，是西方文明所欠缺的。西方文明發展自畜牧、游獵，充斥著競爭、征伐、佔有，採取與自然相對立的姿態生活，一心祇想征服自然、改造自然，長久下來，隔離了人與大自然間的親密關係，破壞了自然中原有的平衡與協調。在藝術的發展上也就形成了美學的寫實主義。

西方藝術的內容，早期皆取材自希臘、羅馬的神話故事，藝術家將諸神擬人化的喜怒哀樂、悲歡離合，不加掩飾，不加隱藏，以表現人體美的方式，來傳達豐富激烈的感情，自此以降，大都承襲著奔放熱情、具象寫實的傳統精神。

我們僅以「石頭」在藝術、在生活上的發揮，即能深切地感覺出東、西方藝術境界、文化特質的明顯差異：石頭的色彩、花紋、質地，因出產地不同而各異其趣。一般來說，東方石頭色彩較雅純、含蓄，圖案模糊不顯；西方石頭色彩較鮮活、明朗，圖案顯著清晰，可以說是濃縮了整個環境之後的呈現。從這些迥然不同的特質上，自然能夠聯想到東、西方民族性的異別，大致是與石頭的表徵相同。

中國人一向喜愛玩賞石頭，常常將大大小小的石頭恰當地擺在庭園中合適的地方，或是客廳裡的水盆中，保存其天生俱來的美、純樸坦率的美，並從其中悟出許多美的原則——瘦、皺、透、秀，揭示了中國繪畫、雕塑、造園等藝術的表現法。所謂瘦，是質地細緻

縝密，線條單純生動、簡潔有力；所謂皺，是表面粗糙自然，型態自由開朗；透則是在整體中留有空間，或窪洞或縫隙，疏而有秩，富於變化；秀則是流露自然靈秀之氣。在瘦、皺、透、秀，靈活豐富的小世界裡，我們看到的不再是寸土石頭，而是完整開放的大自然、大宇宙，在其間臥遊山水情景，捉摸貞固韻質，讓心神得以活潑暢旺，情感得以伸展舒放。

西方人傳統的玩賞石頭和我們大不相同，當他們發現一塊美石，一定把它雕刻成一尊雕像或人體來欣賞。他們用石頭表達了許多外在世界的美麗，如殿堂的雄偉聖潔與人體的優柔溫潤，就像西方民族的天性──對實際、直接、效用的追求一般，石頭本身不過只是一種材料而已，必須經過人工的改造，才成其美，才足以欣賞。

如今，西方文化、西方藝術有回歸自然、走向東方的趨勢，一方面是他們逐漸領悟出東方文化的自然之道；另一方面是他們自己有所發現。當米羅的維納斯被考古學家挖出來之後，西方人才驚異地發現到斷臂部份的殘缺美，那殘破之處，顯露出石頭的原有本質與未經琢磨的自然生命的痕跡，在質地美、單純美的體認中，自然提昇了欣賞美的境界。

現今美術教育的問題與因應之道

民國以來，我國的美術教育受到整個社會制度、教育全盤西化的影響，使我們這一代與下一代的許多藝術工作者，皆以西化的心態和觀念從事創作，諷刺、批評、極端的作品時有所見，不僅喪失了中國文化本有的面貌，更無從表現我們原有的藝術精神，因而與我們現有的風俗習慣、生活環境發生矛盾、脫節的現象，並為缺乏創作的根源而深感痛苦，以致於和悠久深遠的固有文化藝術越來越疏離，無法欣賞、無法了解，無法體會祖先的生活智慧、生活美學，在文化的承續上產生了嚴重的創傷和鴻溝。

西方於工業革命方興未艾之際，藝術創作確實曾一度脫離了生活，純藝術應運而生，著重個人主義的唯我表現，而美學教育，更是特別培養訓練個人自由的發展、個人意識的發揮，充滿著偏激、極端、尖銳、刺激，過度擴張的結果，幾乎瀕臨崩潰的邊緣。

然而，廿世紀科學技術進展日新月異、瞬息萬變，尤其當太空科技蓬勃開展之後，由精密分工到群體力量的整合運用，使整體性的觀念再度深植人心。而美術教育，從純粹美術走向生活美學，不斷地改革、精進，不再祇是重視技巧的傳授，更重要的是基本觀念的灌輸。教授們尤其注重學生們個性、風格、藝術性的培養，不再把藝術教育視為點綴，亦不再把藝術看作是功利產品。

　　那麼，為什麼我們還不立刻敲碎門戶思想？還不儘速澄清對藝術的觀念？讓我們的美術教育真正負起責任，展現真正屬於東方，屬於我們自己的生活藝術，來搶救文化中已經出現的創傷。

　　因此，發展我們的藝術方向，應當是刻不容緩的當務之急。從歷史性的基本精神著手，發揚中國美學的固有思想，再度建立起自鴉片戰爭以後，日漸低落的民族自信心。歷史告訴我們，我國的文化向來是具有極大的包容力與涵蓄性，所以在學習吸收西方文明的同時，不可忽略了應以雙軌道的方式來保護文化資產。

　　就社會的美術教育而言，我們必須加強美術館與博物館的功能，公開展示優良創作、私人收藏，給民眾參觀、給專家研究。歐美近兩百年來藝術推展的神速進步，特別是因為文字和實物教育並重，除了圖書館之外，更充份地運用發揮了美術館和博物館的社教功能。

　　就學校美術教育而言，我們迫切地需要美術教育家。在大學、專科的學院教育中，的確培養了不少人才，但是多為純粹藝術家，實在缺乏美術教育人才，能夠有系統、有條理、有組織的設計一套新的教學方法，由觀念的啟發，循序漸進地讓學生明瞭中國藝術發展的淵源與本質，講授生活美學、中西藝術史、藝術理論、新素材的開發及使用，並且多運用視聽器材，訓練學生欣賞、比較的審美能力，以關心引導現代中國人生活品質的提昇。自然而然地接受薰陶、訓練，使學生能夠深刻地感受到祖先們生活的智慧與生活的美學。

　　師範大學是國立的教育學府，肩負著訓練教育人才的重任，以備將來服務於各個中學時，能夠啟發學生的藝術潛能、傳達推展中國文化的內涵。如果我們培育師範大學的學生都立志做純粹藝術家，而教育課程仍舊是訓練學生為專業藝家的技巧，那麼，畢業後的學生，又如何能將中國藝術中生活美學的正確觀念再教導給下一代呢？

　　藝術文化是一個民族智慧與情感的表現，是長久生活經驗的累積，更是民族精神命脈的寄託。中國文化中宗教圓滿的氣韻和博大無私的氣勢，以求達到理想、充實、豐盛的人生境界，是老祖先留傳給我們最寶貴的生活美學和生活哲學，同時，更教導我們，以「宇宙即吾心，吾心即宇宙，心包太虛，量周沙界」泱泱漠漠的天人合一襟懷，與「天行健，君子以自強不息；地勢坤，君子以厚德載物」實實在在的積極進取思想，來表達謙遜、善良、奉獻的民族個性。

　　宇宙萬物外在已是非常完美的造型，內在又蘊含無限的生機，祇需用心觀察自然、體

會生活，藝術創作的靈感自然泉湧不絕。讓我們的美術教育內容作一次觀念的轉變──欣賞美好、讚美宇宙、歌詠自然，恢復中國藝術原有的面貌，堅強中國人固有的民族自信心。

原載《國立台灣師範大學校友學術論文集》頁1841-1852，1985.12.30，台北：水牛圖書出版事業有限公司

摘錄本文另名〈自然生人，人造景觀〉載於《九十年代》頁113-114，1986.10，台北

另載《楊英風雷射景觀雕塑》1986.10.3，香港：香港藝術中心

《楊英風景觀雕塑工作文摘資料剪輯1952-1986》頁173-175，1986.9.24，台北：葉氏勤益文化基金會

《牛角掛書》頁173-175，1992.1.8，台北：楊英風美術館

爲什麼喜歡不銹鋼

一九六六年迄今，廿年的時光，我很喜歡採用不銹鋼作爲雕塑的素材。因爲它是這段時期的一種新材料，而自己的個性又十分喜歡嘗試新鮮的事物，所以很快就迷上這種特別的金屬材質。

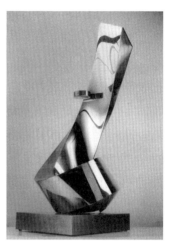

楊英風　銀河之旅　1985　不銹鋼

不銹鋼堅硬、率性的本質就具有強烈的現代感，它能充分表現我們今天科技進步的生活特質之一端：平板式的、機械化的性格。

在今日愈趨忙亂的生活步調中，我們最好不要跟著陷入忙亂，要設法將繁複簡化，以保護自己的精神平衡。特別是今天的種種建設，充滿了太多複雜和多餘的事務，容易使人疲憊緊張。所以我在做設計時，都一再主張要單純化、簡單化和樸素化。那麼不銹鋼這種平實簡潔的質感，恰好正是把複雜變爲簡樸的上好材質。

以不銹鋼做成雕塑，特別是作爲景觀雕塑，它那種磨光的鏡面效果；可以把周遭複雜的環境轉化爲如夢似幻的反射映象，一方面是脫離現實的，一方面又是多變化的（隨光線、景物之不同而變化），但是它本身卻是極其單純的。由於作品會反映環境的形色諸貌，故作品是包容環境的，溶入環境的。換言之，作品與環境形成結合性的整體表現，而非搶眼式的尖銳性存在。這實在是中國人自古以來就奉持的文化生活理念，過去是溶入自然，現在我們轉化爲調和於環境。

當然，在造型上，我亦採用非常單純化、簡潔化的構思，與不銹鋼材質上的素簡特質相得益彰。如此，就自然形成包容面較大、現代感較強、而又具有中國人思想與情感的作品。因此，對不銹鋼，真是愈用愈喜歡，愈做愈得心應手。所以，這一系列的作品，由素材到造型，都統一在「單純」中有「變化」，變化中追求精神面、思維性和幻覺感的時間與空間。

這樣的作品，當面對它時，每每令我源源不斷的又產生許多新的創作靈感，來推動我的工作和生活。

原載《楊英風不銹鋼景觀雕塑選輯1969-1986》頁2，1986.9，台北：楊英風事務所

另載《楊英風雷射景觀雕塑》頁20-21，1986.10.3，香港：香港藝術中心

《楊英風不銹鋼雕塑》頁65，1991.8，台北：漢雅軒

未來的中國雕塑

　　廿世紀的雕塑，普遍轉變成生活與環境的結合，它不僅僅是意念單純的造型表現，也跳出了純粹欣賞的範圍。其目標不再侷限於安排的空間裏，而是與空間、生活、環境緊密的結合在一起。也不再使用雕塑台座，而是從大地成長，與整個區域地點、環境功能、文化背景相結合，表現當地精神生活的品質性，以追求雕塑造型的最高境界。

　　當前雕塑家之創作方向，深受觀念支配，東西方在創作觀念上有很大的差異。西方是動態的，用肉眼來觀察事物的具體形象；而東方，則用心眼將自我的境界描繪，是屬靜態的。目前國內的美學教育是取自西方的觀念與方法，來作觀察和判斷，很少談及東方美學教育，因此難以求取中國美學基本性格之表達與完整的傳統之建立。

　　從西方的雕塑觀來看，東方沒有雕塑，因爲東方沒有屬於西方性格的雕塑。由東方的心眼意念所開拓出來的美學概念，尋找不到西方的人體比例、美學觀念。從整個東方文化來看，其文化特性是非常生活化的。不管新造型、新材料的發現，都是在提昇生活需要的工具上來表達，並且重視與生活環境的結合。所以東方的雕塑多表現在工具上、器具上，與周圍環境的建築上。中國人對大自然的觀察，是以心靈去意會。國畫中的山水、花鳥都非實地寫生，而是觀察大自然景像後，再從意會中重新畫出。雕塑也是不重視寫實，而是經過心眼，在寧靜的環境下創作出作品。這個創作形態，有如神像的雕刻，因有宗教信仰，而有神的意念，著重造型的美與實用。不像西方人的觀點，由肉眼昇華的意念產生其造型。

　　未來雕塑的發展是一個很重要的課題，東西方觀念差異所產生的困難，從學術上來檢討有其必要性。我們不能盲目的跟隨他人，而要走出自己的風格，表達區域生活環境結合。這種將生活與環境結合的特色，並不源自西方，而是源遠流長於東方的。從西方的眼光來看東方，東方沒有雕塑，但爲何又會受到東方影響？因爲東方文化是整體性的。大自然美好的造型是天經地義的原理，引用大自然造型的基本要領，從雕塑的造型中體會生活的方法，表達生命的原則，再配以西方雕塑造型的優點，這才是今後我們應走的方向。

原載《楊英風雷射景觀雕塑》頁6-7，1986.10.3，香港：香港藝術中心

走出自己的路
——對現代雕塑的期待

　　中華民國第二屆現代雕塑展的作品，整體而言，水準比第一屆高很多。譬如，以材料和技術上的處理來看，其細膩精準堪稱已達國際水平，這是一項令人欣喜的進步。這同時也反映我們的社會結構已邁入一個工業發展的階段，因為這些應用於雕塑製作上的科技，實際上是從工業基礎上延伸出來的，沒有精確的設備和技術經驗支援，藝術家無從做出這樣精銳冷靜的表達。我個人喜歡不銹鋼材質，對工業技術應用在藝術表達上的裨益，體認良多。所以，現在，雕塑技術有工業技術的輔成，取得了很大的便利，在表達上亦獲得相當的自由，可以任所欲為的從事造型上的拓展。

　　不過，要說到雕塑的本質，我便感覺到目前這個階段還是脫不開太深重的西歐影響。以這批作品而言，放到紐約、巴黎等西歐藝壇上，亦不遜色，只是難以看出它是中國藝術家的作品。其原因在於：缺乏區域性的特點，沒有反映出民族文化的內涵，中國人獨有的美學思想亦付之闕如。

　　中國人的美學特質不是指中國宮殿、中國式的圖案，或者指中國古物，而是指中國人的氣魄和中國人無我無私的傳統意匠及人文精神、倫理道德所蘊育出來的溫潤、秩序之美。是這形而上的美與力在支配著中國文物器具造形上的美與力。這些，在今天我們都不講究了，都認為是老掉牙的想法，不合時潮，而不認為這些與藝術有何相干。而認為要走現代之路，唯視西方是宗師。

　　其實，據我所知，在今天，西歐有思想的藝術家，無不反過來追求東方精神的崇尚自然，學習中國人涵厚的意境之美。日本人一直就是不斷地從中國文化中汲取養份，只是受限於大環境的基礎不壯碩，所學所用也是處處拘謹，形成一切都過於在乎的個性。

　　談到大環境，這乃是區域性的文化成長之影響要因。大凡有生命的東西都是根據大環境的性格在成長、生存、繁榮著的。不論動物、植物，都是大環境、大自然的一環，都會適應大環境的條件而生長出特有的個性。以植物為例，中國的梅、蘭、竹、菊、松，其美其質就是與西洋的大不相同。中國蘭花有幽雅清素之美，而西洋蘭則尚華艷豐腴。中國有竹，西洋則無。中國松柏向古勁蒼拔、曲折變化，西洋松柏則向挺直勻整。這完全是不同的自然，成長出不同文化的結果。是故。有生命的東西都是順天依地的，這才能成長出它們最健康完整的一面，這就是區域性、原塑性之可貴。因此，話說回來，每個地區、每個民族，如果忠於本性就應當有其文化特性顯現，這才是活生生的生命本泉。同樣，一位忠實誠懇的藝術家，就自然會反映其民族特性，表現他所從所出環境的特質，這是很要緊的，因為只有抓住區域特質的表現，才能有深厚的精神內涵，彼此才會有不同的美的表

現，才談得上創作。

我常在海外，一向十分注意觀察各地環境、景觀與人文藝術之間的相關性。我發現，愈是開發完整進步的國家，其地方特色的表現愈強，愈尊重原塑性及本土性，對自然的一草一木愈懂得愛惜保護。以歐洲為例，每個國家在地理上那麼靠近，歷史的彼此互涉關係又那麼深重，但只經過了三百年的整合（其中有工業革命、有對外擴張的殖民主義、有兩次的世界大戰），他們接觸到非洲文明以及東方的印度、中國文化，給他們帶來拓天闢地的反省深思機會，他們終於體認到統一世界建造帝國簡直是狂想，國際化在某些層面上而言就是抹殺基本人性。各民族各地區應互有千秋，表現在民俗、文藝上的應是各具風格含義的。國際化只適用於工商業和科技上的某一層面，但絕不是文化和藝術上也能講國際化的共尊於一。

西歐的藝術表現如此令人眩目神往，是它們對外掠奪、學習和整合的結果，是經過三百多年的痛苦磨鍊和檢討，如今我們才能看到其社會洋溢著秩序和舒緩之美，感受其尊重傳統、歷史之用心。他們在創建未來的同時，更珍重所有過去的點點滴滴。

西歐諸國之間，當然不無互相模倣效尤之風尙，但是終究會露出本土的強勢。他們在接觸異文化的東方諸國時，習染東方天人合一、崇尙自然的宗教哲思後，已吸收轉化成他們自己的營養而成長出和諧的面貌。

反觀我們自己，一百多年以來，我們走著全盤西化的路，可謂喪失了民族自信、自尊已極，以為跟人家一樣就是好。而長久的罔顧自己的傳統、棄置自己的文化，說確切些，還是脫不開西歐殖民主義的影響，不思從自己傳統與文化中的條件去發展，不尋自己的根，把別人當父母來崇拜，這是何等的錯失。

我強調從歷史上學習，不是要表面的、形式上的襲古。以研究古物而言，不是拷貝其形制紋飾，而是從其量感和整體感上去研習，去探究其深藏於後的文化內含。看它是如何的不同於其他地區的同類古物。以我的體驗而言，中國古代器物其實是表徵著強烈的中國地理特質，氣壯山河、錦繡大地，所以兼有博大、莊重、靈秀之美。這是環境造人，進而衍生文化。

在藝術上，我所感受的現代西方的氣息，或創作的風格，我認為是相當表現自我的一種誇張、霸佔的情緒。是極欲從環境中突出的唯我獨尊，充滿批判性、反抗性和苦悶的象徵。也可謂是尖銳的個人主義風格。長此以往，無止境的擴張下去，將會造成社會冷漠、禁閉、爭權奪利之風。當然，若干有志之士，也正在進行反省，他們體認到東方文化的寬

容，東方哲思的悠深高超，已經嚴厲的進行自我批判，趕緊回頭來研習東方的文化資產。

在藝術上，我很有信心的感受出中國的文化美質在於雍容大方，是含蓄的、沈鍊的、端重的極緻之美——如商周的青銅器。是一種無我、圓融之美——如隋唐的佛雕，教人犧牲奉獻。是一種歌頌自然、讚美生命——如明清的山水畫。這一切都是自然演變生成的，其中也有吸收外來的文化成份，但終究消化成自己的骨肉，佛雕之從印度傳來而轉化成中國氣質的集成是最好的例子。

中國的過去，經過五千年的整理和凝聚，文化結構十分的完美，哲學和美學的表現深廣無涯，中國以外的地區，較無法達此完美和堅實的程度，這是其他地區的大自然不若中國美好之故。在祖先的文化遺產中，不論建築、庭園、生活用具等的造型中，我們實可看到一套完整的文化體系，它是教人對環境關心的，是教人做個達觀的中國人。所有的教育、倫理道德，都指向順應自然、不誇張自我。所以那無數的生活器物令人可親可近，其境界自然超乎人的私慾表達之上。

如今，台灣藝壇的普遍問題，乃是受西方誇大、尖銳氣息的多方影響，不知覺中拋離了民族文化的營養，所以結果是充其量的模倣，和虛弱無力。這個問題不解決，是走不出自己的路來的。

台北市立美術館三年來的努力，確實培養了一批青年藝術家，在技術上是有目共識的，當然也令人欣慰。西方有美術館的歷史起碼有二百年，其過程有無數的掙扎、矛盾，現在是改善的結果，對美術文化有舉足輕重的推動力。我們才三年的時間，所以不必與之相提並論，要緊的是今後得從鼓勵年輕人尋找自己的根著手，這是一條也許要走一百年才能走出名堂來的路，但是今天不開始，就永遠無法走出這個混沌的迷陣。誠然，對藝術之美的欣賞是不分國界民族的，但是創造藝術之美的藝術家，其作品要流傳後世，必然要通過時空的考驗，其間講創新、講風格，不外乎是含蓄的民族文化精神的深厚功力而直探未來的新意之發抒。這是一項重大的使命，我曾為此深思，發為一種粗淺的聊天論述，也許尚不足以說明於一二，誠盼有識之士，共同來為這個論題述說立言，為中國的現代美術找出新而正確的路。

原載《中華民國第二屆現代雕塑特展》1986.12.24，台北：台北市立美術館

另載《牛角掛書》頁187，1992.1.8，台北：楊英風美術館

金木水火土相生相成的文明開發

五行至理，從單純到萬有

我們可以說，人類文明的開始，是人類懂得用雙手打一個結，即所謂的結繩記事。這個結說明著一種「自然與人為」結合的關係，在這個「結」骨眼上，人類以思想附諸於行為，運用了自然的材質、資源，提昇自己到萬物之靈的境界。

這個結是正五角形的。五個角表徵「五行」的金、木、水、火、土。天地間，所有「形而上」（抽象的）和「形而下」（具象的）的事物、現象、感覺，都可以分別歸屬於五行的範疇之中。

以物質而言，金木水火土是基本元素或材料。以方位而言，就代表東西南北中。以色系而言，就是青黃黑白赤了。這五種物質，五種色光，五種方位的交互應用，相輔相成，人類便開拓出燦爛多姿的物質世界與乎精神領域。這是中國古代先哲分析大自然大宇宙的物理現象，所整合出來的偉大智慧，複雜中可歸理出單純，單純中又千變萬化。

淮南子所謂：「五行相治，所以成器」。從舊石器時代、新石器時代、陶器時代、銅器時代、鐵器時代、漁獵時代、農牧時代以降，由於金木水火土的相治，始造化出人類漸趨豐實的物質生活，文化藝術的果實亦相對的產生。因此，我們可以說，人類的「原始生活境態」，在金木水火土等多種物質更精密、更富有變化的交互運用中，終於走上了「文化生活的階段」。

工藝，其實就是手加諸於金木水火土等元素的演化生成，是生活的基礎，同時也是文化的果實。

陰陽兩合，宇宙生命

一個結，其線條的走向自然會形成「陰」「陽」的兩個層面相疊合的關係。一陰一陽是萬物生化合成之真理，宇宙萬有亦是可以歸併在這兩元極的結合之中。如剛柔、虛實、盈虧、道長、生死、枯榮、正負、悲喜等等，皆是陰陽關係。再說，人類無數器械，工具的發明創造，可以說完全是陰陽組合的原理所構造而成的。

陰陽五行是中國人親近自然，順應自然、觀察自然所分析歸納出來的宇宙運作至理，其表現在人文思想與乎實用科技上形成中國文化的一大特色。

發揮工藝製作的本能，走向自然與未來

工業化的進展，給人類帶來無上的便利和享受，但同時也帶來反自然、反人性的種種

遺害。人把大部份的負擔交給機器,然而最後也受制於機器,這是嚴重的誤失。

　　工藝是恢復人的本能最好的作為。自己動手做一些小事;編織衣服,塑造飾品,釘製傢俱,燒煉陶藝,雖然無法改變太多工業社會的生活本質,但是至少發抒出自己的情感與美感,將之注入自己生活的調理之中。

　　因此,我認為工藝製作,不只是休閒活動的一端,它實在是現代人走回自然的一條捷徑,人藉著這個機會操作些簡單的工具,動腦、動手、動腳,做出一些自己喜愛的物品,才能達求健康與富有美感的生活。這個動手做的能力,只有人類得此天賦,人只有不斷發揮這本能,才得以創造更合人性需求的生活境界。

原載《工藝資訊》第1期,頁4-5,1987.2.15,台北:工藝資訊雜誌社

中國智慧與景觀造型美

順天應人，鳥語花香
從中國人的自然觀照中重建現代生活的新空間
——巢息地的生活村

我是個從事雕塑藝術和環境設計的工作者，在長達30年的工作中，我無時無刻不被迫著去思考現代人（亦或是現代中國人）的生活空間應朝什麼方向去走的大問題。

反省台灣建築的本質問題

以台灣建築的反省而言，實在是第二次大戰結束後的四十年以來至今還未發展出屬於台灣本身風土與人民的、有個性的建築體系。要找一些堪足代表當今中國文化乎時代意義的建築物，真是難之又難。我們在現代中國建築史上的這個四十年是交白卷了。

教育西化的偏失造成中國本體文化的斷層

我曾反覆思索，究其原因，發現數十年來我們的教育內容出了問題，不論是知識教育、道德教育都是全盤的西化，既使是有心之士不忘推動、傳導中國文化的種種，也不敵伴隨物質環境改善的西化浪潮之淹浸。我們年輕的一代，對自己文化的認知、認同真是愈來愈淡薄了。

這不但是文化上的危機，說它是未來民族的危機也不為過。我們今天很容易自滿於工商發達，生活水準提昇的物質環境的改善，但是忽略了在這樣競逐名利的社會結構中，我們的文化水平正在相對的急速低落下陷之中，我們迷失了作為中國人立足為本的源頭，當然也就失去了個性與主張，那麼自己的風格典範——區域性的文化特質又如何能建立呢？

西歐社會在二次大戰結束後，已經覺悟到國際化是違反人性的，它只適用於某種程度的物質面，而不宜在文化的層面上也講求國際化，因為文化是根植於區域性、風土性的蘊育才能生長結果的。我們今天多方讚賞西歐人的生活空間充滿美感，那是因為他們擁有十足區域性的文化遺產，他們不遺餘力的守護歷史古蹟之美，更重要的是，如何在現實生活中亦活出風俗民情的優雅樂趣。

中國風格在文化與道德的薰陶中才能產生

中國風格不是宮殿建築，不是中國圖案紋飾，也不是中國器物，更不是長袍馬褂瓜皮

帽,這些都是表象,都是片面的形式,與風格無關。

中國的風格是中華民族一脈相承的文化精神,其中有倫理之教(修己善群),有中庸之道(不偏不倚),有人禽之辨(發揚人性),有義利之辨(知所取捨)。

中國風格濃縮到最後,就是我們所謂的道德與道統的內涵與範疇。中國風格也是我們祖先經過幾千年的驗證所發展出來一套人與自然相處相融之道——天人合一。

感懷古代中國器物之美,其形制之大方、端重,其技巧精純絕倫,其意境超拔靈秀,同樣的東西,我們以今天的科技和材料也絕難做出。為什麼?因為做事的人,我們這個「人」的本質已經大大的改變了,我們不再是古代那些隱性埋名的藝匠,他們為完成一件器物,從不計功名,而以忘我之姿完全投入,其無我無名無私的創作意境,自然會成就一脈浩大的正氣,充塞流貫在作品之中,而使其形制無意中就衍變出與天地同寬、與日月同光的一種博大精深的美質。這種美,才有重量,因為它是放棄了個人的重量而匯聚了大天地的重量而蘊育成果的。這便是由小我的犧牲到大我的完成,我們今天看到那唐代的佛雕會感動,看到宋瓷會神悅,那是被這些物體所蘊含的「大我」所感動。

所以,我認為要追求中國風格的建立,一定要從追尋中國文化中的道德理念著手,先把「人」這個母體整修、充實好了,這個人所做出的事物,自然就能含容著中國人高超的氣度和美質。

所以,中國建築,應該是具有中國人倫理精神之美與深厚文化表現的建築,故而,除了必要的學識和技巧的研習之外,對傳統的修齊治平之道,斷然不能忽略。沒有把這層根基打穩,一切終究還只有向西方看齊。

中國文化成熟於大自然豐富的影響力

談到大環境,這乃是區域性的文化成長之影響要因。大凡有生命的東西都是根據大環境的性格在成長、生存、繁榮著的。不論動物、植物,都是大環境、大自然的一環,都會適應大環境的條件而生長出特有的個性。以植物為例,中國的梅、蘭、竹、菊、松,其美其質就是與諸西洋的大不相同。中國的蘭花有幽雅清素之美,而西洋蘭則尚華豔豐腴。中國有竹,西洋則無。中國松柏尚古勁蒼拔、曲折變化,西洋松柏則尚均直勻整。這完全是不同的自然,成長出不同的結果。是故,有生命的東西都是順天依地的,這才能成長出它們最健康完整的一面,這就是區域性、原塑性之可貴。

中國文化之所以有博大精深的層面,這完全是得天獨厚的地理大環境所給予它的影

響。中國大陸這塊碩大的板塊眞是一個細膩兼雄壯，變化萬千的大土地，這樣龐大、寬容的自然環境，當然會對其中的生物產生無可避免的包容力和同化力。因此，有生命的東西在這樣有形的自然中產生了無形的變化，又生成了有形的結果；那就是我們在中國文物上所看到，所感受到的高雅、莊重、樸素之美。以及把形而下的「物象」轉化爲形而上的「意象」的抽象變創之美。譬如：商周的銅器，不論造型和紋飾都是模寫偉大的自然萬象，而又不拘於自然的本象，那種有力而富於韻律感的紋飾與造型是自然的風雲變化，是草木蟲獸的生猛繁茂。終究，美是來自於自然的消化，自然是一個蘊藏著無限玄妙生機的母親，特別是中國的大自然。

因此，中國人的智慧，可以說完全得自於大自然的理象的體悟。由自然萬象的形而下的認知，而捕捉到自然萬象那形而上的威靈和神髓。這層「形而上」的感悟造就了中國文化很特殊的抽象面：順天應人，天人合一。就是以自然的大道來應對人間的至理。順自然就是人的本性。這些跟自然脫不了關係的理念提昇了中國人的生活層次到達一種無爲而爲，無私而爲的境界，就像大自然的本體一般。

巢息地生活村

因此，檢討台灣建築及生活空間的本質問題，我所倡言的乃是萬古不變的金科玉律；回到自然，回到自然的巢息地，從像鳥住棲在樹枝的窩巢當中那麼簡單的一件事、或一個觀念出發，重新以陽光、藍天、綠樹、大地爲吾人的生活基地。事實上，在今天居住空間如此狹窄、公害問題如此嚴重的情況下，「巢息地生活村」的理想簡直是一個夢想，然而卻也是一個不得不追求的夢想。

宇宙萬物的造型，每一項都有清晰的個性，都是自然演化的結果，我們如今拚命都市化的結果，只有把生活空間造成毒害人的絕境，那就是違逆自然所付出的代價。

如果眞能順應自然的無爭無私，那麼人的氣質自然也就心同日月而無執於小我之擴張了。

自然的環境是風調雨順

與自然同心同德乃是天人合一

這樣的生活空間應該是鳥語花香的人間天堂吧！

原載《中國智慧與景觀造型美》頁4-5，1987.8.3，台北：楊英風事務所

為1987年8月3日本金澤亞西亞亞太平洋藝術教育會議論文

城市與景觀雕塑

中國古代都市計劃之基本精神

　　傳統建築的空間理念是建立在軸線的構圖上，尤其是城市的規劃，其軸線猶如宇宙萬物的主宰，象徵和諧的宇宙秩序，所以在建置上常將主要建築物按其重要性，漸次佈置在軸線上，進而貫穿各個空間，這些小單位的累積，創造出無限的空間感，構成了中國古代城市計劃的特質。

　　古典宮殿城池的建構，不但來自壯麗的建築群與開闊莊嚴的佈局，同時亦為傳統哲學、美學的智慧結晶。以紫禁城為例，廣廷堂皇的巨大規模，巧妙地形成一個宇宙中心的象徵，這種連結創造的形式，本身就與宇宙行星的順移相呼應，我們可以見到每一座建築物均有其連結，次序與高潮，巧妙地融合為一種均衡的狀態，一如天體的運行不息。這些結構都是受傳統世界觀與宇宙觀的引導，深深地蘊藏了博大精恆的政治倫理與宗教色彩。

　　戰國以後，「五行學說」漸漸摻容到建築制度裡，堪輿學為一種精神與物質並進的雙重需求，位於純審美和純實用範圍之間。五行的意義包括了象德、四靈、四季、方向、顏色等，很早就運用到建築方面，在設計上，以五行「氣運」的理論來制定建築形制與色彩。它並非一般人想像的玄學罷了，而是一種感情與理智的均衡發展。堪輿學的運用，如同在天地萬物之間，求取一合理而舒適的調和，使生命的衍行更美好而順暢，以現代科學觀點來看堪輿學，或可落實於磁場的畛域內探研，揭去堪輿學神秘的面紗。從日常生活的觀點來說，一切佈局配置，若使人與環境間，相互因各種自然磁場或心理因素，而產生干擾，那麼再精妙的建築設計，也只能停留在「美則美矣」的遠觀階段，無法使人自在舒坦臥遊其中。

　　五行可以說是先哲分析萬物的原則，在歸納有形物質同時，也歸納許多無形境界，而彼此相屬的關係是顯而易見的符合自然現象。此外，其生剋制化的因果關係，更昭示出宇宙各種形而上、形而下的法則。人類原始的生存狀態，在金、木、水、火、土漸趨精密更富變化的交互運用中，步上了文化生活的環境。在居住環境中，五行闡明了相對增損的調和形式，處處涵藏著中庸之道，同時也反映出中國人特有講求和諧精神秩序與天人契合的宇宙觀。

景觀雕塑與傳統生活智慧

　　中國文化很早就發展成豐富而和諧的全面性智慧，形上精神與形下物質是並重的，如堪輿學對於建築形式的影響，說明一切外在樣式的採行，不能忽略了環境對人具有莫大的

潛在力量，因此，能為生命帶來永久的幸福與安寧者，才是最佳的抉擇，景觀雕塑就是在這種背景下衍生的。

從審美的角度，來檢視傳統造型藝術，會發覺其表現範疇並不盡在純藝術，而是化入生活之中，在建築園林、實用器物、工藝紋飾上，處處可見精緻化的昇華，使科技與藝術均能深入日常生活，豐厚了物質文明的內容性與靈性。

中國藝術不重寫實而以寫意為宗，以心眼靈窗所見取代肉眼所見的真實，這種「聊寫胸中逸氣」的意念，已含有深刻的抽象思維，所以虛實在結構中同樣重要。中國人認為虛白處往往較實體更能顯出靈動之美，所謂「計白當黑」、「以虛為實」等技法，說明了傳統藝術非僅在實處求完美，更在意廣闊自由的外部空間，以求虛實掩映的無限情趣；藝術品的外部空間擴充言之，便是其置身的無垠自然了。正因為這種個體小我與宇宙自然的和諧關係，藝術得以不拘形體，帶領人的視野上窮碧落下黃泉、超越現實的限制，所以當我們欣賞中國藝術品時，會為其博大的氣勢、從容優雅的內蘊及樸拙的趣味所吸引。

現代生活的步調非常快速，造成人心普遍的焦躁不安，西方人開始懂得返璞歸真、追求自然精神的重要性，只是他們始終未能放下小我私慾的成見，將此中國傳統的生命態度與藝術精髓，強辯為西方驚天動地的創見，抱持佔有慾望而口中侈言回歸自然，不啻是緣木求魚。更可惜的是中國人似乎也遺忘了先民的智慧遺產，以致於都市面貌全是移植外來建築的表象，無法塑造出民族的特質，故而更須要景觀雕塑來起畫龍眼睛的作用，使城市具有文化精神的表徵。

所謂景觀乃是意謂著廣義的環境，即人類生活的空間，包括感官及思想可及的部分，宇宙間的生命個體並非各自過著閉塞的生活，而是與其環境及過去、現在、未來種種現象息息相關。如不能透視其精神原貌，而只注重外在形式，那麼就僅限於「外景」的層次，須進一步掌握內在的形象思維，才能達到「內觀」的形上境界。中國人喜將自然環境視為一有機的生命體，致力於探尋人與自然間和諧的均衡發展，尊重並欣賞它，產生天人合一的思想，透過這一層體認，才能詮釋中國雕塑美學的體系，因為中國式的空間特質是立於「吾心即宇宙、宇宙即吾心，心包太虛、量周沙界」的觀照上，體現圓融祥和的美感。

雕塑本身為一增益減損的調和性工作，事實上，一個雕塑家的世界，離不開五行「金、木、水、火、土」，因為它不僅為我們常使用的雕塑素材，也是將單純存在的物質，轉化為組合性的藝術生命，所必須的要件。使形而下的材質，達到「增一分則太肥，減一分則太瘦」的完美狀態，其過程在於創作者的使、用、調、度的匠心，才能充分體現其意

蘊。故是，金、木、水、火、土不僅是材料，也是一種調和性的創作態度，如同五行之消長關係，藝術家有能力運用它們，去造就一個清新的大環境，這意味著藝術家生命與作品的無限延伸，亦即景觀雕塑的真諦。

現代生活環境的省思

由景觀雕塑的觀念，回顧傳統都市計劃的特質，則可發現中國性的精神空間，呈現一種整體和諧的架構，注重無私大方的氣度，和定靜的穩重感，與傳統哲學的審美體系全然契合。

但反觀今日都市空間的面貌，不免令人覺得侷促不安。建築不僅是人為環境，也是和人類休閒生活最密切的空間，這個人類自創的小環境，是寄居在宇宙景觀的大環境中，相互依存的，所以，人類生存的美好與否繫於環境問題，若是人類生活空間發生了大變化，生存環境遭到嚴重的破壞，人類的生存即面對殘酷的威脅。

工業革命以來，產業形態的巨大變革，帶動了高度的物質文明，使人類不再追求與大自然和諧的步調。觀念上的差異，扭轉了生活環境的景觀，形成與自然全然隔離的狀態。我們看到了科技急速發展，造成了空氣、水源的污染、生態系統的破壞，說明大自然本身有限的淨化再生能力已窮於應付。人類無盡的開發，所帶來的後遺症，已經斷傷了自己的生存環境，使它失去了原有的舒適潔淨，這是今日人類所應深自反省的重要課題。

景觀藝術的調和功能

如何提高環境的素質，減除人類精神上種種脅迫與不安，其徹底解決之道是努力喚起隱藏於人們心中的藝術行為，將其與科技結合。由此藝術活動可將人們的被動位置轉為主動地位，人們會正視自己的生活，努力的求進、求創新，更重要的乃是調和了人與自然環境的關係。景觀雕塑正具備這種有機的調和功能，它可以化解現代空間的衝突對立，使人類的創造精神得以發揮，並在相成消長的增損的過程中，滿足外在環境與內在心靈的共同需求，使我們週遭時時洋溢著舒適詳和氛圍。

景觀雕塑發展的方向，當由傳統造型意念中，提煉出精華的部分，開闢出完全屬於中國現代精神的美學風格。在我們的生活空間裡，急須藉景觀雕塑的形態，提昇精神文化的品質，同時更深刻地認知到中國美學的涵容性，與親和力，吸取先民恢宏深厚的整體智慧。

試以日本文化的影響為例。日本以其經濟的強勢，帶動文化的傳播。近年來，在國際間形成一股風潮。日本如何由亞洲的邊陲文化，躍昇到美學風格的主流之一，固有其歷史因素，但其全民對闡揚民族文化之不遺餘力，並具有強烈的民族認同感，是不容置疑的。中國文化早已形成完整的景觀雕塑理論，對於生活空間的改善，更具周延的觀念，唯獨缺乏民族自信，以至於在現代化的發展過程中，遭遇到許多的障礙。

如何跳脫即有的藩籬，不再以倣古的假象自泥，關鍵在於自信心的恢宏。從建築的觀點來探尋傳統審美情操，最為清晰而直接，試想，我們常年生活在風格混亂，找不出半點文化特質的都市空間裡，如何能塑造出具民族色彩的現代生活觀呢？

時代氣象與建築風貌實則為合一的，我們可以從古典建築中得到驗證。傳統建築多為木構形式，結構生動活潑，而濃厚的人文氣息造就了獨特的園林景緻，更是在自然與人為之間，形成一種虛實掩映的互動，和曲折幽婉的趣味。自然的部分為花木池魚，人為的部分為庭臺樓榭，調劑於兩者之間的為疊石。石材本身就能傳達出含蓄、沈靜的堅毅之美，透過匠心的安排佈局，常能表現出千巖萬壑的氣勢，這是小中見大的昇華作用。這種視野亦是將形而下的外景，轉化為形而上的內觀，對萬物的認知，才以無入而不自得。

園林亦旨不在大，而是如何於有限空間中，造出令人依依不捨的意境，造園手法毋寧說是利用巧奪天工的空間佈局，滿足中國人對自然生活的憧憬，使處處流瀉著清靈的抒情詩意，這真是最典型的中國式精神空間與生活基調。

發展中國式的建築美學

囿於現代城市空間的狹隘，早已不允許我們重溫昔日從容優雅的園林生活，那麼未來發展的趨勢究竟向何處依歸呢？如果我們對於西化帶來的偏狹與片面性不能有所警醒的話，我們的城市仍會繼續呈現混亂模糊的面目。只要能從景觀雕塑的意念出發，將沈悶的都市格局轉化為活潑的形式，突顯出民族的審美風貌與精神空間，相信我們能為這個時代創造出——國際性但也是民族性的建築美學，提昇文化環境的鑑賞品味。

為1988年5月26日「城市・景觀・建築」講座之演講內容於台北時報廣場

另載《楊英風景觀雕塑工作文摘資料剪輯1952-1988》頁197-198，1988.6.15，台北：葉氏勤益文化基金會

《牛角掛書》頁197-198，1992.1.8，台北：楊英風美術館

台北都會區捷運系統建築風格與環境美化

捷運系統對於都市結構的重要性

　　現代都市在建築風格的展現上，絕不僅限於建築物外觀的樣式，而是綜合都市結構，建築機能及市民生活型態等因素共同構成的。從文化的觀點上來看，市民生活的型態是都市建築景觀的精神核心，因為建築不僅是人為環境，也是和人類工作休息最密切的空間，二者是互動互用的。

　　影響市民生活景觀者，涵括了天然地域環境，文化背景、民族特性甚至市民所從事之職業性質，而隱性方面的因素，正是都市的交通型態。一般工商業都市均面臨了人口飽和的狀況，抒解之道在於發展衛星都市，使工作與休閒的機能劃分更趨明朗、空間效能增加，發展腹地也更廣延，但首要解決的問題便是交通。我們可以舉同為亞洲四小龍的新加坡及台北為例：新加坡發展地鐵，重視交通秩序及人民守法守紀的習慣，使他們擁有乾淨的街道，雖然他們的國宅建築並不出色，但都市空間仍堪稱舒適。反觀台北，因交通路線未從整體規劃著手，為通勤人口帶來莫大不便，不僅耗費時間，也使生活在此間的人們，長期籠罩在焦躁不安的情緒之下。

　　是故，現代化都市之動脈，為便捷、舒適的交通，如交通況狀無法達到理想，紊亂到幾近癱瘓，一切建築風格是謂，皆為空中樓閣。

　　台北都會區捷運系統的誕生，正是促使台北邁向嶄新現代化面貌的起點，而如何使捷運系統帶動沿線景觀素質的提昇，展現現代化中國建築風格的典範，為大台北地區民眾所共同關切的焦點。

　　在市政府捷運工程局籌辦的多次有關建築設計的評鑑與規劃研討會議上，如何使捷運系統之建築風格充分體現中國藝術特質，為與會專家學者一致的共識與期許。但在此「恢宏傳統精華」的前題下，又要不使未來台北區只是徒增幾座仿古的宮殿式建築，必須將抽象美學原理與實際建築設計融合，精確地掌握中國建築美學的要義。

傳統建築景觀的精神面貌

　　中國文化以和諧而整體性的智慧，發展出形上精神與形下物質並重的生活觀。其造型藝術的審美觀也是涵容於生活之中，不論園林造景、實用器物、工藝紋飾上，均可發現獨具匠心的創造性，所以建築中也處處呈現了精緻的藝術手法。如宮殿建築的巨大規模，是以莊嚴的佈局及和諧的建築群所構成，令人讚嘆。而園林藝術則以「小中見大」、「曲折幽婉」的情趣著稱，一步一移之間，柳暗花明，別有洞天，其意匠之神奇可謂巧奪天工，

此即是將形下之外景轉化爲形上之內觀，以無入而不自得的生活智慧，傳達出中國式建築的景觀特質。

　　一般觀念中認爲所謂發揚中國建築風格，就是採用琉璃瓦、紅柱墩和充滿矯飾意味的雕樑畫棟，實則爲淺薄的想法，因爲傳統建築的精髓，在於清靈自然的佈白與和諧定靜的架構，除了宮殿廟堂特重嚴肅的宗教性和倫理性，生活空間仍是講求濃厚的人文氣息及優雅質樸的詩趣，使人置身其間可從容悠游而無半絲忙迫感，對於情性的陶養有莫大裨益，在整體景觀上注重調和性和互動性，使建築充滿活潑生動的微妙變化與龐然大方的氣度。

　　傳統建築的審美情操，即是由這種週延的觀念中出發，要使台北都會捷運系統具備民族性的風格，必得掌握其形質的精髓，而不是僅停留在仿古的表象上而已。

捷運系統的建築風格

　　在大眾捷運系統擬採中國風格同時，如何以現代化的營建形式與材料，來呈現台北的現代化風貌，此二者應是並行不悖的；因爲捷運系統本身爲現代化科技產品，象徵快捷明朗的速度感，其建築風格與形式也必須配合這個主題。以亞熱帶的氣候與公共建築的使用頻率來看，傳統木構建材自然是突兀而不切實用的。那麼如何展現中國藝術特質，唯有使木構建築活潑有機的美感與現代需求兼容並蓄，才有可能塑造出真正的現代化風格。

（一）材質運用

　　捷運系統的速率將我們的生活帶入另一個時代，因爲時空距離的縮短，幾乎改變了整個生活型態，所以宜採單純、簡潔而質感樸實的建材，以期呈現健康、明朗的特質。如漢唐的木構建築本身非常簡樸，充滿活力，到了後代繁飾愈多，空間的流暢感也隨之消失。公共建築應極力去除裝飾性，帶給大眾健康的氣息，乘客多是忙碌奔波者，繁瑣耀眼的裝飾只會使他們更加緊張；所以選材上以與地鐵質感相襯，耐用、合理、明朗者爲最理想，一切強烈，多餘者均不宜考慮。以新加坡地鐵爲例，部份車站極盡奢侈誇飾之能事，望之更像飯店或遊樂場，即其材質選用不當之故。如能適當掌握材質，不但經費運用更減省，亦可一洗當今社會華靡不實的習氣。

（二）區域文化特性的提昇

　　各站除有統調性的設計外，應可提出各別的區域特性，如：特殊地理景觀，人文特質，歷史淵源等。以北淡線沿站而言，有陽剛壯闊的復興崗、悠暇的關渡水鳥保護區、紅樹林的生態景觀，甚至淡海的夕照觀霞與紅毛城的思古幽懷等。如在整體考慮下，也能求

"大同小異"的設計，彰顯出各站的區域特質（或擇重要者發揮），那麼捷運系統就不只是交通工具了，每一次搭乘的經驗，都可成為愜意的美之巡禮，化奔波往返的枯燥為賞心悅目的旅程，讓乘客以舒適愉悅的心態前往其目的地。

（三）環境美化

　　欲體現沿線區域文化特質，又得兼顧整體性的統合，最理想的形式是借助藝術的美化功能。如雕塑、壁畫、攝影等，使偌大的空間有了精神性的象徵，具「畫龍點睛」之妙用。目前一般交通過道慣用市政建設的幻燈廣告，令人覺得宣傳意味太濃。欲提昇市民文化素質，必得使其時時接觸精緻的藝術品。藝術品與建築可交融為一恰到好處、無可增減的理想空間，不但可濃縮區域特質行潛移默化之教，亦可使建築物充滿了美與祥和氛圍。雕塑壁畫等絕不是裝飾品，經高明的藝術家之手，尤其是具中國美感之造型，必然擁有敦厚樸實的親和力，可使週遭成為精神的休憩地，藝術品之建置是反映一國家文化水準的最好指標。在某些具歷史意義的站裡，也可利用早期攝影作品，放大顯影在壁面上的方式，透過今昔區域面貌的對比，流露出歷史感。

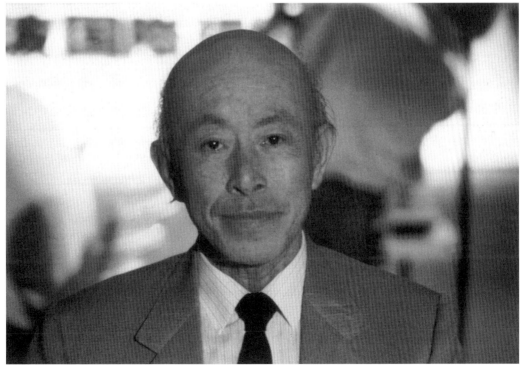

楊英風，1985年攝於日本。

（四）設計規劃

在色調上，以優雅開朗而具微妙變化的中間色最理想。因其可避免地鐵予人陰闇潮濕的聯想，一進入車站裡便產生一種明亮輕快的舒適心理。至於設備造型上，可強調中國特有的優美線條，活用曲度弧線的流暢性，去除稜角的尖銳感，則建築垂直僵硬的結構將柔化而更具張力。我們可由傳統器物遺珍中，提煉出大方、可親而圓融的造型，運用在設計上。指標的位置須仔細考慮，勿讓廣告的炫目干擾了指標應發揮的功能；而廣告牌雖可使空間較為活潑，但仍須加以控制審核，以防止氾濫，致使素質低落，干擾視覺。植物是最佳的自然擺飾，除了清新的空氣外，盎然的綠意可令人神清氣爽。

如何傳承傳統精萃而又不落俗套，破除中國風格跟不上時代步調的膚淺迷思，是門深刻的學問。以香港地鐵為例，就建材而言雖不及新加坡考究，但其求本土化、發展民族風格的作風，可由站名標示上見出一端：如太古站，在丹紅牆面上書以敦厚剛健的顏體「太古」二字，筆酣墨飽、沈潛而樸拙；又如西灣河站，流暢婉轉的「西灣河」三字行書，令人產生優美的聯想而印象深刻。單純而大膽的設計，以書法的趣味配合中國文字的意象，使香港地鐵的風格全然鮮活起來，毫無勉強堆砌的做作，今天捷運系統所要掌握的中國特質亦是以轉化昇華取代移植。

環視台北市的建築景觀，極其混亂而面目模糊，地面上的建築雖已如此，我們祈願捷運系統能堅持精益求精的理念，拓展地下高架並進的新領域，為未來樹立一嶄新的典範，以期充份發揮捷運系統的功能，並開創中國建築美學的新風貌。

原載《捷運報導》第18期、第19期，1988.7.31、8.30，台北：台北市政府捷運工程局

另載《楊英風景觀雕塑工作文摘資料剪輯1952-1988》頁199，1988.6.15，台北：葉氏勤益文化基金會

《牛角掛書》頁199，1992.1.8，台北：楊英風美術館

物我交融的境界

—— 景觀雕塑探源

編者按：本文為作者於一九八八年六月二十九日應中共「中國建築學會」、「清華大學建築系」及「中央美術學院」之邀請在「北京建築設計院」禮堂之演講稿，該演講會由許溶烈教授主持。

自然環境與區域文化特質

近年來由於重要的文化遺址陸續地發現，各項出土文物均透露了早期中國文化耀目的曙光。從自然地理的區域特性來描述這一片錦繡山河，便不難探究出何以華夏文化在埃及、印度及美索不達米亞此三大古文明異彩漸失時，仍能持續地創造出民族文化的巔峰，而歷久彌新了。

距今約五千年前，赤道西風南移，使原先極濕潤而蘊藏了文明發展各項條件的區域——尼羅河、印度河、兩河流域之氣候，漸轉為焦燥，而文化的持續性受到嚴厲的考驗。唯有黃河流域並不直接仰賴赤道西風，而是憑藉其繞過帕米爾高原、喀喇崑崙及喜馬拉雅山脈之後的北上回流，所帶來的溫潤氣候生存。各國的歷史發展遇有變亂只得流離遷徙或向海外擴張，而黃河流域以南為富饒優沃的長江流域，交相輝映了這毓秀鍾靈的大地，是故得以積數千年深厚恢宏的文化而不墜。

自然對於人類活動之發展實具深遠的影響，甚至可以說各國文明創造之趨勢，在造地運動之伊始，似乎已可揣測出其概廓。我在羅馬研究雕塑期間，適遇一機會得以綜覽世界各地石材之樣品，令我詫異的是——仔細剖析各處石材的材質紋理，則其區域特性、民族風貌自然浮現。這使我對於中國人面對自然時謙遜自牧的態度，頓然有了深刻的瞭解；藝術的形式固然為人手所著繪雕鑿而出的，但此性靈的啟示是來自於自然環境，是而自然造就了種種形式的可能性，人類僅是順應自然地去實現它。仰觀宇宙之大，俯察萬物品類之盛，如何在自然中發現美的質素，遂成為中國藝術最重視的命題。

中國大畫家石濤曾云：「山川使予代山川而言也，山川與予神遇而跡化也。」

藝術家由代山川而言出發，但求表現出宇宙和諧的秩序，使心靈反映出萬象的規律，所以中國藝術中特重「線」的趣味，因為線條最含蓄收斂，但也最具精神性，不像色彩偏於普及的感官美。線的精純性正意味著主觀生命情調與客觀自然景象的交融。宇宙本身在時空上有其獨特的韻律與節奏，自然界裡的四季枯榮，生老病死，均涵括在此中，線條運用於造型藝術，更加深了人與自然間相合相契的可能，流露出中國人的自然智慧，此不得不歸於中國這片廣袤壯麗的山河大地，所蘊醸出的圓熟文化景觀。

文化中國的未來路向

自清季始，種種外來的強勢力量，一波波地衝擊著固有的民族自尊與自信，即令以台灣地區擁有驚人的經建成就，仍不免於傳統與創新之間，有一番奮鬥交戰；更何況歷經四

十年封閉體制的大陸本土，在初次面臨現代世界眩麗萬變的面貌與挑戰時，其藝術發展尤其受到矚目。

　　從「文化中國」的歷史宏觀來檢視「海峽兩岸」的未來藝術動向，其交流性應重於競爭性。以台灣三、四十年來面對西潮所從事的種種革新努力而言，足以提供給大陸藝術界，作為調適的參考；同時，也藉大陸擁有的傳統文化資產，豐富台灣地區藝術創作的視野。

　　西方高度的物質文明發展，在初期的確引起各國紛紛慕效，致使原本多彩多姿的民族特質，漸為一元化的物質世界所統合侵沒，人們失去了原有賴以生存的形式和慰藉，心靈漸步入了孤寂，是故「從何處來？往何處去？」遂成為二十世紀各民族普遍的疑慮。有幸在本世紀末，新的體悟已取代了以往的迷思，各民族意識到──唯有承繼民族悠久的文化命脈和天地間廣闊的自然活力，生命的進程與種族的延續才有了意義，於是尋根之潮風起雲湧，民族自覺的契機終於在侵略性的互殘行為偃息之後得以再現。

　　藝術最足以映照時代的靈魂與民族氣象，因此，我們有必要重新認知中國傳統的藝術特質，否則無以立足於今日，面對傳承與創新的變局。

自然觀照孕育出大我的胸襟

　　我國以農業為立國之幹，對於自然現象的觀察極為深刻，所以在天文、星象上有很高的成就。然而中國人在面對自然時所抱持的態度，首重人與自然間和諧統一的關係，《周易》上的「天地之大德曰生」，正是中國人在宇宙運行中歸納出的原理法則，進而肯定了生命的積極意義。董仲舒於陰陽五行中撥理出「天人合一」之道，確為中國人獨特的宇宙觀，不同於西方以人為萬有核心，視宇宙為客體對象的對立性。

　　舉例而言，殷商中期後，小農型態已與中國社會緊密結合，殷王之命名多以甲、乙、丙、丁等天干行之，強烈突顯了生存環境之美好與否，端賴天歲四時之調順，人王尤負有順天之責。至周的宗法制度講求敬天法祖，而政治上以禮樂共治；天即是自然力與人群意志結合之宗主神，禮是為與天求得和諧性，而釐訂配合四季時序應有的儀規與作息；樂則是透過藝術「成人倫、助教化」之感染力，使這些儀則得以在自然融洽的氣氛中完成。

　　所謂「禮至則無爭、樂至則無怨」，所以中國人不尚興訟，因為凡事不以小我自由為終極，故不必像西方動輒爭論自由的劃定，這種胸襟便是由對自然本體「生而不有、為而不恃」的觀察而得來的，所以中國社會並不強烈需求宗教的靈魂救贖和法律的仲裁。其平

衡點在心爲「仁」、在外爲禮，仁之境界在摒除小我隔閡，講究相對成倫的大我懷抱，在現實人生中去除小我私心，共同努力謀求大同，亦是由自然觀照中所體現的哲理。

中國的文學藝術在最高理念上是不分畛域的，劉勰《文心雕龍》指導了文藝創作，但其「隱秀」、「風骨」等風格論同樣可以視爲審美原則，因爲中國人喜「和同」大於「分異」；事實上，最高的原理規律應是放諸四海皆準的。以中國文字來作說明，更可以清晰地明瞭到中國文藝的和同性。

我國文字具有六種造字法則——六書，此形、音、義兼備的特質是爲其他各國文字所沒有的。象形、指示、形聲是透過自然觀察的聯想，會意、轉注、假借則是高度意象上的轉化、簡約。中國造字結合了形下抽象圖案與形上意象內涵，尤爲拼音文字所遙不及的。此外字體本身的結構、佈白與線條，均可使文字脫離實用性而昇華爲美感，這些美妙的文字流露出中國人簡化自然意象的巧思。

由造字演變而成書法這門獨特的造型藝術，所謂「書畫同源」，書法和水墨均是利用單純的材質，創造出最精微的審美境界，而它們的工具材料均是來自自然，其最高旨趣亦是追求造化的神髓，可見得中國人對於自然有特別深刻的鐘愛與憧憬。

從「物我交融」看傳統生活智慧

從科技發展史上來看，今日之西方科學領先群倫，儼然執世界之牛耳，然而當我們面臨其極度擴充，而至引發公害，置地球生態於逐步毀朽之境地時，回看中國先民對於工藝百技所訂下的圭臬——「正德、利用、厚生」，才明瞭中國人發展科技，有其中和之道。我國以火藥、指南針、印刷術等發明，揭開了文明交流之序幕，何以不再發展研究，以至沾滯不前，其真正原因在於科技諸器雖是爲利用，但必得站在厚於生民的前提之下，否則寧可適可而止。而事實證明，此三項發明日後變成了西方擴張侵略的利器。

至今仍有許多人懷疑，以中國的科技現狀，何以能在千百年前就產生了青銅器、兵馬俑和宋瓷等巧奪天工的藝術？西方以物我對峙的態度來面對萬物，自然不知其所以造就這樣光華灼灼的藝術，並非僅靠技術；中國人講求物我交融，是故生活處處都蘊藏了美感，時時欣悅於自然的陶洗，在此中得到了樂趣和啓迪，所以器物藝術最能展現中國人的生活情態。

爲了尋求心靈的無限自由，中國人要求不役於物使，但生命之進行必得有物質部份，所以中國人以物我的感通，將物質提昇到心靈的層次；既不偏於唯心，亦不偏於唯物。所

謂「竹解虛心是我師」，凡物中必具有某種自然的特質與規律，值得透過「格物」的過程獲得；亦即在物質上謀求盡善，而待心靈將之完成才算盡美，所以中國的藝術能不拘形下的素材，而呈現出深刻精微的形上境界。這種完全將心靈沈潛到虛靜凝神的審美狀態，藉精神與物質互動交感所創造出的藝術，自然無法為一切求精準求實證的西方文明所充份理解。

從「萬物靜觀皆自得」的從容自在中，我們得知器物藝術將一切造形的規律，揉入了形制紋飾裡，讓日常器具也有了生命感，與我們的生活起居相親相近。此種生活智慧化解了心、物對立的衝突，也使中國式的生活空間，充滿了圓融、和睦的氣氛，這就是中國美學精華之所在。

意在似與不似之間

近代傳統藝術面對的最大責難，來自於抽象藝術。二十世紀初，歐美藝壇在求新求變的邀進下，全面推斷了希臘羅馬及文藝復興以來的寫實技巧，認為講求「消除殊相與偶然變相，以捕捉根本形象」的抽象主義，較模擬再現的形式更接近藝術。部份藝術界人士竟也盲從附和，以西方本身的衝突矛盾，反詰中國缺乏抽象藝術，跟不上世界潮流。此一謬誤導至西化改革的浪潮淹沒了整個藝術教育，使當代藝術與中國傳統藝術特質日漸悖離。

姑且不論我們是否應尾隨西方朝生夕死的藝術潮流，才算具有時代性；就以抽、具象在中國美學的特質上而言，並非全然對立，而是互為體用的。只要不陷泥在題材的有限性上，只認為中國雕塑非佛即俑，繪畫非花鳥即山水人物，那麼就不難發現抽象事實上是中國藝術中不可或缺的重要特質。

《道德經》首篇即揭示：「道可道、非常道，名可名、非常名，有，名天地之始，無，名萬物之母……」，此外陰陽五行亦為指導中國人數千年的生活律則；從這些有無、常變、動靜、虛實的相對思辯中，可知中國人極擅於抽象思維。以佛雕為例：中國人認為在曠宇長宙之中，沒有任何物質是可以永遠不毀圮的，具象的部份只是因緣聚合的色身，重要的是佛莊嚴圓融的精神性，與對人世苦難的悲憫慈慧，一位藝術家或藝匠為了努力奔赴這個崇高的精神世界，則要在造相上大刀闊斧的取捨，以求「形神兼備」，所以常出現不合於人體比例的造型，但也因為經過這層抽象的思考，佛像雕刻不論呈說法、思惟、招花微笑，均令人為之讚嘆不可思議的神妙。早期西方以寫實為宗，事事以肉眼所見者為真，不免拘於形似，晚近又全信抽象理論架構，批韃寫實的再現性，造成藝術與心靈間的

疏離感，兩者各執一端，均是「蔽於己而不知人」。

　　東坡居士云：「論畫以形似，見與兒童鄰」可見中國藝術視靈台心眼所見遠比肉眼所見的更真實，而藝術所要傳達的正是這種遠較歷史章節、科學數據更接近人心渴求的真善美。純粹的抽象或具象藝術，均是有所偏執的。因為藝術是將人類共同生活的經驗，經意匠的凝鑄與錘煉而煥發出的一種審美態度，幫助我們反省，得以摒棄現實的一切紛擾及功利性；再現藝術如同「看山是山、看水是水」，再求進境便是進入抽象藝術之「看山不是山、看水不是水」，而藝術所追求的乃是「看山仍是山、看水仍是水」的豁達，所以中國藝術獨求「境界」二字，自然可以外於「抽象」、「具象」之爭。

景觀雕塑與「境界」

　　中國人不喜將藝術孤立於博物館的展示空間，而是希望藝術品能與生活處處交融無間。任何一幀圖卷、一尊陶俑，甚至絲竹樂器、文房四寶等，均可日日把玩、品賞，在接觸之間，藝術深植到人心裡，變得可親極了。所以儒家提出「游於藝」，使藝術成為性靈可以臥遊徜徉的天地。而西方將藝術物化，視為批判社會或政治宣傳的工具，尤其是強調唯物思想體系的國家，更易有此取向。在此唯有以中國美學中「景觀」的理念破除此一迷思。

　　所謂「景觀」乃是意謂著廣義的環境，即人類生活的空間，包括了感官、思想所及的部份；宇宙間的個體並非各自過著閉塞的生活，而是與其環境及過去、現在、未來種種現象息息相關；如果不能透視其精神原貌，而只注重外在形式，那麼就僅停留在「外景」的層次上，須進一步掌握內在形象思維，才可謂探驪取珠，達到「內觀」的形上境界。中國式的美學觀落實在生命個體與宇宙全體協調的進展上，統合了形上、形下間的格調，所以作品氣勢博大、優雅脫俗，免去誇飾而以取精用弘見長。

　　前已述及中國人喜將自然環境視為一有機的生命體，致力於尋求人與自然間和諧發展關係，此全面性的生活智慧，孕育了中國人的宇宙觀、天下觀乃至審美觀。在這種生活哲學的引導下，藝術延伸到我們的日用器物、工藝品、園林造景及建築上，將物質昇華為具有性靈光華的生活美學。如金石篆刻為我國一門獨特的藝術，可謂是在自然與人工間求取一和諧的表現方式，我們從一方小小的印章裡讀到古人談藝、記遊或暢敘懷抱，方寸之間展現出一個悠悠的天地，它並不再現真實自然，而是透過篆字的造型與玉石的美感，傳達出人與自然相親相善的感受。中國人愛石的堅毅、含蓄，庭園造景的別有洞天正說明了我

們對自然的憧憬與鍾愛。「瘦、縐、透、秀」的品評歌頌著這種不經人工的樸拙之美，使雅石具現出大自然的氣度與韻格。而這些豐富的質理造型，表現出一股內在蘊積的活力，藉著玩味樹石這一方小小的景緻人與自然混然相忘，篆刻與樹石藝術的最高境界和景觀雕塑是互通的。雕塑本身為一增益減損的調和性工作，如何透過技巧與素材的使用調度，呈現「外師造化、中得心源」的高超境界，進而使藝術品得與自然情景交融，正是景觀雕塑之精義所在。

因產業結構與人口激增，現代化的生活空間，多半侷限於高樓大廈，遠離了原先與自然相依共存的美好關係，因此便更加彰顯了景觀雕塑的功能。藝術可以化解僵硬冷漠的都市空間帶來的種種脅迫不安，透過景觀雕塑，人類的創造精神得以發抒，使人與環境間的對立衝突轉化為和諧。然而景觀雕塑因其為三度空間的藝術，又常配置於自然環境或建築物醒目的位置上，故幾乎成為一區域的精神表徵，一旦其造型手法及意念，無法具現該區域之文化特質，甚而有所悖離，則可能引導居民對於文化及審美的錯誤認知。

景觀雕塑的發展方向，當由傳統造型意念中，提煉出精華的部份，開闢出完全屬於中國現代精神的美學風格。前文對於目前文化現況的混淆無明，有所澄清與思辯，以回應現代化的挑戰。而亟冀藉實踐中國美學深厚的內涵、恢宏先民整體性的生活智慧，達到型塑時代風格的新氣象，而廓清以往自我否定、全盤西化的浮面譾論。

藝術與民族振興

中華文化一向被認為是最具民族融合力量的，從綿長數千的文化命脈上檢視，可見外來文化雖可一時以戰略強勢盤踞中土，但經過短時間後，便為豐厚悠遠的華夏文明所浸染薰習，成為中華文化的一部份。如元朝、清朝的外族統治，終因無法抗拒中原文化的博大精恆，而為之統合熔鑄成一體。此外，佛教藝術傳入中土後，非但挽其衰敝，甚而以大乘思想影響東亞各民族之宗教信仰及生活形式。犍陀羅與笈多風格的傳入與影響，透過中國文化性格的選擇，誕生了敦煌、雲崗、龍門、大足等莊嚴靜穆的佛教藝術寶窟，充分體現了東方美學圓融淨化的生命態度。由自然形相的靜觀諦視中所得到的啓示，造就澄澈華嚴、慈悲莊嚴的境界，應證了中華藝術文化的融合力與創造力。

藝術主要是表現審美的價值，然而往往也反映了時代社會的經濟、政治、道德、宗教、文化等重要現象，所以藝術表現，亦是啓導、孕育、感染甚至於塑造時代社會精神面貌的主要力量。處身於現代西方藝術文化唯我獨尊，美學理念混淆不清，暗潮洶湧的態勢

中，中國的藝術家尤應認清西潮的真象，而以傳承中國文化與美學的精髓爲己任，負起彰顯民族風格、昇華整體文化境界的重責。

從事「景觀雕塑」工作數十年來，創作的歷程從寫實而變形、而抽象、而取神，徜徉於傳統縱橫變化的美學世界中，轉化造意，由繁返簡，由廣入精，無不時時以恢宏中國生活美學的智慧爲準繩。深信欲振興今日民族氣象，激發民族的創造力，恢復民族自信自尊，必得從文化發展著手，「景觀雕塑」尤爲展現民族文化特質最具象徵意義的一環。

「飄風不終朝，驟雨不終日」，中國近百年來在西潮衝擊下積弱悲難的一頁歷史，必然會如浴火再生的鳳凰，重新展翼，以中國人堅韌卓絕的民族生命力，爲未來中國文明帶來璀燦的新紀元，共同奔赴中國藝術美學的新境界。

原載《中國財經》第2卷第8期，頁50-54，1988.8.1，台北：中國財經社

另載《松青》第7期，頁7-10，1990.3.9，台北：台北市老人休閒育樂協會

《龍鳳涅盤——楊英風景觀雕塑資料剪輯》頁38-39，1991.7.26，台北：葉氏勤益文化基金會

《牛角掛書》頁1-2，1992.1.8，台北：楊英風美術館

《太初回顧展（-1961）—楊英風（1926-1997）》頁234-237，2000.10.25，台北：國立歷史博物館

工藝美學與生活智慧

　　中國傳統美學受文明影響，因地理環境適於農耕，文化精華乃在於自然與人文力量之契合，孕育出獨特的宇宙觀、審美觀。而我們擁有傲世的豐富文化資產，據之可瞭解到先民生活的軌跡與精神內涵。從殷商到兩漢，無論青銅器、玉器、畫像甎、石雕等，均是將藝術煥化為器物之形制、紋飾，不但質精藝巧，且富寓了人生倫理的哲思與象徵意味。此時期雖無純藝術表現的作品產生，但仍被喻為藝術成就大放異彩，便是因為工藝品已脫離了實用價值的限制，昇華為具足圓滿的審美作品。

　　在中國這片充滿性靈光華的山河大地上，自然美景的情態萬千，帶給了藝匠們無限的感動與啟迪，造就了工藝品中映照出自然與人生交感互動的審美情操，藉著雙手與巧思，無名的藝匠們默默將生活體驗及想像灌注到所創作的工藝品中，凝神靜氣地精雕細琢，不計外在的時間與收益，是故當我們品賞這些精品時，無不讚嘆而感佩於其雋妙。試想日用器物中都能充滿美感、情趣，生活受此潛移默化，焉能不至善至美？這便是透過了工藝美學，提昇出和諧、物我交融的生活境界，使物質文明也涵容了深刻的美感，進而與人相親相近，而得以避免今日物質世界雖高度發展，卻遺下難以忍受的公害之危禍。

　　四十年來，台灣地區的手工業發展，本應有超越與創新，可惜受經濟取向的導航，以至於多慣以模仿為首宗，而不重視開發具民族風格的工藝作品。事實上，一個民族的工藝品正足以體現其民族個性、文化特質及生活情節。環視充斥市場的工藝品，多數竟已失去自己民族風格，甚至扭曲傳統藝術的形象，而絲毫已無生活境界可言。造成仿古無其精緻，仿洋又僅得皮毛的尷尬，使台灣的手工業淪為「加工」的層次，殊為惋惜。手工業的困境其實正顯現出我們生活與居住空間的貧瘠，傳統工藝之所以呈現斷層，除了西化的強勢力量外，我們自身對於民族文化自信的動搖，更是最劓切的問題。

　　一個民族失去了自己的文化特質，則無獨立性可言，現代人在繁忙的步調中，精神文化相當空虛，尤其需要美好的生活空間，詳和可親的工藝用品來抒緩緊張。近來器物專家、藝術工作者及手工業界的有識之士，均紛紛投入工藝創作，加上了古器物藝術出土、收藏、出版之密集，台灣手工藝的發展，將可融鑄傳統意蘊與現代風貌，揭開新時代器物美學的序幕，延續先民優雅從容的生活智慧，並開創屬於當代中華工藝的精緻文化。

原載《中華工藝》第5期，頁4，1988.8，台北：中華工藝發展協會

走向自然

　　身為雕塑家我深深感受到：雕塑家和他的作品應由傳統的工作室走向人群的生活機體，揚起雙眼張開雙臂去迎接自然的素材，體驗自然的脈動。

　　藝術家不僅要關心作品本身的造型設色，更要關心人類生活空間的安排，當然也要對環境負責。也就是說，藝術家要為自然點綴個性，為人為建設調和自然、賦予生氣。（整理／徐莉苓）

原載《中時晚報》1990.3.24，台北；中時晚報社

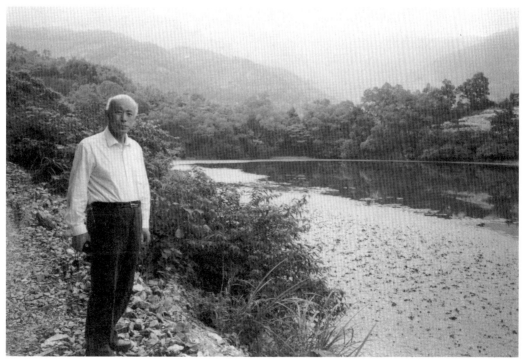

1988年攝於宜蘭礁溪。

宇宙是最偉大的雕塑家

　　我曾無數次深入太魯閣去尋找石材。在那兒，每每為自然迸發的生命力感動不已，那壯偉瑰麗的山巒疊嶂、飛瀑流泉才是真正的藝術！

　　宇宙本身就是最偉大的雕塑家兼最美好的雕塑素材。火、風、霜、雨、雪、太陽、冰就是它最好的工具，它隨時用這些工具在自己包容萬物所形成的肢體上，刻劃著屬於萬物生命的痕跡，這才是至真至善至美的雕塑。（整理／徐莉苓）

原載《中時晚報》1990.3.30，台北：中時晚報社

另載《中央日報》國際版，1990.4.4，台北：中央日報社

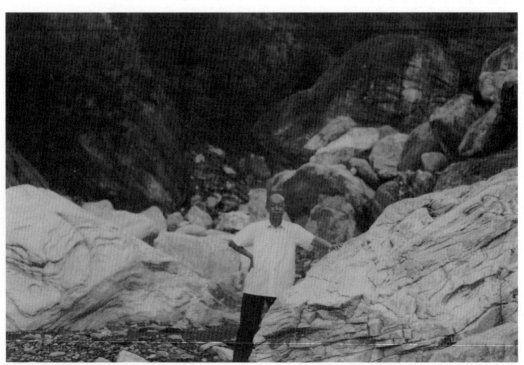

1970年攝於太魯閣峽谷。

生態美學語錄（一）

將視野從作品跳開

口述／**楊英風** 整理／徐莉苓

　　西方在六〇年代，雕塑作品開始在森林、田野、河谷找到它們謙卑的位置與自然結合。這類作品是西方雕塑重返自然的內在呼喚，也打開了藝術創作更深廣的天地。藝術家們意會到，畫廊、美術館平整的抬座，無法滿足他們熾熱的創作慾望，他們渴望走向人群、接近自然，甚至矗立在忙碌繁雜，芸芸喧擾的街頭。此時，雕塑已不是獨立存在的個體，而是需與環境結合，成為大環境中不可或缺的環節。

　　這樣的觀念和傳統中國美學觀其實是一致的，易經上曾說人可以「贊天地之化育」，所以中國人將審美精神表現在日常生活，居住的空間不論亭臺樓閣或竹籬茅舍皆融入自然充滿生趣；生活器具也是美觀與實用並重，時時有山水景緻刻鑲其上。

　　身為一個中國藝術家，便肩負中國美學精神傳承下來的心願，在製作景觀雕塑的過程中，一定先考慮它四周的環境，並反映當地環境特質，期能造成物我交融，自然與作品合一的境界，使觀者感動，並將視野跳開作品，環視周遭環境，達到放寬視野的廣闊心胸。

原載《民眾日報》第21版，1990.4.7，高雄：民眾日報社

另載《中國生態美學的未來性》頁9，1990，台北

生態美學語錄（二）

無物無非景觀

口述／楊英風　整理／徐莉苓

　　英文的Landscape一般譯為「地景」，指可見的風景或土地外觀，但我特地譯成「景觀」，意指廣義的環境，即人類生活的空間，包括感官與思想所及的空間。因宇宙生命本非各自過著閉塞的生活，而是與其環境及過去、現在、未來種種現象息息相關。如人類工業化造成空氣、水源、土地、海洋等的污染，改變了氣象、地質、動物生態而威脅到人類以及其他生物的生存。所以我以為人類在觀景之後，還要把握內在形象的精神風貌，用他的內心與此精神相溝通，達到情景交融的境界，如此才是「觀」。

　　景是外景，是形下的；觀是內觀，是形上的，任何事物都具形上形下兩面，唯有擦亮心眼才能把握、欣賞另一層面豐富的意義世界，如此一來，萬事萬物皆是可觀可賞的景觀了。

原載《民衆日報》第21版，1990.4.15，高雄：民衆日報社

另載《中國生態美學的未來性》頁7，1990，台北

生態美學語錄（三）

雕塑之道何在？

口述／**楊英風**　整理／徐莉苓

　　常常有人問我雕塑之道何在？我則告訴他們要掌握大原則勿陷溺技巧，所謂「運用之妙，存乎一心」，觀宇宙現象常是虛則實，盈則虧，依增減損益之妙，「繼之者善也；成之者性也。」所以雕塑的初步原則便是調和，基於審美的眼光與生活智慧，當雕則雕，該塑則塑，並掌握中庸之道，經得起時代的考驗，才足稱佳構。

　　再進一步而言，損益增減的調和工作是依據高度智慧而來的，所謂「贊天地之化育」，即肯定人的智慧可參與天地生生不息的創造。如中國古老傳說，后羿射日可視做是一種雕的工作；而女媧煉石補天則是一種塑的

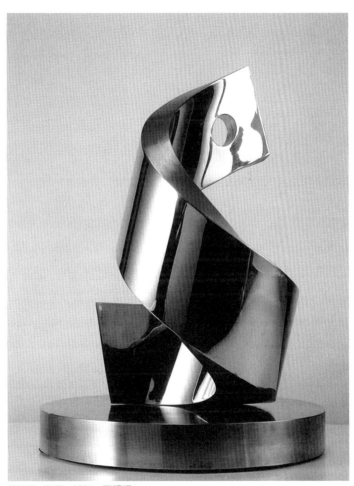

楊英風　龍躍　1986　不銹鋼

工作。從這兩則傳說可知，中國人老早就關懷生活環境，並有參與創造的意願了。

　　今之雕塑者擁有更精良的工具和更純熟的技巧，在思考如何創作更優良的藝術品時，別忘了祖先留傳給我們的生活智慧，去關懷大環境，從事創造及美化的工作。

原載《民眾日報》第21版，1990.4.17，高雄：民眾日報社

生態美學語錄（四）

區域文化

口述／**楊英風**　整理／徐莉苓

二次世界大戰後，考古人類學家從各地出土的古物中驚訝地覺醒到：原來受到氣候、地形影響的區域性文化特色表現，是人類智慧生活的結晶。而東方的藝術境界融入生活，更是彌足珍貴的事實。

然而在一片國際化的叫囂聲浪中，在各種因過度開發而產生的公害中，區域性的文化特色幾乎被淹沒了，美術的表現亦脫離了生命而著重個人表現的純藝術。

「現代化不是國際化」、「國際化是闡揚區域性文化至人類心靈共通的領域」。讓區域文化回到原本的型態，以最適宜各區域人們生活的方式，來促進區域環境的成長與區域文化的發展。

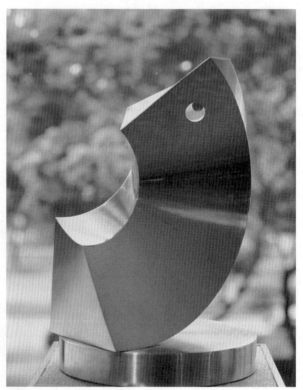

楊英風　月華　1986　不銹鋼

原載《民眾日報》第21版，1990.5.2，高雄：民眾日報社

讓雕塑在大自然成長

口述／楊英風　整理／徐莉苓

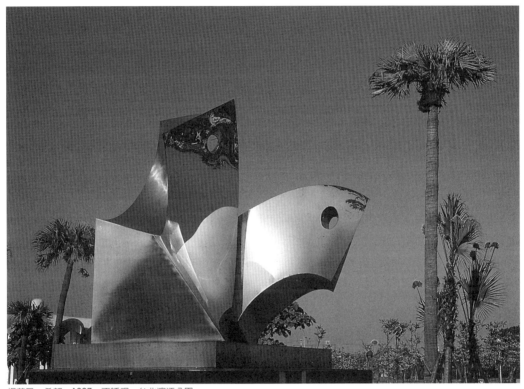

楊英風　希望　1987　不銹鋼　台北濱江公園

　　我希望我的作品能在森林裡、山野裡，大自然裡，找到它謙卑、默默無名的位置。」阿普（Arp.H.J）這位偉大的雕塑家曾如是表示。

　　多年來，這也是雕塑家衷心追求的願望。拋棄畫廊裡平整均衡的檯座、燈光，跑到街頭或野外，把作品立在戶外，任憑風吹雨打太陽晒，擺脫美術館熱鬧高貴的保護，以大自然為棲息處所。

　　因此，雕塑家們，請走出幽暗狹小的個人工作室，擺脫看不到陽光的蒼白，不要再惶恐創作題材，奔向人群，和人類追逐自由光明的天性一同翱翔；把作品留在山間、田野、海邊，接受大自然的洗禮滋潤，讓它們與風雨陽光對話，在自然中成長。

原載《中時晚報》第15版，1990.5.7，台北：中時晚報社

生態美學語錄（六）
性靈啓示源於自然
口述／楊英風　整理／徐莉苓

　　我在羅馬研究雕塑期間，適遇一機會得以綜覽世界各地石材之樣品，令我詫異的是——仔細剖析各處石材的材質紋理，則其區域特性，民族風貌自然浮現。這使我對於中國人面對自然時謙遜自牧的態度，頓然有了深刻的瞭解，藝術的形式固然爲人手所繪雕鑿出的，但此性靈的啓示是來自於自然環境，自然造就了種種形式的可能性，人類僅是順應自然去實現它。仰觀宇宙之大，俯察萬物品類之盛，如何在自然中發現美的質素，遂成爲中國藝術最重視的命題。

原載《民衆日報》第21版，1990.5.7，高雄：民衆日報社

生態美學語錄（七）

自然景觀的連續性與存在性

口述／**楊英風**　整理／徐莉苓

　　大自然是不斷的在創新變化，從表現看來，似乎是動靜如一，但其內在都是不斷的在循環生長消滅。雖說任何物體的習性都是趨於保守、安逸，但是，只要是生命的個體，若遇到環境有所變化，爲求生存、求適應，它也必須跟隨環境而有所變，甚而因變而求新，如此才能與環境相配合，生命也才得以延續。因此，小至一原子，大至整個自然環境，無不充滿生生不息的生命力，由此，自然景觀是有其連續性與存在性的。

原載《民眾日報》第21版，1990.5.11，高雄：民眾日報社

中國生態美學的未來性

「自然、樸實、圓融、健康」讓我們為明日新鮮環境定下如是目標。

天人五衰，一切都要壞死

法句譬喻經無常品第一的第一則故事，住在天界上的天帝釋（佛家名相裡，祂是天界的領袖）有一天突然福澤已盡，五德離身，出現了身上光滅、頭上華萎、不樂本座、腋下汗臭及塵土著身五種衰亡景象，以今日探討環境生態美學的眼光觀之，可以直覺地感受到，這則故事描寫的正是今日地球的生態環境。

身上光滅，可比喻成能源枯竭；頭上華萎可象徵綠色植物瀕臨滅絕；不樂本座指坐立難安，是精神衰敗的徵兆；腋下汗臭及塵土著身，正是今日環境的實質寫照：海洋河流的污染、空氣品質的惡化、有毒氣體懸浮飄流在大氣層等。

這段佛滅後傳世的傳說，不禁讓我憶起1974年，英風參加美國史波肯博覽會所揭櫫的主題「慶祝明日新環境」，與會各國人士圍繞環境問題做各方探討，期能在專注科技實驗及推展卻忽略人文精神探索所造成之生態失調、環境污染做國際性的革新建議，並冀藉由博覽會集合各方菁英，合作找出一條通往新生活空間的途徑。

時隔二十多年，地球生態環境不但沒有因為有心人的呼籲而改善，反而在科技更進步、人類物質享受更優越的情況下日趨惡化了。臭氧層破裂、溫室效應、戴奧辛侵入人體……各種危害環境和生命的新名詞出現；人類的濫砍山林、濫捕野生動物已嚴重警告：在二十世紀末人類若再不深自反省警悟，二十一世紀我們居住的環境將是黑暗、凋弊、衰敗的環境。

「天人凋弊，一切都要壞死，人命亦然。」當天帝釋從輪迴中回來時領了這句偈語，而我們呢？是否應該在嘗試用各種先進科技方法改善環境仍不得要領時，深刻地思索人類與自然環境的關係和本質呢？

揭開科技與經濟神話以及「人定勝天」之迷思

以往人類開發自然環境，由於物質慾望較低，科學技術亦不發達，對自然的破壞不顯著且渺不足道，面對不可測的天災，人類戒慎恐懼對天抱持著順服敬拜的崇敬。「安命」、「知命」的態度便普遍存在原始民族部落裡。

但自從西方工業革命後，機器代替人工，大量生產製造改變了生活方式，宗教權威、封建制度和莊園制度相繼瓦解，人類因生產消費的慾望驟增，就貪求無厭地擷取自然，破

壞變更自然生態，完全以「人」爲本位建設人類居住享受的環境。

60年代，美蘇兩大超級強國征服太空成功；醫學上痲痺疫苗的發明、DNA的發現；綠色革命的宣揚，人類沉醉在科技神乎其技的成果，並爲「人定勝天」抱持樂觀的想法。70年代，登陸月球、火星；遺傳基因的控制和合成；新一代電腦的更新；微粒物理的深入研究，科學似達登峰造極無所不入之境地。

這段期間，世界各國拼命追求經濟科技成長，以量化的物質條件做爲成長進步的指標，瘋狂的科技經濟競賽，在能源有限的狀況下，人類付出了自然生態的嚴重代價。溫室效應的末日令人惴惴不安，「成長的極限」報告書也指出百年內將達成長的極限。

在遭受大地無情反撲抗議，西方世界開始反省以前他們與自然採對立、征服的態度，開始視人類爲宇宙生態的一部份，應與整個生態界相依互存，重視彼此和諧共處，並爲之定立制度講究長遠規劃設計，強調公共利益是社會建設的基礎。

這種反省反應到八十年代的西方社會，便是視環境問題是人生哲學和宇宙觀的問題，應用到開發規劃，便講究均衡的成長，在規劃之初就必須防止開發對環境可能造成的負面影響。

反觀東方社會呢？在西方國家挾武力征服，迫使東方民族社會受其文化洗禮，再加上東方社會長期積弱不振缺乏民族自信拾其遺緒發展，也承受了西方文明的浩劫，無法自傳統自然哲學觀中趨向明朗，也無法自前人生活智慧中凝鍊出現代東方社會新環境的潔淨風貌。

西方社會面對自然逐漸轉向尊敬自然、順應自然的態度時，讓我們回顧一下中國先民如何看待自然，並從其中含泳融會，創作出獨特的藝術生活美學。

順物之情、應天之時，達天人合一共融的境界

中國自古以農立國，對自然的變化採取一種敬畏順服的態度。爾後大禹治水成功，人們相信自然可以利導，人與天可和諧共處，而且將自然界四時榮枯運用到農作的變化上，農作可以生生不息，大地也可以創生化育萬物，中國人對自然產生親和的想法，對「天」的概念就漸漸由「神」轉爲「道」。隨著歷史的推展演進，宗法制度敬天祀祖，人和天的距離拉近，天也由至高無上權威轉化爲人格化了。

至此，中國人的宇宙觀是天與人合而爲一，物質與精神同流的境界，萬物生命在其中流行，人心與萬物感通爲一。所以人心可感應天心，吾人之形體也可以幻化冥合天地，就

如陸象山曾言之「宇宙即吾心，吾心即宇宙」王陽明言之「大人者，以天地萬物爲一體者也。」

對天由敬畏而順服而和諧，中國先民們孕育了「天人合一」的自然觀念，對「人」在宇宙自然間的定位也謙卑地自視爲自然的一部份，人類的巧思匠心也不過是發掘自然美的工具罷了，因此尙書皋陶謨說「天工人其代之」，明末宋應星的科技百科全書「天工開物」便取名於此。

先民整理自然界變化成通天理達人情之易經，在繫辭中卻言「化而裁之謂之變」；孔子述而不作，對易經的看法爲「作易者其知盜乎？」先秦諸子中最注重法制人治的荀子也曾言「假天之功以爲己力。」崇尙自然，反對虛枉矯飾的老莊更是「天地與我並生，萬物與我合一」了。視天地爲一體，包宇宙於吾心，萬物順其自然性情生長，莊子齊物論「物各自其性，苟足其性，則無小無大」，生命無優劣高下之分，自然界均衡循環的生態也不像西方達爾文提出「優勝劣敗」的天演論那麼殘酷現實了。

衆生有其生存環境，修福慧實現淨土

中國人視萬物平等、通情達性，每種生物生存的環境都應有其適應發展的條件。在儒家思想裡雖以人道爲中心，積極入世，注重今生，關心社會，其中心思想「仁愛」注重宇宙秩序的安定，如天、地、人三才，以人居末尾敬天法地，以參天地萬物。又「親親而仁民，仁民而愛物」以「推己及人」之仁心去關愛衆生。道家以抽象之道含攝自然，萬物依其本性順道運行，不任性而爲，以免破壞自然和諧。講得最清楚明白的是佛家，以「淨土」點出萬物生存環境之明意。

淨，是無污染、無垢穢的；土，梵語是KSETRA或略譯爲刹。刹土即世界或地方。「淨」在佛法中治雜染嗔恚，如無垢、無漏及空，字面上雖重否定，但深一層思索，沒有煩惱就應自在清淨。沒有煩惱嗔恚就易生慈悲智慧而有清淨功德。淨土就是清淨之地或莊嚴妙淨的世界。從經典及高僧前賢的學佛意境中描述，淨土的世界是寶樹成行、百花怒放、果實纍纍、池沼陂塘，極富園林美的美麗公園；淨土世界亦爲道路平坦、光滑寬廣，有亭臺樓閣、四面欄楯，有寶鈴及幢、幡、寶蓋、羅網，是極富建築美的世界；淨土內又鳥語花香、色彩豐富、樂音美妙，居處道路柔軟舒適，呈現的是潔淨、清新健康的自然環境，也是衆生追求的生態環境。更可貴的是佛家認爲有情生物皆有他的活動場所，有衆生就有環境。魚族有其水域，禽鳥有其天空，百獸有其山林，大乘佛教求的是衆生清淨和刹

土清淨，含攝了「莊嚴淨土」和「利益眾生」兩層深意，而菩薩實踐的是「攝受大願無邊淨土」，本著「無緣大慈，同體大悲」的心境，教化眾生拔苦得樂，一切圓融歸諸法界，一切利益眾生。有淨土，眾生才能得到攝導啓悟，共修實現淨土。

實現淨土的方法是修智慧和福德，因智慧令身心清淨，福德則令世界清淨。福慧雙修，才能含善於美之中，成就完美的藝術生活。是故佛法教導世人發菩提心，慈悲喜捨，六度四攝，成就菩薩一切功德，就如阿含經所言「心清淨故，眾生清淨。」更清楚明白如印順導師曾言「心淨眾生淨，心淨國土淨。」

直覺觀照，心驗體悟，重視物的本質

在先民思想中表現出關愛眾生、萬物平等、追求和諧潔淨的態度，發之於藝術創作，便是以直覺觀照、心驗體悟，重視物的本質，不違反破壞原有形式。這和西方重視客觀化、定義化與法式的觀念迥異，西方對美的感受和體驗往往有法則可循，條理清晰、概念分明，其中知覺、知識佔的成份大。中國人則以自覺自證爲主，知覺活動是幫助事物成爲美的手段，而不是藝術的目的。

中國藝術早期不脫實用、政教色彩，爾後在實際中有安頓精神，表現道德的含意。與道德合一，亦與日常生活合一，其著眼點在於人生，所以日常生活中便充滿美的形式，藝術爲安頓生命而有「和」的特質。中國藝術「外師造化，中得心源」在抽象和寫實之間調和精神和物質，欲藉有限的藝術品達無限的境界。

藝術精神融入調和境界，吾人可以一種輕鬆自在的態度悠游玩賞藝術，如孔子「志於道，據於德，依於仁，游於藝。」（論語述而）「游」據唐君毅先生解釋爲「游心於所見、所感之物中，使心入於物而可藏、休、息、游，更可與物之靈悠游往來，使心與物之靈融合而爲一。」精神之可游表現在建築上，布局就多迂迴錯落，並有飛簷、窗櫺、迴廊來增加虛實的感覺，使人精神悠游其中。又，中國人重中庸之道，中者正也，用中、均平、循性，藝術表現便是重視軸線對稱，重均衡形式。老莊注重人類精神生命的擴張，以「心齋」、「坐忘」對物做純知覺的直觀探索，並達到物我兩忘，主客合一。影響所及，便是文人寄情煙雲泉石，愛好自然生活。佛教重視形上精神境界的探索，形之於藝術是生命昇華，使人浸潤在具足的象外天地，領略各種不同的禪悅，落實在生活器具上，便散發出追求極致的精神境界。

精神與自然契合，重視自然環境的原貌

中國人尚精神與自然契合，對自然環境的重視，從庭園藝術中我們可以更貼切的體認到。

中國庭園不是單純的模仿自然，而是人造自然，使居住者如同置身在大自然中。比方說，庭園山石的變化布置並不似西方雕琢成人體或動物，而是保留原形，讓人觀之如處山林，有移天縮地、小中見大、咫尺山林之效。而水池的設置也儘量保持原形，依地勢環境做適當處理，小水面要幽雅深遠，大水面則開闊明朗。水池旁置煙花楊柳、疊石步磯彷彿將湖泊泉流移入園中。又，中國人認為「水性就下」庭園內就沒有近代西式公園中向上噴泉的處理，因不願作違背本性之故。

花木的處理多為不整形、不對稱的自然佈局，依地形、朝向、土地乾濕及本身生長習性配合做有機栽種。耐陰者植屋角牆隅；耐旱者多植山上；喜濕者置水畔；向陽者植主廳之南。庭園花木的布置就不似西方以人的視覺欣賞為主，將花木栽剪成整齊規律之形狀種植。

傳統建築更是輕盈靈巧與自然調和。建築不只是生活的場所，更是風景構圖的一部份，其種類依不同性質和用途而有不同造型。如「亭」即停之意，是人休息停集的地方，也是四方風景集結之處。「亭」本身即為一景，所以形式自由，依基地環境做適當配置。又如「廊」是聯繫建築、風景，劃分空間、遮風蔽雨之用，可以遠眺，也可增加風景深度，形制就宜充分利用地形，隨地勢高低起伏悠長曲折。

中國建築向來重視風水，從日照、風向到安排建築朝向，儘量使冬季背風向陽、夏季逆風納涼，相地時也多選擇背風面水的環境。近人多以風水和命運結合，乍聞如無稽迷信，其實中國人於居住環境重視風水，是注重生態，選擇適於生存居住的場所。

再看材料的選擇，大多就地取材，儘量以當地自然風貌及色調為主，不強加改變，以自然為最高原則。

而庭園建築的色彩，也多綠、灰、棕等素雅色調來構成寧靜和諧的氣氛來撫平人的精神，並與自然調和。中國人於色彩並不追求絢麗燦爛，而著眼光線對景物的變化，於無色中求色，注重自然界本身的豐富多變。

中國生態美學的未來發展：自然、樸實、圓融、健康

如前所述，中國老祖先遺留給我們那麼豐富的生態美學精神資產，後代子孫卻未宏揚

發展，任西方科技文明污染我們壯麗的山川景色。追根究底，是中國人喪失了傳統文化的根，對環境的態度唯利益馬首是瞻，處處以經濟政策為前導，其發展結果當然是富足了人類的物質需求，卻犧牲了生態環境的均衡。其實，生態環境的保護不是巨額經費可以彌補挽救的。真正要根救大地，唯有從人心救起，去除人心中貪、嗔、癡的惡性根瘤，處處以大我為主，關懷眾生，予萬物一個自然生存發展的空間，才能常保潔淨大地，使生命順暢舒適的運行其間。

中國文化既然有關懷眾生、重視自然生態的深厚基礎，我願以一位終身從傳統文化汲取養份的景觀規劃工作者，依過去經驗，為中國生態美學運用至規劃開發提出下列的建議：

（一）注重自然與人性的結合：

景觀規劃設計要不斷提示人類理解自然、保護自然並注重自然的存在。自然是人性之母，也是人類生活中絕大部份的「大環境」與依持。環境設計時若能注重「自然與人性」的結合，人類才能從自然的感應中發揮天性之愛，溫潤滋愛大地。

（二）古典的創新與現代化：

古典或傳統的環境美化，不是輕率地將古人雕樑畫棟及紋飾圖案搬進現代生活，而是運用現代環境新材料建造含有自然質樸氣質的環境，並予以簡化創新（即現代化）才能符合現代人生活所需。又，運用古典精髓之現代創新能使現代人回顧古典，因應生活感情的需要。

（三）維護地域特質：

近代考古學家從各地土的器具和挖出之骸骨研判，每種環境皆有其特殊的個性與結果。不同地區因氣候、土壤、水質、生態之互異，生活形態也有其適應生存的發展，成就的文化內容也就大不相同。各地物質強烈映射出環境的影響，亙古以來「自然環境」發揮了人力不可抗拒的塑造力量，景觀規劃者就應體認這個事實，極力發掘當地特色並予以維護，使當地特色予以顯揚。不要改變地理環境的事實，或強加他人處理環境的方法和成果直接移入。

（四）機能和美化兼顧：

環境建設中，機能是實用功能的價值，直接對人產生影響；美化是精神功能的價值，間接對人產生影響。若景觀規劃只做到「有用，可以用」忽略美化及人生存居住之精神反應，就如同生活在機械、僵硬的環境，日久人必精神失調，失去健康的身心與人格。

　　機能和美化，雖一爲知性、理性，一爲感性、情緒，兩者可相輔相成，提昇彼此境界，平衡人類生活需求，增加生活情趣。

（五）寓教化於環境：

　　昔日孟母三遷就是環境教育最簡明的例子。環境對人的影響，可視爲生理、心理、人格形成的重大因素，所謂「人造環境」、「環境亦可造人」，景觀規劃在始初便可寓傳統文化重視生態美學的理念於建築、庭園、雕塑、書畫之中，使人觀之心生美善，潛移默化地受自然薰陶。

　　佛家云「心淨國土淨」，瞻望未來宏揚中國生態美學理念時，常保一顆清淨心，生慈悲予眾生樂，拔眾生苦，一切行爲利益眾生，才能成就潔淨大地，常保環境清新。

　　「自然、樸實、圓融、健康」就讓我們爲明日新鮮環境定下如是目標。

為1990年6月26-30日舉辦之「東方文化國際研討會」之論文，發表於北京大學

原載《中國生態美學的未來性》頁2-5，1990.6.26，台北

另載《龍鳳涅盤——楊英風景觀雕塑資料剪輯》頁58，1991.7.26，台北：葉氏勤益文化基金會

《現代中國生態美學觀─景觀雕塑》頁8-13，1993.9.26，台北：楊英風美術館

中國美學與設計

演講／楊英風　整理／黃弘鎮

　　談到中國美學與設計問題，我想先以地理環境為例，說明為何中國能產生博大精深的華夏文化，而中國又這麼獨特、有內涵地維持此一文化生活水準至今。

　　地球人類文化有幾個重要的地區，如中國、埃及、印度、美索不達米亞等。其中兩大體系：東方，也就是中國文化；西方——希臘、羅馬即所謂白種人文化。在近代歷史均扮演著非常重要的角色。西方文化是在西方的地理環境中產生了他們獨特的文化性格。中國文化也是在中國大陸的地理環境孕育下有我們自己獨特的個性。文化因素並非人為造作，而是大環境的陶冶培育。今天就以中國文化的特性與演變做一說明，並與西方文化比較，再探索未來如何推展中國文化？這跟設計工作、文化理念均息息相關。

　　從民國初年開始，政府大力推展西方教育，因為看到西方船堅炮利、物質文明高，而中國生活落後，覺得是過去的文化出了問題，因而要揚棄固有文化，追尋西方觀念與文明。鴉片戰爭後，中國人更對自己的文化失去信心，迫不急待地要以西方成功的要素建立強盛的中國。但這是不可能的，為什麼呢？茲以地理環境與歷史地理來說明。

　　從地球儀上看起來，整個地球是海洋和一塊陸塊。地球的陸塊本來不是這樣的，整個好像另一個大地，經過慢慢分裂成若干板塊，又再集中成現在這樣的一塊大板塊。本來菲律賓、印度等板塊都靠在南邊，更早以前在更下面，分裂後又慢慢衝上來。印度板塊慢慢往上與大陸板塊結合在一起，擠壓後形成帕米爾高原、喀喇崑崙及喜馬拉雅山脈。菲律賓板塊再與大陸板塊互相擠壓的結果，形成了台灣山脈，這兩高原高山群均是兩塊板塊擠壓成的。台灣的高山群好像是海島，其實它不是海島，這可由在高山上發現的古生物化石證明。以地理來說，整個大陸在自然氣候變化、季節轉換，因種種節氣的關係，農業才能成長收穫。如此反復循環，中國人學到與大自然天人合一的人生觀。黃河每一至三年氾濫一次，千年就有三、四百次，而每氾濫必帶來大災難，因而形成了人類對大自然的抗力及活下去的毅力。在這種生命受到威脅、勤勞刻苦的生活訓練，順天的理念隨之產生，對災難的順應，於人類文化史上很罕見。反觀國外地理環境單純，只要有太陽、有好天氣、牧羊就能過活。中國大陸的人民是在千種災難裡過著農耕的生活，經過困苦成長活下來的，所以歷經種種生活磨練，依然未曾倒下。由於種種地理環境的變化，造成中國人民的毅力，聖賢輩出，傑出人才到處可見。

　　今天台灣與大陸的產業環境有很大的不同，大陸土地肥沃、物產豐富，可以自給自足。而台灣的工業技術或貿易可以與先進國家相比較不遜色，如果可以借助台灣經驗指導，對大陸之產業會有很大幫助。造山運動，喜馬拉雅山與台灣的山脈形成一種獨特的地

理環境，和其他地區是平平凡凡的大陸地形不同。這種平凡地區造山運動不多，地理環境不複雜，影響氣候變化並不多。但中國大陸板塊有不同條件的結合，產生相當複雜的情況，不同地區有不同的景觀。黃河流域及其南邊長江流域，富饒優沃，交相輝映了這鍾靈毓秀的大地。

整個地球的氣候經常在變化，約一萬年至五千年以前的文化區域整個是森林，森林溫暖溫潤，糧食物產豐富，不必工作，生活環境也好，歷史很少記載豐富時的情況。後來因赤道西南風南移，使氣候漸為焦燥，森林枯成沙漠，人類南遷。約在五千年前，我們靠黃河流域生活；在二千五百年前轉移至長江流域。在黃河流域期間，兩岸土地肥沃，每一至兩年氾濫一次，帶來肥沃土地更豐富的食物取用，使整個黃河流域更富生機。當年是以農業為主，要發展農業得靠大自然。目前可與大陸一塊兒強壯，最大的課題是石材、工藝品、建材等等，對於這幾種產業大陸非常需要高科技與設備，假如台灣提供現代化的機械設備或技術協助，對於發展有相當幫助的。大陸技術缺乏，我們人工貴，若將台灣文化與經濟及現代化的觀念輸入大陸的工商業，運用大陸的人工，可提昇價值發展至全世界，有十分遠大的前途。

現舉一個有趣的故事給各位參考。秦始皇一直想要長生不老的仙丹，當時傳說東方海上有一個地方生產這種仙丹（其實它就是靈芝），秦始皇就派了徐福去尋藥，給他一百個男女渡海到了東邊，也就是日本。到日本後並未尋獲仙丹，所以只好留在日本不能回國。今天日本皇族也就是這批的後代，這些人的後代還一直眷念著靈芝，持續探討研究出靈芝的問題。後來慢慢研究出好靈芝的地理環境成長因素條件，結果是好靈芝有高山及特別的氣候，台灣正好有這些條件。

台灣是菲律賓與大陸板塊擠壓出的，三千多公尺高的高山有上百個，日本也只有三、四座。而台灣的氣候很奇特，寒冷的海洋寒流與南邊的暖流剛好在台灣產生迴流，氣候顯得相當獨特，所以認定台灣一定有靈芝草藥，以至於日本侵略大陸時可以先放棄東北，先取台灣，要求台灣割讓給日本，也是為了要找靈芝。假如沒有靈芝問題，日本人會要東北割讓給她的。取得台灣之後日本人馬上到高山找靈芝，終於在三千公尺以上的高山找到了。真正好的靈芝長在千年的枯樹空心內，它吸收了千年老樹的精華。台灣高山上的神木就這樣一一被日本人採盡。當時是把所有的千年古木整株砍伐後，運送至日本再開始採靈芝，台灣人茫然不知，森林資源也被採空挖盡了。這個故事聽起來雖然很滑稽，但的確是事實！秦始皇一直要找的長生不老仙丹，居然是在台灣！

　　台灣的確是寶島，從勘輿學上看，剛好東對太平洋後有高山屏障（中央山脈）。前有太平洋後有山脈再後有整個大陸依靠。從勘輿學上講，東邊比西邊還棒，因西邊地理環境並不好。西邊對大陸後面靠中央山脈，雖也靠大海但不夠緊密。東邊才是真正靠中央山脈開展整個大陸。將來在開發當中，它絕對是國際性的。因為它臨太平洋，可直通四海。而且是國際性的，所以要對自己有信心，並對國家前途有信心。從整個景觀來看，我們應該保護自己的國土，趕緊建設，以便對全世界發展。中國擁有無限人才，勞工可以做後盾。以整個地理環境來說，中國將來若能和平統一，台灣會有非常美好長遠的遠景（因為台灣是站立在國際性的太平洋上）。從整個歷史來看，大環境會影響一切，我們要對自己的國土、對自己的未來有信心，並朝著目的地去做，馬上就會成功的，因為我們有足夠的條件。

　　再談談發展花蓮建材的問題。廿年前我在義大利就看出來，台灣的市場應該能佔世界一半以上，東南亞附近或地球東邊市場全是屬於台灣的。而誠心論義大利的前途，擁有歐洲市場是地緣關係，其實義大利的地理環境不夠好，未來發展還是有限。

　　我想換個角度再談另一個問題。在1961-1962年左右，我第一次到歐洲，當時我在國立藝專當教授，因天主教輔仁大學要在台灣復校，就找一批同學幫忙做這件事，我算是輔大在台灣的校友，就參加了復校工作。復校成功後，于斌主教當校長，他很喜愛藝術，鼓勵我到歐洲去，到義大利學習雕利。沒想到復校後有機會到梵帝岡去謝教宗的幫忙，就派我做代表。當時一個任務，就是禮貌性去感謝教宗，半年就返回。但是當我到了義大利後，覺得歐洲值得觀摩研究發展，後來延待了三年。在這期間有很多機會看到歐洲當時的情況。由於當時身份是國立藝專教授，就先看羅馬藝術學院，先找校長告訴他我是從台北來的，想知道他們的雕塑教育如何。校長看到中國教授來了，非常禮遇，介紹一些教授談了許多有關中國文化的問題，他們非常仰慕中國文化，很想知道重點在哪裡？為什麼東西方不一樣？以西方文化的觀念來講，中國文化對他們而言是非常難理解的。因為我曾在北京住了八年，有關中國文化的問題回答得很清楚明白，他們覺得非常滿意。因中國文化的內容、想法跟西方文化的內容、想法互相對立，第一次碰到中國人能圓滿回答他們的問題，感到十分高興，就與我交了好朋友，無話不談。比方說，他們不解為何中國人到這邊留學一心只想學西方繪畫或雕刻，西方人老早就對他們自己的雕刻或繪畫絕望了。一兩百年前西方開始接觸中國文化，發現中國地廣人多，無法發展當時西方的殖民政策，就把中國古物盜去。西方的殖民地政策賺了一筆財富，他們就把這財富拿來蓋美術館、博物館、

研究所等建立起自己的都市、國家，這是兩、三百年前的事。在這之前，他們的文化相當
低落，和中國相較，無論是科學或是文化都顯得西方很粗野。他們看到傳入之中國藝術感
到很驚訝！西方美術完全以人物男女肉體表現在藝術上，寫實到不能再寫實。中國的表現
十分高雅、脫俗，一比境界相差很多。另一方面受到非洲原始藝術也有其高超的藝術原
理，它們是粗野而有力，很超脫，完全不同於歐洲。他們開始反省，從寫實著手到最寫實
是造不出境界，藝術本來就是要靠境界提昇的，寫實根本就是複製，一點兒境界也沒有，
因此他們慢慢開始研究中國文化，進入所謂中國寫意美學，再發覺中國寫意原則，還是抽
象的。這種抽象觀念他們取之當寶，因為西方沒有抽象的經驗，只靠眼睛看才能繪畫、雕
刻，所以他們的美術非常現實。歐洲的基本思想是講實際，這實際是從何而來？是地理環
境影響所致。他們的地理環境單純、氣候乾燥，除地中海有非常好的氣候外，北邊氣候不
好多霧寒冷，義大利附近的地中海氣候特別好，夏天特別優美，歐洲只有靠景緻優美的地
中海吸引觀光客前來遊玩。在這種地理環境上，他們的祖先靠畜牧為生，不像東方以農耕
與大自然結合的觀念，他們一切生活看天，天地間的問題不必考慮，只有人與人之間的關
係，形成男女間的美學觀念，他們認為男女之間的身體結構最美，表達就以男女之間性、
愛及種種關係為主。當他們接觸到中國文化，才指示出一條明路，中國為何有抽象繪畫或
雕刻，是因為跟大自然結合在一起的關係。欣賞大自然，特別是山水的欣賞，和農耕期所
經驗到的氣候問題是一致的，春耕秋收，氣候有一定的變化，所以要順應天理，人的個
性、脾氣和天地的變化就有相當密切的關係。中國人覺察到人類與天的現象正如小自然與
大自然的結合，也就是所謂金木水火土、及陰陽的道理，老子道德經裡對自然的解說就很
透澈很清楚。中國將倫理道德推衍到宇宙，所以產生的體系就很抽象，如畫山水，絕不是
拿畫架到山邊水畔描繪，中國畫家是遊山玩水，之後才將眼睛看到的情境消化，經過心境
的處理，將山水的壯觀、優雅表現出來。這種畫法跟寫生不同，畫家可以把山裡遊玩的經
過集合在一起，沒有特寫，全部的關係可以混合在一起。西方人現實的觀念沒有辦法吸收
這種遊山玩水的經驗和方法，他們開始學抽象時，就以喝酒、打針吸食麻醉藥讓自己瘋狂
後再做畫，他們認為迷惘、幻像才是抽象，對社會的不滿、公害、社會運動等皆可成為繪
畫的題材，繪畫成為社會批判的工具。中國繪畫則不然，我們講意境，是先把心靜下來，
求得一澄澈境界再做畫，我們的美術是把一切變成生活化，把境界轉換提昇生活的需要。
中國的美學有生活的必然性也有好的境界，我們的觀念是從大自然汲取它的菁華再轉換成
生活的美好。如今人遊山玩水取山水間美好的石頭、樹木，再移到自己居住的環境，儘量

模仿自然讓它成長，這樣的心境才發展成奇石欣賞或盆栽。

　　中國人喜將自然環境視爲一有機的生命體，致力尋求人與自然間的和諧發展，在這種全面生活智慧提昇下，孕育了中國人宇宙觀、天下觀乃至審美觀，在生活哲學的引領下，工藝品、園林造景、建築都煥發出具有性靈光華的生活美學。

　　生活提昇要靠精神文化的提昇，要復興中華文化就要先學北魏至宋的精緻文化，去研究爲何那時會有這麼高超的意念。從歷史角度來看是因爲佛教思想全盛時期的影響，人民爲求成佛的理想，整個社會才有那麼高超的生活品質，我們要維護並發揚中國最精彩的文化，先研究北魏到宋的精神和理念，並了解時代的思想意念和造型，那時代境界之高全世界僅有，若我們能覺悟，加緊用功，拾回那精彩時代的菁華，運用在今天現代生活裡，轉換成未來中國所需的造型，也就是說中國的現代化靠北魏至宋朝的型去歸納再變化，才有前途。以日本爲例，日本雖然延用唐宋的藝術流傳至今，但因地理環境狹隘，感受不到唐宋時期的氣魄，他們的庭園就狹小細長缺乏氣度。我們居住在台灣雖然自然環境較小，但與中國大陸比較氣勢並不弱，我們可以吸收大陸的氣魄發揚其精神，我們的世界觀就會更美好。台灣可以經貿的經驗與人生觀與美學能結合在一起，將北魏至宋朝的精華造型以現在化的工具技術製作，可呈現出非常精彩的作品出來。

　　西方研究中國文化已有兩百多年，他們的專家學者比我們還中國化，他們從中國文化面吸收很多營養來改善他們的問題，提昇至更高的境界。歐洲人從早期的中國人那兒學到了中國人悠閒的氣氛，懂得生活情趣，重視居家生活，講究家庭安樂的要領。反倒是我們忘掉了悠閒，不懂生活情趣，所以我們要去學習中國早期生活的智慧，去理解中國生活空間理念。

　　現在舉一位毫芒雕刻家的例子，他的作品是用心眼雕刻的，以超覺的功夫去刻。心眼的世界是超大的，可以在5厘米的直徑上刻四百字，並且字字刻得龍飛鳳舞，他的超人能力是不可思議的，也超出了這生生不息的輪迴世界。像這種超靈異能力的特殊人物，散佈在中國大陸各地，他們也有人在做這方面的研究，可見中國文化很特殊。

　　印度地理環境不像大陸這麼複雜、美好，人才也不如中國多。印度地理景觀前面除了印度洋外，後面是喜馬拉雅山，就是有喜馬拉雅山，才產生了釋迦牟尼這位偉大人物，印度佛教文化，也因傳至中國才發揚光大。今天中國的佛教已經是中國化的佛教。中國式的佛教經典也是中國高僧翻譯而成，自然注入了中國的思想，也形成了中國式的佛教。每個國家的佛像都能代表他們自己國家的造型，不論是印度、中國、南洋或日本的佛像，一眼

就可以分辨出，也可窺出當地文化的水準。所有的佛像只有中國的佛像最高雅、最特殊、莊嚴、宏偉。大乘佛教在中國非常的興盛，大乘佛教講求的就是犧牲自我，爲大我奉獻，完全無我的狀態。中國大陸有雄偉的景觀，容易產生大我思想，反觀日本缺乏雄偉的陸地，於唐宋美學便只吸收氣氛，而無恢宏氣度。

美學與所有文化的體系關係密切，從這一系統，每一時代皆能產生精彩造型。中國美學體系到了清朝就斷滅了，原因是民國初年我們拋棄自己的文化朝向西方發展，這是屬於人爲斷絕，現在就應該醒悟、恢復，表現所謂中國式的現代，依著中國美學的脈絡延續發展，一定能表現出來。

我想簡單的再談一點，所謂中國式美學表現的線條根本是源之於大自然。佛教傳入中國後，講求超越自然，提昇至形而上的高超境界，這境界是圓融高雅宏偉的氣氛，變爲唐宋的成就。除去這一點外，中國文化從自然吸收很多精華要領，形成中國式造型，譬如水果蔬菜成長至生命最圓熟的時候，力量最充沛有力。我們用圓規畫一個圓圈，它是最正確的圓卻沒有生命，缺少內在的力量，有內在力量才會變化。假如生命很旺盛有力量時它是向上的；衰退時就向下，如人在小孩時期的頭部往上，到中、老年時肌肉萎縮鬆懈往下了。再驗之於水果造型，這些可說是中國美學觀察自然產生的，也就是「萬物皆靜觀皆自得」於從容自在中得知器物藝術一切造形的規律，並將之融入形制紋飾裡，讓日常器具也有生命，與我們的日常起居相親近，這種生活的智慧化解了心與物的對立，也使中國式的生活空間充滿了圓融、和睦的氣氛，這就是中國美學的精華處。

從歷代文物看出來，中國造型不論是繪畫、雕塑、庭園、建築大多取自然界的線條，自然界裡絕對不會有死板的直線，也不可能有正圓，眞正好的線條是順從上而下來的，沒有受到任何拘束影響，自由自在的。西方畫直線是用尺、三角板等儀器畫出來的；中國人的線條是用毛筆自然的顯現，充滿生命活力。中國人用手拉的自然線條表現自如，書法藝術也就是中國的特色。從前聖賢以氣貫通筆，將自己的心境透過線條表現，不重寫生而重境界。

有機會的話，我們可以到世界各地的博物館觀摩西方的美術，再與東方的氣氛做比較，思考一下在我們設計東西時怎樣才能變成中國味道呢？儘量用大自然形成書法的趨向，或以金石的表現。金石篆刻是我國一門獨特的藝術，可謂是在自然與人工間求取一和諧表現方法，我們在一方小小的印章裡讀到古人談藝、記遊或暢敘懷抱，方寸之間展現出一個悠悠的天地，它並不是自然眞實的再現，而是透過篆字的造型和玉石的美感傳達出人

與自然相親相善的感受。金石有一個原則，就是絕對不要刻滿。刻好金石後要讓它透氣，顯現金石的氣氛。中國人講究畫三分留七分，留下空白，讓靈性在空白迴繞，這是中國的空間思想，也是佛的思想。在空靈的世界裡可以回想自己的見解。對空間的處理，中國畫得少，境界就提昇。再以詩歌爲例，短短幾句就可代表很多內容，較之長篇大論，言多意少，並不能表現出什麼。佛的境界空靈中蘊含另一世界，這影響了整個文化的趨向。西方的雕刻或繪畫到處填滿，沒有空隙、沒有境界，他們開始瞭解空白的重要，也表現出東方式的現象了，我相信再過一兩百年後，西方加強學習，可能變成傳授中國文化重要的支脈，中國人再忘記自己的文化，可能會被趕出這一文化圈子，變成野蠻無文明的世界。

原載《台灣手工業》第36期，頁14-19，1990.7，南投：台灣手工業季刊社

另載《龍鳳涅盤──楊英風景觀雕塑資料剪輯》頁110-111，1991.7.26，台北：葉氏勤益文化基金會

生活藝術與家具設計

演講／楊英風　整理／黃弘鎮

一、中國的人體工學與環保意識

西方近幾年來，非常講究人體工學。所謂人體工學，就是根據人體的尺度來設計製作桌、椅、家具等。西方早期未曾使用，是在數十年前才開始的。

人體工學在中國發展得很早。中國人使用「文功尺」來建築房子。用「丁蘭尺」來修墳墓，或造祖先的神龕。「文功尺」、「丁蘭尺」，它就是代表我國早期的人體工學，而它的尺度從何而來呢？古人欲取好的尺度，由人體坐臥的姿式，以最舒適的高度、長度，配合人體四肢的關節演算出來的。根據這尺度，再運用到實際的器物、建築上，經過千年的演變直到今天，我們反而不知其由來，其實這些尺度都是有依據的，假如從這尺度推算，可窺知早期中國人比現在高大，像山東大漢一般，由此可見中國的人體工學發展得很早。

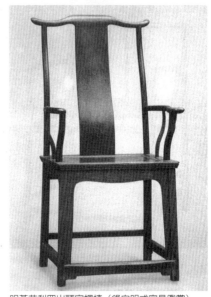

明黃花梨四出頭官帽椅（錄自明式家具鑑賞）

從中國文化體系來看，不僅有人體工學，還有與大自然相關的建築環境學，甚至以其轉換變成的勘輿學。它不但研究人類生活在大環境裡，受到自然界的影響，就連死人墳墓對後代子孫的影響也有研究，這些學問是根據天地間磁場的關係，或根據宇宙間星與星位置的關係變化，經過研究探討後形成的。事實上深入探討這些中國特殊的文化——如勘輿學、陰陽學與天地間紫微斗數等，這些學問都是為了人們有更好的生活，才研究發展出來的原理、原則。古人將其分析、歸納為最單純、簡單的數字，或轉變成器具來使用，這是相當了不起的文化，這些都是從大自然裡發現的。

我們很容易以為西方的開發比我們早，而把自己的文化忘掉，一直以為好像西方在教我們，領導我們，其實西方文化才剛剛開始，落後東方的我們很久，表面上看來西方人的外表，好像是很驕傲地走在前面，站在領導的地位，誰知道其內心的空虛？比如學會人體工學後，就拚命使用。最近提倡的環境保護運動，事實上是因為他們破壞了環境，使環境污染，嚴重到無法生存下去，所以才有要回復到自然的想法，讓世人誤以為環保意識是西方人倡導的。反觀中國文化，就如同整體人體工學，是為人的生存需要與方便而設，整套的方法都是為提昇人們的生活而做，不做過份的發展，祖先們不續做發展，就是深怕發展

到極至，會變成武器，變成生活界的利器，具有危險性，因此知道適可而止。中國文化可以預期危險而停止發展，這是文化道德觀。中國文化的道德觀影響了科技，以及一切的發明、發現，因她只求有用就滿足，知足而停止，不再繼續做過分的發展。中國的科技不是不肯發展，而是認為發展無益而停止不進，怕違反自然會導致毀滅，只有順從自然的原理，萬物才得以平衡。另外加上佛教同體慈悲、平等佈施的思想等這些觀念，讓中國人懂得中庸之道，不危害別人，大家能共用、共享。西方就不懂得中庸之道，他們只求極限，如運動員賽跑，跑出速度的極限，獲取最高的紀錄，結果容易邁向死亡衰敗。

中國人不走向極限而量其尺度，是為了身體健康，所以練氣功、內功、打太極拳、少林拳等，都是為防身健身，不是在發揚武力。這是文化發展到某一程度後，才有的崇高境界。

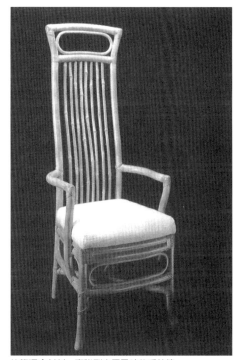

竹藤混合材料，富強烈中國風味的手扶椅。

二、中國的家具設計

今天到處可以看到，世界風行的「沙發」。沙發讓人坐下後，整個身體陷入不能挺起，年紀輕者還不易覺得，譬如我這年齡者，當坐下後想要起身就很辛苦，爬不起來，坐下後整個身體都塌掉了，這種姿勢是很容易破壞健康的。使用沙發好像是要躺下休息，其實不然，適得其反，它破壞了人的健康。

真正好的家具，最著名的是明朝的家具。明式的家具坐起來非常挺拔，端坐其上有如打坐的姿勢一樣，不駝背，不彎腰，坐下來的姿勢自然且體型優美，氣勢端正，可以顯出非常有文化教養的樣子，同時也是一種很健康的姿勢。假若要要發展中國的家具，不能以沙發或西方傳來的標準作依據，應該取明朝家具單純、明朗的線條，根據明朝家具的尺度來設計製作，配合中國文化整體觀的人體工學，介紹到國外，讓外國人也瞭解中國文化精深博大而又實用。我們是有歷史有文化的國家，雖然祖先留給我們好的桌椅尺度，而我們

也需要再探討，研究這種高度尺寸，勿一昧仿古，應能應用並改變來設計成現代的式樣。善用各種材料如：木、石或其它的材料將其組合起來，製作出明朗、單純大方的造型家具，若能配合有如宋瓷端莊的外形，高雅的色調，不但可行銷國內，也可拓展外銷。

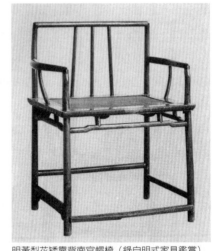

明黃梨花矮靠背南官帽椅（錄自明式家具鑑賞）

目前中國熱的風潮，正流行在國際間，反觀國內，氣氛顛倒，譬如家裡要擺鋼琴，要小孩去學小提琴，學跳芭蕾舞，自以為懂得文明，這在西方已經不流行了。它們所需要的是，想盡辦法擁有一些中國文化的器物，覺得這樣就顯得有文化氣息，家裡只要有一點中國古董、字畫，就向鄰居誇耀，這種風氣已從東方進入西方。在這時代裡，我們若一直做類似古董的東西，對西方來講，也只有被嘲笑；反之將中國古代的器物，改變成現代新的樣式，有中國線條的感覺，並且非常的新鮮，這種設計會流行全世界。西方人已經非常羨慕中國文化，知道中國的事物絕對優於他們，這也是希望今天在座的每一位，針對這幾天的家具設計研習，要建立信心，並認清設計發展的癥結所在，深入研究探討明朝家具的式樣與尺度，用心於美學上的搭配要件，加上現代的感覺，這就是一種新時代的感覺，他絕不是古董，但是是中國的。

三、中國家具市場的展望

真正懂得欣賞中國藝術文化的人士在歐洲。我於二十餘年前就瞭解很多歐洲的情形。歐洲人的生活水準高，品味高，當然家具的價位也高，只要是好東西，再高的價位也有人買得起，美國或其他國家就不如他們。要製作好的家具並賣高的價位，市場導向應定在歐洲。歐洲的水準高，又仰慕中國新的、現代的東西，雖然他們也有從事中國式現代化的設計，還是不得要領。日本也在這方面作努力，但做出來的東西卻很小氣，就像是佛教界裡的小

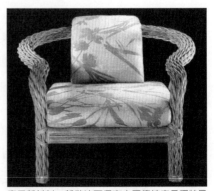

應用新材料、新做法而保有中國傳統家具獨特風格的沙發椅。

乘。要設計出中國式的現代化產品，還是要靠我們自己，由於中國是屬於大乘，有大氣魄，大乘的境界，要靠中國人發揚光大，要靠我們中國人來整理並播種、耕耘，才能達到那崇高的境界。市場目標可以放眼歐洲乃至全世界，只要是中國式的、好的設計銷路一定很廣。賣給的對象，及買方的程度不能太低，因其對品質的要求並不高，不值得花太多設計的心思。往程度高的地區銷售，目標眼光要放遠，優良精美的產品一定會有人要。只要歐洲市場能打開，世界各地其它的市場就會很快地跟進，因為世界上喜愛中國器物的人實在很多。過去我們未曾在高級市場上下功夫，往往只製作低級、粗劣的產品，造成在國際市場上對台灣產品不良的印象。未來想進入高級市場，就需加強準確度、精緻度，並提高價位。今天早上參觀了幾家工廠後，證實我們具有相當程度的加工技術能力，只要將目標提高可以發展優良的產品，花費有限的時間與材料，可以賣更高的價錢，賺取無形的智慧財。今天「設計」在國際上非常受重視，我們每家廠商都要能培養一些設計人才，同心協力，共同打開新的市場。大致來說就是：精準度要高，設計的造型，線條要簡練、要帥氣。設計風格不要走向西方，也不是回到中國古代，而是要吸取中國的文化基本觀念，運用好的美感，轉換成最好的造型，並賦予它適當的色彩。

　　海峽的對岸，大陸這些年來，西化得太徹底，以為所謂的現代化就是西化；所有的造型線條的表現都很洋化，事實上現代的中國並不等於要西化，應該是要根據中國固有的文化，改進了以後再發展，所以要先認清方向，進展才會快。目前為了擁有中國現代化產品的市場，我們必須先邁開腳步，走在前面，才有可能引導大陸，有待大家攜手合作，相信身在寶島的我們，還有絕對的優勢，去開創一片光明美好的遠景。

四、問題解答

（一）請楊教授說明中國美術造型的表現，與西方有何不同？

　　答：西方的造型取材，大都是用眼睛仔細的觀察，以人體的結構與曲線為主體，表現出男性的強壯美，或者是女性的柔軟美，這種美西方研究得很透徹。而在大自然裡，人類只是自然界的一小部分，大自然有太多的種類及式樣可供參考，有山川、樹木、花、草、礦物以及有機物、無機物等，式樣繁多又精彩，並非只有人類的身體才是最美，我們可以從電子顯微鏡下，看到更微小的世界，甚至比人體美得太多了！西方對整體觀認識得太淺，於造型設計上缺乏整體觀捉不住重心。中國人持有一中心思想，要從宇宙大自然的生命裡，去瞭解最原始的狀態。在佛學裡說得更清楚：就是要修行真如實性，瞭解真如實

相的說法，眞空妙有的法。修此眞實法能將阿賴耶識（第八識）轉爲大圓鏡智，了生脫死，超越生命的輪迴，圓融自轉，這種高境界，西方更不易明瞭。中國有充實而豐富的傳統寶藏，諸如：順天自然的人生觀、美學觀，乃至生活表現方法、設計要領等，這些都是爲環境與生活以及用途而產生，而西方的美學只會強調：要脫離生活及宗教的束縛，重視個人個性的發揮。中國文化並沒有自我發揮的美學觀，是無我的、大我的思想，是整體性的，爲整體生活的提升與需要而奉獻。西方美學強調個人個性的表現，那只是停在初學階段，還未悟知整體美學的道理，完美性不夠，混亂而支離破碎；所以西方很容易對自己產生絕望。西方的理論觀點，實在還差我們一大段距離。東方美學沒有個人，只有讚美自然，欣賞自然，善於運用自然美好的形象，來美化人類生活的空間。根據大自然的原理和原則，去從事製作生活所需的器物與工具，而西方沒有這種理念原則。中國的庭園、家具、建築，均是從觀察天地宇宙間的變化而來的。

（二）如何培養、塑造中國藝術風格？

答：1.要博覽群書，學習靜思，以體會宇宙與大自然生命的律動，用心觀察大地四季的運行及萬物生生不息的延續現象，對人文生態有至誠的關心等，這些都可悸動你創作的靈感。

2.隨時關注家鄉周遭環境的氣氛。譬如你住在花蓮，有雄壯高峻的山嶺、浩瀚的大海，氣派極大；你也可以去欣賞、體會太魯閣景色的雄偉氣勢，以及那泱泱大海的太平洋等，都可以塑造出花蓮人特有的氣質。居住的地理環境，可以塑造你的個性，因此隨時隨地都要去關心自己鄉土的大地資源，從這裡可以表現出台灣東部特有的精神力量，甚至於這種精神可以代表中國。假如你肯用心觀察各地石頭紋理的顯現，你可以發覺，它與當地的藝術文化型態以及色澤等都有吻合，而這些表現並非刻意做作，是自然的流露。

3.加強學習中國的書法藝術。書法適用毛筆表現線條，用柔軟的毛筆，可以無拘無束自由地表達，只要書法寫的好，繪畫自然順暢。書法重視運筆，運筆力量的傳達是一項高超的功夫，這種鍛鍊對創作助益很大。東方的線條呈現常以拋物線爲主，飽滿又強而有力，千萬不要學西方的線條，機械性、呆板、冷酷沒有力量。時常學習與大自然結合，避免與大自然對立。

（三）請楊教授舉例講解中國造型的設計實務。

答：如右頁附圖說明

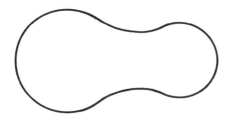

圖一、廠商原設計之桌面造型。

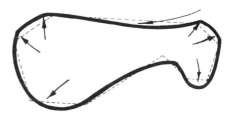

圖四、欲使造型更富有生命力,加強內部的張力。並要
求線條流暢,順應自然。

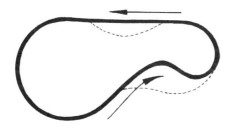

圖二、將兩個對稱的幾何圖形,結合成一有機形。

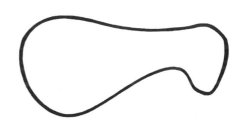

圖五、修正完成之桌面設計圖形。

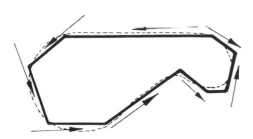

圖三、為求造型的變化與律動,去除各個圓弧的對稱性,
並強調誇大長短變化。

原載《台灣手工業》第37期,頁4-9,1990.10,南投:台灣手工業季刊社

另載《龍鳳涅盤——楊英風景觀雕塑資料剪輯》頁112,1991.7.26,台北:葉氏勤益文化基金會

文化的沈思

近來因社會傳播媒體蓬勃發展，文化導向的問題，便時常局部或片面地被提出，並喧騰一時。當然對於型塑民族文化而言，這些遽隱遽現的媒體聲音，並不代表完全正面的意義，同時也不敵政治、經濟、社會習尚等現像引人囑目；然而這些文化爭論的背後，卻總結著反映了一個攸關於整個社會進程的命題：「當代台灣文化的面貌在哪裡？」

文化在反思，政治在求革新，經濟圈在拼命建立「台灣第一」的里程，社會在脫序中展現生猛的活力；事實上這些「欣欣向榮」的表像，令人十分堪憂。試問：我們的一切經濟指數都向上奔躍，然而生活品質卻停滯不前；大型展演雖然不斷，本土藝術風格的輪廓依然模糊。是否我們的著力處有所偏差？抑或是在一片「傳統與創新聲」中，我們尚未對博大精深的傳統有紮實的認知，以致映現在創新時，便感貧乏或浮誇。

就藝術而言，民族造型審美觀念是一切創作的土壤，世界各民族在不同的時空、地理環境和種族特徵、民族特性下，發展出各自對造型美的獨特愛好、習尚與技法；如同各型各色的花朵，自有其不同的色彩、線條與芳香。一旦我們放棄了這個精神特質，而去追求全然世界化的審美標準，那麼就像花離開了土壤一般。觀察目前社會整體的審美品味，即是以趨附歐風美雨為尚；長此以往，對於民族的創造力將造成莫大的斲傷。

歷史悠久的中華民族，在漫長的人類史頁中，塑造了一個古文明的風格典範，同時凝聚出獨特的審美理則，這些令人讚嘆的美點，反映在大量的文學、美術、戲劇、工藝，乃至建築作品中，值得細細重溫。沒有這些累積的文化遺產，就不可能熔鑄成中國藝術傲世的成就。所以，今日欲尋求文化的清晰面貌，必須要立足於歷史的節點上，一方面向上溯源，綜理我國美學思想的流變，從中擷要探微，並且於歷代文物或民間藝術中吸取營養，豐厚創作的可能性；另一方面需面向世界的大環境，瞭解各文化間的差異，以求寬容性。

台灣因地緣環境、政治變遷的因素，向與中土文化別有表現型態；雖然這些隔閡或許在主觀條件下，造成文化體的主流與分支，但卻不應因此而自抑為「邊陲文化」，因為台灣在史的縱面上，故僅有兩、三百年之基，然而在文化系統的橫剖比較上，卻相當有意識地在護持著傳統之根源，並承繼了由民間力量主導藝術大廓的渾樸美學。這股來自民間的活水，灌溉了台灣特有的民俗曲藝、民間藝術風貌，使其區域特質愈加靈活展現。只是可惜四十多年，我們一切努力以提升經濟為宗，而西式的審美習尚也漸漸地掩噬了民間藝術的田園舞台；同時因古文物多數存於大陸，與我們生活時空遙遙相隔，更無法直接呼應於古文明的豐富世界。

其實我們將歷代的藝術文物匯聚，作一綜覽性的欣賞，我們將驚訝地發現，不論是典

章制度下的產物，或是全然民間性的創作，均體現了當時的時代特質、民族情性、倫理結構，乃至生活型貌。如東漢的「說唱俑」描寫街頭說唱藝人上身赤膊，腕抱著鼓，唱作俱佳，張口露齒的詼諧表情，極其天真樸拙。又如四川出土有關漢代弋射與收穫的畫象甎，更是將當時民間的生活情貌表露無遺，同時匠師也在有限空間裡，利用蒼勁有力的線條，展現了暢朗明快的生機。此二者正是漢代民間思想結合古拙、粗豪而又凝鍊的表現。

　　再看看霍去病墓前的大石雕或南朝陵墓石刻的大型辟邪獸，那種民族沉著穩立的氣勢，躍然而出，不待言詮。中國造型藝術歷北魏迄盛唐而至巔峰，此中以大量佛教藝術石窟的開鑿為最鉅，不但在量的總和上為世所罕見，在質的高超上亦足以傲世。記得許多學生在學習雕塑之前，總會提出這個疑問：「我僅知西方有米羅維納斯、阿波羅、米開朗基羅的大衛、勞孔、羅丹的巴爾扎克、沉思者，但不知中國有何著名的雕塑可堪媲美？中國是一個書畫（平面藝術）的民族，而希臘以降的作品才足以說明雕塑的傳統。」這種「蔽」於人而不知「己」的現象，首先當然受一般「文人畫」傳統的影響，是立體造像創作者僅為工匠之流、雕蟲小技，而疏於探索，以至於我國雖有浩瀚的畫論典籍，而雕塑家之傳錄、理論等記載卻十分缺乏。此外，有關立體造像，西方很早就有「純審美」態度，亦即康德所說的「無關心的滿足」（The Disinterested Satisfaction）；但在中國，由於禮教力量的制約，文藝必以「載道」為宗，所以大量優秀作品，便以宗教造像、陵墓石刻、俑，甚至工藝品的形式出現。一般人認為即以附庸於現實功用，無法獨立呈現者，謂之工藝；認為其藝術價值必然低於純藝術創作，這個觀念是有所偏狹的。經過千百年的湮埋，這些出土的文物，就功能而言，以不再具有當時效用，我們去欣賞它們決不會是因其仍是一個適用的酒尊或是殉葬物，而是單單為它古拙的線條、豐富的想像力、簡鍊的造型等等所吸引。當它們被創作完成時，多數是與先民的生活情感相契合的，如北魏龍門石窟的思惟交腳彌勒（陳哲敬先生藏）[1]，靜心凝視其樸拙的妙相，自然感受到彌勒淨土之殊勝，及彌勒將於未來世降於人間，渡化眾生的慈悲宏願，而生發出歡喜、精進心；這股莊嚴的感染力，是毋須太多審美語言來贅釋的；同時這件作品也傳達了當時生民在現實環境的蹇困中，心靈所嚮往的淨土世界，使污濁的現世在宗教與藝術陶養中，達到淨化與昇華。

　　唐代是一民族生命力最趨於碩健的朝代，她向外拓延的積極取向，引進了大量外族文化中活躍而自由的習尚，進而使其一洗「圓熟古拙」之態，在立體塑作及繪畫上，充分透

1 見於《中國古佛雕──哲敬堂收藏選輯》台北，民國78。

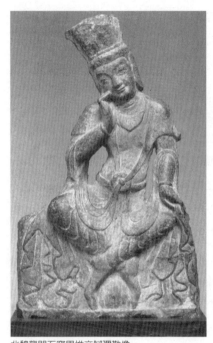

北魏龍門石窟思惟交腳彌勒像。

露了這股自信、自尊的氣勢，在龍門奉先寺的主尊「盧舍那」佛上，便可以印證。這尊高達十七‧一四公尺的巨型造像寬額廣頤、面相圓融腴秀，莊穆中帶著無限悲憫，雖然其手印暨以下蓮座均已崩圮，然而她那定靜恢宏的氣度，仍然震攝了任何一各慕名參訪的凡夫。奉先寺共涵括了十一尊群像，相互緊密聯繫，構成一件東方造型藝術的巔峰之作，同時也為盛唐的氣度，留下最美的見證。

從生活的角度來看唐代美學，張萱的〔搗練圖〕提供了最直接的訊息。雖然描寫的對像僅是宮廷婦女生活細節，但透過藝術家的理想化後，這些起居中不經意的動作卻塑造了一組成功的動勢造型，這幾位婦人或動或靜、或低首專注地熨燙、或面對面展開布帛，甚至插不上手在在旁邊嬉鬧的小女孩，都彼此在有意無意間，造成一種平靜的均衡空間。人物的輪廓、動向和表情、意態，僅用少許勻潤的線條勾勒而出，這不能不歸功於中國人對於線條運用之獨鍾，與用筆的精微度掌握上之見解。西方早期宗教繪畫雖亦是以勾線再敷彩者為主，而後，進一步以光影、色彩及體面之觀念作畫，但其線條卻僅是輪廓線罷了，曷若中國人在用筆乾濕、遲速、頓挫轉折、正側鋒等等的講究，線條的無限可能是淋漓盡致地發揮在它極侷限的有限性，故而可貴，更值得反覆玩味，這是東方藝術的大創見。欣賞中國的立體作品，如從寫實的觀點著眼，必然大失所望，但如能把握從線的美感出發為原則，相信將發現別有天地。

相較於唐代向外奔躍的壯美，宋朝的藝術中流露出一股傾向自我關照的哲思意味，較為洗鍊、沉潛，當然，這和宋代的國勢也有交互的影響。回顧北宋初的山水畫作，如范寬的〔谿山行旅〕、郭熙的〔早春圖〕、李唐的〔萬壑松風〕，仍傳達了一種江山萬里的雄邁，令人嘖嘖稱奇，毫無南宋後期嬴弱扶風之態，「造化自然」、「師其心」等，仍是藝術家努力奔赴的鵠的。宋代的佛教藝術造像因與人文逐步的結合，故而不再像以往歷朝帝王倡議鑿創的石窟造像一般，顯得巨大而氣勢懾人，反而漸轉向神閑意定的韻致，易加具親和力，正呼應了宋詞中的人文情愫，似乎是在人間宣說入世的微妙法，此後，佛教造像

（尤其是觀音）幾乎走進了每一個中國家庭，成爲苦難人們心中的渡舟。從來沒有一尊造像，能像觀世音菩薩這般深入中國人的心靈，受到如此廣泛的孺慕。悲智雙運的觀音不僅是諦聽眾生苦難的覺者，亦是中國人審美典範的極致。由此可知，將中國藝術歸爲宮廷、貴族獨有的玩賞對象，乃是未曾深探民間力量對於藝術之深鉅影響的結果。

明清之後，文學藝術趨向於描述世俗人情，不論是傳奇、小說的文學形式，說唱、戲曲等民俗曲藝，均紛陳了當時的社會風習，不再強調文人間的思辯、純化的精神世界。在雕塑的發展上，不論材質、塑法、造型均多依於各地的風土人情，發展出深具地域性的風格，但造型的創作已大量地減少，取而代之的是器用工藝及融入建築的園林造景、傢俱及各細節的雕飾。可以說明清以後的造型作品，被隱藏在藝匠的範疇內，故而這個想法流傳至今，令今人爲之所蔽，以爲中國的雕塑無甚可觀，實則不然。

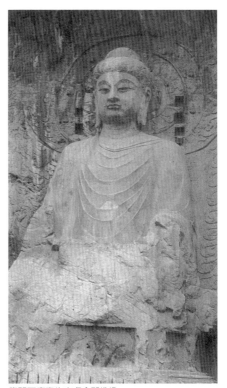

龍門石窟奉先寺盧舍那佛像。

當我們匆匆地瀏覽中國雕塑的概廓後，再回頭看看台灣本土上的發展，將會發現：這一片土地上的人們是如何在艱困的環境中，發展出深富濃郁民俗意味的生活藝術，構成了一個繁麗歡豔的民間藝術天地。因爲中原的傳統包袱對她而言天高皇帝遠，所以她得天獨厚地能自由舒展，不受拘束。有一段時期，台灣的民俗藝術在造型的生動上，有直追漢代之勢，其拙重的情味和取捨之大膽，均令人激賞。日據時代，日籍的美術教師引進了西方的繪畫，使台灣美術開始有了雙向的發展，同時也爲西式美學體系植根。儘管如此，當時台灣藝術家的創作雖是使用西式的工具材料，但雕塑、繪畫的題材、內容及民族情感仍是以台灣本土爲皈依，使藝術成爲日人全面統治下頑強茁長的一株民族思想的根苗。

四十年來台灣在扭轉經濟局勢上不遺餘力，但藝術環境卻不見有等量齊觀的進展。我們的藝術營養不是仰承西潮，就是抱殘守缺，長期的偏狹及兩極化成長，怎麼可能期待有豐碩的收成？當我們細數歷代之美感風格：殷商的神秘、先秦的理性、楚漢的拙重、魏晉

的輕揚、盛唐的雄邁、兩宋的氣韻、明清的入世⋯⋯時，更應靜心想想「腳下跟前事」。

　　藝術主要是表現審美價值，然而往往也反應了時代社會的經濟、政治、道德、宗教、文化等重要現像，所以藝術表現，亦是啓導、孕育、感染，甚至於塑造時代社會精神面貌的主要力量。如果不希望在未來世中，台灣造型美術因其空洞的面貌而湮沒於歷史的塵土中，那麼讓我們共同來關心台灣文化前景的探索，化憂慮爲參與，讓藝術滌蕩時代的紛亂與人心的浮動吧！

一九八九年八月寫於台北靜觀樓

原載《台灣美術》第10期，頁24-27，1990.10，台中：國立台灣美術館

另載《龍鳳涅盤——楊英風景觀雕塑資料剪輯》頁113，1991.7.26，台北：葉氏勤益文化基金會

走過從前，精益創新

現代、抽象、中國風味，是大眾對我雕塑作品的印象。
寫實、鄉土、氣息草根，就鮮與楊英風三字畫上等號。

　　一般人在談論藝術時常將我歸入抽象藝術中。
其實早在1950年代在農復會「豐年」雜誌擔任美術
編輯時，我就陸陸續續創作一系列以農村題材為背
景的作品，其中包括版畫、插畫、雕塑、水彩……
等等。那時我為雜誌設計封面、作漫畫、畫衛生常
識、也畫植物解剖圖，這是接近農民的好機會，我
常感動於他們的質樸，也結交了許多其它藝術家交
不到的朋友，台灣農村秀麗的景緻，民俗節慶鑼鼓
喧天的熱鬧也常縈繞在胸懷激發創作靈思，更可愛
的是那些樸實的農村人民，終年操勞，無怨無悔，
一秉中國傳統勤儉踏實的美德。有時自覺思想、行
事都像個鄉下人或農夫，除了和這一系列農村經驗
有密切的關係，大概也和幼年生長環境有關吧！

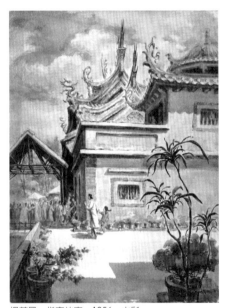

楊英風　指南仙宮　1956　水彩

　　自幼生長在宜蘭鄉下，明媚的山水景緻陶冶了
我的心眼去認識美、體會美、並享受美。童年時光單純的心靈被自然環境薰陶著、教育
著，自然對鄉土散發出的純樸感覺特別親切。爾後中學至北平求學，首次接觸大城市，深
深被古都散發的爾雅氣息震憾著，年青的心便埋下了日後宏揚中國傳統文化的因子。光復
後返台娶妻生子，應藍蔭鼎先生邀入「豐年」雜誌工作，一作十一年，每月有一、二次機
會深入各鄉鎮，對台灣的鄉土民情、風俗習慣、景觀可謂有深度的接觸和認識，這方面的
經驗不僅是當時社會環境的映射及工作的機緣，其實是延續著自幼喜好自然的本性。這次
展出的作品大部份是這段期間創作的。

　　一九六四年代表輔仁大學校友至羅馬向教皇致謝，有機會遠赴歐洲一賭西方精緻而寫
實的藝術，看他們大膽表現肉體的愛、慾，並受工業革命物質文明的沖擊陷入精神苦悶，
紛紛反思破壞虛偽及人造，回歸自然的純真。畢竟西方文明是源自畜牧文化，以掠奪、競
爭的本質追求自然，其所謂的自然乃是不受拘束、不斷變化、野性的和激發熱情的，終究
是以個人的感情為依歸。以西方雕塑鼻祖羅丹為例，他將雕塑從紀念碑上歌功頌德之僵化

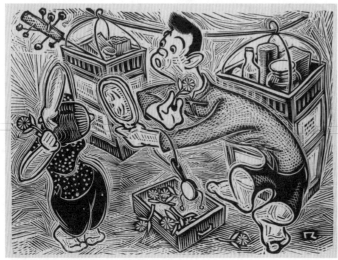

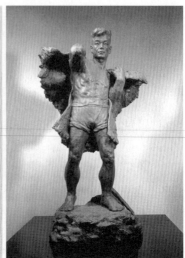

楊英風　賣雜細　1951　木刻版畫

楊英風　驟雨　1953　銅

機械性中拯救出來，並使雕像從內在迸發出生命，呈現出內在性格，其題材仍不離人類精神苦悶。爾後西方藝術落入物質、材質之迷思，鑽研牛角尖，呈現破碎，紊亂的局面。

　　而中國人的自然是屬於自然界的自然，回到渾沌未開、萬物合一的起源，是追求物我交融的感情融合，所以呈現「天人合一」的性格。反思回歸自然的精義，在羅馬三年，我深深地思索這些問題。並堅定自己未來創作方向，是故在歐洲藝術氣氛薰陶下，我反而創作了一系列以書法線條表現的作品，題材也多以自然界動植物為主，完全迥異西方寫實赤裸的表達方式。

　　但中國自鴉片戰爭後民族自信喪失殆盡，全盤西化的結果，藝術也迫不及待拾其餘緒發展，藝壇也呈現中西交雜的狀況。回國後痛心國人菲薄民族文化的珍寶也看穿西方文明趨向破碎、迷亂。便以中華民族五千年孕育的文化精髓為創作靈思，尤其是擷取魏晉至唐宋，佛教傳入中國，提昇中國人精神境界，豐富文化層次最精緻的一段。

　　我的創作歷程由鄉土轉向民族，風格由寫實而抽象，便不難看出軌跡了。

　　而今回首一九五○年代這段歷程，其實是擴大藝術創作視野的重要基石，沒有中國人克勤向上的個性就有沒有楊英風不斷歷新的歷程。而這民族性格潛藏在中國人生存的地域和空間，無論是在文化昌盛的都會或純樸實在的鄉村。

　　走過從前，創作者不斷精益創新，期待觀者珍惜先人純樸踏實的個性，瞻望未來。

原載《楊英風鄉土系列版畫／雕塑展》1990.10.6，台北：木石緣畫廊

另名〈楊英風版畫雕塑展—創作自述〉載於《炎黃藝術》第14期，頁66-67，1990.10，高雄：炎黃藝術雜誌編輯委員會

另載《龍鳳涅盤——楊英風景觀雕塑資料剪輯》頁117，1991.7.26，台北：葉氏勤益文化基金會

《楊英風鄉土版畫系列1946～1959》1993.9.10，台北：楊英風美術館

《教師人權》第65期，頁43-44，1995.5.10，台北：財團法人教師人權促進會

《雕塑東西的時空——楊英風1926-1997》頁8，1998，香港：香港科技大學圖書館

《太初回顧展（-1961）—楊英風（1926-1997）》頁7，2000.12.25，台北：國立歷史博物館

鄉土與生態美學

口述／楊英風　整理／徐莉苓

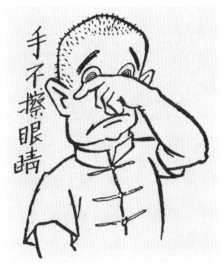

手不擦眼睛

為豐年雜誌所畫插畫。

一九六〇年代是風雨飄搖的時代，世界各國甫自第二次世界大戰的廢墟中復興，中國卻因內亂而再次陷入戰亂的泥沼中。而台灣，荷蘭人眼中的「福爾摩沙」（意指美麗島），三百年來歷經荷蘭，日本的外族統治，明清以降的移民墾植，一九四九年國民黨政府播遷來台後，社會結構再次經歷前所未有的震盪，「三七五減租」、「耕者有其田」、「公地放領」的實施，台灣農村逐漸由過去地主佃農階級分明的保守層次中解放，一九五〇年韓戰爆發後，美國派第七艦隊協防台海，並運用四十億美元援助中華民國，在充裕黃金支援下，「中國農村聯合復興委員會」運用美援提供資金和生產技術協助農村發展。《豐年雜誌》便是獲得農復會的支持而創辦的。當時，在藍蔭鼎先生的引薦下進入《豐年雜誌》擔任美術編輯，期間長達十一年。這十一年，我每月有一、兩次機會深入鄉村接近農民，並以農村為背景創作一系列題材，其中包括版畫、雕塑、水彩等，並為雜誌設計封面、作漫畫、畫衛生常識、植物解剖圖。藝術的心靈和畫筆恰巧忠實的紀錄了四十年代末至五十年代台灣農村變遷最大的十年，這十年台灣經濟由瀕臨破產而邁向穩定，農村結構也朝經濟取向發展，機器取代了人工、洋房取代了田舍，人力大量的湧入城市，城鄉差距逐漸拉大……。更令人痛心的是工業湧進農村，工廠、煙囪的林立，污染了農田，也破壞了自然生態，農村秀麗的景致、安靜純樸的生活漸漸複雜，我們美麗的鄉土也逐漸喪失。茅籬竹舍、憨厚可愛的水牛，農民淳樸的笑臉、溫厚的人情，只能在畫片、月曆中追尋了。

追索所這片美麗乾淨的土地徒然令人感傷，但自幼在山水明媚的宜蘭鄉村成長，自然對鄉土有濃郁深厚的情感。由於幼年時父母遠在大陸北方發展，自然就是我最親近的朋友，在山邊奔馳、在水邊徜徉，自然的薰陶，從小就訓練我的眼睛去認識美，體會美，並從其中去學習關懷。稍長赴北平讀中學，有機會體認中國雍容氣魄孕育的生活美學。當時，爾雅古都家家戶戶都有收藏古董、雕石、盆栽的嗜好，在把玩中自然心領了中國美學講求「物我相忘」、「物我交融」的大我情懷，也意會「天人合一」落實在生活中關懷悲憫眾生的磅礴氣度。至東京美術學校習建築時，又欣逢木造建築大師吉田五十八的指引，

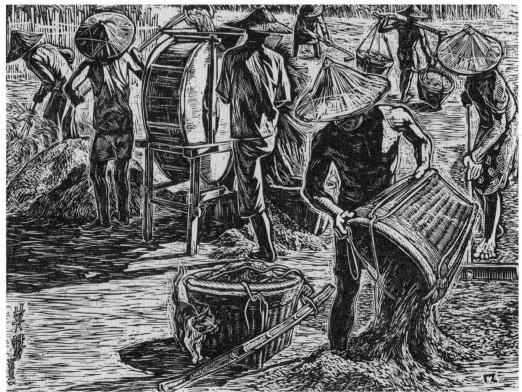

楊英風　豐收　1951　木刻版畫

得知魏晉至唐宋是中國歷史上生活境界最高的時候，當時佛教傳入中國，提升精神境界，藝術臻於高峰，文物無形中散發出嫻靜高貴的氣質，使觀者動容、暴者靜穆，由此揣測當時人民生活境界也是如此高貴才有魏晉佛雕、駢文、唐詩、宋詞，以及宋代瓷器等精彩表現。再由崇高精神文明推演，人民對自然的態度也不致破壞污染，反倒是相互依存，回歸到淳樸、潔淨的本質。

　　台灣光復後，我返台入豐年雜誌工作，在台灣的農村、農民身上觀察到中國美學崇尚淳樸、潔淨本質的潛存，但自從經濟導向的文明湧進農村後，這本質逐漸暗沉，國內體制、思想的西化使我們忘記祖先原本舊有的生態美學觀，直到如今面臨環保的課題，依然只思及再用更多的科技去改善日益惡化的大地，並未思考從思想、觀念上去改善物我對立的兩極關係。佛家曾云：「一切唯心造。」「心淨國土淨。」我們的心境成就了我們的環境，就讓我們思索中國生態美學是如何重視自然生態。

一、順物之情、應天之時，達天人合一共融的境界

　　中國自古以農立國，對自然的變化採取一種敬畏順服的態度。爾後大禹治水成功，人們相信自然可以利導，人與天可和諧共處，而且將自然界四時榮枯運用到農作物的變化上，農作可以生生不息，大地也可以孕生化育萬物，中國對自然產生親和的想法，對「天」的概念漸由「神」轉爲「道」。隨著歷史的推展演進，宗法制度敬天祀祖，人和天的距離

拉近，天也由至高無上權威轉化爲人格化了。

至此，中國人的宇宙觀是天與人合而爲一的，物質與精神同流的境界，萬物生命在其中流行，人心與萬物感通唯一。所以人心可感應天心，吾人之形體也可以幻化冥合天地，就如陸象山曾言之「宇宙即吾心、吾心即宇宙」王陽明言之「大人者，以天地萬物唯一體者也。」

對天由敬畏而順服而和諧，中國先民孕育了「天人合一」的自然觀念，對「人」在宇宙自然間的定位也謙卑地自視爲自然的一部份，人類的巧思匠心也不過是發掘自然美的工具罷了，因此尚書宋陶謨說「天工人其代之」，明末宋應星的科技百科全書「天工開物」便取名於此。

二、眾生有其生存環境，修福慧實現淨土

中國人視萬物平等、通情連性，每種生物生存的環境都應有其適應發展的條件。在儒家思想裡雖以人道爲中心，積極入世，注重今生，關心社會，其中心思想「仁愛」注重宇宙秩序的安定，如天、地、人三才，以人居末尾敬天法地，以參天地萬物。道家以抽象之道念攝自然，萬物依其本性順道運行，不任性而爲，以免破壞自然和諧。講得最清楚明白是佛家，以「淨土」點出萬物生存環境之明意。

淨，是無污染、無垢穢的；土，梵語是KSETRA或略譯爲刹。刹土即世界或地方。「淨」在佛法中治雜染，如無垢及空等，字面上雖重否定，但深一層思索，沒有煩惱就應自在清淨。沒有煩惱就易生慈悲智慧而有清淨功德。淨土就是清淨之地或莊嚴妙淨的世界。從經典及高僧前輩的學佛意境中描述，淨土的世界是寶樹成行、百花怒放、果實纍纍、池沼波塘、極富園林美的美麗公園；淨土世界亦爲道路平坦、光滑寬廣、有亭臺樓閣、有寶鈴及幢、幡、寶蓋、羅網，是極富建築美的世界；淨土內又鳥語花香、色彩豐富、樂音美妙，居處道路柔軟舒適，呈現的是潔淨、清新健康的自然環境，也是眾生追求的生態環境。更可貴的是佛家認爲友情生物皆有它的活動場地，有眾生就有環境。魚族有其水域，禽鳥有其天空，百獸有其山林，大乘佛教求的是眾生清淨和刹土清淨，涵蓋了「莊嚴淨土」和「利益眾生」兩層深意，而菩薩實踐的是「攝，受大願無邊境」，本書「無緣大慈，同體大悲」的心境，教化眾生拔苦得樂，一切圓融歸諸法界，一切利益眾生。

現實淨土的方法是修智慧和福德，因爲智慧心生清淨。福善雙修，才能含苦於美之中，成就完美的藝術生活。是故佛言「心清淨故，眾生清淨」。更清楚明白如印順導師曾

言「心淨眾生淨，心淨國土淨」。

三、直覺觀照，心驗體悟，重視物的本質

在先民思想中表現出關愛眾生、萬物平等、追求和諧潔淨的態度，發之於藝術創作，便是以直覺觀照，心驗體悟，重視物的本質，不違反破壞原有的形式。這和西方重視客觀化、定義化和法式的觀念迥異，西方對美的感受和體驗往往有法則可循，條理清晰、概念分明，其中知覺、知識佔的成分大。中國人則以自覺自證為主，知覺活動是幫助事物成為美的手段，而不是藝術的目的。

中國藝術早期不脫實用、政教色彩，爾後在實際中有安頓精神，表現道德的含意。與道德合一，亦與日常生活合一，其著眼點在於人生，所以日常生活中便充滿美的形式，藝術為安頓生命而有「和」的特質。中國藝術「外師造化，中得心原」在抽象和寫實之間調和精神和物質，欲藉有限的藝術品連無限的境界。

藝術精神融入調和境界，吾人可以一種輕微自在的態度悠游玩賞藝術，如孔子「志於道，據於德，依於仁，游於藝。」（論語述而）「游」據唐君毅解釋為「游心於所見，所感之物中，使心入於物而可藏、休、息、游，更可與物之靈悠游往來，使心與物之靈融合為一。」精神之可游表現在建築上，布局就多迂迴錯落，並有飛簷、窗櫺、迴廊來增加虛實的感覺，使人精神悠游其中。」老莊注重人類精神生命的擴張，以「心齋」、「坐忘」對物做純知覺的直觀探索，並連到物我兩忘，主客合一。影響所及，便是文人寄情煙雲泉石，愛好自然生活。佛教重視形上精神境界的探索，形之於藝術是生命昇華，使人浸潤在具足的象外天地，領略各種不同的禪悅，落實在生活器具上，便散發出追求極致的精神境界。

四、精神與自然契合，重視自然環境的原貌

中國人尚精神與自然契合，對自然環境的重視，從庭園藝術中我們可以更貼切的體認到。

中國庭園不是單純的模仿自然，而是人造自然，使居住者如同置身在大自然中。比方說，庭園山石的變化布置並不以西方雕琢成人體或動物，而是保留原形，讓人觀之如處山林，有移天縮地、小中見大、咫尺山林之效。而水池的設置也儘量保持原形，依地勢環境做適當處理，小水面要幽雅深遠，大水面則開闊明朗。水池旁置煙花楊柳、疊石步磚彷彿

將湖泊泉流移入園中。又，中國人認爲「水性就下」庭園內就沒有近代西式公園中向上噴泉的處理，因不願作違背本性之故。

花木的整理多爲不整形、不對稱的自然佈局，依地形、朝向、土地乾濕及本身生長習性的配合做有機栽種。耐陰者植屋角牆隅；耐旱者多植山上；喜濕者置水畔；向陽者主廳之南。庭園花木的布置就不似西方以人的視覺欣賞爲主，將花木栽剪成整齊規律的形狀種植。

傳統建築更是輕盈靈巧與自然調和。建築不只是生活的場所，更是風景構圖的一部份，其種類依不同性質和用途而有不同造型。如「亭」即停之意，世人休息停集的地方，也是四方風景集結之處。「亭」本身即爲一景，所以形式自由，依基地環境作適當配置。又如「廊」是聯繫建築、風景，劃分空間、遮風避雨之用，可以遠眺，也可以增加風景深度，形制就宜充分利用地形，隨地勢高低起伏悠長曲折。

中國建築向來重視風水，從日照、風向到安排建築朝向，儘量使冬季背風向陽、夏季逆風納涼，相地時也多選擇背風面水的環境。近人多以風水和命運結合，乍聞如無稽迷信，其實中國人於居住環境重視風水，是注重生態，選擇適合生活居住的場所。

鄉土是中國的根源，落實生態美學，恢復淳樸本性。

鄉土是人類生存延續的根源，炎黃子孫對土地的感情也是發自血脈，今日我們的生活形態雖然已經轉向工商經濟，我們如何從鄉土走過，應珍惜每一足跡，記取中國積千年智慧流傳的生態美學觀，從思想、觀念中落實到我們的生活才能恢復中華民族源自鄉土的淳樸本性。

鄉土是我們的根，生態美學是我們的源，追根溯源由潔淨的心成就潔淨的大地才是我們的本意。

原載《民眾日報》第18版，1990.10.11，高雄：民眾日報社

另載《龍鳳涅盤──楊英風景觀雕塑資料剪輯》頁114，1991.7.26，台北：葉氏勤益文化基金會

從中國生態美學瞻望中國建築的未來

一切唯心造，拔除人心中貪、嗔、癡之惡念，

成就「自然、樸實、圓融、健康」居住環境。

一、前言

在國際化、現代化甚囂塵上的今日，無論在任何國家的大都會，我們都會看到類似的城市風貌。但細觀愈進步發達的國家或民族，他們所孕育的文化藝術愈顯露出民族性格。但中國自十九世紀末以來飽受戰亂、西潮的沖擊，我們的文化已經逐漸喪失根砥，隨波逐流了。以建築為例，都市新興的高樓公寓，不僅看不出中華文化的基礎，點綴在其間的復古建築，也矯揉失其真實。

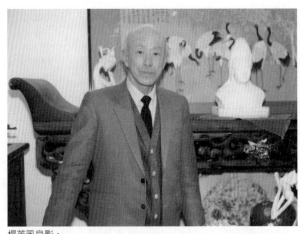

楊英風身影。

其實，今天我們所處的時代像極了魏晉南北朝的時代，各種新興的文化藝術層出不窮，新的價值觀、新的倫理道德觀幾乎使我們相信，完全接受西方文明是正確的、理性的方向。但將時光拉回歷史的長河，魏晉南北朝雖然戰亂頻傳、民生疾苦，外來藝術不斷湧入本土，當時接受佛教思想，除了和儒道精神相吻合外，其精神境界的不斷提昇也成就了藝術文化的高峰。佛雕的肅穆自在、駢文的光彩耀目，人民似乎是生活在莊重、清靜祥和的精神境界中，更難能可貴的是中國融合了外來文化，成就中國藝術史上最精緻、最可貴的一段。所以在談論瞻望中國建築未來發展之前，先看看中國固有文化和自然相互融合的生活美學，再勾畫出現代中國人所需求的居住空間。

二、先民智慧凝鍊的生活美學

1.順物之情、應天之時，達天人合一共融的境界

中國自古以農立國，對自然的變化採取一種敬畏順服的態度。爾後大禹治水成功，人們相信自然可以利導，人與天可和諧共處，而且將自然界四時榮枯運用到農作的變化上，農作可以生生不息，大地也可以創生化育萬物，中國人對自然產生親和的想法，對「天」

的概念就漸漸由「神」轉為「道」。隨著歷史的推展演進，宗法制度敬天祀祖，人和天的距離拉近，天也由至高無上權威轉化為人格化了。

　　至此，中國人的宇宙觀是天與人合而為一，物質與精神同流的境界，萬物生命在其中流行，人心與萬物感通為一。所以人心可感應天心，吾人之形體也可以幻化冥合天地，就如陸象山曾言之「宇宙即吾心，吾心即宇宙」王陽明言之「大人者，以天地萬物為一體者也。」

　　對天由敬畏而順服而和諧，中國先民們孕育了「天人合一」的自然觀念，對「人」在宇宙自然間的定位也謙卑地自視為自然的一部份，人類的巧思匠心也不過是發掘自然美的工具罷了，因此尚書皋陶謨說「天工人其代之」，明末宋應星的科技百科全書「天工開物」便取名於此。

　　先民整理自然界變化成通天理達人情之易經，在繫辭中卻言「化而裁之謂之變」；孔子述而不作，對易經的看法為「作易者其知盜乎？」先秦諸中最注重法制人治的荀子也曾言「假天之功以為己力。」崇尚自然，反對虛枉矯飾的老莊更是「天地與我並生，萬物與我合一」了。視天地為一體，包宇宙於吾心，萬物順其自然性情生長，莊子齊物論「物各自其性，苟足其性，則無小無大」，生命無優劣高下之分，自然界均衡循環的生態也不像西方達爾文提出「優勝劣敗」的天演論那麼殘酷現實了。

2.眾生有其生存環境，修福慧實現淨土

　　中國人視萬物平等、通情達性，每種生物生存的環境都應其適應發展的條件。在儒家思想裡雖以人道為中心，積極入世，注重今生，關心社會，其中心思想「仁愛」注重宇宙秩序的安定，如天、地、人三才，以人居末尾敬天法地，以參天地萬物。又「親親而仁民，仁民而愛物」以「推己及人」之仁心去關愛眾生。道家以抽象之道含攝自然，萬物依其本性順道運行，不任性而為，以免破壞自然和諧。講得最清楚明白的是佛家，以「淨土」點出萬物生存環境之明意。

　　淨，是無污染、無垢穢的；土，梵語是KSETRA或略譯為剎。剎土即世界或地方。「淨」在佛法中治雜染嗔恚，如無垢、無漏及空，字面上雖重否定，但深一層思索，沒有煩惱就應自在清淨。沒有煩惱嗔恚就易生慈悲智慧而有清淨功德。淨土就是清淨之地或莊嚴妙淨的世界。從經典及高僧前賢的學佛意境中描述，淨土的世界是寶樹成行、百花怒放、果實纍纍、池沼陂塘、極富園林美的美麗公園；淨土世界亦為道路平坦、光滑寬廣，有亭臺樓閣、四面欄楯，有寶鈴及幢、幡、寶蓋、羅網，是極富建築美的世界；淨土內又

鳥語花香、色彩豐富、樂音美妙，居處道路柔軟舒適，呈現的是潔淨、清新健康的自然環境，也是眾生追求的生態環境。更可貴的是佛家認爲有情生物皆有他的活動場所，有眾生就有環境。魚族有其水域，禽鳥有其天空，百獸有其山林，大乘佛教求的是眾生清淨和刹土清淨，含攝了「莊嚴淨土」和「利益眾生」兩層深意，而菩薩實踐的是「攝受大願無邊淨土」，本著「無緣大慈，同體大悲」的心境，教化眾生拔苦得樂，一切圓融歸諸法界，一切利益眾生。有淨土，眾生才能得到攝導啓悟，共修實現淨土。

實現淨土的方法是修智慧和福德，因智慧令身心清淨，福德則令世界清淨。福慧雙修，才能含善於美之中，成就完美的藝術生活。是故佛法教導世人發菩提心，慈悲喜捨，六度四攝，成就菩薩一切功德，就如阿含經所言「心清淨故，眾生清淨。」更清楚明白如印順導師曾言「心淨眾生淨，心淨國土淨。」

3.直覺觀照，心驗體悟，重視物的本質

在先民思想中表現出關愛眾生、萬物平等、追求和諧潔淨的態度，發之於藝術創作，便是以直覺觀照、心驗體悟，重視物的本質，不違反破壞原有形式。這和西方重視客觀化、定義化與法式的觀念迥異，西方對美的感受和體驗往往有法則可循，條理清晰、概念分明，其中知覺、知識佔的成份大。中國人則以自覺自證爲主，知覺活動是幫助事物成爲美的手段，而不是藝術的目的。

中國藝術早期不脫實用、政教色彩，爾後在實際中有安頓精神，表現道德的含意。與道德合一，亦與日常生活合一，其著眼點在於人生，所以日常生活中便充滿美的形式，藝術爲安頓生命而有「和」的特質。中國藝術「外師造化，中得心源」在抽象和寫實之間調和精神和物質，欲藉有限的藝術品達無限的境界。

藝術精神融入調和境界，吾人可以一種輕鬆自在的態度悠游玩賞藝術，如孔子「志於道，據於德，依於仁，游於藝。」（論語述而）「游」據唐君毅先生解釋爲「游心於所見、所感之物中，使心入於物而可藏、休、息、游，更可與物之靈悠游往來，使心與物之靈融合而爲一。」精神之可游表現在建築上，佈局就多迂迴錯落，並有飛簷、窗櫺、迴廊來增加虛實的感覺，使人精神悠游其中。又，中國人重中庸之道，中者正也，用中、均平、循性，藝術表現便是重視軸線對稱，重均衡形式。老莊注重人類精神生命的擴張，以「心齋」、「坐忘」對物做純知覺的直觀探索，並達到物我兩忘，主客合一。影響所及，便是文人寄情煙雲泉石，愛好自然生活。佛教重視形上精神境界的探索，形之於藝術是生命昇華，使人浸潤在具足的象外天地，領略各種不同的禪悅，落實在生活器具上，便散發出追

求極致的精神境界。

4.精神與自然契合，重視自然環境的原貌

中國人尚精神與自然契合，對自然環境的重視，從庭園藝術中我們可以更貼切的體認到。

中國庭園不是單純的模仿自然，而是人造自然，使居住者如同置身在大自然中。比方說，庭園山石的變化布置並不似西方雕琢成人體或動物，而是保留原形，讓人觀之如處山林，有移天縮地、小中見大、咫尺山林之效。而水池的設置也儘量保持原形，依地勢環境做適當處理，小水面要幽雅深遠，大水面則開闊明朗。水池旁置煙花楊柳、疊石步磯彷彿將湖泊泉流移入園中。又，中國人認為「水性就下」庭園內就沒有近代西式公園中向上噴泉的處理，因不願作違背本性之故。

花木的處理多為不整形、不對稱的自然布局，依地形、朝向、土地乾濕及本身生長習性配合做有機栽種。耐陰者植屋角牆隅；耐旱者多植山上；喜濕者置水畔；向陽者植主廳之南。庭園花木的布置就不似西方以人的視覺欣賞為主，將花木栽剪成整齊規律之形狀種植。

傳統建築更是輕盈靈巧與自然調和。建築不只是生活的場所，更是風景構圖的一部份，其種類依不同性質和用途而有不同造型。如「亭」即停之意，是人休息停集的地方，也是四方風景集結之處。「亭」本身即為一景，所以形式自由，依基地環境做適當配置。又如「廊」是聯繫建築、風景，劃分空間、遮風蔽雨之用，可以遠眺，也可增加風景深度，形制就宜充分利用地形，隨地勢高低起伏悠長曲折。

中國的建築向來重視風水，從日照、風向到安排建築的朝向，儘量使冬季背風向陽、夏季逆風納涼，相地時也多選擇背風面水的環境。近人多以風水和命運結合，乍聞之下如無稽迷信，其實中國人對於居住環境重視風水，其實是注重生態，選擇適於生存居住的場所。

再看材料的選擇，大多就地取材，儘量以當地自然風貌及色調為主，不強加改變，以自然為最高原則。

而庭園建築的色彩，也多綠、灰、棕等素雅色調來構成寧靜和諧的氣氛來撫平人的精神，並與自然調和。中國人於色彩並不追求絢麗燦爛，而著眼光線對景物的變化，於無色中求色，注重自然界本身的豐富多變。

三、中國建築的未來發展：自然、樸實、圓融、健康

如前所述，中國老祖先遺留給我們那麼豐富的生態美學精神資產，我們卻仿西方科技文明建築出與自然相背的居住環境，成就狹隘自我的空間。追根究底，是中國人喪失了傳統文化的根，對環境的態度唯利益馬首是瞻，其發展結果當然是滿足了人類的基本生活需求，卻犧牲建築與自然環境的協調。其實，振興中國建築不需靠大屋頂、琉璃瓦、亭台樓閣等建築「符號」來裝飾建築物之外觀，要成就我們的民族風格、要宏揚中國建築精神，唯有一切從人心造起，去除西式文明自我、自利、唯我獨尊等慾念，恢復我國固有有容乃大、關懷眾生、使生命順暢舒適運行的恢弘空間，我們成就的建築自然會有傳統文化中的泱泱氣度和自由靈活的空間變化了。

中國文化既然有關懷眾生、重視自然生態的深厚基礎，我願以一位終身從傳統文化汲取養份的藝術工作者，依過去經驗，為中國生態美學運用至建築提出下列的建議：

1.注重自然與人性的結合：

建築設計要不斷提示人類理解自然、保護自然並注重自然的存在。自然是人性之母，也是人類生活中絕大部份的「大環境」與依持。環境設計時若能注重「自然與人性」的結合，人類才能從自然的感應中發揮天性之愛，溫潤滋愛大地。就如同我們的祖先將自然移進庭園在咫尺園林享受與天地精神相往來的樂趣。現代的生活空間或許不允許我們有大塊土地佈置園林，但建築時與大環境的配合，給人上通天下通地無限寬廣空間，便是人從自然孕育本性回歸。

2.古典的創新與現代化：

古典或傳統的環境美化，不是輕率地將古人雕樑畫棟及紋飾圖案搬進現代生活，而是運用現代環境新材料建造含有自然質樸氣質的環境，並予以簡化創新（即現代化）才能符合現代人生活所需。舉世界馳名的華裔建築師貝聿銘為例，他的建築常常是走在時代尖端，無論造型、材料、空間的運用變化都充滿了想像力，乍看之下貝聿銘的建築是新穎、創新的，但思索他的空間變化卻與中國傳統空間運用有異曲同工之妙。

記得一九七〇年日本大阪萬國博覽會，我與貝聿銘有合作的機緣，當時的貝聿銘將中華民國館長方形的面積剖為兩個三角形，其中死角地帶運用為管線的安排，而前方運用屏障遮擋，空間成為多角形的變化，運用反而更加靈活了。今年我過境香港去參觀他新設計的中國銀行，高聳似塔的外形，三角形卻充滿變化的空間，玻璃帷幕的反射映照，處在中西文化交流頻繁的香港，我們卻能感覺它是中國的。中國銀行沒使用任何中國傳統建築的

外形符號，但它的內涵卻是中國的。

現代創新能激勵進步，回顧古典，卻因應中國人生活感情的需要。

3.維護地域特質：

近代考古學家從各地出土的器具和挖出之骸骨研判，每種環境皆有其特殊的個性與結果。不同地區因氣候、土壤、水質、生態之互異，生活形態也有其適應生存的發展，成就的文化內容也就大不相同。各地物質強烈映射出環境的影響，亙古以來「自然環境」發揮了人力不可抗拒的塑造力量，建築規劃者就應體認這個事實，極力發掘當地特色並予以維護，使當地特色予以顯揚。中國有秀麗的山川奇景，也發展出斯飛如翼的屋簷、樑架支撐的結構，在廣袤的土地上成就世界公認獨特的中國建築，若建築師改變地理環境的事實，或強將他人處理環境的方法和成果直接移入。無疑是破壞了張冠李戴，破壞了地域特質及人文景觀。

4.機能和美化兼顧：

建築設計中，機能是實用功能的價值，直接對人產生影響；美化是精神功能的價值，間接對人產生影響。若建築規劃只做到「有用，可以用」忽略美化及人生存居住之精神反應，就如同生活在機械、僵硬的環境，日久人必精神失調，失去健康的身心與人格。

機能和美化，雖一為知性、理性，一為感性、情緒，兩者可相輔相成，提昇彼此境界，平衡人類生活需求，增加生活情趣。

5.寓教化於環境：

禮記禮運：「昔者先王未有宮室，冬則居營窟，夏則居橧巢……後聖人有作，然後修火之利。范金、合土，以為台榭、宮室、牖戶……以降上神與其先祖，以正君臣、以篤父子、以睦兄弟、以齊上下、夫婦有所」建築空間中孕育教化倫理觀念，唯中國傳統建築有之。

昔日孟母三遷又是環境教育最簡明的例子。環境對人的影響，可視為生理、心理、人格形成的重大因素，所謂「人造環境」、「環境亦可造人」，建築規劃在始初便可寓傳統文化重視生態倫常的理念於屋舍、庭園、雕塑、書畫之中，使人觀之心生美善，潛移默化地受環境的薰陶。

大自然造化了人類，而人類營建了建築，既是人造的環境就映射出該地域孕育的文化背景。今天要談中國建築的未來，最根本、最基礎的還是恢復我們固有的文化精神，今天我們雖然遭受西潮的沖擊造成文化的紊亂，但運用最新技術，汲取中國魏晉至唐宋佛教傳

入精神境界最高的文化精髓爲內涵，建造出現代的中國建築。

佛家云「一切唯心造」，心中有中國才能築出中國的未來。就讓我們爲明日的中國勾畫出「自然、樸實、圓融、健康」的居住理想。

1990.10.11-15發表於北京清華大學建築學院「中國第三次建築學術交流會」

原載《建築學報》第269期，頁42-45，1991.1.20，北京：中國建築學會

另載《龍鳳涅盤──楊英風景觀雕塑資料剪輯》頁60，1991.7.26，台北：葉氏勤益文化基金會

龍鳳涅槃

中華民族在悠久的歷史旅程中，有過輝煌燦爛的漢唐風采，亦有民生凋敝的魏晉戰亂；在時代變遷、景物遞移的歷史洪流中，龍鳳的形象卻在中國人心中愈加傳神鮮明。在中國佛家的觀念裡，涅槃是靜定省思的新生；龍與鳳，這個歷久彌新的民族題材，就讓我們靜定省思他們的新義。

傳統和現代、東方和西方、有形與無形、科技和藝術、……形上意念的思索結合形下作品的實踐，一直導引著我創作的方向；如何去體驗、去融合表面看似衝突對立的觀念，如何使之圓融合一、觀照世間遍存的一切理，是我深潛思索的命題。因此，在創作不銹鋼作品時，我以柔曲變化、虛實交映的景象結合媒材本身冷冽剛直的特性，使作品融入環境中，渾然成為一體；在創作「龍鳳」，這自古恆存的民族圖騰時，我化繁複為簡潔，取其神髓，寓時代精神於民族意象之中。

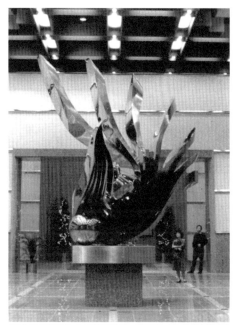

1989台北世貿中心國際會議廳〔天下為公〕不銹鋼景觀雕塑，展覽的鳳凰以七道羽翼與前方的球體相輝映，寓意全球七大洲同心共求人類永久福祉，茲以呼應中國「天下為公」的開闊胸懷。

目前一般人認知的龍鳳是明清以後定型化的象徵，有具體的形象，精神都和皇族聯結，起伏坐臥之中都帶有皇家的貴族氣息。其實，上古時期龍鳳的產生和發展與中國歷史發展有密切的關係。農業時代，節令和牲畜是決定生產的關鍵，因此「龍」和各類動物形成密切的結合，「角似鹿，頭似駝，眼似蛇，腹似蜃，鱗似鯉，爪似鷹，掌似虎，耳似牛。」隨著歷史的演化和先民對節令的掌握，形成中的龍成了動物特徵的綜合形象；因為土地是農業生產的決定因素，因此傳統的龍形也保持了土中的軀體，在天地之間飛舞靈變；故易經乾卦中敘述：「潛龍勿用（在水中）……見龍在田（在土地上）……飛龍在天。」

鳳是新石器時代以來由火、太陽、以及各種鳥組合成的氏族圖騰，古稱「鳳凰，火之精，生丹穴。」鳳凰的出現是集眾禽菁華，光輝燦爛且和吉祥瑞慶相互輝映，自古就為鳥中之王，有「神鳥」之稱。雄曰鳳，雌曰凰，「出於東方君子之國，翱翔四海之外。」，「首戴德，頸揭義，背負仁，心入信，翼挾義，足履正，尾系武，自歌自舞，見則天下大

安寧。」向來又以「仁鳥」相稱。

當時的龍鳳是自然與人結合的產物，先民在與土地共存、牲畜蟲魚並文的年代，他們抽取了自然萬物的菁華，運用智慧巧妙地加以結合，融入地、水、風、火、土等宇宙原素，龍鳳的內涵擴大到宇宙；雲遊天地，神跡四現。他們已融入萬物，意念上統一了實在與虛幻、現實和想像、畜獸和神怪等對立的情形，姿態上也統一了對稱與變化、均衡與運動、盤曲和伸張的狀態。

秦漢到隋唐，龍鳳尚未被皇家壟斷，形態規格也沒有嚴格的限制，藝術家可掌握龍鳳內涵，自由創作龍鳳形象。漢時大量人首蛇軀的神祇在畫中出現，鳳凰也不失雄主氣概；魏晉時佛教興盛，佛教中的靈異動物，如獅、象等，也有龍的紋飾；羅漢中也少不了「降龍羅漢」的尊號。

元明清後，龍鳳被皇家當做標誌，製作型態也有嚴格的規定，龍鳳從外在到內涵都發生了質的變化。龍是天子的化身，鳳凰是女性皇族的標誌；龍的姿態張爪齜目，象徵威權；鳳的姿態柔媚嬌娜，象徵高貴典雅。因為封建時代是男性為尊的社會，龍的形象不斷地被強化擴張，鳳凰便相對地停滯下來了，但其驅邪、祥瑞、天下安寧的吉兆依舊如故。

我研究並創作龍鳳已有很久的時間了，觀察到中國人在現今民主時代依舊沿用明清皇朝、象徵權貴級的龍鳳，不禁思考如何把握龍鳳實質精神內涵，返璞到原創時期那源源不絕的生命力。其實龍鳳是宇宙自然力的化身，具有無窮的能量，他們的型態是看不見、摸不著的，所以先民藉由想像創造世間沒有的生物，以眾禽眾獸身上最強壯的部位集結出有神力的龍鳳，再賦予他們傳奇的生命力，使他們變化萬千，悠遊宇宙，無時不刻地周遊在我們四周。

龍鳳是力量、是能源、是主宰自然生命變化的象徵，中國歷代不斷演化的龍鳳族群，是跟隨時代環境、美學觀念而加以遞變的。這「變」是智慧的結晶、創作的泉源，有「變」才有生命，有生命才能滋養萬物，源源不息。

龍鳳對我的創作影響，是無形的精神啟蒙遠勝於有形的意象體認。他們可以存在山川、天際、雲石，也可以存在人類賦予的形體中，但過多的繁紋縟飾掩蓋了那質樸原創的生命力，威勢權貴的附會，也扭曲了先民創造龍鳳時萬民共享的平等。所以當我以龍鳳為創作主題時，是褪去繁華，還其本源，沒有外在的裝飾，也沒有利爪尖喙。龍的眼睛，我常詮釋為太陽，像巨大的火炬般永恆照亮混沌不明的人世；鳳凰的眼睛是月亮，柔美關愛的注視，像慈母撫育稚子的和煦。造型上我省卻諸多牲禽的特徵，用中國藝術中最強而有

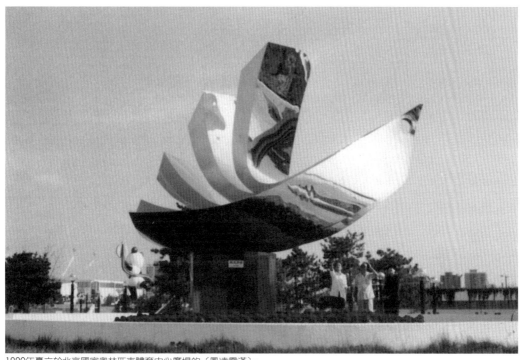

1990年矗立於北京國家奧林匹克體育中心廣場的〔鳳凌霄漢〕。

力的線條，抽象但深刻地表達龍鳳的精神，簡潔剛勁，變化萬千，充滿新生和希望。

長久以來，我始終以中華民族五千年孕育的文化精髓為創作的本源，尤其是魏晉至唐末，佛教傳入中國，提昇中國人精神境界、豐富文化層次最精緻的一段，它匯聚成的宇宙宏觀和審美情操，融鑄成中華氣度最為波瀾壯闊的一面。我的作品從寫實而變形、而抽象、而取神，在轉化造意、由繁返簡的各個過程中，涵容的不僅是個人面對衝擊的歷練與成長，也可以說是一種對廣袤中華文化的體會與再生。一九八八年後我來往大陸十數回，愈是深入壯麗山河、浩瀚平野，愈是嚮往讚嘆於中國歷史文化的決漠氣象，在視野與精神的雙重撼動中，更加深了我深入探索的企圖與熱情。

去年亞運在北京舉行，我應邀至國家奧林匹克體育中心塑造〔鳳凌霄漢〕不銹鋼景觀大雕塑，在製作的過程中，台灣的工作人員以最確切、精良的速度和技術完成不銹鋼各部，並不辭千里運到大陸安裝；大陸官方及建築界，尤其是首都城市雕塑藝術委員會、亞運會主辦單位及航天部全力的協助支援，使這件作品能在最緊迫的時間下樹立起來，我非常感動，海峽兩岸四十年的間隔似乎在這份合作無間的工作熱誠中緊密結合了。

這一段繁忙奔波的時間，我一方面恣意的汲取文化泥土的芬芳，一方面專注的為這隻展翼的鳳凰賣力工作，在精力充沛的鬥志之下忽略了身體的保健，因而罹患急性肺炎，命在旦夕之間，幸賴北京的醫生、友人細心照料，台灣朋友的支持與祝福，終而化險為夷克服病魔的威脅。經歷與死神的這番交手，我認真的省視自己的半生歷程：在龐雜的研究探索中奮力前進，卻很少真正為創作的成果歸納發表。想要將自己感之既深、受之豐實的中國最深邃的「龍鳳」精神也讓大家分享，便積澱成我最深刻的願望。

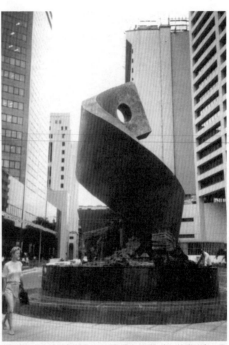

1988年新加坡地鐵廣場前鑄銅大雕塑〔向前邁進〕，呈現S形龍騰之勢，展現新加坡歷史的演進，以及其日新月異進步發展的精銳時代風貌。

近一年來，得助於兒女及許多朋友的協力，陸續地整理發表了一些作品，今年八月應邀到新加坡國家博物院畫廊舉行個展，對我更是深具意義。其實我與新加坡的因緣早於一九六九年即已開始，當時連瀛洲先生邀我為新加坡文華酒店的大廳創作〔朝元仙杖圖〕，連先生雖身在國外卻不遺餘力推展中國文化的努力讓我非常感動，在這個機緣之下我與新加坡一直保持親密的接觸，為文華酒店製作不少作品；在一九八八年規劃了萊佛士地鐵總站廣場的鑄銅大雕塑〔向前邁進〕後，直到今年才首度在新加坡舉行個展，真正以較完整面貌將作品呈現出來。

四年前我第一次踏上大陸國土時再版第一冊簡輯資料，四年後新加坡個展前又匯集了這本簡輯，它可以說是我重履故土後另一階段創作、思想的再出發；而且，在資料的取捨上又加入了這二十年來在新加坡的一些工作文摘及報導，希望使新加坡個展有更完整的呈現。

我要感謝葉榮嘉先生，以及他所主持的「財團法人葉氏勤益文教基金會」再次襄助這本資料輯的出版，更銘記許多朋友的支持與體諒，因為自去年北京的一場大病後我的健康狀況並不穩定，近來又纏臥病塌一個多月，身體上的不適使我必須推掉許多約會把有限的時間投注於創作中，並積極籌備成立財團法人楊英風藝術教育基金會，希望藉著更多研討、出版和創作，將中國「圓融觀照、天人合一」的文化智慧加以闡揚並推廣，藉龍鳳歷久而彌新的精髓，使中國藝術在時代的薪火相傳中，激發出燦麗的火花，一如佛家新生——涅槃的精神，讓龍與鳳於僵化後蛻變，更積極進取地邁向新紀元。

時逢即將進入二十一世紀，科技、資訊的迅速發展，中華民族的龍鳳不應再是明清時代重裝飾、華而不實的龍與鳳，他們應該是象徵知識、資訊、智慧和傳播迅速等特質的表徵，也應該是集各方英才創造出的精銳作品。龍鳳的新生也是全民族的新生，祈望龍鳳涅槃後的蛻變，是光明睿智的起始。

原載《龍鳳涅槃——楊英風景觀雕塑資料簡輯》頁1-2，1991.7.26，台北：葉氏勤益文化基金會

摘錄本文另名〈龍鳳緣起〉載於《現代中國生態美學觀——景觀雕塑》頁34-37，1993.9.26，台北：楊英風美術館

出乎中國生態美學觀的景觀雕塑的創作歷程

從事藝術創作四十餘年了，「景觀雕塑」一直是我努力在拓展的藝術領域。

而我之引用「景觀」兩個字，它的意涵已截然不同於英文「Landscape」所指涉，單限於肉眼看得見的土地或風景上的部份外觀；景觀一詞，實則涵蓋了整個大環境的發展生態，其中包括了人類的思想和感官可以廣泛深及的一切空間，無論是宇宙天成的自然環境或人為創設的活動視野，都容納在這裡頭。

近年來，國內外，藝術、教育、建築、設計，以之於文化、學術各界，都朝著人性與大自然相與協調的發展空間在設想，是人造景觀？抑是景觀造人？其實，兩者是互為表裡的。人類的知識層面再豐厚、科學的技能再高超，人為的小環境、小宇宙都還是必須依附在天然的大環境或大宇宙中，人的心性和大宇宙磁場之間，才可能恆長而靈動地，保有相互持護、滋養且協調無礙的應待關係。我們的老祖先在這些方面的建樹，無論是文化歷史上傳承久遠的功業或哲學思想深度探索的精微貢獻，都深令人讚佩；以傳統建築、園林、庭院為例，在創造境界，呈現勝景，手法之層出，意趣之無窮，直將藝術的空靈感受落定在尋常生活悠若自得的節奏裡，藝術生活健康而圓融的文化特質，於焉，表露得最為通透！

英風自小就極喜愛大自然，生長在宜蘭鄉間，飽受小橋、流水、山川、田野自然之美的薰陶。中學期間，隨同父母留居北京，古都雍容淳厚的文化氣質，以之於北京居民藍衣布掛，人口吟唱京戲，溫雅自然的生活氛圍，深深感動了我年少而敏於求美的心，寶貴的是：這就奠下了我往後體認中國文化生活，執尋母體文化精義與美質的契機。

然而，影響深及我整個創作生命，且驅使我與中國博大的文化生態，精深的生活美學結下不解之緣的，卻是在東京美術學校（今日東京藝大前身）建築系內就讀的那個階段。有幸承受日本木造建築大師吉田五十八先生的指導，因而啟發我對——魏晉到大唐時代，中國人之善於體觸自然，凝注其精髓於生活空間——此舉世卓越的文明成就，緣建築學範而有具體的領會，甚且是多了份當日同窗所沒有的——回歸母體，承傳有序卻又親炙無比的文化認同感！難抑的興奮，拌和著迄今不熄的熱情，激越著我在中國文化的深淵與瀚海中沉潛、涵詠，以至於咀嚼、釀作在往後倚景觀雕塑為創作主軸的藝術生涯。

這麼多年來，英風或因戰事、或因工作、或因交誼，往返於國內外各地，體觸的環境和閱歷的人事也更為豐富與多樣。「豐年」雜誌美術編輯十一年的任職上，我得便，上山下海，用心圖繪，摹寫下台灣農村轉型時的社會變化；行走花蓮太魯閣山水名勝多年，讓我親聞了台灣山勢，聳地矗立，巨擘自然的磅礴大氣。然而，遠赴歐陸義國、亞洲日本、

新加坡、沙烏地阿拉伯、黎巴嫩、乃至美洲紐約等地遊學或應邀在當地發展工作案，我因而得獲充裕且廣面的機遇，深入地比擬各地生活方式的差異，並從中領略其風采各具的文化特質，緣此，我益能堅定自己長年反覆在省思與應驗的創作信念。

歷經時空的流轉，以之於境遇上的變換與周折，不但鍛鍊了我作為藝術工作者應變上的寶貴能耐，也成了補給我創作生命綿綿不絕的激素與滋養！慶幸的是，我生為中國人，中國文化寶藏裡，自然與人文生命融涵一體的礦苗，始終是我創作上的最大本源；我生息、汲取、品味、深思，以及審辦，懷著等同於年少時的熱情，想將自己在中國文化生命底吸收，釀作圓成藝術創作，逐層逐境地整理妥善，好與不同的朋友分享和交流。

特別值得一提的是：魏晉時，樸直、健康、自然而圓融的生活美學，一直是我創作生涯，形而上精神的重要指標；我之出乎雕塑藝術家的專業眼界，不息地在關注建築與環境相互成就的景觀雕塑，且將無悔地奉獻終生，傾注拓展。或可以說，根本上就是出乎中國生態美學觀，文化薪火，代代相傳的深心與大願；燃種式的歷史明燈，親親炙炙地，細細密密地在激越著我個人強勁的創作心魂吧！

1991年8月15日環境藝術研習課程於台大造園圖書館演講稿

中華民國造園學會、財團法人侯政廷文教基金會聯合舉辦

從中國人的生活智慧看景觀雕塑的精義

　　景觀雕塑係楊英風多年來努力地在推展的一個豐富的藝術領域。爲什麼不單談雕塑而必須與景觀合言？看來頗爲新奇的景觀雕塑怎會和古老的中國文化扯上關係？

　　人若問：「你做你的景觀，我過我的日子，我們倆有何相干？」

　　我誠心地回答：「景觀雕塑是你我間的橋樑，它滿含我的關懷；美是我所能獻給你的最珍貴禮物，以此祝福你的生活美滿、幸福。」

　　若也有人問：「你們一天到晚高談文化，文化在那裡呢？恐怕只是學生應付考試，或某些人士的吃飯工具罷了！」

　　我回答是這樣的：「文化就在你我的生活中，它是生活的智慧，我們吃的飯，穿的衣服、住的房子、看的電視、甚至於做人的態度、做事的方法、思想的方式等，在在都是文化的表現；美滿幸福的生活是人類所共同追求的，惟有運用智慧去選取、甚或創造最合適、最圓滿的生活藝術才能獲致，此乃一個高度文化所應具備的充分且必要的條件。

　　而以上兩個問題，前者是談藝術與生活，後者是談文化與生活，再將兩者合而言之，可以說：文化是生活的智慧、藝術是文化的菁華之一，藝術可以提供生活的智慧，啓發人們內在的良知良能，以開創美滿幸福的生活。

西方晚近的科技整合觀恰恰符應了
源諸古老中國文化生態美學的景觀雕塑

　　我中華民族很早就發展成高度的生活智慧，蔚爲泱泱大國，傳承源遠流長的歷史文化。中國文化之所以連綿不斷，就是由於中國人有全面性的宇宙觀與健全的人生觀，他們的時空觀無限久遠，肯定人是天地人三才之一，從不忽視宇宙、自然的現象，也不否定人的創造力，對於宇宙自然一直保持尊重與親愛的態度，更能深刻認識人與人間的相互關係，確認和諧與秩序才是宇宙生命生生不息的原動力。同時中國人生活智慧中還有一個最重要的生命原則，就是中庸之道，不走極端，不執著片面的利弊，而是顧全大局，求整體的和諧；中國人講仁，就是推己及人的和諧精神，所以重視藝術，尤其是生活的藝術。孔子是中國古代文化的集大成者，他倡導的全面性生活必須志於道、據於德、依於仁、游於藝。六藝中禮、樂、射、御、書、數已包含了健全生活所需的基本訓練，尤其禮強調秩序、樂強調和諧；禮樂既用以化民成俗，導民向善，所以中國人自古即崇尚和平，要「化戾氣而致祥和」，古聖先賢已看出藝術對於社會風氣深具潛移默化的積極效用。

　　因而，我們在此談景觀雕塑，不擬用西方現有的相關概念去界定它，因為中國文化很

早就發展成為豐富且和諧的全面性智慧，而西方文化分工甚細，一直到晚近才體悟到「科技整合」的必要性，在景觀雕塑概念的闡揚上，寧可用中國的觀念來解說，方較圓融。

景觀雕塑包括感言與思想可及的空間
西方人痛怍地體會到生態環保的刻不容緩

英文的Landscape只限於一部份可見的風景或土地的外觀，我用的「景觀」卻意味著廣義的環境，即人類生活的空間，包括感官與思想可及的空間。因為宇宙生命本非各自過著閉塞的生活，而是與其環境及過去現在未來的種種現象息息相關。例如人類工業化造成空氣、水源、土地、海洋等污染，改變了氣象、地質、動植物生態而威脅到人類以及其他地球生物的生存。再如星球的運轉、地球磁場與星際間引力的關係都有形無形地影響到人類甚至萬物的生活。中國的古聖先賢能洞察機先，不輕舉妄動且努力防範未然，到晚近西方人從許多錯誤中得到教訓，於是漸漸修整以往自居宇宙主角的臆想，開始大力提倡防治污染、維護生態與保護野生動物等工作，這種仁義且智的作法正合我們祖先親親、仁民、愛物的慈悲胸懷。

西方人終於從切膚之痛中覺悟到人類與他所居住的大環境（即大自然）有不可分的關係，不能再對它予取予奪。本世紀七十年代，他們藉世界性的博覽會或學術會議來示範並大聲疾呼保護環境、保護大自然。歐美國家積極地立法，有效地執行，政府與民間密切合作，熱誠實在感人。他們更進一步動員有關專家，從事環境的設計與美化，當然其中少不了藝術家的參與，藝術家在人類環境的美化工作上自是義不容辭地擔上了重任。

中國堪輿即屬景觀科學
融涵形上與形下的生活智慧

更有趣的是西方人最近開始時興中國古老的堪輿學，他們要蓋房子時也要請中國人去看風水。這是怎麼一回事呢？「堪輿學」一向被近代科學斥為迷信，怎麼又流行起來呢？真是風水輪流轉，原來它是中國土產的「景觀科學」啊。堪輿學不只為死人看風水，更要為活人選擇最適當的生活環境，以保永久的安寧幸福。我們不可忽略環境對於人的精神具有很大的潛在作用，堪輿學其實是中國人形上精神與形下物質並重的生活智慧，只不過我們要借用最新的心理學、物理學、地形學、地質學、氣候學等科學去了解它，再用理智去選擇接受罷了。

我舉堪輿學的例子是為了說明中國人形上形下並重的生活智慧。如果一個人欣賞景或雕塑，只注意到外在（形下）的一面，事實上他只看到「景」而已，這樣還不夠，還不合乎中國的智慧。他必須再進一步把握內在於形象的精神面形上，用他的內心（本真的良知良能）與此精神相溝通，如此才是觀。所以簡單的說：「景」是外景，是形下的；「觀」是內觀，是形上的。任何事物都具形上形下的兩面，只有擦亮形上的心眼才能把握、欣賞另一層豐富的意義世界——用這個觀點來欣賞，則無物無非景觀了，所以古人說：萬物靜觀皆自得，誠斯言之不虛也！

中國人懂於享求美的精神生活
建築、庭園、器物無一不是景觀雕塑

由於中國人是很會「觀」的民族，他把自然（環境）看一個有機的生命體，尊重它、愛護它、欣賞它，並且不知不覺間自我的精神與它合而為一，產生「宇宙即吾心、吾心即宇宙、心包太虛、量周沙界」泱泱漠漠的天人合一思想。所以「天行健，君子以自強不息，地勢坤，君子以厚德載物」，宇宙萬物變成他欣賞、學習的對象，再把這種欣賞、學習之情表現於文學、藝術的創作上，即「外師造化，中得心源，取之左右逢其源」。這種源源不斷的創造靈感與活活潑潑的藝術精神遂蔚為博大精深、自然與人文並重的文化。

所以中國人可說是最會過生活的民族，他們樂天安命，將審美的精神表現在日常生活中，所居之空間，雖不一求豪華，但一定講究舒適、雅緻，庭園池樹、亭台樓閣引人接近自然，即使是竹籬茅舍亦化入自然之中而充滿生趣。古人使用的器物亦講究造型，美觀與實用並重，更在此中注入豐富的想像。對於環境與器物的安排創作，古人時時處處融入求「吉祥」即和樂幸福的意願，所以中國人事實上一直生活在安適愜意、如詩如畫的景觀雕塑中。

天地有正氣，雜然賦流形，下則為河岳，上則為日星，於人曰浩然，沛乎塞蒼冥。宇宙萬物外在已是相當美好的造型，內在又含蘊無限生機，自然成為景觀雕塑無窮的學習泉源，所以中國景觀雕塑表現出剛健、敦厚、典雅、質樸、含蓄、奔放、靈巧、華麗……等趣味。古代造型藝術普遍用於生活，與生活智慧融成一體，我們參觀故宮博物院或全世界的美術館可以看出古時的藝術品其實大多是生活用具，這是由求美的生活智慧所產生的用品，日常生活的用品中有美，才能提昇精神生活。

景觀雕塑屬創作者手藝及材質
損益增減相與調理與整合的心路

我們在這裡談雕塑，只談大原則不談技巧，有了大原則後技巧自可變通，所以說「運用之妙，存乎一心」。雕塑之道何在？「一陰一陽之謂道。繼之者善也：成之者性也。」宇宙現象，虛則實，盈則虧，主要依據調和的原則。中國人吃東西，冬天冷就進補，夏天熱就清火，雕塑的初步原則也就是調和，雕與刻是減損，塑與鑄是增益，基於審美的眼光與生活智慧，當雕則雕，該塑則塑，要不失中庸之道才是佳構，才經得起考驗，我做景觀雕塑也是本著這個原則來學習的。

進一步而言，損益增減的調和工作是依據高度智慧而來的，所以雕塑是創造性的工作。易經上說人可以「贊天地之化育」，即人的智慧可以參加天地生生不息的創造工作。中國古老傳說中的后羿射日是一種雕（損減）的工作；女媧氏煉石補天則是一種塑（增補）的工作，這兩則傳說象徵中國人對生活大環境的關懷與參加創造的意願。對於今天整個生活與環境，更須運用我們的智慧與關懷來從事美化與創造的工作。

雕塑是因環境需要而生的，不管抽象或具象，實用或非實用，好的雕塑對環境有增減調和的作用；雕塑離不開環境，若與環境配合得宜則更能顯出它蘊含的特色。雕塑本身就是內外俱足的景觀，好的景觀其實也是理想的雕塑造型，為了強調以小見大、以大見小的豐富靈活觀念，我喜歡將景觀雕塑合言。

期念：倚景觀雕塑的精神還復我
自然、健康、深刻而直一的文化生活

今天的景觀雕塑應是智慧的創造，藉外在的形象表現內在豐富的精神境界，來提昇現代人的生活。理想的藝術家要有兩方面的修養，一是盡人之性，一是盡物之性：一方面把他的智慧與創造力用於生活中，生活即藝術，藝術即生活，真正的藝術即是他本身，他創作的藝術品是他生活自然的流露；一方面不被材料所限制，金木水火土……甚至科技的產物都可以運用自如以表現他的生活智慧。

今天的藝術家應該走出象牙塔，走向大自然，尋求人與自然的和諧關係；走入人群、關懷人們的幸福，謀求自然與人性的結合，為人類安排一個充滿和諧與秩序的美好生活環境—透過美化環境來美化人生。

有健康的環境才有健康的生活，入世的景觀雕塑藝術家應該將中國健康的生活智慧融

入作品中，更要使藝術品進入現代生活的深處，啓發現代人智慧的泉源，開拓精神生活的領域，導入健康、美滿的生活。

我們的祖先勉勵我們：「苟日新、日日新、又日新」，讓我們以景觀的精神，從生活中凝練智慧，用智慧領導生活；讓我們以雕塑的精神去增減調和我們的環境與生活，活用生活美學以創造幸福美滿的藝術生活。

原載《楊英風景觀雕塑版畫輯要》頁2-3，1992.3，高雄：大眾商業銀行、楊英風美術館

另載《楊英風雕塑設計版畫輯要》，頁2-3，1992.7.20，台北：楊英風美術館

《華僑日報》第37版，1994.12.21，香港：華僑日報社

藝術的生活，即知足常樂的生活

口述／**楊英風**　整理／**周紹翡**

　　中國人老早就懂得過藝術的生活。爲了生活的境界，我們的祖先想盡辦法，動手動腦，提昇我們的生活。無論建築空間、庭園、日用的家具、瓶瓶罐罐，我們從墓園、博物館所遺留下來的，都可見一斑。

　　中國人常講淡泊名利、知足常樂，則是生活藝術化的基本態度。不是有錢才想到藝術化，窮有窮的辦法，雖然窮，但過的很快樂。現在的人，處在這個功利社會裡，往往用錢來買快樂。這一百多年來，台灣接受西方教育，太過西化，過份強調現實，生活顯得非常呆板。所以，強調藝術的生活，只要回復到中國人以前的觀念和狀態，就可以了。

　　我已經六十多歲，想把我一生在雕刻、造型上的努力，以及所發現的問題，讓更多人來參與。西方強調個人主義，思想，在中國則主張生活的藝術，無論雕刻或造型，都是與生活自自然然相結合的。中國的美學，取古人的智慧，深深知道天地間所創造的東西比人多得多。我現在努力要成立的基金會，也就是想把中國文化的來龍去脈，用博覽會的方法說明，結合起來，就能了解我的創作是怎麼來的。今天談藝術的生活，我強調要重視自己的文化，要知足常樂。

原載《活水》第21期，第5版，1992.5.5，台北：中華文化復興運動總會

景觀雕塑的今古座標

—— 由我魏晉南北朝文明風範重新思量台灣今時的生活空間

壹、重新體念中國文化，人文和自然相與應答的生態美學觀

（一）順物之情、應天之時，達天人合一共融的境界

　　中國自古以農立國，對自然的變化採取一種敬畏順服的態度。爾後大禹治水成功，人們相信自然可以利導，人與天可和諧共處，而且將自然界四時榮枯運用到農作的變化上，農作可以生生不息，大地也可以創生化育萬物，中國人對自然生親和的想法，對「天」的概念就漸漸由「神」轉為「道」。隨著歷史的推展演進，宗法制度敬天祀祖，人和天的距離拉近，天也由至高無上權威轉化為人格化了。

　　至此，中國人的宇宙觀是天與人合而為一，物質與精神同流的境界，萬物生命在其中流行，人心與萬物感通為一。所以人心可感應天心，吾人之形體也可以幻化冥合天地，就如陸象山曾言之「宇宙即吾心，吾心即宇宙」王陽明言之「大人者，以天地萬物為一體者也。」

　　對天由敬畏而順服而和諧，中國先民們孕育了「天人合一」的自然觀念，對「人」在宇宙自然間的定位也謙卑地自視為自然的一部份，人類的巧思匠心也不過是發掘自然美的工具罷了，因此尚書皋陶謨說「天工人其代之」，明末宋應星的科技百科全書「天工開物」便取名於此。

　　先民整理自然界變化成通天理達人情之易經，在繫辭中卻言「化而裁之謂之變」；孔子述而不作，對易經的看法為「作易者其知盜乎？」先秦諸中最注重法制人治的荀子也曾言「假天之功以為己力。」崇尚自然，反對虛枉矯飾的老莊更是「天地與我並生，萬物與我合一」了。視天地為一體，包宇宙於吾心，萬物順其自然性情生長，莊子齊物論「物各自其性，苟足其性，則無小無大」，生命無優劣高下之分，自然界均衡循環的生態也不像西方達爾文提出「優勝劣敗」的天演論那麼殘酷現實了。

（二）眾生有其生存環境，修福慧以實現淨土。

　　中國人視萬物平等，通情達性，每種生物生存的環境都應有其適應發展的條件。在儒家思想裡雖以人道為中心，積極人世，注重今生，關心社會，其中心思想「仁愛」注重宇宙秩序的安定，如天、地、人三才，以人居末尾敬天法地，以參天地萬物。又「親親而仁民，仁民而愛物」以「推己及人」之仁心去關愛眾生。道家以抽象之道含攝自然，萬物依其本性順道運行，不任性而為，以免破壞自然和諧。講得最清楚明白的是佛家，以「淨土」點出萬物生存環境之明意。

　　淨，是無污染、無垢穢的；土，梵語是KSETRA或略譯為刹。刹土即世界或地方。

「淨」在佛法中治雜染嗔恚，如無垢、無漏及空，字面上雖重否定，但深一層思索，沒有煩惱就應自在清淨。沒有煩惱嗔恚就易生慈悲智慧而有清淨功德。淨土就是清淨之地或莊嚴妙淨的世界。從經典及高僧前賢的學佛意境中描述，淨土的世界是寶樹成行、百花怒放、果實纍纍、池沼陂塘，極富園林美的美麗公園；淨土世界亦爲道路平坦、光滑寬廣，有亭臺樓閣、四面欄楯，有寶鈴及幢、幡、寶蓋、羅網，是極富建築美的世界；淨土內又鳥語花香、色彩豐富、樂音美妙，居處道路柔軟舒適，呈現的是潔淨、清新健康的自然環境，也是眾生追求的生態環境。更可貴的是佛家認爲有情生物皆有他的活動場所，有眾生就有環境。魚族有其水域，禽鳥有其天空，百獸有其山林，大乘佛教求的是眾生清淨和刹土清淨，含攝了「莊嚴淨土」和「利益眾生」兩層深意，而菩薩實踐的是「攝受大願無邊淨土」，本著「無緣大慈，同體大悲」的心境，教化眾生拔苦得樂，一切圓融歸諸法界，一切利益眾生。有淨土，眾生才能得到攝導啟悟，共修實現淨土。

實現淨土的方法是修智慧和福德，因智慧令身心清淨，福德則令世界清淨。福慧雙修，才能含善於美之中，成就完美的藝術生活。是故佛法教導世人發菩提心，慈悲喜捨，六度四攝，成就菩薩一切功德，就如阿含經所言「心清淨故，眾生清淨。」更清楚明白如印順導師曾言「心淨眾生淨，心淨國土淨。」

（三）直覺觀照，心驗體悟：重視物性的本質，圓成心物合一的文化理念。

在先民思想中表現出關愛眾生、萬物平等、追求和諧潔淨的態度，發之於藝術創作，便是以直覺觀照、心驗體悟，重視物的本質，不違反破壞原有形式。

中國藝術早期不脫實用、政教色彩，爾後在實際中有安頓精神，表現道德的含意。與道德合一，亦與日常生活合一，其著眼點在於人生，所以日常生活中便充滿美的形式，藝術爲安頓生命而有「和」的特質。中國藝術「外師造化，中得心源」在抽象和寫實之間調和精神和物質，欲藉有限的藝術品達無限的境界。

藝術精神融入調和境界，吾人可以一種輕鬆自在的態度悠游玩賞藝術，如孔子「志於道，據於德，依於仁，游於藝。」（論語述而）「游」據唐君毅先生解釋爲「游心於所見、所感之物中，使心入於物而可藏、休、息、游，更可與物之靈悠游往來，使心與物之靈融合而爲一。」精神之可游表現在建築上，佈局就多迂迴錯落，並有飛簷、窗櫺、迴廊來增加虛實的感覺，使人精神悠游其中。又，中國人重中庸之道，中者正也，用中、均平、循性，藝術表現便是重視軸線對稱，重均衡形式。老莊注重人類精神生命的擴張，以「心齋」、「坐忘」對物做純知覺的直觀探索，並達到物我兩忘，主客合一。影響所及，便是

文人寄情煙雲泉石，愛好自然生活。佛教重視形上精神境界的探索，形之於藝術是生命昇華，做人浸潤在具足的象外天地，領略各種不同的禪悅，落實在生活器具上，便散發出追求極致的精神境界。

貳、型

西方的文化意念，以為型純粹是人力創造出來的，而從東方中國文化生活的應驗來看，型係經歷宇宙自然風吹日曬、雨淋電擊：各樣生存上的淬礪，形貌自在流露的一種實存。以黃山的松為例，它單單靠大自然精練的靈氣、雲霧、露珠以及根部少少水分的滋養，就生存下來了，它一株株姿態，嵌合在花崗岩壁上，相依且共存得極其優美，因此說，型是環境的總代言人是一點也不誇張的。

參、西方晚近的科技整合觀恰恰的符應了
源諸於古老中國文化生態美學的景觀雕塑

我中華民族很早就發展成高度的生活智慧，蔚為泱泱大國，傳承源遠流長的歷史文化。緣此，我們明瞭中國文化之所以連綿不斷，就是由於中國人有全面性的宇宙觀與健全的人生觀，先祖的時空觀無限久遠，肯定人是天地人三才之一，從不忽視宇宙、自然的現象，也不否定人的創造力，對於宇宙自然一直保持尊重與親愛的態度，更能深刻認識人與人間的相互關係，確認和諧與秩序才是宇宙生命生生不息的原動力。同時中國人生活智慧中還有一個最重要的生命原則，就是中庸之道，不走極端，不執著片面的利弊，而是顧全大局，求整體的和諧：中國人講仁，就是推己及人的和諧精神，所以重視藝術，尤其是生活的藝術。孔子是中國古代文化的集大成者，他倡導的全面性生活必須志於道、據於德、依於仁、游於藝。六藝中禮、樂、射、御、書、數已包含了健全生活所需的基本訓練，尤其禮強調秩序、樂強調和諧；禮樂既用以化民成俗，導民向善，所以中國人自古即崇尚和平，要「化戾氣而致祥和」，古聖先賢已看出藝術對於社會風氣深具潛移默化的積極效用。

西方的Symposium&中國的景觀雕塑

一九五九年奧國雕塑家卡普蘭Karl Prantl首先在維也納桑特‧瑪嘉雷頓St. Margarethen村內，一有數千年歷史的採石場舉辦了世界第一次的石雕景觀展。

雕刻家和他的作品，由傳統的工作室走向更多人群游動的層面；創作者開始揚起雙

眼、張開雙臂迎接「自然的素材」——一座山壁，一際原野，一片森林，一面廣場，他終於跟上了自然呼吸的腳蹤，同聲共息！

這個創作意念的闡揚與展覽活動的開展，給雕塑本身漸趨疲乏的生命，輸入新鮮的血源，使它重新獲得活力，在現代的空間裡滋長與繁衍。它在近代西方的雕刻史上深具意義，稱之為Sculpture Symposium。

而景觀創作與個人文化經驗與整個生活空間，密絡一體的整體關係，卻在中國人的生活中衍展了數千年之久！舉凡建築、庭園、佛像造相，喜慶禮儀上的器物或日常生活裡的用品等立體的形制，也是景觀雕塑無所不在的落腳處。

西方Symposium的活動觀念，起於近卅年，而中國景觀雕塑的文化理念，數千年前即整體一調地融涵在日常的生活裡頭，孰高孰下呢？

因而，我們在此談景觀雕塑，不擬用西方現有的相關概念去界定它，因為中國文化很早就發展成為豐富且和諧的全面性智慧，而西方文化分工甚細，直到晚近才體悟到「科技整合」的必要性，在景觀雕塑理念的闡揚上，引用中國文化生活的觀念來解說，才比較圓融。

（一）景觀雕塑包括感官與思想可及的空間
西方人痛切地體會到生態環保的刻不容緩

英文的Landscape只限於某一部份眼睛看見的風景或土地的外觀，我用的「景觀雕塑」Lifescape Sculpture卻意味著廣義的環境，及人類生活的空間，包括感官與思想可及的空間。因為宇宙生命本非各自過著閉塞的生活，而是與其環境及過去現在未來的種種現象息息相關。例如人類工業化造成空氣、水源、土地、海洋等污染，改變了氣象、地質、動植物生態而威脅到人類及其他地球生物的生存。再如星球的運轉、地球磁場與星際間引力的關係都有形無形地影響到人類甚至萬物的生活。中國的古聖先賢能洞察機先，不輕舉妄動且努力防範於未然，到晚近西方人從許多錯誤中得到教訓，於是漸漸修整以往的自居宇宙主角的臆想，開始大力提倡防治污染、維護生態保護野生動物等工作，這種仁義且明智的作法正合我們先祖親親、仁民、愛物的慈悲胸懷。

西方人終於從切膚之痛中覺悟到人類與他所居住的大環境，也就是大自然有不可分割的關係，不能再對它予取予奪。本世紀七十年代，他們藉世界性的博覽會或學術會議來示範並大聲疾呼保護環境、保護大自然。歐美國家積極地立法，有效地執行，政府與民間密切合作，熱誠實在感人。他們更進一步動員有關專家，從事環境的設計與美化，當然其中

少不了藝術家的參與，藝術家在人類環境的美化工作上自是義不容辭地擔上了重任。

更有趣的是西方人最近開始時興中國古老的堪輿學，他們要蓋房子時也要請中國人去看風水。這是怎麼一回事呢？「堪輿學」一向被近代科學斥為迷信，怎麼又流行起來呢？真是風水輪流轉，原來它是中國土產的「景觀科學」啊。堪輿學不只為死人看風水，更要為活著的人們選擇最適當的生活環境，以保永久的安寧與幸福。我們不可忽略環境對於人的精神具有很大的潛在作用，堪輿學其實是中國人形上精神與形下物質並重的生活智慧，只不過我們要借用最新的心理學、物理學、地形學、地質學、氣候學等科學去了解它，再用理智去選擇接受罷了。

我舉堪輿學的例子是為了說明中國人形上形下並重的生活智慧。如果一個人欣賞景觀或雕塑，只注意到外在（形下）的一面，事實上他只看到「景」而已，這樣還不夠，還不合乎中國的智慧。他必須再進一步把握內在於形象的精神面形上，用他的內心（本具的良知良能）與此精神相溝通，如此才是觀。所以簡單的說：「景」是外景，是形下的；「觀」是內觀，是形上的。任何事務都具型上形下的兩面，只是擦亮形上的心眼才能把握、欣賞另一層豐富的意義世界－用這個觀點來欣賞，則無物無非景觀了，所以古人說：萬物靜觀皆自得，誠斯言之不虛也！

（二）中國人懂於享受求美的精神生活

建築、庭園、器物無一不是景觀雕塑

由於中國人是很會「觀」的民族，他把自然（環境）看成個有機的生命體，尊重它、愛護它、欣賞它，並且不知不覺間自我精神與它合而為一產生「宇宙即吾心、吾心即宇宙、心包太虛、量周沙界」泱泱漠漠的天人合一思想。所以「天行健，君子以自強不息，地勢坤，君子以厚德載物」，宇宙萬物變成他欣賞、學習的對象，再把這種欣賞、學習之情表現於文學、藝術的創作上，即「外師造化，中得心源，取之左右逢源」。這種源源不斷的創造靈感與活活潑潑的藝術遂蔚為博大精深、自然與人文並重的文化。

所以中國人可說是最會過生活的民族，樂天安命，將審美的精神表現在日常生活中，所居之空間，雖不一定求豪華，但一定講究舒適，雅緻，庭園池榭、亭台樓閣引人接近自然，即使是竹籬茅舍亦化入自然之中而充滿生趣。古人時時處處融入求「吉祥」，即和樂幸福的意願，所以中國人事實上一直生活在安適愜意、如詩如畫的景觀雕塑中。

天地有正氣，雜然賦流形，下則為河岳，上則為日星，於人曰浩然，沛乎塞蒼冥。宇宙萬物外在已是相當美好的造型，內在又涵蘊無限生機，自然成為景觀雕塑無窮的學習泉

源，所以中國景觀雕塑表現出剛健、敦厚、典雅、質樸、含蓄、奔放、靈巧、華麗⋯⋯等趣味。古代造型藝術普遍用於生活，與生活智慧融成一體，我們參觀故宮博物院或全世界的美術館都可以看出古時的藝術品其實大多是生活用具，這是由求美的生活智慧所產生的用品，日常生活的用品中有美，才能提昇精神生活。

肆、魏晉南北朝的文明風貌與今時台灣文化處境類近

	魏晉南北朝	台灣（之於中國內陸）
1.歷史圖譜	秦漢強權衰微，胡人入主中原，單一而強勁地認同漢化為生存的必要歷程，因而文化因子衝擊濃烈，生命表現精采而多樣，且積蘊下隋唐盛世的發展契機。	屬乎母體中國的台灣，屬百年來歷經荷蘭，日本等外族的統治，由明清以降的移民墾植，以至於1949年國民政府的播遷來台，社會內在結構屢經文化因子的撞擊，歷四十年的社會建設。而今主流文化更能把握台灣文化的小傳統銜繫中國文化的大傳統關鍵點，使其磨合的層面境漸入漸深也漸廣。
2.地形與地理景觀	中國大陸係印度板塊和大陸板塊相衝擊，隆起西馬拉亞山麓。北朝位於乾旱、寬闊的黃土地上，南朝則據守江南婉麗的山水小景。內陸因地廣，胡漢交混，文化更具多樣的風貌，也分別承續各有的地方風格。	台灣則為菲律賓板塊和大陸板塊相衝擊，隆起中央山脈；從地形的推移，可確知台灣本屬中國大陸的一部份，而非自始即為孤立的海島，因而文化的體脈源自中國內陸，也無可置疑；台灣本身今日小有的傳統即涵帶內陸大傳統的文化質素。
3.氣候狀況	內陸型	因冷暖流在台灣南方匯流，氣候在窄小、狹長的台灣地面形成立體化的類型分佈，熱、濕暖、寒各帶均有，生物、植物體係複雜而多樣。

4.人種	鮮卑、氏、羌、俚、匈奴、羯蠻、漢以及天竺等外族，文化血源的大混合成為中華文化史上空前的文化激進力。	匯聚內陸三十五省各地的中國人，台灣山地九大族原住民，形成文化血源再匯合的一個歷史新潮。
5.經濟條件	帝王之家、門閥士族以及寺院經濟，成為亂世中稱權的主調，大石窟、佛像造相等的歷史壯舉，即出乎權貴的手筆。	尤其是近十年，台灣經濟富庶，行有餘力，正是文化藝術重新受到全面重視的基本起點；重新賞識中國與台灣文化價值，去蕪擇優，善加闡揚，更是時遇！
6.政治時局	四百年的歷史，僅有短暫的統一經常處於分裂和兵荒馬亂之中。人心浮盪不安，魏晉流尚，此附黃老，迎合玄學；南北朝，佛法盛行，學派林立，異議紛呈。	近四十年的生聚、教訓，台灣，尤其是在解嚴之後，政治生態呈現較顯明的民主運作理念，連通地影響相關的社會、文化、學術、藝術、文學及人文的發展生態。
7.教育	思想寬放，教育理念多有闡發，可分三部看： 1.與教育原理有關的才性論各教與自然兩重要課題 2.關於經學、道德、審美、家庭、無神論、道教、佛教、科技與體育等的教育。 3.這些和當時的政治、經濟及整個社會意識型態緊密聯繫著。	由家庭到社會各層面的教育理念，日益受到學界的探討與反省；各界且懂於以品管的切心，來期許教育的品質，更尊重個人情性與長才的發揮。
8.藝文風尚	思想、性靈同得解組的社會文化，學術自由，藝文風潮相應地多采起來，顧愷之、張僧繇、陸探微、王羲之，名家輩出，《詩品》、《文心雕龍》、《洛陽伽藍記》，均著於此時，敦煌千佛洞，雲崗石窟，龍門十二品，也成於此際。	發展學術藝文的自在舞台，台灣近年的社會條件又寬裕上許多。

史稱五胡亂華的魏晉南北朝，政局紛亂，人心不安，惟胡人同心漢化，胡人體質因遇而與中國文化匯通、凝練，並內化爲中華文化史脈間一雄勁的新血。與台灣，位處東南海隅，扼守寰宇軍事咽喉，雖地小人稠，四十年舉國上下戮力經濟建設，今則因躍昇爲大中華經濟圈內的國際要角，而有具實的國力，足以重新護持中國文化的強幹與深根。在人類文明史蹟深具歷史性的見證與有所承擔的位格上，魏晉南北朝與今時台灣的處境是全無二致的。

魏晉南北朝台灣（之於中國內陸）

魏晉南北朝與今時台灣的文化處境類近點，尚有極多且極微妙的觀點可探究，限於篇幅，臚列至此。

胡人帝王如前秦苻堅與北魏文帝拓跋宏精心漢化，戮力推動，主導社會風尚，以致在中華文化史脈上造就了輝煌的文明果實；今日台灣如何洗鍊自我純一的文化氣質，或可提借魏晉南北朝時北人質一的情性，以樸實、健康，自然而圓融的文化特質，淨化已有的環境或心靈景致的污逆，遂上可感、可容、可親、可遠的中國文化生活的眞實理路呢？

伍、景觀雕塑在文化生活上的今古座標

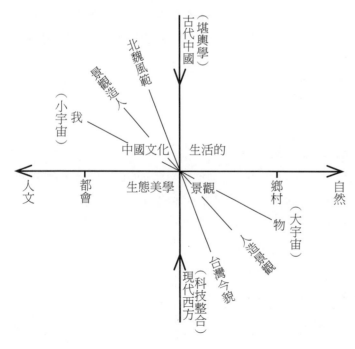

（一）無論都市或鄉村的生活空間均須景觀雕塑家，
　　從全盤性與久遠性的生活需要來考量與規劃。

　　也因為這四十年來，台灣行政當局過於側重經濟的建樹，相形之下，在文化工作與人文的生活景觀缺乏出乎人文性的思考，乃至是中國文化體脈間傳承久遠且極其寶貴的——人文與自然相融一體的文化理念，來規設顧全社會各階層人仕精神上不同的領會層次，而又符應現代工商社會需要的生活空間規劃政策。

　　在我個人的研究上，特別感動於北魏朗朗大度的文化氣慨，像雲崗石窟的造像，就也最能代表我心目中理想中國人心靈形貌！在台灣今日文化生活百序待整的次第裡，提借這樣清明的文化神色，首先就能乾脆而有力地刷新我們既有的生活視野，讓空間耳目一新！台灣本有的自然景觀美麗多彩舉世公認，如何讓這份天生的麗質，不因人為造作、裝飾，反弄成了俗艷的模樣？——因此，我們從景觀造型的藝術視野，首先希望尊重台灣本身的地理特性和這兩百餘年來，台灣自己已經逐漸培養出來的文化氣質與人文特色來整理整體的生活空間與景觀！

（二）景觀雕塑的規設亦有文化、藝術層境和品調上的分野，
　　須分層與逐境地來推動。

　　而我們都知道，台灣的地方小，但自然景觀卻又極其多樣且富變化，當景觀雕塑的文化理念有發揮的餘裕時，還要依不同的區域，掌握各有的地方特性之後，再來結構不同的人文構思，逐層逐境來調理視覺環境的觀瞻。

　　以往，一般的行政體系習於透過徵件的辦法公開來評選雕塑等的藝術作品，陳設在公共建築或公共設施上頭。這樣的作法固然對剛起步或還沒太多演練的創作者深具鼓舞與提昇的作用，但於一地方或都會中彷若路標或市標的藝術品的選擇方式，可能就不大合宜。如何給公共建築甚至是私人建物配搭相得益彰的雕塑景觀，涉及決策者或業主自身於藝術上的修養；而當這份修養不出於平日素常的一種積累時，又當何從去尋訪適切的參考意見，還是彌值我們共同探索與思考的文化課題了。

（三）讓人文性的規劃工作亦還回宇宙性的自然次序，
　　尚且符應「小宇宙與大宇宙的應和之道」。

　　回首台灣與中國的近代史，漫漫文化路，從現代主義到今日年輕一代學界風行的後現代主義，西方世界已深切地感悟到：東方文化體脈涵著與其截然不同的文化價值觀，甚而，恍悟到超越於彼的生命境界；正熱切地在探索東方文化傳統裡各樣的生命精義呢。

在現代這麼多樣的而繁複的文明衝擊間，中國人得天獨厚，既有魏晉南北朝樸實、健康、自然而圓融的文化精華，如何不善惜與提借？讓今人公共空間的設計文化，直一而深入地，來調理生活與藝術相融一體的文化氛圍，讓國人以及海內外的人仕都親炙地領受到今日現代的中國都會或各地鄉鎮的建設，概不是拾掇外來的文化枝枒，更不是零星地承自古來或舊有的文化餘緒──沒頭沒腦地，就恁人把自己日常呼息的生活空間，拼湊、結組成一無民族風味的大雜薈！多枉費先祖提示在前的精神境界啊。

根本上，我們社會各層面的建設就可以做到不偏離自己文化傳統的根脈與主調！當然，社會各界對藝術家個人獨到專業素養，有所尊重，有所委信，在關注行政當局規設整體而相關的工作案時，首先就能有力地提醒各界，於共同生活體裡的生活空間，在機能上、在美的效應上，共有切心，同有期盼！綜攝、分辨、研判，以抉擇適切於現代人生、於人性普遍需要的景觀規劃，而後，篤實而落定地來實踐──這，自是景觀雕塑與藝術文化工作，得以連通一調且無止境地相與提昇的切要因由！

藝術家的本懷是恢宏有容的，懂於賞識各家之長，也擅於匯通各方之見！於我公共空間的設計文化，同有從事自我創作般，熱炙的參與感；相應地來體念各地區、各文化體、各生態網脈等的生命需要與生活的常情，以藝術家的自我境界來轉還更多數人生裡的品調與文化質素。這樣，和諧地溝通，同心地努力，也才好積極而有效益地來改善您我今日所共有的景觀與人生！

茲略敘英風個人數十年來，飽受中國文化之美、之善、之真的感懷，盼於台灣今日無端承受各樣文化拼湊、張貼，乃至是塗抹，而盡失樸純貌的空間設計現況，有所呼籲，有所盡意！謝謝大家。

1992年6月13日發表於「都市公共空間景觀雕塑規畫研討會」台北國立師範大學教育學院國際會議廳

主辦單位：內政部建築研究所、淡江大學建築研究所、中華民國都市計畫學會

原載《景觀雕塑的古今座標》頁1-11，1992.6.13，台北：楊英風美術館

景觀雕塑　調和自然與環境
魏晉樸實圓融精神　爲創作動力

　　從事藝術創作數十年，「景觀雕塑」一直是我努力推展的藝術領域。我所用的「景觀」二字並不同於英文「Landscape」所指涉及的，只限於一部分可見的風景或土地的外觀，它所意涵的是廣義的環境，包含了人類感官與思想可及的一切空間，無論是宇宙天成的自然環境或是人類自創的活動空間皆涵蓋於此。近年來不管國內或國外、藝術界或是建築設計界，創造一個自然與人性協調發展的生活空間儼然成爲一種必然的趨勢，其實「人造景觀」「景觀造人」二者是互爲表裡的概念，知識再豐富、科技再發達，人爲的小環境都必需依附於自然的大環境中，人的心性才可能擁有活潑彈性的發展天地，中國老祖先們在這方面的建樹讓人驚嘆，無論從文化的面向或思想的深度來看，傳統建築庭園幽勝迴繞的意趣、藝術與生活結合的空靈高放境界，都是可大可久的典範，值得我們回味再三。

　　我從小就喜歡接近大自然，生長在宜蘭鄉下的小橋、流水、山川、田野之間，深受自然之美的陶冶教育。中學期間在北京讀書，古都雍容淳厚的生活文化，溫雅親切的生活氣氛，使我對認識中國文化、喜愛中國文化打下順理成章的基礎。但對我影響最大，使我從此與中國博大精恆的生活美學結下不解之緣的卻是在東京美術學校建築系就讀的這一段時間，那時有幸接受日本木造建築大師吉田五十八教授的指導，開始對魏晉到大唐時代中國人融會自然、結合環境的優越成就有了具體的啓蒙性的認識，年輕的我對這份珍貴的發現自是興奮感動不已，自此激發了我學習中國文化熱情。

　　後來我或因戰爭、或因工作而來往於國內外各地，學習的環境也因此多變而豐富：十一年的豐年雜誌美術編輯任期，讓我得以上山下海，紀錄下台灣農村轉型的過程；多年太魯閣山水名蹟的探索，讓我親臨其境的感受到山勢磅礴、聳地而起的自然巨擘；而義大利、日本、新加坡、沙烏地阿拉伯、紐約、黎巴嫩等地的遊學或工作經驗，使我有機會比較中西文化特質的差異，而更加堅定我創作的理念與方向；這些時空上的周折變化，不但訓練了我作爲一個藝術工作者應變的彈性和耐力，也給與了我創作上的激素與養分，但中國浩如煙海的文化寶藏卻始終是我創作的本源，魏晉自然、樸實、圓融、健康的生活美學一直是我景觀雕塑的精神核心，我之所以會以一個雕塑家的專業去關心建築與環境而發展了景觀雕塑，並且將終生奉獻於此，或許就是這一份中國精神薪火相傳的願望所深深激發的吧！

原載《工商時報》1992.9.26，台北：工商時報社

另名〈景觀雕塑的精義〉載於《現代中國生態美學觀──景觀雕塑》頁4-7，1993.9.26，台北：楊英風美術館

漫談雕塑

廿世紀的雕塑，普遍轉變成生活與環境的結合，它不僅僅是意念單純的造型表現，也跳出了純粹欣賞的範圍。其目標不再侷限於被安排的空間裡，而是與空間、生活、環境緊密的結合在一起，也不再使用雕台座，而是從大地成長，與整個區域地點、環境功能、文化背景相結合，表現當地精神生活的品質特性，以表達雕塑造型的最高境界。

當前雕塑家之創作方向，深受觀念支配，東西方在創作觀念上有很大的差異。西方是動態的，用肉眼來觀察事物的具體形象；而東方，則用心眼將自我的境界描繪，是屬靜態的。目前國內的美學教育是取自西方的觀念與方法，來作觀察和判斷，很少談及東方美學教育，因此難以求取中國美學基本性格之表達與完整的傳統之建立。

從西方的雕塑觀來看，東方沒有雕塑，因為東方屬於西方性格的雕塑，由東方的心眼意念所開拓出來的美學概念，尋找不到西方的人體比例、美學觀念。從整個東方文化來看，其文化特性是非常生活化的，不管新造型、新材料的發現，都是在提昇生活需要的工具上來表達，並且重視與生活環境的結合。所以東方的雕塑多表現在工具上、器具上，與周圍環境的建築上。中國人對大自然的觀察，是以心靈去意會，國畫中的山水、花鳥都非實志地寫生，而是觀察大自然景像後，再從意念中重新畫出。雕塑也是不重視寫實，而是經過心眼，在寧靜的環境下創作出作品。如神像的雕刻，因有宗教信仰，而有神的意念，著重造型的美與實用；不像西方人的觀點，是由肉眼昇華的意念產生其造型，但這種觀念在學校教育中是無法傳達及培育的。

未來雕塑的發展是一個很重要的課題，東西方觀念差異所產生的困難，從學術上來檢討有其必要性的，我們不能盲目的跟隨他人，而要走出自己的風格，表達區域生活的特性，讓雕塑與生活環境結合，這種將生活與環境結合的特色，並不是源自西方，而是源遠流長於東方的。從西方的眼光來看東方，東方沒有雕塑，但為何又會受到東方影響？因為東方文化是整體性的，大自然美好的造型是天經地義的原理，引用大自然造型的基本要領，從雕塑的造型中體會生活的方法，表達生命的原則，再配以西方雕塑造型的優點，這才是今後我們應走的方向。

原載《北市師院月刊》第132期，第2、3版，1992.12.24，台北：台北市立師範學院

景觀雕塑之美

──由我魏晉南北朝文明風範重新思量台灣今時的生活空間

中國自古以農立國，對自然的變化採取一種敬畏順服的態度。爾後大禹治水成功，人們相信自然可以利導，人與天可和諧共處，而且將自然界四時榮枯運用到農作的變化上，農作可以生生不息，大地也可以創生化育萬物，中國人對自然產生親和的想法，對「天」的概念就漸漸由「神」轉為「道」。對天由敬畏而順服而和諧，中國先民們孕育了「天人合一」的自然觀念，對「人」在宇宙自然間的定位也謙卑地視為自然的一部份。

西方的Symposium&中國的景觀雕塑

一九五九年奧國雕塑家卡普蘭Karl Prantl首先在維也納桑特‧瑪嘉雷頓St. Margarethen村內，一有數千年歷史的採石場，舉辦了世界第一次的石雕景觀展。

雕刻家和他的作品，由傳統的工作室走向更多人群游動的層面；創作者開始揚起雙眼、張開雙臂迎接「自然的素材」──一座山壁、一際原野、一片森林、一面廣場，他終於跟上了自然呼吸的腳蹤，同聲共息。

這個創作意念的闡揚與展覽活動的開展，給雕塑本身漸趨疲乏的生命，輸入新鮮的血源，使它重新獲得活力，在現代的空間裡滋長與繁衍。它在近代西方的雕刻史上深具意義，稱之為Sculpture Symposium。

而景觀創作與個人文化經驗與整個生活空間，密絡一體的整體關係，卻在中國人的生活中衍展了數千年之久！舉凡建築、庭園、佛像造相，喜慶禮儀上的器物或日常生活裡的用品等立體的形制，也是景觀雕塑無所不在落腳處。

西方Symposium的活動觀念，起於近卅年，而中國景觀雕塑的文化理念，數千年前即整體一調地融涵在日常的生活裡頭，孰高孰下呢?

因而，我們在此談景觀雕塑，不擬用西方現有的相關概念去界定它，因為中國文化很早就發展成為豐富且和諧的全面性智慧，而西方文化分工甚細，直到晚近才體悟到「科技整合」的必要性，在景觀雕塑理念的闡揚上，引用中國文化生活的觀念來解說，才比較圓融。

景觀雕塑包括感官與思想可及的空間

英文的Landscape只限於某一部份眼睛看見的風景或土地的外觀，我用的「景觀雕塑」Lifescape Sculpture卻意味著廣義的環境，即人類生活的空間，包括感官與思想可及空間。因為宇宙生命本非各自過著閉塞的生活，而是與其環境及過去現在未來的種種現象息息相

關。例如人類工業化造成空氣、水源、土地、海洋等污染，改變了氣象、地質、動植物生態而威脅到人類以及其它地球生物的生存。再如星球的運轉、地球磁場與星際間引力的關係都有形無形地影響到人類甚至萬物的生活。中國的古聖先賢能洞察機先，不輕舉妄動且努力防範於未然，到晚近西方人從許多錯誤中得到教訓，於是漸漸修整以往的自居宇宙主角的臆想，開始大力提倡防治污染、維護生態與保護野生動物等工作，這種仁義且明智的作法正合我們先親親、仁民、愛物的慈悲胸懷。

西方人終於從切膚之痛中覺悟到人類與他所居住的大環境，也就是大自然有不可分割的關係，不能再對它予取予奪。本世紀七十年代，他們藉世界性的博覽會或學術會議來示範並大聲疾呼保護環境、保護大自然。歐美國家積極地立法，有效地執行，政府與民間密切合作，熱誠實在感人。他們更進一步動員有關專家，從事環境的設計與美化，當然其中少不了藝術家的參與，藝術家在人類環境的美化工作上自是義不容辭地擔上了重任。

更有趣的是西方人最近開始時興中國古老的堪輿學，他們要蓋房子時也要請中國人去看風水。這是怎麼一回事呢？「堪輿學」一向被近代科學斥為迷信，怎麼又流行起來呢？真是風水輪流轉，原來它是中國土產的「景觀科學」啊。堪輿學不只為死人看風水，更要為活著的人們選擇取適當的生活環境，以保永久的安寧與幸福。我們不可忽略環境對於人的精神具有很大潛在作用，堪輿學其實是中國人形上精神與形下物質並重的生活智慧，只不過我們要借用最新心理學、物理學、地形學、地質學、氣候學等科學去了解它，再用理智去選擇接受罷了。

我舉堪輿學的例子是為了說明中國人形上形下並重的生活智慧。如果一個人欣賞景觀或雕塑，只注意到外在（形下）的一面，事實上他只看到「景」而已，這樣還不夠，還不合乎中國的智慧。他必須再進一步把握內在於形象的精神面形上，用他的內心，（本具的良知良能）與此精神相溝通，如此才是觀。所以簡單的說：「景」是外景，是形下的；「觀」是內觀，是形上的。任何事物都具形上形下的兩面，只是擦亮形上的心眼才能把握、欣賞另一層豐富的意義世界——用這個觀點來欣賞，則無物無非景觀了，所以古人說：萬物靜觀皆自得，誠斯言之不虛也！

中國建築、庭園、器物無一不是景觀雕塑

由於中國人是很會「觀」的民族，他把自然（環境）看成個有機的生命體，尊重它、愛護它、欣賞它，並且不知不覺間自我的精神與它合而為一，產生「宇宙即吾心、吾心即

宇宙、心包太虛、量周沙界」泱泱漠漠的天人合一思想。所以「天行健，君子以自強不息，地勢坤，君子以厚德載物」，宇宙萬物變成他欣賞、學習的對象，再把這種欣賞、學習之情表現於文學、藝術的創作上，即「外師造化，中得心源，取之左右逢其源」。這種源源不斷的創造靈感與活活潑潑的藝術遂蔚為博大精深、自然與人文並重的文化。

所以中國人可說是最會過生活的民族，樂天安命，將審美的精神表現在日常生活中，所居之空間，雖不一定求豪華，但一定講究舒適，雅緻，庭園池樹、亭台樓閣引人接近自然，即使是竹籬茅舍亦化入自然之中而充滿生趣。古人時時處處融入求「吉祥」，即和樂幸福的意願，所以中國人事實上一直生活在安適愜意、如詩如畫的景觀雕塑中。

魏晉南北朝的文明風貌與今時台灣文化處境類近

史稱五胡亂華的魏晉南北朝，政局紛亂，人心不安，惟胡人同心漢化，胡人體質因遇而與中國文化匯通、凝練，並內化為中華文化史脈間一雄勁的新血。與台灣，位處東南海隅，扼守寰宇軍事咽喉，雖地小人稠，四十年舉國上下戮力經濟建設，今則因躍昇為大中華經濟圈內的國際要角，而有具實的國力，足以重新護持中國文化的強幹與深根。在人類文明史蹟深具歷史性的見證與有所承擔的位格上，魏晉南北朝與今時台灣的處境是全無二致的。

魏晉南北朝與今時台灣的文化處境類近點，尚有極多且極微妙的觀點可探究，限於篇幅，臚列至此。

胡人帝王如前秦苻堅與北魏文帝拓拔宏精心漢化，戮力推動，主導社會風尚，以致在中華文化史脈上造就了輝煌的文明果實；今日台灣如何洗鍊自我純一的文化氣質，或可提借魏晉南北朝時北人直一的情性，以樸實、健康，自然而圓融的文化特質，淨化已有的環境或心靈景致的污染，逐上可感、可容、可親、可遠的中國文化生活的真實理路呢？

無論都市或鄉村生活空間均須景觀雕塑家，來考量與規劃

也因為這四十年來，台灣行政當局過於側重經濟上的建樹，相形之下，在文化工作與人文性的生活景觀多缺乏出乎人文性的思考，乃至是中國文化體脈間傳承久遠且極其寶貴的——人文與自然相融一體的文化理念，來規設顧全社會各階層人仕精神上不同的領會層次，而又符應現代工商社會需要的生活空間規劃政策。

在我個人的研究上，特別感動於北魏朗朗大度的文化氣概，像雲崗石窟的造像，就也

最能代表我心目中理想中國人的心靈形貌！在台灣今日文化生活百序待整的次第裡，提借這樣清明的文化神色，首先就能乾脆而有力地刷新我們既有的生活視野，讓空間耳目一新！台灣本有的自然景觀美麗多彩舉世公認，如何讓這份天生的麗質，不因人爲造作、裝飾，反弄成了俗艷的模樣？——因此，我們從景觀造型的藝術視野，首先希望尊重台灣本身的地理特性和這兩百餘年來，台灣自己已經逐漸培養出來的文化氣質與人文特色來整理整體的生活空間與景觀！

精神與自然契合，重視自然環境的原貌

中國人當精神自然契合，對自然環境的重視，從庭園藝術中我們可以更貼切的體認到。

中國庭園不是單純的模仿自然，而是人造自然，使居住者如同置身在大自然中。比方說，庭園山石的變化布置並不似西方雕琢成人體或動物，而是保留原形，讓人觀之如處山林，有移天縮地、小中見大、咫尺山林之效。而水池的設置也儘量保持原形，依地勢環境做適當處理，小水面要幽雅深遠，大水面則開闊明朗。水池旁邊煙花楊柳、疊石步磯彷彿將湖泊泉流移入園中。又，中國人認爲「水性就下」庭園內就沒有近代西式公園中向上噴泉的處理，因不願作違肯本性之故。

花木的處理多爲不整形、不對稱的自然布局，依地形、朝向、土地乾濕及本身生長習性配合做有機栽種。耐陰者植屋角牆隅；耐旱者多植山上；喜濕者置水畔；向陽者植主廳之南。庭園花木的布置就不似西方以人的視覺欣賞爲主，將花木栽剪成整齊規律之形狀種植。

傳統建築更是輕盈靈巧與自然調來。建築不只是生活的場所，更是風景構圖的一部份，其種類依不同性質和用途而有不同造型。如「亭」即停之意，是人休息停集的地方，也是四方風景集結之處。「亭」本身即爲一景，所以形式自由，依基地環境做適當配置。又如「廊」是聯繫建築、風景，劃分空間、遮風蔽雨之用，可以遠眺，也可增加風景深度，形制就宜充分利用地形，隨地勢高低起伏悠長曲折。

中國建築向來重視風水，從日照、風向到安排建築朝向，儘量使冬季背風向陽、夏季逆風納涼，相地時也多選擇背風面水的環境。近人多以風水和命運結合，乍聞如無稽迷信，其實中國人於居住環境重視風水，是注重生態，選擇適於生存居住的場所。

再看材料的選擇，大多就地取材，儘量以當地自然風貌及色調爲主，不強加改變，以

自然為最高原則。

　　而庭園建築的色彩，也多綠、灰、棕等素雅色調來構成寧靜和諧的氣氛來撫平人的精神，並與自然調和。中國人於色彩並不追求絢麗燦爛，而著眼光線對景物的變化，於無色中求色，注重自然界本身的豐富多變。

中國生態美學的未來發展：自然、樸實、圓融、健康

　　如前所述，中國老祖先遺留給我們那麼豐富的生態美學精神資產，後代子孫卻未宏揚發展，任西方科技文明污染我們壯麗的山川景色。追根究底，是中國人喪失了傳統文化的根，對環境的態度唯利益馬首是瞻，處處以經濟政策為前導，其發展結果當然是富足了人類的物質需求，卻犧牲了生態環境的均衡。其實，生態環境的保護不是巨額經費可以彌補挽救的。真正要根救大地，唯有從人心救起，去除人心中貪、嗔、癡的惡性根瘤，處處以大我為主，關懷眾生，予萬物一個自然生存發展的空間，才能常保潔淨大地，使生命順暢舒適的運行其間。

　　中國文化既然有關懷眾生、重視自然生態的深厚基礎，我願以一位終身從傳統文化汲取養份的景觀規劃工作者，依過去經驗，為中國生態美學運用至規劃開發提出下列的建議：

1.注重自然與人性的結合：

　　景觀規劃設計要不斷提示人類理解自然、保護自然並注重自然的存在。自然是人性之母，也是人類生活中絕大部份的「大環境」與依持。環境設計時若能注重「自然與人性」的結合，人類才能從自然的感應中發揮天性之愛，溫潤滋愛大地。

2.古典的創新與現代化：

　　古典或傳統的環境美化，不是輕率地將合人雕樑畫棟及紋飾圖案搬進現代生活，而是運用現代環境新材料建造含有自然質樸氣質的環境，並予以簡化創新（即現代化）才能符合現代人生活所需。又，運用古典精髓之現代創新能使現代人回顧古典，因應生活感情的需要。

3.維護地域特質：

　　近代考古學家從各地出土的器具和挖出之骸骨研判，每種環境皆有其特殊的個性與結果。不同地區因氣候、土壤、水質、生態之互異，生活形態也有其適應生存的發展，成就的文化內容也就大不相同。各地物質強烈映射出環境的影響。亙古以來「自然環境」發揮

了人力不可抗拒的塑造力量，景觀規劃者就應體認這個事實，極力發掘當地特色並予以維護，使當地特色予以顯揚。不要改變地理環境的事實或強加他人處理環境的方法和成果直接移入。

4.機能和美化兼顧：

環境建設中，機能是實用功能的價值，直接對人產生影響；美化是精神功能的價值，間接對人產生影響。若景觀規劃只做到「有用，可以用」忽略美化及人生存居住之精神反應，就如同生活在機械、僵硬的環境，日久人必精神失調，失去健康的身心與人格。

機能和美化，雖一為知性、理性，一為感性、情緒，兩者可相輔相成，提昇彼此境界，平衡人類生活需求，增加生活情趣。

5.寓教化於環境：

昔日孟母三遷就是環境教育最簡明的例子。環境對人的影響，可視為生理、心理、人格形成的重大因素，所謂「人造環境」、「環境亦可造人」，景觀規劃在始初便可寓傳統文化重視生態美學的理念於建築、庭園、雕塑、書畫之中，使人觀之心生美善、潛移默化地受自然薰陶。

佛家云「心淨國土淨」。瞻望未來宏揚中國生態美學理念時，常保一顆清淨心，生慈悲予眾生樂，拔眾生苦，一切行為利益眾生，才能成就潔淨大地，常保環境清新。

「自然、樸實、圓融、健康」就讓我們為明日新鮮環境定下如是目標。

原載《藝術資訊》第23期，頁78-85，1993.7，台北：中華藝術文化推廣協會

《楊英風鄉土版畫系列1946-1959》後記

胡適先生認爲：爲學當如金字塔，基礎要廣博再漸次專精高深。中國文化的特質本是注重整體把握，無論治學、從政或文藝美術的發展，都是由研究大宇宙的規律和人的關係與生態入門，進而細密專一。

台灣版畫界，初皆以木心版爲固定材料。爲研究材料特色與變化，我乃獨創廣泛應用多類媒材，充分嘗試

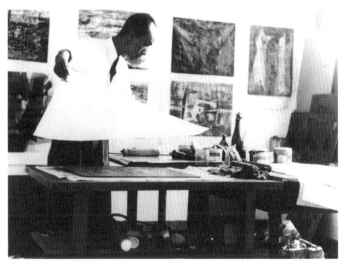

1957年版畫工作情形。

於版畫作品。版畫工作是最便於研究各種素材的方法，且其時正值我在《豐年》雜誌主編任期，具足很好的機緣，常深入鄉間，更引所見所思爲題，對台灣早期的農村生活作一系列詳實的紀錄。

取各種材料不斷試驗表達於版畫的成果和歷練，爲我發展景觀建築美學的先導。天地間與環境景觀相應配合的材料變化萬千，融匯版畫工作的材料經驗與技術爲基礎轉化至景觀雕塑的創作，使我更能隨機應變，自如地應付突然的變數。上圖爲一九五七年我在版畫工作中的情形，圖中背景大都是抽象作品，其實我的寫實和抽象版畫是同時並進研究，此次僅將寫實系列整理介紹，日後抽象版畫整理完成，再另行出版。

我從版畫工作的嘗試應用轉化到雕塑、景觀的表現與發展，契入中國文化「一專多能，多能回歸一專」整體把握的特質，茲僅整理梗概，與同好共享並就教方家。

原載《楊英風鄉土版畫系列1946～1959》1993.9.10，台北：楊英風美術館

美學與審美觀

演講／楊英風　整理／洪明賢

　　中國美學的發展與生活藝術息息
相關，自樹石盆栽、庭園造景、水墨
書畫、詩歌戲劇等，都是虛實掩映崇
尚自然。鴉片戰爭後，東方文化隨著
民族自信心喪失而漸式微，政治向西
方文化學習，生活習慣、社會風俗、
以至教育方式、藝文活動亦全盤西
化，中國傳統文化的發展因此停頓。
是代表中國人崇尚自然的樹石文化也
因過去未曾見於西方藝術的範疇，乃
不受官方重視，唯靠民間愛好者微脈
相傳，方便樹石文化得以承攬綿延。

　　東西方由於不同的地理環境和生
活方式產生不同的文化和美學觀。西
方土壤貧瘠人民以遊牧為主逐水草而
居，價值觀也偏向較重功利的實用主
義，美學與審美觀的發展以寫實為
重。中國山川優美、物產富庶漢民族
以農立國，生活和藝術也與大自然結

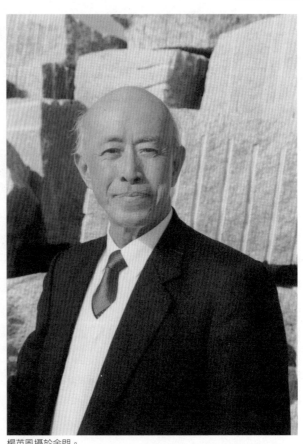

楊英風攝於金門。

合，對萬物主張互利共生、平衡共存。高山大澤氤蘊的雲霧和空靈的氣質，帶給中國人無
盡的想像，無邊的沃野、滾滾奔流的江河，自然環境宏偉壯麗的氣勢，潛移默化了中國人
豁達的人生觀，美學的發展亦超越「形似」，由「贊天地之化育」、「外師造化，中得心
源」，進而以抽象的神韻寫意為尚。尤其魏晉時期佛教傳入中國，其單純、自然、無我、
簡樸的生活境界與審美情操，將中國的藝術推廣至更高的精神意涵，注入「真實觀照、緣
起依存」的般若智慧，更昇華抽象的內涵意境。

　　中國人由大自然的蘊育發展出「天人合一」的生命哲理，以玩賞樹石作為培養恢廓宏
觀的生命氣度之入門方法。先民引自然界的樹石為庭園造景、案牘擺設，融入人文思想，
充實生活內涵與生命意境，體悟宇宙造化。我一直認為「石文化」是傳統美學中最能圓融
中國人生活智慧和宇宙觀的東西，因為中國人不但從石中由小見大，更擺脫我執的限制，

穿透石頭千萬年來的變化與爆裂之力量震盪，參悟自然界最深澳玄妙的抽象之美。

多年前，日本曾在萬國博覽展出盆栽和水石道，源創於中國、鴉片戰爭後受西方政策影響而漸式微的石文化，從此在國際間受到喜愛與推廣。國內近來賞石風氣益熾，賞石的人也愈來愈多，雅石協會的成立如雨後春筍，且常舉辦展覽，各種質地與造型的石頭琳瑯滿目，使各地的石友有機會觀摩到地域環境互異的石頭特色，並藉由石頭質樸曠實的外在，體驗其內在豐富的歷史演變與精神意涵，提昇現代人的生活境界。

近二年，我屢次受邀參加世界各地大型國際展，藉機將自己感之既深、受之豐實的中國生活美學透過藝術工作的成果與國際友人分享，各地的觀眾都很欣賞並對中國文化深表讚嘆，甚至當地的評論界也認為西方美學應向東方學習。這些都是得自於崇尚自然、天人合一的生活美學態度，我於此受益良多，也希望這份超越的生活智慧能發揚推廣深入每一個人心中，建立現代中國的精神與氣象。

今年九月間我應「太極雅石協會」邀請到南台灣演講，洪明賢先生且熱心代為整理成文，預備並同協會成員收藏之雅石輯冊付梓，英風深心感謝。然即席言談難免冗雜，篇幅甚長，乃更錄其精要，爰引為序，特此申之。

原載《太極雅石選集》頁1-2，1993.9.14，高雄：太極雅石會

現代中國生態美學觀──景觀雕塑

宇宙自然生妙化，得其環中應無窮
還諸山川清淨貌，返照人倫自在心
觀納緣起本生滅，靜雕萬象達性空
型塑景境出凡塵，俯仰形影應中觀

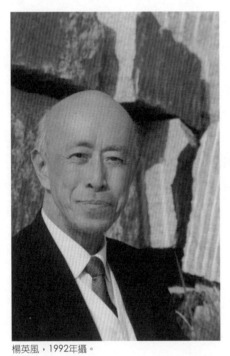

楊英風，1992年攝。

　　淨靜空靈的宇宙間，由最先的爆炸開始形成星系的規律運轉，而後，在無始無終的時空中，由於磁場與能量的衝擊，星球像生命的呼吸一樣，經由不斷爆炸爆縮的演化，平衡宇宙萬有、延續生命的存在。人類內心的意念產生有形的形體，形體即意念、環境的代言。形體其實都是幻影、千變萬化。雕塑是靈的意念，意念產生所謂景觀雕塑，景觀雕塑亦即是生命痕跡的描繪與欣賞。

　　就研究雕塑而言，特別是中國雕塑，首先該學的就是認識石頭。石頭是宇宙形成最基本的材料，小自瓦礫、石塊，大至石林、太空隕石、星球。石頭因環境與氣候不同，而展現宇宙妙化變幻無窮的造型。中國人很早就懂得欣賞石頭，將石頭引置於庭園、案牘等，尺寸千里，由小見大，體會自然和生命的法則，進而產生創造力、想像力，隨機應變生活的無常，超越物質環境的限制，對整個人生、宇宙和世界都能表現出圓融觀照的思想。在我多年從事的景觀雕塑工作中，常喜歡藉自然石塊之力，塑造景觀的自然之美。在吊起、堆置各種形態各具的石頭時，無不感受到它千萬年來，經由氣候、環境、熱度，幾番分離、結晶所散發出來的力量震盪。其中更是宣透著生機無盡、希望無窮的生息脈動。

　　長久以來，我始終以中華民族五千年孕育的文化精髓為創作本源。中國的造型藝術和一切美學都是為了提昇生活，由此產生了文學、美術、戲劇、詩歌等。尤其是魏晉至唐末，佛教傳入中國，提昇中國人精神境界，豐富文化層次，它匯聚成的宇宙宏觀和審美情操，融鑄成中華氣度最為波瀾壯闊的一面。魏晉是一個軍事、政治、民生都紊亂的時代，而佛教慈悲喜捨、圓融淨化的生命態度，適時如甘露般潤澤了中國人的性靈。這個新契

機，亦將中國藝術推展至更高的精神意涵，超越了「形似」的階段，由於佛法觀納所有有情眾生，乃至器世間之形成，不過是種種因緣之和合與幻滅的現象，並無一本然恆常不變之固定自性，而達於自性本空之諸法實相，構築出一條由世間而出世間之豁然智慧，卻又憫於世間千變萬化之苦而重入世間之慈悲心懷，就在這份「世出而世入」「緣起而性空」「超越與凡塵」間之思惟抉擇中，不落世間常情，豁破兩邊直入眞理。不論在生活，人生觀、文藝美術及建築等各方面，都有獨特超然意趣的成就，今天如果我們懂得將這段輝煌文化現代化，擷取原有的菁華，應用到實際生活中，精益創新，則中國藝術文化將可發展出更宏偉昌盛的遠景。

人生及宇宙應是延續的、發展的、活活潑潑且生生不息的。雕塑本身是一增益減損的調和性工作，透過技巧與素材的使用調度，傳達創作者的意念與智慧，呈現「外師造化，中得心源」的高超境界，進而使藝術品與生活環境交融，此爲景觀雕塑的眞義。我認眞的省視自己的人生歷程，在龐雜的藝術領域中研究探索，很想將自己感之即深、受之豐實的中國生活美學與大家分享。近年來，得助於兒女及許多朋友的幫助，積極籌備成立我個人的美術館，希望藉美術館的形式，將我一生在藝術方面的探索、研究與創作，提供作爲美術教育薪傳的資料，並憑之與喜愛藝術的前輩、同好相互切磋，將中國「眞實觀照、緣起依存」的文化智慧和宏觀的生活美學加以闡揚並推廣。以景觀雕塑的精神去增減調和我們的環境與生活，活用生活美學以創造幸福美滿的藝術生活境界。

原載《現代中國生態美學觀──景觀雕塑》頁2，1993.9.26，台北：楊英風美術館

「緣慧厚生」系列

　　萬物在淨靜空靈的宇宙間，依其自然的秩序和規律，休養生息，循環延續。中國「天人合一」獨特宏觀的生命哲理，即是體會到宇宙磁場的變化和人倫之生活命運息息相關，甚至可由生辰八字配合日月星辰推算出一生的軌跡。

　　此次展覽的「緣慧厚生」系列雕塑作品，是取中國人和諧平衡的宇宙觀和尊重自然的生命理念為本，簡潔的線條勾勒出不同的曲面，曲面表示宇宙地球等星群自然運轉的情形，太空中的星球受引力影響沿著弧線規律進行。曲面的圓表示星群在太空中不斷飛翔，地球圍繞太陽，太陽繞著更大的星群循環運轉。構化各種虛實的圓象意太空中的黑洞及星河雲系，描繪宇宙間不斷爆炸爆縮，有如生命呼吸的現象。虛實的圓同時代表陰陽，意象生命演化之始。以多變化的凹凸鏡面映現人群萬象，充份反映生活百態與環境景觀，表現人和大自然相應相融的關係。

　　斜屋單純的造型是中國先民對宇宙自然和生活的體驗精華，以明朗單純的不銹鋼型塑低簷矮屋、高樓大廈等建築外觀，具安頓身命與內容和諧的內涵，統攝中國生態美學與現

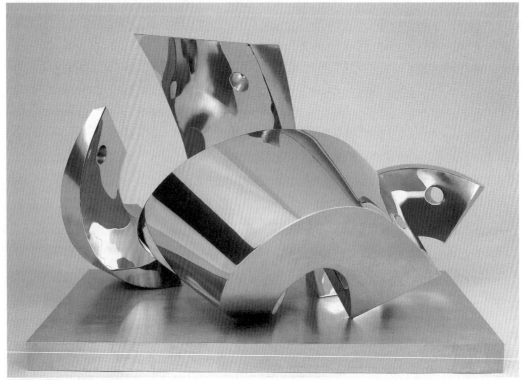

楊英風　厚生　1993　不銹鋼

代科技。意涵人類發揮萬物之靈的慈悲與智慧,照顧生命與生態平衡,繼往開來,創造人間淨土。

在中國「龍」、「鳳」是宇宙天地力量的精華,文藝美術理想昇華超越的抽象哲思具體化。陰、陽、日、月則為生命聚合、演化和開展的基本。我將象徵知識、資訊、智慧和傳播迅速等特質的「磁帶」,結合代表中國文化精華的龍鳳意象,引日月之形為龍鳳的眼睛,以純樸、簡潔、有力的造型,統攝傳統與現代,迴應宇宙自然和文化日新又新的無限生機。

佛學的觀念中「智慧」是緣於聞、思、修的涵養而得。時值科技資訊迅速發展,從事研究工作者更需把握足夠的因緣,體會宇宙循環的規律要領,利用自然以厚生,使生命更活潑健康,生機無盡、地球常新。

長久以來,我始終以中華民國孕育五千年的文化寶藏為創作本源,魏晉時期自然、樸實、圓融、健康的生活美學一直是我景觀雕塑的精神核心。中國的造型藝術都是為了提昇生活,由此產生了文學、美術、戲劇、詩歌等。雕塑是透過技巧與素材增減調和我們的環境和生活,進而使藝術和生活環境相應而融。於今,我用造型藝術來表現中國文化的深觀與思辨,將中國文化對生命最原始的關懷,和宇宙生活的關係,以雕塑的語言將之具象化,讓人們更易瞭解,經由眼看、用心體會,恢復對中國固有文化的信心,並明白唯有努力復興中華文化,對人類文明的未來才能產生偉大的貢獻。藉著此次展覽將宇宙宏觀與「天人合一」等民族文化的特質,再次以雕塑的造型藝術表達現代中國的意念,請方家及藝術同好指教。

原載《楊英風'93個展──不銹鋼系列新作》頁5,1993.10,台北:楊英風美術館

另載《緣慧厚生系列》頁1-2,1994.3.1,台北:欣梅藝廊

《SIMPLY PUT-THE SUBTLE SCULPTURAL LANGUAGE OF YUYU YANG》頁20,1995.4.27,台北:楊英風美術館

《呦呦楊英風豐實'95》頁41,1995.9.28,台北:新光三越文教基金會、楊英風藝術教育基金會

景觀雕塑與建築環境的和諧關係

　　大家都知道我一直以一個造型雕塑家的專業去關心建築與環境而提倡景觀雕塑，我強調作品必需與生活的環境結合，才能具現其眞正的美。最近，常有朋友問我雕塑和景觀雕塑的差別，藉著在新光三越高雄三多店的開幕首展機緣，和南台灣的建築朋友再談談「景觀雕塑與建築環境的和諧關係」。

　　首先說明雕塑和景觀雕塑的意義。「雕塑」是透過技巧與素材調和增減，傳達意念與智慧的藝術創作。「景觀雕塑」是運用智慧增減調和我們的環境與生活，藉外在的形象表現內在豐富的精神境界，來提昇現代人的生活。而且，我所用的「景觀」二字並不同於英文的 "Landscape" 所涉指的，只限於一部份可見的風景或土地的外觀，它所意涵的是廣義的環境，包含了人類感官與思想可及的一切空間，無論是宇宙天成的自然環境或是人類自創的活動空間皆涵蓋於此。

　　自然環境、人造景觀和生活方式相互影響依存，經過長時間的孕積演變，發展出世界各地不同的文化景觀。東西方由於自然環境不同，文化型態亦有差別。我從求學時代到從事藝術創作以至專於景觀雕塑設計工作的數十年間，因爲常居世界各處，讓我有機會於不同區域的實際生活中，去觀察研究、細細體會東西生活文化的差異及藝術的內涵特色。東方文化所蘊含的自然生活觀，與充滿競爭、征伐的西方文明有很大的不同。中國人把自然環境看成一個有機的生命體，要求人順應自然規律積極的有所作爲，主張人是小宇宙必須與自然的大宇宙平衡發展，因而產生「天人合一」的生命哲理。

　　西方文明因自然環境資源貧乏，維持生存較辛苦，文明的發展也因此傾向實用主義、追求功利與小我的完成。尤其文藝復興後，歐洲的工業革命、重商主義與殖民活動，強勁的帶動了西方在經濟、科技、軍事和文化方面的強大優勢，亞洲地區先後也都曾淪爲歐洲列強的殖民地或半殖民地區，文化上也因而變遷沿革。中國自鴉片戰後，大眾普遍喪失民族自信心，各方面學西方，法律、經濟、建築、生活等全盤西化的結果，大環境的建設和都市容貌也變得非常殖民地化。到處可見沒有文化根源的模仿與西化產物。大部份人在全盤西化的潮流中，忽略了母體文化與本土文化的承續發展。

　　近年，我常應邀舉辦個展，並履次受邀參加世界各地大型的國際展，藉著系列作品發表與參展國際展的機會，將自己感之既深、受之豐實的中國生活美學透過藝術工作的成果與國際友人分享。我用造型藝術來表現中國文化的深觀與思辨，將中國文化的哲理、對生命的原始關懷和宇宙觀，以雕塑語言表達，讓人們經由眼看、用心體會更易瞭解。各地的觀眾反應熱烈，他們都很欣賞並對中國文化深表讚嘆。尤其今年十月間我參展法國巴黎第

二十屆FIAC展，當地民眾對中國文化深入瞭解並興趣高昂的表現，令我印象深刻。他們會用中國文化的內涵解釋我的作品，並於展覽後邀請我到他們家繼續探討。當地的評論界也發表西方藝術應向東方學習的看法。期間，我驚訝的發現：所有介紹中國文化的外文書籍，以法文版的內容最豐富、探討最深入，法國眞不愧居世界藝術潮流的領導地位。

由於資訊和交通的往來傳播快速，地球已是一個國際村，東西方的生活和文明產生密切相互影響的循環關係。西方經由貿易和殖民活動所得的中國文物深入體會中國美好的生活內涵，中國豐富的造型藝術跨越時空至近代更深深影響了西方人的生活。很多西方科技無法釐析的疑問都向東方與中國的哲理尋求解答。西方人正主動追求東方理念的再闡釋。我個人幾十年研究的經驗，認爲中國文化在生活藝術各方面，發展的最好的是魏晉南北朝時期的文化：樸實、大方、自然、健康。

以建築爲例，中國傳統建築空間的活潑變化，庭園幽勝迴繞的意趣，藝術與生活結合的空靈高放境界，將有限空間由經由亭、台、榭、廊等的安排變化爲無限，都是可大可久的典範，值得我們回味再三。中國先民認爲建築不只是生活的場所，更是風景構圖的一部份，融合自然景觀與人造景觀將生活環境昇華爲藝術構圖，這也是我所謂「景觀雕塑」的涵意。如：「亭」即停之意，是人休息停集的地方，也是四方風景集結之處。又如「廊」是聯繫建築、風景、劃分空間、遮風避雨之用，可以遠眺也可增加風景深度，充份利用地形隨地勢高低起伏悠長曲折。更有「框景」，把眞實的自然風景，用美似畫框的門、窗洞、框架或由喬木樹冠抱合

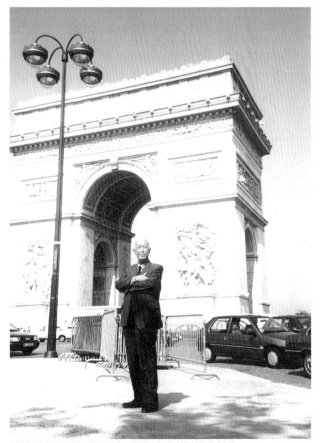

1993年10月間參加法國第十二屆FIAC展時攝於凱旋門前。

而成的空隙把遠景框起來，使人產生錯覺，把現實風景誤認為是畫在紙上的圖畫，因而把自然美昇華為藝術美。其它還有「借景」、「漏景」等，都是引自然之大美融於生活，運用之妙存乎一心。

　　今日我們的生活形態雖然已經轉向工商經濟，我們仍應由傳統先民的文化智慧中學習，從思想、觀念中落實建設本土環境的地區特色。建築是景觀的重要環節，代表規劃設計者與使用者的生活智慧、文化特性與民族思想。簡樸自然和諧的建築景觀，不但可提昇整個大環境的品質，更可塑造都市的文化特色。高雄地區自然環境開闊、氣候明朗，臨大海、有大平原、大港，和豐富的物資，都市容貌難免同於近代全盤西化的混亂，要整理環境就要本著景觀雕塑的精神，盡量以簡單樸實為原則，減少多餘和複雜的物件。西方的環境存在太多人造景觀，易產生呆板、僵化的環境景觀。今後，我們應多引用自然素材融入生活空間，如：樹石盆栽、塊壘庭石、潺潺流水等，運用簡單、樸實、自然、健康的原則來增減損益我們的生活環境，這也是進入中國建築美學的第一步。進而由傳統造型意念中，提煉出精華的部份，圓融自然與人文，開闢出完全屬於現代中國都市的新典範。

1993年12月22日高雄新光三越百貨12樓文化廳座談會講稿

雕刻與文化的發揚

　　日文「雕刻」源自漢文的「雕塑」，是不同語系同義的表達。近百年來風行的「雕塑」，卻是西方強勢文明殖民教育的內涵，傳達狹義地純美術範疇。

　　我以「景觀雕塑」分別當今「雕塑」的西化用語，回歸中國文化造型藝術和生活美學相融相入的表達。結合道與藝，豐富形上「內觀」的抽象思維把握形式「外觀」的造型變化，游於藝薪傳「天人合一」的先民智慧。

　　近年復興中華文化的人群與活動頻繁，卻多如颱風外圍紛紛然急亂無章，冷靜空明的颱風眼才是領導大局的中心。第一要務認識傳統文化的本質：人法地、地法天、天法道、道法自然。佛教無我護生的慈悲更豐富實魏晉時期簡樸、大方、自然、健康的文化精髓。

　　心淨則國土淨，萬物有其生存環境，平衡成長則可生生不息。環保意識為宏觀博深的中國文化本來具足，西方瞭解推廣之餘反指責中國虐待動物，小我私心擴張輕啟戰端，引起骨肉離散民生混亂，自然環境病態叢生，俯觀仰察，中國人該覺悟自己文化的價值。

　　中國文化主張精神與物質並進，精神引導物質，法自然運用大宇宙的力量調和生命生活，發展文化。現代中國人當由此深觀思辨，實行環境藝術與空間整理的簡化，進而從容目前雜亂忙碌的生活步調。

1994年1月19日高雄市立圖書館中興堂演講講稿

中國文化與景觀雕塑

根據生物學系統進化史，地球上的人類由單細胞分裂演化了三十多億年才誕生。今日人類於母體懷胎十月中就將此過程濃縮演化完成才出生，此爲先天稟賦。人類在後天的學習中，古來人們出生後在母親照顧下在自然環境中玩耍成長，生活與大自然結合，享受大自然之恩惠，才能培養發展人性美好慈悲的性格。到達學齡期間對文化歷史地理之認識與生活體驗，就產生文化之根盤，可繼往開來獨特的性格，發展到遼闊的世界有所貢獻。現代的新人類幼年多半在水泥大樓中成長，很少和自然生活相處，同時也失去在其中學習親愛和諧的機會，容易變得殘暴功利。教育階段若無文化陶冶，又無法在生活中學習獲得，文化的根失掉了。

中國文化有一特質是西方文化所沒有的、非常典型的東西，那就是環境藝術。

「環境藝術」這個語言，最近在國際間常常出現。我所主張的「環境藝術」並不是西方概念所開展應用在藝術上使用的意識形式，而是根據中國式的哲學與美學思想一起走來的一種藝術，一切關心到整體、周邊環境之調合，並提昇生活境界的一種精神享受。

本來中國美術就是根據自然的長處去讚美去體會，由此所產生出來提昇生活的境界。它的特色是從大自然哲學引導出來的思想，中國美學是融和生活環境和人，使生活文化更昇華，在這種一連串的關係上所發生的藝術表現，與其它職業一樣爲服務與貢獻，只爲提昇文化生活盡最大的努力。我長期間研究中國美學所發現的一個事實，就是時代精神在造型藝術的反應上有獨特的表達。從歷史的眼光來看非常了不起的時代，有很高雅的造型藝術留下來，不好的時代造型品質也就變成非常庸俗。從這樣的觀察看現代造型所表現的刺激性、批評性的形態其實是西方式的基本觀念——霸佔、慾望、個人主義、人本主義，這幾個名稱語言所代表的象徵與這時代精神有相當關係。

所謂「造型」有它的語言，今天這個時代造型已經在談，這個就是造形學的本質，這是很明白很誠實的一種型。相反言之，是我一直在深思並研究的魏晉時代，在造型學上很誠實很圓融的表現，美學上已發展至圓融而健康的型，把這型轉化到今天的生活環境去用它，這個世界的改革會很快。由美術的造型改革支援改善這個世界是有可能的。

我們的環境造型應該更中國的表現才對，藝術應是由環境藝術來推動，特別是在中國的情況，中國哲學與美學，已經對世界有相當的貢獻與影響力，但我們各方面還是傾向於很西化，中國應走向更本土才好，並且中國固有的文化個性，應該要認眞加強追求下去。中國的藝術應更東方，就可以發展出和西方完全不同的、獨特的方向特質。

1994年4月21日百齡扶輪社演講講稿

中國生態美學與景觀雕塑

「中國生態美學」意指二千年來中國文化已發展出對大自然充滿照顧與感激的文化，透過佛教的教導，對宇宙中所有生命用慈悲善良的心來照顧……。

我在年輕時期就讀東京美術學校，研究美術建築，是相當幸運的。它與一般工學院的建築科系有很大的不同，它有一百多年的歷史，研究的是生活美學，也就是如何讓建築有人性化的空間。

茶道、花道、武士道均是中國傳來的，「道」變成老師所講的，學生不能違反，老老實實傳了一千多年，至今成了一成不變的「道統」。日本建築師上課時，經常提醒我們，中國唐代文化太高了，至今仍影響到日本的生活，要我們好好研究中國的木造結構在唐代的美妙處理。它們來自於唐代生活環境的高超境界，自然而然的才會產生建築空間的創造——非常巧妙、優美、高雅的生活空間。以及好好研究中國古代生活為什麼會那麼高超的來龍去脈，才能在未來有所發展。當今日本的建築界在空間處理上已經超越了西方，為什麼呢？他的創造來自於道統，將道統精神應用發揮在現代化的創造，才有今天日本新的文化、生活體系各方面的產生。當時我才十八、九歲，非常感動，下定決心要好好研究中國歷代的造型藝術，包括形態、生活空間、家具等在生活中處理的辦法。

而在我離開東京後，回到北京。當時的北京生活是很高超的，是一個文質彬彬的國都，前後八年我體會到，文化的表現都在生活空間裡面。當時（五十多年前）北京並不都是有錢人住的，它同時混雜著許多窮困的居民，但每個人都文質彬彬、藝術氣息濃厚，家家戶戶都有古董、繪畫、盆栽、雕刻、奇石、過著非常優雅、豐實的生活。這種生活似乎引起了一批當時西方人的大興趣，因為在二十年前，我到歐洲，發現他們的生活環境，竟像極了那時的北京，他們悠閒的休息、勤奮的工作，而我當時看到「慢吞吞」的北京，實際上就是如此。中國人生活得非常穩重不著急而悠閒，對精神文化非常重視，「慢」其實是一種思考，而文化水準反映在「慢」的生活氣氛裡頭，正是一種善良、善意、禮貌的表徵。藉由對北平生活的體會，我開始深入了中國的特殊文化裡，再加上日本老師要我們研究中國文化，因此，我下決心進入歷史文化，一朝代一朝代的研究下去了。

我發現中國每個朝代的生活態度、造型藝術都表現不同的面貌，好的時代有很好的造型藝術留下來，而壞的時代造型藝術也很糟，換句話說，並不是中國每個朝代都有很好的文化留下來。其中，我挑選了我最喜歡也最佩服的魏晉南北朝。它的造型藝術非常自然、單純、樸實、有宏觀思想，比任何朝代來得高，可以說是純美學、純精神狀態、自由自在

的表現方法，不僅在雕刻，文藝、音樂、戲劇等都同樣有高超的表現。

魏晉時代是中國文化生活化的最高境界，人們受到佛教的影響已到純靈性的高超境界，所以文藝美術才能展到很高的境界，它是全世界文藝美術從未到達的高峰時代。我覺得今天中國的發展，在物質上已相當高超，但反過來，在精神文化層面卻差很多，當然，人的能力有限，在人類的追求中，物質層面提高了，精神文化退步了，這對人類文化是很大的損失。

我曾到世界各國參不少展覽，也很榮幸得到好評，歸究其中的原因很簡單，因為世界各國都在研究中國的文化，他們對中國文化的瞭解比時下中國人還要高超。這一點令我們很慚愧，反省我們自己的美術教育，很少提到本國的文化藝術，卻一直邁向西方美學的趨勢上，反而湮滅了自己的文化。

對自己文化的瞭解，可以增加區域的文化，亦即鄉土文化。區域文化的根必得在中國文化的趨勢上，才能延伸發展。假若對自己文化不瞭解，卻走向西方美學的趨勢，想創造中國文化，是絕無可能的。因中西文化是完全相反的。中國人農耕時期非常長，對宇宙大氣的變化、氣候與農作物的關係都研究得相當透徹，中國文化是從大自然中學到事物間美妙的關係，後宇宙生命的源頭了解美是什麼，所以中國文化才產生了太極生兩儀、四象、八卦等玄易之理，甚至推算出過去、現在、未來。這種文化與西方的現代文化是完全兩回事，今天國際藝術文化都受到西方美學的領導，中國也是，只知道西方美學的常識再依此發展下去。

而我在東京美術學校時期所受的教育，給了我一生很大的影響，我從深入研究中國文化中深深體悟到東方文化與西方文化是完全兩回事。中國文化，尤其在魏晉時期，由於佛教的教導，能夠使人生的痛苦解脫，進入精神上沒有負擔的境界、自由自在去表現，這使得文藝美術、雕刻造型表現得非常特別，而這種表現，如果我們能得知它的要領、運用創造在現代，相信是全世界所望塵莫及的。

日本文化是受唐朝影響，而魏晉更早於唐朝，魏晉高超的文化則是受到佛教的影響，漸而才有大唐的發展，假若沒有魏晉，大唐可能不存在，可能走入另一個歷史了。魏晉時期，佛教深入民間，帶領老百姓走向純美的境界，生活及各方面的表現都到達相當高的地步，這個時期佛教的影響力是相當好的。但歷史的推進中佛教的衰退，跟著造型藝術也衰退下來了，就現代而言，佛教思想還存在，但受到不好的朝代影響，佛教變質了。直到最近幾年，佛教漸復興，造型藝術也將再有新的面貌了。

　　思想上的循環是很自然的，由於西方對大自然的不理會，所以產生了公害，而中國文化是不會產生公害的發展，佛教對大自然的受賜與照顧有相當高的水準，「中國生態美學」意指二千年來中國文化已發展出對大自然充滿照顧與感激的文化，佛教的教導，對宇宙中所有生命用慈悲善良的心來照顧，爲整體犧牲個人所發展出來的思想，即「道」，亦即在宇宙間對生命的體會了解，人能懂得與宇宙並行，重視大宇宙（大自然）與小宇宙（人的生理、精神等一切現象）的調和。中國人講調和，不會偏執在小宇宙中，不敢違背宇宙的規律，是中國文化最大的特色。西方便不如此，他們只強調小宇宙，不理會大宇宙，所以產生不小的公害。今日西方已能瞭解小宇宙需與大宇宙調配得當才不會產生公害的道理，所以他們回過頭來，用保護環境的想法來治療公害問題。這樣看來，爲了促進和諧的世界，環境保護的提倡似乎是西方領頭，但其實中國早在兩千年前就開始了，佛教把我們帶領到一個高超至美的境界，保護環境的基本精神一直在運用，而且延續下去，直到我在北京期間仍能體會到，而最近，我們竟遺忘了，卻由西方來帶領。

　　今日的北平已無中國生活美學的涵養，我們只能回首憑弔歷史上燦爛輝煌的時代，我們應該把魏晉時代精神現代化，變成一個很有特色的區域性文化，來發展今日的環境藝術。即應重視自己傳統文化，再能將區域文化提升表現，讓世界各國來台灣參觀的人能夠體會到興盛的現代化景象，進而學習，這正是大家所樂見的。

原載《中國美術報》第16期，頁5-6，1995.5.7，高雄：藝術潮流雜誌社

中國造型語言探討

　　宇宙星群不斷爆炸爆縮的演化中，磁場與引力等能量相互衝擊溶化結合而積成大小之球體，形成無垠太虛中實體的星球與虛無的黑洞，自成規律地循環運轉，變化現象爲宇宙天體的「型」。小者如星群中之地球，落實在表面的岩巖與砂塵，經過造山運動山川陸海迭宕起伏，顯現天地間萬千造型。

　　石頭，是造物者最初的造型表情、最基本的生命元素、也是人類最原始的雕塑材料。東方與西方因爲相異的天然環境，產生東方人和西方人不同的生活與形體、文化與景觀環境，表現了東西方特有的造型語言。

　　中國民族以農立國，生活和文化也與大自然結合，由「贊天地之化育」，發展出「天人合一」、大宇宙（自然）與小宇宙（人）的生命哲理，對萬物和宇宙主張互利共生、平衡共存。大者如山川正氣，小者如樹石文化應用在庭園造景、案牘擺設，潛移默化中提昇生命意境與恢廓宏觀的生命態度。

　　根據生物學系統進化史，地球上的人類由單細胞分裂演化了三十多億年才誕生。今日人類於母體懷胎十月中究將此過程濃縮演化完成才出生，此爲先天稟賦。人類在後天的學習中，古來人們出生後在母親的照顧下在自然環境中玩耍成長，生活與大自然結合，享受大自然之恩惠，才能培養發展人性美好慈悲的性格。到達學齡期間對文化歷史地理之認識與生活體驗，就產生文化之根盤，可繼往開來獨特的性格，發展到遼闊的世界有所貢獻。現代的新人類幼年多半在水泥大樓中成長，很少和自然生活相處，同時也失去在其中學習親愛和諧機會，容易變得殘暴功利。教育階段若無文化陶冶，又無法在生活中學習獲得，文化的根就失掉了。

　　中國文化有一特質是西方文化所沒有的、非常典型的東西，那就是環境藝術。

　　「環境藝術」這個語言，最近在國際間常常出現。我所主張的「環境藝術」，並不是西方概念所開展應用在藝術上使用的意識形式，而是根據中國式的哲學與美學思想一起走來的一種藝術，一切關心到整體以及周邊環境之調合，並且提昇生活境界的一種精神享受。

　　本來中國美術就是根據自然的長處去讚美去體會，由此所產生出來提昇生活的境界。它的特色是從大自然哲學引導出來的思想，中國美學是融和人和生活環境和人，使生活文化更昇華，在這種一連串的關係上所發生的藝術表現，與其它職業一樣爲服務與貢獻，只爲提昇文化生活盡最大的努力。

　　我長期間研究中國美學所發現的一個事實，就是時代精神在造型藝術的反應上有獨特

的表達。從歷史的眼光來看非常了不起的時代，有很高雅的造型藝術留下來，不好的時代造型品質也就變成非常庸俗。從這樣的觀察看現代造型所表現的刺激性、批評性的形態其實是西方式的基本觀念——霸佔、慾望、個人主義、人本主義，這幾個名稱所代表的象徵與這時代精神有相當關係。

近代中國大陸承繼先民所謂「超能力」研究，其實即為「外師造化，中得心源」，以一滴水滴入汪洋匯聚大力量的要領，探討人介立宇宙以心以靈法自然攝取運用天地能量的奧秘。科技精密釐析僅囿於三度空間事物，超過三度空間千變萬化的現象，人的常識就太有限了。

所謂「造型」有它的語言，這個時代造型已經在談，這個就是造形學的本質，這是很明白很誠實的一種型。相反言之，是我一直在深思並研究的魏晉時代：思辯清談之風自由鼎盛，再一次南北種族大融和互相學習增長優點，加以佛教慈悲喜捨、圓融淨化的證悟，說明器世間種種因緣不斷成、住、壞、空輪迴演化，其空靈、無我、中觀的思想，將中國藝術推展至更高的精神意涵，在造型上很誠實很圓融的表現，美學上已發展至圓融而健康的型，把這型轉化到今天的生活環境去用它，這個世界的改革會很快。由美術的造型改革支援改善這個世界是有可能的。

「雕塑」是靈的意念，人類內心的意念產生有形形體，形體隨意念流轉而千變萬化，「型」其實是意念、環境、文化的代言，意念產

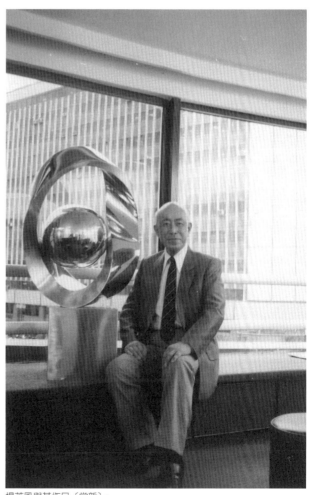

楊英風與其作品〔常新〕。

生所謂景觀雕塑，景觀雕塑亦即是生命痕跡的描繪與欣賞，是心是靈結合雙手的遷想妙得。人類精神體對「型」的基本反應，使觀者欣賞聯想之餘，體會作者的語言、內涵，思想感情亦受其潛移默化。因此，「型」同時具有思想性和藝術性，好的「型」產生好的影響和啓發，可改善社會人心。這正是中國美學整體觀照，更是魏晉時期文化精髓：單純和諧、健康圓融、慈悲關懷、宏觀樸實、尊重所有生命平等的精神智慧。由此所發展影響的造型語言、景觀雕塑、環境藝術以至於生態美學與文化藝術，將是未來全人類的生機與希望。

魏晉精神之基本心態：光明正直、善良誠懇、喜捨奉獻、關懷慈悲等自然的生活智慧，即是高雅的型的語言根源，也是現代化生活空間好的境界所須要的造型語言的成就，這樣才能產生潛移默化的功能。因此，我們的環境造型應該走向中國的表現才對，藝術應是由環境藝術來推動，特別是在中國的情況，中國哲學與美學，已經對世界有相當的貢獻與影響力，但我們目前各方面還在傾向西化思想，是錯誤的。中國各地區應走向更本土化才好，並且中國固有的文化個性，特別是在魏晉南北朝時期最精緻的造型語言及其精神風範，應該要認真追求下去。我們的藝術才能表現更中國，就可以發展出和西方完全不同的、獨特的方向特質。

為「1995基礎造型學會年會暨學術發表會」所寫之文章

原載《中國造型語言探討》頁9-10，1995.7.116，台北：楊英風美術館

景觀雕塑造型語言探討

　　本人以為恢廓宏觀的文化內涵，是要與大自然結合，由「贊天地之化育」，發展出「天人合一」、大宇宙（自然）與小宇宙（人）的生命哲理，對萬物和宇宙主張互利共生、平衡共存。大者如山川正氣，小者如樹石文化應用在庭園造景、案牘擺設，潛移默化中提昇生命意境。我所主張的「景觀雕塑」使用的藝術形式是根據自然生態環境之特色所產生民族式的哲學與美學思想一起走出來的一種藝術：一切關心生活文化的根到整體、周邊環境之調合，並提昇生活境界的一種精神享受，有畫龍點睛的效用。

　　仔細觀察宇宙生命的訊息，即可瞭解欣賞到萬物的造型都是很美好的，其中皆蘊含生命成長的個性與力量，由此可體會到宇宙自然的慈悲大愛，這種美好的慈悲大愛就是人類應該要關心與學習的。美術就是根據自然的長處去讚美去體會，由此經驗所產生出來的創意，具體地去提昇精神生活的境界。它的特色是從大自然哲學引導出來的思想；美學是融和人和生活環境，使生活文化更昇華，在這種一連串的關係上所發生的藝術表現，是服務與貢獻，具提昇文化生活的功能。

　　「外師造化，中得心源」，是以一滴水滴入汪洋匯聚大力量的要領，探討人介立宇宙以心以靈法自然攝取運用天地能量的奧祕。人類離開母體後生命的依存靠大自然，人類由自然體會到大愛恩惠，應回饋於增進人類生活的希望與服務。科技精密釐析僅圍於三度空間事物，超越三度空間千變萬化的現象，人的常識就太有限了。美的影響在人生觀和行為方向有很大力量可培養純正善良光明的方向目標，因此人類離開母體後向自然學習的過程很重要，由此體會微妙深奧的生命意義，應用於生活文化，潛移默化，貢獻服務促進世界和平是可以預期的。我的景觀雕塑就是向大自然、向宇宙學習應用於造型美學的表現。

　　「雕塑」是靈的意念，人類內心的意念產生有形形體，形體隨意念流轉而千變萬化，「型」其實是意念、環境、文化的代言，意念產生所謂景觀雕塑，景觀雕塑亦即是生命痕跡的描繪與欣賞，是心是靈結合雙手的遐想妙得。

　　人類精神體對「型」的基本反應，使觀者欣賞聯想之餘，體會作者的語言、內涵，思想感情亦受其潛移默化。因此，「型」同時具有思想性和藝術性，好的「型」產生好的影響和啟發，可改善社會人心，由美術的造型改革改善這個世界是有可能的。美學注重整體觀照，單純和諧、健康圓融、慈悲關懷、宏觀樸實、尊重所有生命平等的精神智慧，由此發展影響的造型語言、景觀雕塑、環境藝術以至於生態美學與文化藝術，將是未來全人類的需要、生機與希望。

約1990年代文稿

宏觀美學

我十多歲時，曾到大同雲岡，大陸北方恢宏的自然景觀融合成就了雲岡大佛龐大的氣勢，使我深受感動，那一刹那的宏觀震撼，影響我的創作一直到今天。

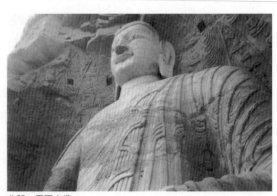

北魏　雲岡大佛

回首來時路，從宜蘭到北平到東京以至羅馬，求學階段都剛巧碰上時代轉接點，使我的學習過程有更多的經歷和更廣的視野，也養成我喜愛研究各種媒材應用於創作，漫畫、版畫、木雕、石雕、鑄銅、不銹鋼……等，豐富了創作內涵，也歷練出更自如的環境規劃與景觀雕塑創作。思想起來，我最銘感謝天的，是此生際會的許多善知識善因緣，使我在動盪的時代、艱苦的藝術工作中，得以幸運地埋首發揮理想。

因此，我以「呦呦」為字，畢生以和諧分享的襟懷，以真善美的造型藝術與生活美學，潛移默化為改善人類的生活與未來貢獻心力。

先哲有云：「萬物唯心造」，佛家亦言：「心淨則國土淨」。近代因國際局勢不斷變化，世界各國社會爭端混亂叢生，許多人際、社會、甚至美學的價質觀都面臨重新定位。藝術家本身也不斷地反省、批判，尋求未來美學價質觀應有的發展方向。我之管見：美學為純精神活動，唯精神文化內涵方可充實營養之。西方物質性的機械文明發展出高精密科技，對世人貢獻很大；但東方文化本具而被忽略遺忘百多年的精神境界文化，更應是美學價值觀重新定位的動力來源。我花費六十多年深觀思辨中國的思想菁華，重新思考應用於現代藝術創作，表現於造型與生活美學，希望能為中國文化和世界人類生活與美學價值觀，開闢出一個新方向新境界。邇近四載，我履應邀參與歐美亞洲等地舉辦之國際藝術博覽會，世界各地觀眾對我的作品內涵都能理解、欣賞、喜愛。但我更希望國人也能一起尋思這個重要的、國際性的課題。

時值個展，爰引數語略舒感懷，並謹以造型語言傳達中國文化菁華與宏觀思想的精神內涵，呼應人類內心真善美的本性，共同追求健康、自然、無私、自由、和平的理想。

一九九五年　台北

原載《呦呦楊英風豐實的'95》頁5，1995.9.28，台北：新光三越文教基金會、楊英風藝術教育基金會

另載《雕塑東西的時空──楊英風1926-1997》頁7，1998，香港：香港科技大學圖書館

區域文化與雕塑藝術

一、定義

「區域文化」：指某特定地區的自然景觀、物產、人物、宗教、宗旨、生活與習慣之特性；甚至地理沿革、職官、教育、經籍、歷史事件、文藝表現等。前者屬民間文化，通常表現於生活民俗活動，包含外地引進在當代流行更迭的社會現象；後者則為根脈延伸的母體文化，是經過日積月累、甚至消化外來文化的優點融合於當地特性，自在於現時生活與現代化社會活動體系，屬於境界高雅、繼往開來精神的精緻文化。區域文化的範圍小自機構、社區、縣、市、省等地方；大可至國家、東方、西方為單位。惟精緻文化普及深入民間，才能提昇真正道地的本土性區域文化。

「雕塑藝術」本是一增益減損的調和性工作，透過技巧與素材特性的使用調度，傳達創作者的意念、智慧與文化涵養；「雕塑」亦即是靈的意念，人類內心的意念產生有形形體，形體隨意念流轉而千變萬化，「型」其實是意念、環境、文化的代言；換言之，「雕塑藝術」工作者經由真善美的「造型語言」呈現「外師造化，中得心源」的高超境界，進而使藝術品與生活環境交融，此為「景觀雕塑」的精義。「景觀雕塑」亦即是生命痕跡與區域文化的描繪欣賞，是心、是靈結合雙手的遐想妙得。

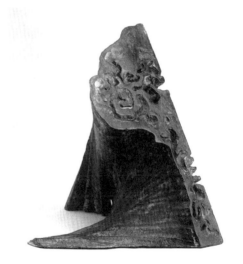

楊英風　造山運動　1974　銅

景觀藝術、環境美學經由雕塑的造型語言，畫龍點睛地表現每個區域的現代文化，是生活境界最直接的傳達，也是經由眼看、用心體會、耳濡目染、潛移默化，以收教育之功的最好方式。國際間，許多積極推動現代文化的國家，大都有規劃國際水準的雕塑公園，展現國家最優秀的雕塑藝術創作，一方面表現區域特性與國家文化內涵特色，一方面也可使國民於生活中欣賞潛移默化，提昇文化素養，疏解調和繁忙的現代生活步調。希望我們的國家也能早日成立國際規模的雕塑公園，表現中華民國現代文化藝術的高雅宏觀與國際化。

本人畢生致力：以景觀雕塑的精神去增減調和我們的環境與生活，活用生活美學以創造幸福美滿的藝術生活境界。在此，本人謹由過去六十年的藝術工作經驗中爰引數例，作為雕塑反映區域文化特色；及景觀雕塑與生活環境協調相融提昇生活美學的典範。

二、本人在雕塑造型表現區域性文化、提昇生活美學的實例

（一）宇宙自然的「型」表現於石頭、樹木等天然素材；景觀雕塑則應用天然素材及現代科技人造材料，從事自然環境之再改造，增減調和後更回歸自然。

（二）應用台灣森林特有的千年紅豆杉呈現「古木參天」的景象；以全世界最優良的蘭陽霧檜契入先民蓽路襤褸以啓山林、「協力擎天」的精神規劃環境景觀，融會自然素材、造型語言落實區域文化與天人合一的哲思。更以現代科技不銹鋼材料型塑日月星群等宇宙運轉的現象，表達先民和諧平衡的宇宙觀與尊重自然的生命理念，承傳「緣慧潤生」的教育意義。

（三）以台灣中央山脈與東部花蓮太魯閣的自然景觀爲造型題材，創作「山水系列」。如〔造山運動〕、〔鬼斧神工〕、〔太魯閣〕、〔正氣〕、〔有容乃大〕、〔太空行〕等。

（四）於豐年雜誌任美術編輯的十一年，因工作機緣深入鄉間，引所思所見爲創作題材，對台灣早期農村生活民俗風情等作一系列詳實的記錄。如版畫〔浸種〕、〔後台〕、銅浮雕〔豐年樂〕、〔協力〕、鑄銅〔無意〕、〔驟雨〕等。

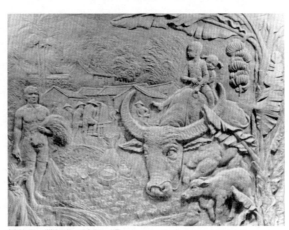

楊英風　豐年樂　1956　銅

三、西風東漸與「殖民文化」的省思

中華民族以農立國，生活和文化也與大自然結合，由「贊天地之化育」，發展出「天人合一」、大宇宙（自然）與小宇宙（人）的生命哲理，對萬物和宇宙主張互利共生、平衡共存。中華民族的美學特色是從大自然哲學引導出來的思想，是融和人和生活環境，是整個觀照使文化更昇華，在這種一連串的關係上所發生的雕塑藝術與生活美學，與其它職業一樣爲服務與貢獻，爲提昇生活文化盡最大的努力。

西方自從工業革命、重商主義後發展殖民政策，挾其武力征服，迫使殖民地受其文化洗禮，再加上東方社會長期積弱不振、缺乏民族自信，拾西方文明餘緒發展，漸至全盤西化。

　　我長期間研究中華民族美學所發現的一個事實，就是時代精神在造型藝術的反應上有獨特的表達。所謂「造型」有它的語言，從歷史的眼光來看非常了不起的時代，有很高雅的時代造型藝術留下來；不好的時代造型品質也就變成非常庸俗。從這樣的觀察看現代造型所表現的刺激性、批評性的形態其實是西方式的基本觀念──霸佔、慾望、個人主義，這幾個名稱所代表的象徵與這時代精神有相當關係。

四、結論

　　人類精神體對「型」的基本反應，使觀賞者欣賞聯想之餘，體會作者的語言、思想感情、文化內涵，進而受其潛移默化。因此，「型」同時具有思想性和藝術性，好的「型」產生好的影響和啓發，表現單純和諧、健康圓融、慈悲關懷、宏觀樸實的精神智慧，可改善社會人心。由此所發展影響的造型語言、景觀雕塑、環境藝術以至於生態美學與文化藝術，將是區域文化的全面呈現。

　　因此，我們的環境應該走向更本土化的特性表現才對，文化可經由景觀雕塑與環境藝術來影響推動，但我們目前各方面還在傾向西化思想，是錯誤的。台灣各地區應走向更本土化才好，特別在高雅的造型語言與精緻文化的普及深入民間文化，應該要認眞追求下去。如此，我們的區域文化和雕塑藝術表現才能更本土，就可以發展出和西方完全不同的、獨特的方向特質。

　　雕塑藝術、環境規劃與區域文化互爲表裡，成功地推展至國際活動受到喜愛重視，才能眞正脫離殖民文化，才能將民族、區域、國家的精緻文化在國際間發揚光大。

原載《區域文化與雕塑藝術》頁6-7，1996.11.7，台北：楊英風美術館

由創作經驗談文化內涵與石雕藝術

壹、石頭是宇宙大化的產物，是大自然生命的記錄與雕刻

石頭是宇宙經由爆炸爆縮無中生有，大者為星群，小者為太空塵埃、隕石，更小以至石林、石塊與瓦礫，其中富含金木水火土的成份與變化，是滋養萬物生命的物質。石頭因環境與氣候不同，而展現宇宙妙化變幻無窮的造型，是造物者最初的雕塑作品、最基本的生命元素，也是人類最原始的雕塑材料。從石頭的質地和造型可瞭解當地的歷史演變、生活環境和社會文化。

台灣地處大陸板塊和菲律賓板塊交接，海洋寒暖流交會，物產資源豐富，深海部份受兩板塊擠壓形成中央山脈，因此其高海拔之端，遍佈許多古生物的化石和形貌材質殊勝的奇石，石頭的紋理和質地變化無窮，尤其台灣東部花蓮太魯閣山川壯美彷彿鬼斧神工的地理形勢，實為「寶島」地理環境和歷史演進的最佳見證。

中國人對石頭的發現與欣賞已有數千年的歷史，從「舜之居於深山之中、與大石居之」崇尚自然的化育，到北宋米元章獨創品評石頭以「瘦、縐、透、秀」為尊，雅石或置於書齋案頭、或佈於園林庭園，都是借收攝自然於生活中，凝煉豐實圓融的生活美學，由小見大，體會自然和生命的法則，進而超越物質環境的限制，對整個人生、宇宙和世界都能表現出圓融觀照的思想。

台灣賞石文化，自民國三十六年林岳宗先生隨政府來台，致力推動傳揚，風氣日盛。近年社會安和樂利，年輕一輩玩賞雅石者與雅石協會的成立、展覽、交流越來越多，收藏的內容和欣賞的角度也有很好的體會進展，這對清季以來西方文化為主導的發展情勢，具有特殊的意義。

石頭是地球形成的最原始材料，從古到今一直被運用為藝術素材，它是永恆的藝術。而人在大宇宙的秩序裡，所扮演的角色，就是要運用智慧與感性將自然所賦予人類的藝術品，使它更為美化，襯托出它的價值。石頭吸收日月精華、受天地靈氣孕育數萬年，自有屬於它自己的生命和獨特性。倘能對石頭的造型與質感作更深入細密的探索，觀照石頭本具的特性和創作者自己內心的思想，將積累深厚的人文精神融貫石材和石雕，圓融藝術和宇宙宏觀，則創作者與欣賞者將能共體「物我交融」的最高境界。

貳、由石頭的特性，探討東西方文化與雕刻之基本特質

（一）因氣候、環境不同，東西方的天然石頭質地、紋路差異，
藝術文化之發展也各有特色，雕刻藝術的基本精神亦由此延伸。

　　自然環境、人造景觀和生活方式相互影響依存，經過長時間的孕積演變，發展出世界各地不同的文化景觀。東西方由於自然環境不同，文化型態亦有差別。石頭的型是生命演化的歷史，也是生命造就的環境、生命成長過程的代言。東西方因自然環境和氣候的差異，石頭的品質也有不同。大致說來，東方石頭色彩較純雅、含蓄、圖案沉定。西方石頭色彩較鮮麗，圖案較明朗。一九六四年本人初抵義大利時曾去參觀全世界大理石板之標本，彷如見到人類文化特性之表現，石頭切面的紋路其實即是區域文化特色的顯現，尤其是世界各民族繪畫的表現和當地石頭切開的紋路完全一致，此可例證所謂文藝美術的創作表現，其實離不開區域文化的特性和風格。石頭的內涵同時代表了東西方民族文化的特質。

　　西方文明因自然環境資源貧乏，維持生存較辛苦，文明的發展也因此傾向實用主義、追求功利與小我的完成。如：石頭僅為創作材料，創作者重新加以型的雕鑿，偏重人為的表現，雕出的型與石材的特質少有關聯。文藝復興後，歐洲的工業革命、重商主義與殖民活動，強勁的帶動了西方在經濟、科技、軍事和文化方面的強大優勢，亞洲地區先後也都曾淪為歐洲列強的殖民地或半殖民地區，文化上也受到影響而變遷沿革。

　　中國自鴉片戰爭後，大眾普遍喪失民族自信心，各方面學西方，法律、經濟、建築、生活等全盤西化的結果，大環境的建設、都市容貌、雕塑藝術等也變得非常殖民地化。到處可見沒有文化根源的模仿與西化產物。大部份人在全盤西化的潮流中，忽略了母體文化與本土文化的承續發展。

（二）中華文化之特性：「天人合一」的生命觀
與生活生態美學觀影響石雕藝術之創作。

　　世界各大文明在萌芽之初，石雕藝術大都或為祭祀；或為宗教（如：應用於寺廟與教堂的建築建材、石壁浮雕、佛像、神像等）；或為陵墓興建（如：墓碑、陪葬的朝官人像、守墓獸等），文明漸漸發展，石雕藝術不再是為紀念性意義而作，漸活用轉換為與生活結合的藝術創作。石雕作品以其厚實的量感、不怕風吹雨淋日曬的特性，存留千百年，是最好的雕塑建築材料（如：中國萬里長城、埃及金字塔等），也是公共與環境藝術創作最佳的應用材料，可成就人類珍貴的文化遺產。石材建築與石雕藝術品，在中國甚至世界其它文明的建築與雕刻史上佔有重要的地位。

　　中國雕刻史，可上溯至舊石器時代山頂洞人以石片打磨的器物，也是最早的石雕藝術。以後石雕作品代有興替，各具特色。如：石虎、石獅、絲路沿途岩洞壁畫與巨大的石

雕佛像等。

石頭的長樣其實是歷史演進和區域文化的表現。藝術工作者取天然的石頭爲雕塑材料，運用技巧融和石頭簡單樸實的氣魄與區域特色，轉化創作者個人的藝術境界與文化涵養，由石材的原型決定雕刻的形態，盡量減少人工雕琢，使宇宙大化和人類感情智慧相融相入，這是中華民族先民石雕藝術的特質。石雕作品可說是中國「天人合一」哲思的具體表現之一。

中國有很好的造型藝術，立體雕塑發展的歷程多采且變化豐富，中國藝術的特質爲「法自然」「外師造化，中得心源」，「形似」只是臨摩學習的過程，重要的是作者文化涵養與審美意識的再表現，材料和造型（形態）的境界特質要統一，作品方能展現宏偉氣勢，並啓發觀者無限的想像空間。換言之，中國藝術重神韻、重「意」的表現，其境界遠超越現實物質形貌的羈絆，變化無窮。西方藝術偏重描繪眞實對象細部輪廓線條，追求和眞實物體的表面酷似，以人體寫實動態爲主要題材。這是東西方藝術文化根本不同之處。雕刻文化的基本精神亦由此延伸，甚至生活美學、環境藝術的整理發展，也是以這獨特的精神爲基礎。

（三）未來：人類應學習尊重不同民族、地區文化的存在價值與獨特性。
藝術創作亦應朝向區域文化特質與時代生活的融合與深觀、表達。

二次世界大戰後，考古學家首先由出土的文化遺物發現並對全世界發表：區域文化是一種獨立地、不可置換的特性，區域文化的形成和天然的自然環境有關，人類不能擅自更改。哈佛學者杭亭頓著作，一九九六年出版之《文明的衝突與世界秩序的重建》一書中也提到：「後冷戰時期，區別人類的最重要因素，不再是政治、經濟，而是文化。」「現代化並不等於西方化」，「所有非西方的文明如今都在重新肯定本身文化的價值。」「西方人必須接受本身文明獨特但並非全球共通的事實。」「每個國家、每個民族都在問一個人類最根本的問題：我們是誰？而大家也都從對自己最有意義的方向上去尋求解答：從祖先、宗教、語言、歷史、價值、習俗與體制去尋求定位，從部落、宗族、教會或國家等文化團體去尋求認同。而文明正是這一切最廣義的體現。」「非西方社會的現代化不一定非要揚棄固有文化、才能成功。」「這個世界變得愈來愈現代，也愈來愈不西方。」（節錄自天下雜誌一九九七年一月版）

由上可知，區域文化的獨特性發展是必然且必要的趨勢，文藝美術的創作也應朝了解文化的根、充實文化內涵著手。

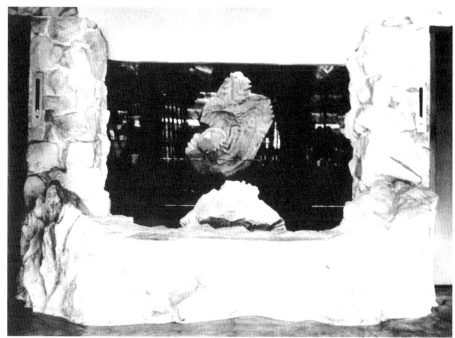

楊英風　龍躍（隕石舞會）　1972　大理石　新加坡連公館

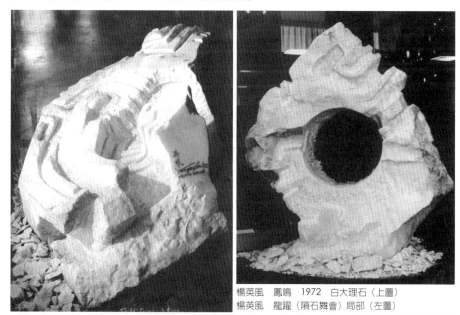

楊英風　鳳鳴　1972　白大理石（上圖）
楊英風　龍躍（隕石舞會）局部（左圖）

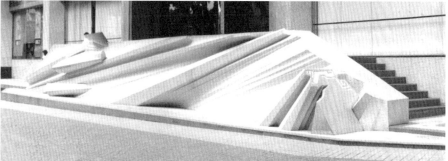

楊英風　玉宇壁　1971　大理石、水泥、鋼筋　新加坡文華酒店正門前庭

參、藝術創作反應當時時代的生活體驗和時代內涵

（一）先民渡海來台之初的石雕藝術略述

　　台灣早期從事石雕藝術的人較少，大部份的石頭都應用在墓碑、生活工具（如：石磨、榨甘蔗的工具等）、或應用於寺廟建築（常見的石龍柱、牆壁浮雕、廟前石獅等）、或作為巨大建築物之建材用為地基；閩南一帶的人渡海來台之初，為增強帆船大海中的重量穩定，選好的石材壓於帆船底，抵台後，就地應用這些石材建築廟宇。祖先移民來台開墾之初帶來許多好的石材，台灣本地的石材開發為期較晚。

　　台灣早期的石雕藝術偏向民俗藝術的範疇，一般石雕家僅雕廟宇的石龍柱、牆壁浮雕、花窗、廟前石獅等。先民渡海來台之初的石雕藝術，仍以應用於建築、宗教、墓碑等為主。

（二）石雕藝術結合環境景觀之創作

　　所有從對大自然的觀察發展到生活美學、生命哲思的應用，亦即是我所建立主張的「生態美學觀」。「美」，和生命的旺盛、成長過程有關，能欣賞，則心靈（小自然、精神體）就可以回歸大自然一起發展。美的本質在大自然、在生命都可以看到、尋找到一個榜樣，將之活用於石雕藝術與環境景觀的整理，能使人俯仰生息之中受到潛移默化，培養宏觀的生命思想，提昇真善美的生活內涵。先賢的經驗、歷史性優秀精華的承傳發展，是文化的根脈，後人應引為進步的借鏡，而不是輕易放棄。

　　本人的所有作品都是以過去數千年母體文化的精華為精神內涵的基礎，結合變通時代與區域特色的材料、工具和技巧，以造型藝術表達當時時代的生活體驗和時代內涵的記錄。本人以為藝術家應不斷地、虛心地向師長、專業領域的先進請教學習，提昇文化內涵，以雙手轉換靈思，藝術創作應跟著新時代的進步與觀

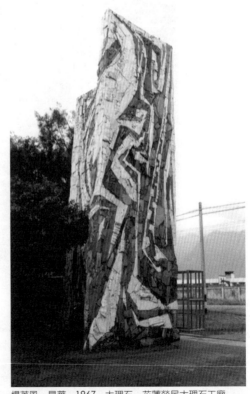

楊英風　昇華　1967　大理石　花蓮榮民大理石工廠

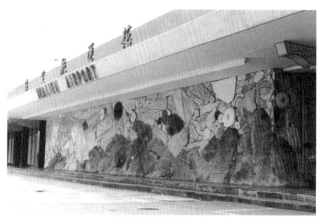

楊英風　太空行　1970　大理石　花蓮航空站

念變化表達，藝術的發展其實是
與生活文化息息相關的。

　　茲以本人於石雕藝術創作與
當時時代關聯例證如下：

（1）台灣東部花蓮與石雕創作

　　台灣石雕藝術創作應對台灣地區的天然環境和地質多一些認識與了解，尤其多了解台灣東部花蓮的地理和石材特性，對於石雕藝術的創作是很重要的。對於地理環境和歷史背景的深入了解，是文化內涵的根本，將文化和生活現況整個融合後的藝術表達，才能符合本土區域生活的需要，並提昇生活更良性的發展。

　　本人於一九六六年由羅馬返台，後因緣在花蓮榮民大理石工廠帶領花東地區大理石石材的開發與應用，一方面研究台灣的石材與東方美學。這期間以中華民族博深的文化內涵與美學圖紋結合太魯閣山水造型和東部特產的大理石材料製作一系列石雕作品，共幾十件，主要表達建築意象和台灣東部的景觀，都是應用花蓮榮民大理石工廠的機械和設備雕刻而成。完成後，應邀於一九七○年日本大阪萬國博覽會展出。另有同這一系列的石雕創作約二十～三十件，一九六八年曾展出於東京保羅畫廊，當時受到許多的關注和喜愛，反應熱烈。

　　一九六七年曾應用當時剩餘的大理石廢料，結合中華民族的文化內涵，實驗創作〔昇華〕，以為花蓮榮民大理石工廠大門景觀地標。一九七○年，再度應用大理石廢料創作石雕藝術景觀作品〔太空行〕，位於花蓮航空站前，一以彰顯區域特色；再則時值阿姆斯壯登陸月球，結合自然與人文，象徵宇宙萬象的構成與變化，銘記人類太空科學的新紀元。

　　一九七○年間本人曾針對東部花蓮的風土民情地區地質深入研究後，規劃花蓮生活空間開發計劃，幾度修繕，更臻成熟。一九七二年間，美國銀行家亦為美國東方開發公司等財團負責人范登先生曾來台商談關建花蓮「太魯閣新城」投資計劃，多次來台現場勘察，並和當時的花蓮縣長面議。范登先生曾在美國幾個鄉鎮投資開發，具有實務經驗，他們到花蓮地區了解環境和區域特色後，很有合作開發的誠意。但是不多久，時逢台灣退出聯合國，所有國民當時處於強烈的反美情緒中，連帶影響此投資開發計劃，不了了之。事隔多年，本人仍深深以為：花蓮地區的地理、自然資源、文化特色應研究開發，應用於生活中，才能符合本土區域生活的需要和引導良性發展。其中，花蓮的天然石材尤其應廣為應用於建築、庭園、環境藝術、雕刻等方面，這對於彰顯本土區域文化的特色是很重要的。

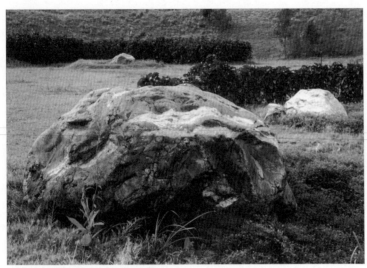

1995年三義全國高爾夫球場庭石佈置。

（2）新加坡地區石雕景觀藝術創作：詳如附圖。

（3）自然石頭的重新排列：

在我多年從事的景觀雕塑工作中，常喜歡藉自然石塊之力，塑造景觀的自然之美。以景觀雕塑的精神運用石頭爲材料，去增減調和生活與環境，活用生活美學與靈的意念強化生機活潑、希望無窮的天然景觀之美。您會驚訝的發現：石頭與石頭的接觸，就像人與人之間的性向一樣，意氣相投的兩塊石頭，很自然的吻合固定，石與石之間只要聲息相通，不需要任何外來的力量來固定他們。大地有如一幅空白的畫紙，本人以天然的石頭爲墨汁，師法自然在青翠的草原上揮灑出畫家筆下的水墨意境。

本人的創作經驗中，近年完成的大規模整體環境景觀規劃製作：日本筑波高爾夫球場和台灣三義全國高爾夫球場，此兩處環境之庭石景觀即是以千噸的石頭爲基本材料，本人親自督導佈置，在吊起、堆置各種形態各具的石頭時，無不感受到它千萬年來，經由氣候、環境、熱度，幾番分離、結晶所散發出來的力量震盪。石頭經由適當地安定矗立，和大環境配合，與整個自然的氣勢呼應，完成健康、樸實、曠達、舒適、圓融的環境景觀，提供休閒生活中更充實的精神內涵。

肆、結論：台灣石雕藝術之提昇與未來發展方向略探

美與生活、生命的關係密切。藝術創作者本身不應太關注商業性的需求，而應多充實了解文化內涵、石材的天然特質等。藝術家的商業經紀者及國家、企業界等應儘量照顧、讓藝術家能在創作方面充份發揮。如此，石雕藝術的提昇將可更見成效。

另外，我們的美術教育應該教導更多對文化根源的認識和美的欣賞，而不一定急切希望塑造更多的藝術創作者。若能培養更多注重文化內涵的欣賞者和收藏家，對優秀的石雕藝術創作者是很重要的督促和鼓勵。

石雕藝術創作者應以文化精神爲延伸，運用產地的石材表達當地人文特性和感情，用

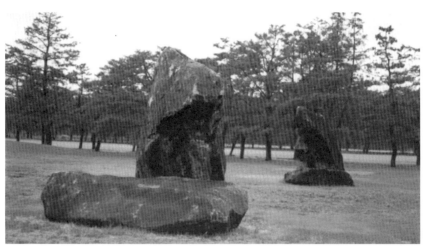

1992年日本筑波霞浦國際高爾夫球場庭石佈置。

心瞭解體會各種石材特性，深觀各地自然環境、氣候、人文之歷史演變，把握石材大巧若拙、質樸、曠實、天然、沉穩之面貌，儘量保持宇宙的自然之美，以技巧融貫文化內涵與天然素材表達區域文化特性，才是石雕藝術最佳表現。

　　台灣東部地理上以中央山脈為屏風，面向太平洋，是通往國際的門戶，景觀壯麗，應善盡地利努力朝國際化發展。同處台灣東部的宜蘭縣近年由區域文化特色發展國際化活動，進行得很成功。本來國際化的基礎就應建立在區域文化特色的發展上，才能穩固長久。西方近年已漸漸覺悟：西方文化並不適合各民族、各地區，近兩百年的殖民文化已失敗。東方各民族、區域因喜愛中國文化，進而學習融入其日常生活所產生的文化影響較人性化，也較長久。鄰近的日本即是一個很好的例子。世界各地各民族都在尋求回歸各自的母體文化，由母體文化的發展再出發。在花蓮，區域文化要強化發展，首先是殖民式的文化要去掉，再開發推廣東台灣特有的石材、木材等天然資源，進而以精緻文化的精神展現於地區生活環境的佈置、石雕藝術與自然山水的整理等。

　　曾經，我在花蓮生活居住、研究當地風土資源、人情風俗，前後達六年之久，我一直致力提倡花蓮須要有魄力的建設。例如：一九六八年，我曾專為太魯閣入口處構思設計以鋼筋水泥架構基礎，上鋪以花蓮特有的天然石頭和粗塊不一的大理石廢料，其形彷彿一條龍正由太魯閣蜿蜒昇騰而出，雄渾之勢與太魯閣壯偉的山水相得益彰。人力方面，當時擬動員榮民大理石工廠的榮民，同時可由此經驗延展雕山工作隊的訓練。這樣的構想主要是為表現東台灣地理環境的宏觀，應用花蓮地區特有的天然石材，強化地區山水的特質，更發揚東台灣生活成長的人特有的豪邁、爽朗，花蓮的百姓於其中潛移默化培養出如山宏偉的度量襟懷，國際人士來到太魯閣入口處，由這件石雕藝術作品與環境相映的宏偉景觀，馬上就能眼見心感，對東台灣的山水與區域文化特質，留下深刻的印象。本人以藝術工作融合文化與天然資源，銜接傳統與現代，以石雕景觀藝術適當表現花蓮的區域文化與天然環境鬼斧神工的氣魄，是專屬花蓮特有的氣質。這個計劃於一九六八時研究提出，當時因緣未成熟，今日，國家社會對精緻文化的重要性充份瞭解，並努力推展，也有足夠的財力

可以製作，如果有機會實現完成太魯閣入口處這件石雕作品，相信這樣的作法必能拋磚引玉，啟發更多的藝術創作者，更廣為應用花蓮當地特有的天然石材佈置花蓮的地理與生活環境，發展區域文化精緻化、現代化、國際化。

這種為大多數人的需要、彰顯強化環境的協調所製作的景觀，我引伸佛教的大乘精神，名之為「大乘景觀」。石頭，歷經數萬年的日月涵養氣候變化演化而成，取之為材的石雕藝術也應朝「大乘精神」的表現方向努力，石雕作品才能和石材的特質相得益彰吧？！

另外，花蓮應建立東台灣生態美學博物館，展現區域文化的歷史背景，各種天然資源等，幫助當地百姓及來到花蓮的人、甚至石雕藝術創作者，了解當地各方面的特色，才能加速推展區域文化。尤其，將當地石材、木材等天然資源應用於生活、建築與環境等等，改變生活景觀為更有區域特色，這是發展區域文化走向國際化的起步。

位於花蓮的東華大學是目前全國國立大學占地面積最大者，難能可貴的是大半為平地，地理環境優越，應儘早規劃周圍生活環境為一文化、生活設備皆完善優秀的大學城。建議可多應用當地天然的大理石營造生活、環境、建築等。宜蘭最近舉辦的社區總體營造是很好的參考先例。另宜早設美術、雕塑等藝術學院各相關學系及研究所，以更培育藝術人材發展區域文化。也可以考慮建設一件石雕藝術作品，作為學校的地標，表現所在地的特殊文化。

總之，花蓮是台灣石材產量最集中、最優秀的地區，要提昇、發展台灣的石雕藝術，首先應了解台灣造山運動形成的特殊地理環境，其次是花蓮區域文化的強化、提昇，讓生活環境更表現區域文化精緻化、現代化，應用花蓮特有的天然石材佈置環境，製作石雕藝術品以為地標、太魯閣山水入口處襟闊宏觀之氣勢強化等，相信由花蓮區域文化特質的精緻化、現代化，再推展石雕藝術的國際化，石雕藝術的未來發展是可以預期的。

原載《一九九七花蓮國際石雕藝術季國際石雕研討會論文集》頁1-20，花蓮：國立東華大學

《1997中華民國藝石協會年刊》序

　　石頭由宇宙爆炸爆縮產生，因環境與氣候不同，展現變化無窮的造型，是造物者最初的雕塑作品。

　　中國人對石頭之美的發現與欣賞已有數千年歷史，從「舜之居於深山之中、與大石居之」，到北宋米元章獨創品評石頭以「瘦、皺、透、秀」為尊，都是借收攝自然於生活中，由小見大，體會生命法則，進而超越物質環境的限制，對器世間的人生變化表現出宏觀的氣度與圓融觀照的思想。

　　近年台灣賞石文化風氣益盛，人們由對石頭自然之美的喜愛、找尋、進而受其薰習影響，提昇生活境界。藝術創作者的心靈由此涵養，體會大化之無私、美好，表現天、地、人三者之間的和諧於作品風格，即可超越受機械文明過份物化的現代藝術所日漸顯現的瓶頸，引導現代藝術未來走向。

　　人的審美主觀提昇至自然大愛的高境界，超越人工的僵化造作，始得以賞石頭之絕妙、益生活之豐美；未來的現代藝術觀念，亦需藉體悟宇宙宏觀、健康、樸實的精神，落實「天人合一」哲思於器世間的生命氣度和生活美學，才能突破科技物質過度強化的箝制，從而走出藝術創作的新方向。天然雅石的欣賞，與現代藝術創作未來的發展，面對宇宙、物我間的和諧、融合、超越、無我，其追求與精神是相通的。

1997.6.27為中華民國藝石協會所寫之序文

Returning to My Origins

I was born in Yilan, Taiwan into a family descended of settlers. When I was a child, I moved to Beiping (now Beijing). Beiping, where the land spread uninterrupted to the horizon, was very different from Yilan. I will never forget the ten years I spent here. At dawn, peddlers went from alley to alley, their low voices echoing in the brisk morning air as if to break the frozen sleep of the city. The population of Beiping was then two million people, about one tenth the current figure, and the city was under the harsh military rule of the Japanese Army. Nevertheless, its citizens carried on with an air of composure befitting the ancient capital.

I came to Japan from mainland China just after Japan had gone to war with the United States. I stayed there for several years, then left a few days before the great Tokyo air raid. As a student at the Tokyo Fine Arts School (now Tokyo National University of Fine Arts and Music) at Ueno, I was obliged to learn the Asian values of Truth, Goodness and Beauty. The School had taught this Asian values from its beginnings under headmaster Okakura Tenshin. They were convinced that the traditional Japanese arts represented the crystallization of various ideas coming from the immense Eurasian culture over time. It was a view completely different from that of the military clique, whose proclamations throughout the world were reminiscent of those of the ignorant and boastful. With the outside world so full of destruction and violence, I felt that my teachers at the Tokyo Fine Arts School were acting as guardians of beauty and tradition.

The time when I enjoyed the freedom to let my mind wander through the riches of the past nourished my spirit and has provided the basis of my art. At the same time, this very same freedom of mind threatens to slow the advancement of culture in the 20th century. It seems to me, for example, that 20th century artists have raised controversy after controversy under the banner of critical reason, but have failed to propose a specific answer, to the great perplexity of the masses. The ascetic search for truth in art is no longer valued, and seems to have given way to self-important indifference.

It is my belief that an artist should not cynically turn his back to his time, but should instead be thoroughly involved in it, reaching out to those in perplexity and turning people's minds toward hopes for the future. Beauty should comfort the perplexed and give encouragement in the face of failure. This is what I see as the ideal form of the "lifescape" with which I propose to meet the 21st century. I extend my sincere gratitude to the Hakone Open-Air Museum and to everyone who has made this exhibition possible. Your understanding and devotion has enabled me to come back to Japan, my cradle, after half a century.

原載《呦呦楊英風展——大乘景觀雕塑》頁8-9，1997.8，日本箱根：雕刻之森美術館

大乘景觀
—— 邀請遨遊LIFESCAPE

台灣、宜蘭：新開拓天地

　　母親的身影，每隔數年就會回到我跟前一次，總是亮麗得令人為之入迷。而這母親的身影，就是我對美的原始體驗。

　　到那兒去呢？

　　很遠的地方，要搭好幾天船才能到的地方。

　　我在一九二六年出生於台灣東北部的宜蘭。當時的台灣，由於中日甲午戰爭清朝戰敗的結果，根據一八九五年訂定的馬關條約，割讓給日本，自此處於日本殖民地統治之下。島民除了馬來玻里尼西亞系的原住民外，大多數都是明、清時代，從中國福建省和廣東省移民至此的漢民族子孫，遷居宜蘭開墾的人們，經過數百年傳說性的艱苦奮鬥，所開拓的豐饒之地——蘭陽平原，孕育出人與大地渾然融為一體的，獨一不羈的新開拓者精神。

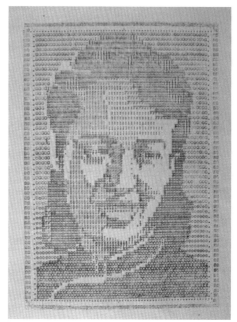

楊英風　母親陳鸞鸞像　1948　美術設計

　　我的祖先楊聘，於一七二九年，清朝雍正年間，從福建遠渡此地，與開拓之父吳沙共同為這新世界注入了新開拓者的熱情。

　　繼承了這新開拓者精神的雙親，在亞洲處於大動亂時代中，為尋求另一個新天地，而將年幼的我寄養到外公家中，計畫遠渡中國東北地方，在長春創辦新事業。

月影中的母親身影

　　即使說是遙遠的地方，但是對於只知道南北邊和西邊環山、東臨太平洋的宜蘭的我而言，每當細心玩味母親所言時，悲傷就佔滿了整個心靈。當母親看到我一瞬間歪著頭陷於沈思時的表情，就緩緩地把皙白的雙臂伸向天空。那是夏天夜晚之事。

　　看到月亮了嗎？

　　我也順著母親手指方向，抬頭看那圓圓的月亮。

　　媽媽要去的地方，也可以看到同一個月亮喲。寶寶和媽媽，可以看到同一個月亮呢！媽媽無論何時，都會從那月亮處，看著寶寶你喲！

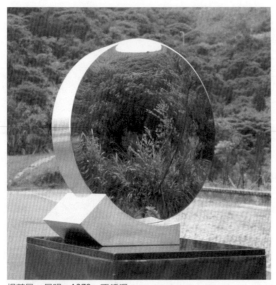

楊英風　月明　1979　不銹鋼

這個童話，即使在我那小小心靈，也感受到不可思議的振奮。從那天起，每當夜深人靜時，就獨自走到院子裡，目不轉精地凝視著月亮的表情。月亮會變成鏡子把我的身影帶到遙遠母親跟前的心願，以及可在月亮中窺見身在遙遠之地的母親形影的期待感，讓我感到無比幸福。我在月亮中看到了母親攬鏡梳髮的形影。身著東北地方高雅、優美的滿洲旗人婦女服「旗袍」的母親身影，感覺像是月娘派來的使者似的。後來，當我知道鳳凰這傳說中的大鳥時，首先在腦海中重疊的影像，不是別的，就是浮現月亮中的母親背影。

母親的大愛

母愛中比什麼都還尊貴的就是它的「大」。我想母親當時是很擔心孩子會因思念母親，而徒然地沈溺於拘泥、苦惱的「小愛」之中。

因此，透過「月亮」這大宇宙，將我引導到「大愛」去，藉此以讓我能免於受到對母親執著思念的煎熬，以及因沈湎於狹隘心態而苦，並培養我從拘泥中解放、甚至能把煩惱化為自在的氣質。

人，不僅只是靠著自己的努力，同時還在不知不覺中由某些人引領，才能不迷失方向往前走。而牽引我的，不是別的，就是母親的這種「大愛」。對我而言，心中永遠的形象──月中的母親身影，就是牽引我走也可說是「大愛」的「宇宙的真理、天命、調和」的那雙手。

中國經驗：雲岡石窟

我在台灣完成初等教育之後，就遠赴居住在北京，當時在北京和天津經營最大電影院的父母親身邊。

當時只知道近在咫尺的山與海的我，眼前橫互的是，雖然遭日本軍閥統治卻仍然不失天國般優雅之態的「帝國之都」北京。我自己親眼看到，天與地在遙遠的彼方與地平線連結一直線，我在這宏偉的宇宙景觀之前為之感到目眩。

當時的我，正在北京的舊制中學求學，並在摸索將來邁向藝術之道。而決定我今後命

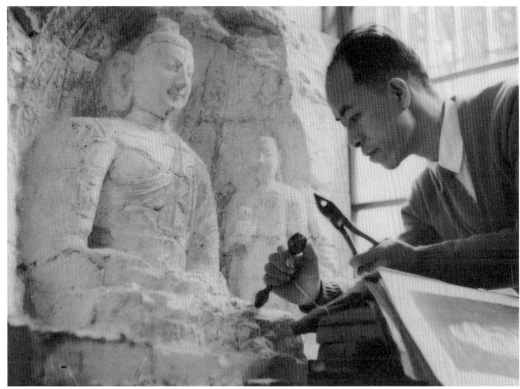

仿作雲岡石窟大佛　1955

運的是，在位於山西省大同郊外，沿著武周川砂岩斷崖的雲岡石窟的邂逅。

　　過去與大自然景觀融爲一體，五體投地震懾於擁有巨大量感的石佛群像的經驗，即使在經過半世紀後的今天，仍鮮明強烈地浮現腦海。在我的造形巡禮時，最後回歸的聖地，無非就是瞻仰北魏時代莊嚴的華嚴世界的石佛腳下。這已經是超越禮拜對象，不能稱爲存在的存在，以及接受那無垢的智慧洗禮似的經驗。

美的意識的搖籃：東京美術學校

　　那無法言喻的衝擊尚未完全整理好之下，在一九四三年（昭和十八年）（註），戰爭情況越趨不穩定之中，我進入東京美術學校（現今的藝術大學）就讀。由於對大同石窟的「宏大」的執著，因此，不專攻美術、雕刻，而斗膽去敲建築學科之門，受教於當時以復興「茶室式雅緻建築」，初次展露頭角，氣勢充沛的吉田五十八（YOSHIDA ISOYA）教授（一八九四～一九七四）門下。

　　吉田教授再三地教導我們的是，日本的傳統建築是精心地模仿唐代式樣而形成的，也顯示了這與人類普遍的美的意識有極爲直接的關聯。本以爲是純日本式的美的意識，其實竟然是更國際性的，此外，從小而雅緻的日本式美的意識中，領悟到唐代的大格局精神時的震驚、引領我再度回到大同石窟之前。

───────────────────────────

【註】：此應爲筆誤，根據楊英風早年日記記載，其就讀東京美術學校的年代爲1944年。

北魏的時代精神

所謂的支撐大同大石佛的時代精神，到底是什麼呢？

後漢滅亡、三國英雄時代一結束，過去漢民族所輕蔑、並視爲夷狄的游牧民族，入侵華北地區，給中華文化注入了新的氣息。這個時代雖爲後世儒教漢族沙文主義的歷史學家，指摘是黑暗時代，但南北朝時代，才是北方新興民族朝氣蓬勃，在精神文明方面也形成莫大活力，所集結而成的時代。

被尊爲漢朝官學的儒教，拘泥於形式上的禮教，並呈現僵化，隨著王朝的滅亡與衰退，加入了對老莊哲學與易經鮮活靈動的新解，而開啓了探求存在論以及宇宙哲理的時代。

大乘佛教：般若思想

漢民族的這些知性生活，發源於大興安嶺，而在由統一華北整個地區的鮮卑體系王朝所建立的北魏（一八六～五三四年）時代，完成了一大革新。從印度經絲路而傳入中土的佛教，到了北魏時代被奉國教，成了百姓精神生活的支柱，而位於大同石窟的佛教寺院以及那些石佛群像，就是留傳後世的最好證據。

當時所引進的佛教，是屬於西元紀元前後由印度佛教所興起全民性的大乘佛教。其中心思想「般若思想」，是打破所有鬱積於心中的罣礙，相對地定義萬物間的關係，包容萬物眾生的大器。

有容乃大

大乘佛教的運動，是由於釋迦牟尼佛涅槃之後，印度遭北方異族的入侵與統治的歷史矛盾而產生的；而很湊巧的是，其在時間上，與漢唐中國社會中的民族觀、價值觀、文化衝突矛盾相重疊。

在此中國「有容乃大」的想法，因佛教的「般若思想」而更趨圓熟。換言之，中國至此才首次產生了不僅是漢民族，還能包容各種民族的共有文化柔軟性。「寬大地」超越民族、包容的花蕾所綻放出大唐帝國的國際文化主義的成果，也可說是這個時代所孕育出的。

空：對寬大的自由

　　其實這才真正是雲岡石窟造形的醍醐味。般若思想的「空觀」，所論證的是：不受實體束縛、自由自在不受侷限的心靈，是能與以宇宙天意的相對性而成立。豈止是不侷限於空間，甚至於不受限於時間。在宜蘭追逐月亮中母親背影的幼時的我，佇立於石佛群像之前的中學時代的我，以及經過前個世紀又想回到石佛跟前的我，相同地也是相對性的定義。

　　形成雲岡石窟的簡潔曲線，以及雄偉豁達、象徵化的表現，賦予了我無法言喻的勇氣。質樸的北方體系的新興民族的無數石工們，以雕刻石佛而把自己刻入歷史，他們的每一口鑿子，都給生命力逐漸枯竭的古代帝國，注入了新的活力。

對「自我」的詢問

　　承襲母親的教誨，以及在大同石窟的原始體驗，我一頭栽進了現代雕刻「自我意識」的世界。然而，當以兩隻手和雕刻材料對峙時，經常不由得忽然感到自己身處於宇宙空間的懷抱之中。我認為這幾近於膚觸的體驗，與「自我」層次不同，而是由於與景觀間的對應所形成的。並且，這是奉行十九世紀以來歐洲「理性批判」以及「人文主義」等原理的人們，所無法理解的。

　　我雖然處於雕刻這場域，但事實上卻無法完全融入於作品中，而是無意識地以自己的膚觸，來掌握涵蓋作品的景觀（LIFESCAPE）。

　　我的觀點並非將自我置於坐標軸中心。我並不把作品視為獨立的實體，我的觀點是作品雖然存在但仍是「空」，當作品透過所置放的景觀及作者，對超越時間的鑑賞者而言，成為玩賞藝術的對象時，創作的價值意義才成立。

北魏精神：大器

　　而這才是北魏的時代精神，也是我應該返回石佛足下那個場域所教導的般若智慧，並顯示其寬大、包容者的應有狀態。

　　作品並非是表現作者的「自我」，而應該是為提昇宇宙本來的應有狀態之「器」才行。器，是為了裝放物品而有，當其為讓人予感有要裝入之物的相對引導者時，方有意義。當鑑賞者「要裝入之物」的密切關係成立時，我所期許的「更大的景觀」、「大乘景觀」也才成立。

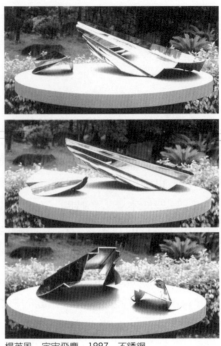

楊英風　宇宙飛塵　1997　不銹鋼

宇宙塵與宇宙仁

那麼，作家要如何參與這景觀才好呢？另外，在某個時代參與，又有何意義呢？

在此，以天空為例。若根據天體物理學，據說宇宙空間中，星球間物質的「宇宙塵」邊由物質間引力支撐而持續永久性逍遙。據說這宇宙塵在擴散、集聚、爆發的過程當中，會從極微小擴大為巨大的能源體。

按照大乘景觀中天意安排的真圓之宇宙塵，因其柔軟性而促使形成巨大的直線線力時，它雖然與宇宙恆常運動的「宇宙仁」之間存有矛盾性否定，但其互相肯定的關係仍然成立。

我彷彿在一個個宇宙塵中，看到了人類的自我似的。它不僅是反映同一時代的明鏡，同時也讓「宇宙仁」這永恆的典範成立。

朝氣蓬勃的氣象、含糊的態度、對衰退的恐懼，讓人預感到希望與過去、現在、未來的隔閡。當肯定與否定渾然成為一體時，自我這幻影才會消失。

時代參與：走向在家之中

時代，在我們的眼前，巨大的隔閡逐漸瓦解，化成無數的微塵芥蒂，在擴散、集聚間，釋放出無法控制的能源。我認為在這之上再疊上北魏的時代精神，就是我身為景觀作家，自律性的時代參與。

我期盼著，能超越獨善與我執的「小愛」，攜更寬更廣之器，和同時代的人們共同分享「景觀」這面明鏡。

一九九七年五月十一日母親節寫於台北

原載《呦呦楊英風展——大乘景觀雕塑》頁57-63，1997.8，日本箱根：雕刻之森美術館

另載《大乘景觀論》頁3-6，1997，台北：楊英風藝術教育基金會

《覺風季刊》第21期，頁38-41，1997.12.25，新竹：覺風佛教藝術文化基金會

《太初回顧展（-1961）—楊英風（1926-1997）》頁238-242，2000.10.25，新竹：國立交通大學、楊英風藝術教育基金會

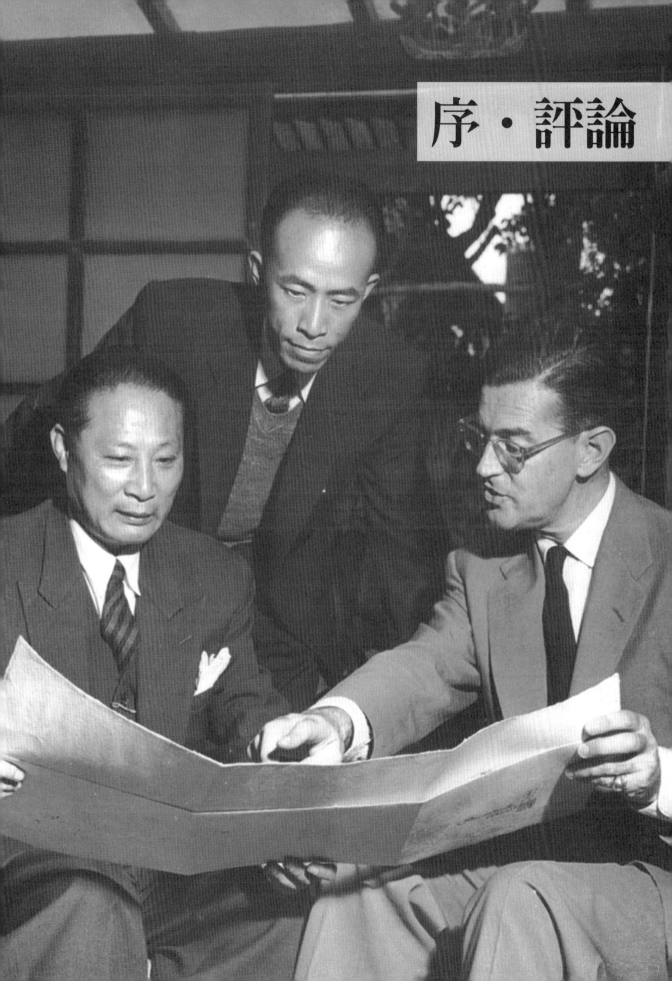

序・評論

艾略特爲中國藝壇帶來全是戾氣嗎？

美國名肖像畫家亞瑟艾略特Mr. Arthur Elliott來到台灣以後，迫不及待地向中國藝術界的朋友提出的一個問題是：「爲何中國的藝壇受西方的影響那麼大？」

這是許多外國朋友參觀過中國的藝壇後，都愛提出的問題。這是一個值得辯論的問題，這更是一個引人深思，引人深憂的問題。

艾略特是第一次前來我國，他未必對中國藝壇有全盤而深入的認識，或許他在提出此一問題前，他忽略了西方的藝術也是受到東方的影響而幻化成的。但無疑地，艾略特當著台灣藝壇的許多朋友，毫不客氣地提出此一問題，正嚴重地擊中了今日中國藝壇的痛處。

艾略特提出此一問題，事先存在他的認識裡的，是中國藝壇深受西方的影響。他並且說：「中國畫家應多接受中國的傳統。建築方面亦然。」

他又說：「藝術可以受外來的影響，但不能失去自我。」

「模仿得再好，也只屬於等而次之的了。」

「畫家接受普遍的表現方式是不可避免的，但若藐視藝術的神聖，忘卻了他所擔負的時代使命，卻是無法讓人忍受的。」

他的這些話，是婉轉地說出來的，因爲他提出第一個問題時，他便發現他所面對的，是中國藝壇一群憤怒的青年。但很顯然，他的這些話，是爲中國藝壇所存在的許多問題而發的。

艾略特的言詞，鋒利嚴正得像一把剃刀，並且一刀中的。這一刀激起了這一代中國藝壇的憤怒，他的問題，只引來了一連串的抗議。

憤怒與傲氣不能挽回我們這一代因向西方追尋而迷失了自己的事實。這一切只能告訴別人，我們迷失了自己但不自知而已。

這該是一個面對藝術之根本問題，作全盤檢討的時機了，高唱藝術無國界，掩飾不了我們的毛病，我們必需冷靜地思考、檢討。

我沒有意思要中國的畫家回到宣紙、毛筆的路上去，縱使宣紙與毛筆在東方曾有一個最耀眼的時代。我希望的是，我們今天的畫家，能應用一切的工具，抓住一切呈現在我們眼前的素材，去表現東方的氣度，去反映屬於這個時代，屬於我們所熟悉之環境的問題。

在建築上、在造型上，我同樣反對舊式的琉璃瓦、斗拱、宮殿的重現。帝王時代的宮殿式建築，是木造材料應用的極至，宮殿的建築是忠於那個時代的建材的。但今天，鋼骨、水泥等等新建材已隨著文明而到來，我們同樣的，該應用一切新的建材，去發揮新建材的特性，創造屬於今天，屬於我們的建築。

因此，工具與材料並不屬於艾略特提出的問題之爭辯重心，我們所必需冷靜思考與檢討的，該是利用這些沒有國界分別之工具、材料，如何去表現來自我們的思想、情感、精神、教育的風格。

假如我們肯取下鑲著「自大」、「狂傲」鏡片的眼鏡冷靜地放眼看看我們週遭的一切，又有多少事物不是像繪畫、建築一樣，不是滿眼的明清色彩，便是充滿西方的風格與內容呢？

你能回答我們今天有多少東西，能表現出代表中華民國現代的氣質與造型嗎？

我們無法在任何一個花瓶、一件家具、一張繪畫、一項室內佈置、一座建築、一個都市上，找到足以代表中華民國現代的造型。很少有人願意思想，怎樣的造型、怎樣的氣質、怎樣的風格，才是代表現代的、中國的。因而多少人，不是迷戀著西方的燦麗，便是陶醉在以往五千年的悠久歷史裡。

我之所以強調應創造屬於東方的、屬於現在的新造型是有原因的。在我旅歐三年裡，我發現歐洲的思想與我們是脫節的。高度的物質文明，帶給他們精神上的苦悶，十九世紀末，西方已開始向東方探索。追求東方的神秘，更成為今天西方藝壇，一股巨大的狂潮。

艾略特來到中國後，曾參觀過故宮博物院的一切，他為那裡很多歷代帝王人像的筆觸而震驚。他也參觀過中國今日藝壇一位青年人像畫家的畫室，他曾奇怪，為什麼這位畫家竟沒受到故宮的影響呢？

正當西方的畫家向東方追尋的時候，他發現東方卻一昧地向西方追尋，這是他發出那個問題的最大原因。

西方的藝術，脫離不了他們人文主義的束縛，工業社會在他們的環境裡產生不可解的矛盾後，藝術上也敏感地反映了他們精神面的不安，於是破壞性的藝術在西方產生了，述說著世界末日即將來臨的感覺，明顯地表現在他們的畫面上。

當西方在這種矛盾中覺醒，他們為了建設一個和諧而美好的未來社會，他們在另一方面從東方的抽象思想中吸取精華，彌補了他們工業社會的矛盾。只是他們能澈底消化他們所吸取的一切，因而讓人難以在他們的畫面中，找出明顯的證據而已。

盲目地追求西方的一切，我們將踏進他們原已經歷的矛盾之中，要避開西方曾遭逢過而且至今仍未完全獲得解決的矛盾，我們必需從我們天人合一的文化中尋求我們藝術發展的方向。

就以造園藝術來說，西方的藝術家所能做的，將是如何將大自然改變為人工的幾何形

體，因為在他們的思想裡，缺乏對大自然的體認。然而若在東方的造園藝術裡尋求，我們會發現中國人是最能表現自然的，使建築物懷抱著自然，使生活在其中的每個人，返回到自然，塵念在思慮裡消失，建築與人物全都溶化在自然裡。

在中國古老的文化中，值得追尋的事物太多了。因而保守的人，陶醉在古老的文化裡而不思創造。他們忘記今夕是何年，他們也沒想想科學帶來的許多新材料，社會組織所形成的種種新趣味，應如何應用，如何捕捉。這種人對現實是憎惡的，是悲觀的。他只能生活在夢境裡，他企求世界能倒退數百年。

另一種肯面對現實，肯虛心學習，對世界充滿希望的人，由於生活在中國這一變動的時期，美術教育，一直採用著西方的美術教育方法，他所接觸的，又因西方進入工業社會後，傳播工具的發達，西方思想的傳揚，他耳濡目染的，全是西方所傳播的一切，很自然的，西方的尺度成為他心目中唯一的標準。他以西方文明作基礎，去思考，去研究一切問題。漸漸地，他失落了自己，他跌進了西方的漩渦而無以自拔。

要使中國的藝壇重放異彩，要使今天的中國藝術家能擔負起設計今天與明天的中國社會環境，前面的這兩種人都無法接受社會所託付的這些使命。

當我們全盤檢討這些嚴重的根本問題時，我發現一套新的美術教育制度該是最重要的了。過去，美術教育者在工作上是努力的，但他們缺乏對中國未來的幻想，更缺乏建立新的中國社會環境的方案。

我們的美術教育觀念一直停留在平面的範疇裡，這是難以創造中華現代造型的原因，結果非但造成一般人無法指出什麼是代表我們今天的氣質、個性，就連許多藝術家、建築家，也認為帝王時代的宮殿才能代表我們的建築造型，宣紙所畫的圖畫，才能算是代表中國的繪畫。使中國藝壇在民國的五十年代裡，仍是一張空白。

在以往的美術教育裡，另一個值得檢討的問題是美術脫離了現實的生活。當一項美術上的新創見產生後，並不能為現實環境的改善增添什麼。藝術家、設計家、建築家，沒有一條聯繫的橋樑，他們不知攜起手來，共同思考新社會中今天與明天的問題。

願艾略特所提出「為何中國藝壇受西方影響那麼大？」的問題，不單單會激起這一代青年的傲氣，更願這一代青年在憤怒後會冷靜地思考檢討，使他的話成為警鐘的噹噹，讓我們因而會共同思考如何善用我們的思想、情感、精神、教育，去發展屬於我們，屬於今天的風格。

原載《東方雜誌》復刊第1卷第2期，頁87-88，1969.8.1，台北：東方雜誌社

《耿殿棟攝影集》序

對雕塑深具愛好的我，半生琢磨未敢稍懈，爲求開拓胸懷，展延眼界，祈想能赴西歐，以羅馬爲中心，對歐洲在歷史上，在雕塑方面，其神奇不朽的成就，多作觀摩探討，冀有所得益，諺云，有志竟成，我於經過幾許的錯節阻難，多年心願，終得以償，取道菲律賓而抵歐陸。

在歐洲，從揣摩歷史不朽名作到欣賞現代藝術家的心血結晶，以至深入民間，和他們一般民眾，共同生活，體驗他們那種生活中的藝術，藝術不離生活的現實狀況，因而一耽三年。

在這三年中，摯友耿醫生殿棟，對我留在台北的家屬，諸多關心，情意懇切，使我這去國萬里的遊子，衷心感銘無已。

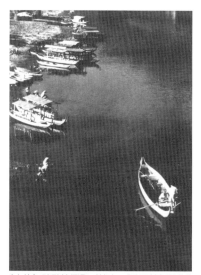

〔去棹〕耿殿棟攝影（摘自《耿殿棟攝影集》1967.11.6，台北）

歸來後，發現我這個醫生朋友，雖然在醫學方面，成就已經非常的大，有外科權威之譽，但對平時所愛好的攝影，三年來，無論在取材選景方面，或是技術的運用，角度的安排，光線的控制等，皆各臻其妙，其作品，與一流的攝影家的作品並排，並不見得遜色。其作品，多次爲銷路眾多的雜誌操作封面；以一個名醫，每日平均爲患者服務十小時以上，而其業餘的作品，有此成績，見者無不折服。

最近，由名業餘攝影家劉濟生君，將耿君的作品，選印成集，專冊出版，以便同好觀摩切磋而爲永久紀念，要我寫批評文字；對攝影，我實在外行，焉敢妄評，劉耿兩君催之再三，不敢復卻，又我文字拙劣，執管惶恐，勉強寫這幾行，算是感想。

如一定還要我說什麼，那麼，我可以斗膽將我心中的一點感受，說出來，但並無批評之意，那就是：耿君的作品，清新優雅，脫俗絕塵，令人見之，有恬然自得，悠然寧靜，置身世外桃園的感覺，是屬於純自然美的作品。

耿君雖是我的好友，但我無意輕褒一句，妄讚一詞，右面所說，只是我心中真實的感受而已。

原載《耿殿棟攝影集》頁3，1967.11.6，台北

何恭上《世界雕塑欣賞》序

　　造型藝術支配了整個人類生活環境的轉變。建築師、設計家、以及每一個會享受生活藝術的人，都會不知不覺間的在雕塑造型藝術上獲得創作上的靈感，一步步地，將這個世界導向日趨美化境界。

　　建築師、設計家、以及每一個會關心生活藝術的人，比做增進人類生活環境的「臨床醫師」，那麼，很顯然的是，能在雕塑藝術上奉獻心力的，將可比做研究純醫學的醫師了。我所知道的何恭上，正是雕塑這麼一位「純醫學的醫師」，孜孜不倦地為努力人類生活環境的「臨床醫師」們，提供一些造型藝術的新觀念。

　　他所要出版的「世界雕塑欣賞」，在自立晚報已足足連載了一年多了。假如你能從頭至尾看完這一連串的專欄，你將能看到他在雕塑藝術上的用功之深。你會察覺他有冷靜的頭腦、深入的思維，以及明快的筆觸。我能相信，因著這本書的出版，將能在國內貧乏雕塑的園地裡，散發出宜人的雨露。

　　何恭上的這本雕塑欣賞，幾乎將西方從古自今的代表性雕塑作品都搜羅了。這裡面，從西方的原始雕刻以至近代的抽象雕塑，幾乎都是以人體的美為中心的。因為西方的藝術一直是主觀地對人體的美，作為一切美的表現。而且西方的人文主義，有很長很長的時間，深深地控制了西方藝術的路向。

　　從何恭上所收集這些具有代表性的作品，正說明西方藝術家所相信的宇宙觀、神話、宗教，都歸納為人的表現的。想要在西方的雕塑上，獲得一個明確的概念，讀讀何恭上的這本書，的確大有助益。但我們必須非常小心的是，這本書的一切，只說明了西方在造型藝術上的演變，以及代表過去某一個時代的光輝，它不該作為中國未來在雕塑藝術上追求的方向。

　　西方的雕塑，從人體的寫實，受文藝復興的影響，轉變為抽象，然而藝術家們仍只能藉著抽象的表現，去述說一下內心感覺。他們在沉悶之餘，最後才發現東方的醉於自然，遊於自然的境界，該是挽救西方藝術漸趨蒼老的仙丹妙藥，只是他們不願那麼坦白地說出來而已。

　　但是，從最近西方藝術家的一種覺醒，以及他們的宣言中，我們可以看出，西方已漸踏向東方自然主義的一種新趨勢。西方人目前所呼籲的是以空間、以環境為雕塑的本體。說得更明白些，便是拋棄以往在作品中的反映環境，而積極地以美化環境，將作品配合環境為目標。

　　這已說明了東方的自然主義、遊山玩水的境界，已深深吸引了西方。聽何恭上君告訴

我，他將緊接在這本書之後，要編寫「東方雕塑欣賞」。因而我認為，何恭上君，有責任，也有義務，再應用他冷靜的頭腦，深入的思維，明快的筆觸，以中國人對自然之瞭解為中心，去收集，很快完成他的「東方雕塑欣賞」。

中國從古至今，多得是以自然為中心的雕塑佳作，何恭上有資格去整理這樣的一本書。我深信，當這本書問世的時候，非但能讓人們多了解東方的雕塑是什麼，而且，今日的東方人與西方人，也都將能夠從此獲得一條今後在雕塑上奮鬥的正確之路。

原載　何恭上著《世界雕塑欣賞（人體美篇）》頁2，1968.10.10，台北：大江出版社

泥土的啓示與力量

——評李茂宗陶藝個展

「泥土」，可謂人類最早得以瞭解和易於掌握的物質。它隨處皆有，綿延不絕，不足珍貴，沒有嬌氣，實在，簡單，靜默，素靜，頗有任君擺佈的意思，十足一付不需被征服可被掌握的樣子，因此，可說早年脆弱的人類始祖，面對諸多物質中，唯一不使生恐懼感的就是它。

當先民大膽地接觸它的一刹那間，便及早拉開人類文明演化的序幕；「陶器時代」，無可諱言的，是把人類導入一個漸生自信和減少恐懼的年代，並啓發了人們思考活潑的運作，美化了生活的形質。從如今尙存的眾多遺器中，不唯嗅及古人在捏造它時的驕傲與快樂，而且可以感覺到他們在泥土中所發掘出來的力量。直到今天的陶瓷藝術，其間興衰交替的變化，雖然顯示人們對它在實用價值方面的依賴，已逐漸爲他物取代，正因爲如此，而使它得獨立爲特別的藝術形式存在於現代生活空間，這種改變更堪欣慰。在祖先雙指開闢的泥土世界，也算「插指有餘地」，及有其持殊時代性的意義。其間，不得不感念許多人，從前的，外國的不談，現代的，中國的倒是視而可見的，流動而奔騰的一條血脈。

李茂宗，在今尙不爲多的陶藝家中，可謂研究、製作、秉賦、興趣與熱忱極高的後進者。多次的國際獲獎，及外出考察，使他體會到創新的迫切需要。他不斷地實驗新舊材料的配合，器形的變化，釉色的處理，甚且廢物利用。種種努力確使他收穫豐碩，表現不凡，作品技巧粗獷活潑，富有朝氣，變化多姿，青年陶藝家的氣息，躍然湧現。然而此結果的另一面，卻不免有缺憾，如製作技巧之純熟度不夠均勻；有些作品表現的深思近於完美，有的則粗糙欠思考，其間的差異，尙需時間與經驗交相琢磨，鍊達以期清除的。次是創新技巧表現較繁雜，及近工藝性的裝飾趣味。因變化欠統一性格，故作品沒有穩定感。技巧的鑽研固屬必要，但要配合基礎的功夫，否則表現將流於含糊及曖昧。

當然，「從傳統中走出自己的路」幾乎是每位藝術家的意願，但是根植於民族時性深厚的文化背景中，傳統的遺緒是無法也無需避免的。特別是在陶瓷藝術方面，個人以爲無論怎麼走，「泥土」的雕作，不分今古，有它的特質，只要不遺忘或忽略這種特質：簡樸，實在，深藏的美與力，並迫切予以強化，就是可稱許的。（六十一年二月十二日於台北呦呦藝苑）

原載《聯合報》1972.2.28，台北：聯合報社

木之華（朱銘）

沒有電話約時間，沒有介紹信，門響的一刻，他沒有被期待的出現，還有他的妻子。

瘦小，相貌平平，挽著兩隻包袱，然而光彩將來自那裡。

隨著兩隻包袱緩緩的解開，我的眼睛迫不急待，我的情緒漸漸高昇，似乎這個人將給我看一個不好公開的秘密。

〔玩沙的女孩〕蹲踞著，低垂著頭，併攏著腳，拙壯的身手在簡單的衣著下，透出簡單的喜悅與羞怯，臉部出奇的沉靜與滿足。這是朱銘刻的自己新婚的妻子。朱太太不好意思的笑說：「不好看啦！」

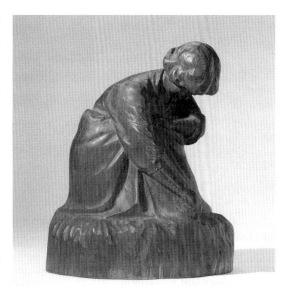

朱銘　玩沙的女孩　1961　木　36×26×41cm
（本圖像經財團法人朱銘文教基金會－朱銘美術館提供，僅供本出版品使用）

我驚訝於他的刀法，是那麼斬釘截鐵，線條是那麼流暢的進出於整塊木頭的紋理之間，造型與氣質又把握得那麼柔順謙和。

另一包袱中是朱銘母親的半身刻像，刻得很小，但是一點都不減少朱銘想說的話。木質粗糙處，是一生辛勞的銘記。細緻處，是慈祥的內心光輝。

不知是否巧合，朱銘選擇了一生最重要的兩個女人同來陪伴他跨進一生最重要的試探：做一個藝術家，或者，只能做一個匠人。

他坦誠相告，要做我的學生，真怕我不收，因為自己真是「學識淺薄」等等。朱太太也跟著一齊要求，說：「三年全家的生活費都準備好了，好全心學習。」後來我才知道，當時朱銘在木刻工藝品方面，已經開出自己的天地，工作應接不暇，收入頗為可觀。他願犧牲那垂手可得的利益，重過「學徒」生涯，並且太太也願意，令我深深感動，這點「求師」心切，多年來，我只有在他身上看到。

其實，來到我這裡之前，他已經很好了，我知道能給他的並不多。起初，他想放棄木刻，跟我一樣搞泥巴、鑄銅鐵。我告訴他：「你的刀法非常好，你這行這樣程度的並不多，已經慢慢脫離工藝的範圍，再研究一下，就可以很好了。至於其他的泥巴銅鐵，可以試試，當作過程或練習，盡量用功在木頭上。」這個人從不肯輕易相信自己，這下才死心踏地的刻他的木頭。

我想，這是我教給他最好的一課，也恐怕是他所學到最好的部分；認識了自己，肯定了自己。

他每天一早來，就直接幫我工作，隨時我把工藝品與藝術品的差別點出來，以及告訴他如何簡化「形」的造作，增加「神」的內蓄。他也看到我整個生活，並且介入，這點很重要，在工作技巧外，他瞭解了我的整體。之後，我到新加坡、日本工作，都帶著他。多看多做，他對自己更有信心。

沒有多久，他又「出師」了，但卻沒有「出頭」。他默默回到板橋的工廠，一邊經營外銷木刻藝品，一邊雕刻他自己寫意的作品。這期間，他參

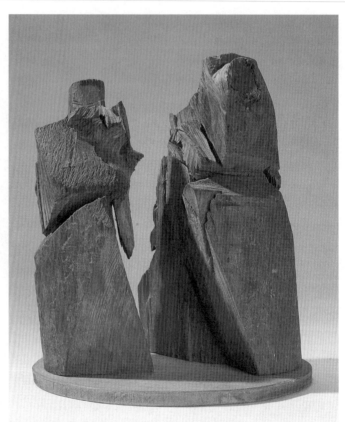

朱銘　太極系列─掰開太極　1971　木　32×37×42cm
（本圖像經財團法人朱銘文教基金會－朱銘美術館提供，僅供本出版品使用）

加了我們幾個雕刻朋友組成的「五行小集」，也提出作品參展。他的突然出現，作品不多，加上大家對木刻的陌生（以爲它只屬於工藝方面），沒有引起太多的注意。他不急，他知道除了自己埋頭苦刻以外，其他的打算都無效。在鄉村長大，寂寞、孤獨、安靜，進出他的生活如空氣，他習以爲常。看作品一樣一樣排列出來，他覺得十分自由自在和自足。

由於直接從民間以技巧傳習爲重的木刻工藝品開始，朱銘的創作題材，其大半不離民間家喻戶曉的傳說、戲曲、故事。就這方面而言，他表現的極爲紮實美好。還有，就是他身邊的人物：太太、母親、孩子。他身邊的動物：水牛、雞群、老鷹，也都是他作品的血脈。它們堪稱極爲圓熟完美，原因是，技巧以外，它們有根，那根深入朱銘三十八歲的生命與生活，那生命與生活又有一大部分屬於台灣鄉間龐大百姓的希望與悲苦的一面。

今天，儘管大家如何讚賞喜愛他這般作品，朱銘還是又開始不肯相信自己起來。「做多了，總是會做煩，有形，就有限制，我難道不能完全抽象的嗎？」

對於他這個老是不忘懷的問題，許多關心他的朋友經常跟他爭辯得面紅耳熱。

我建議他暫時丟開這個問題，去研究研究太極拳，一方面對他略為孱弱的身體有幫助，一方面有助於他探索中國文化的精奧處。特別是關於後者，我覺得對一個藝術家很重要。中國文化的天人合一至理，是我們整個民族的根，歷史的脈，一個藝術家要能吸收到這層面的養分，才能真正長大成熟。朱銘，限於從前的學習過程與範圍，如今這方面的基礎有待加強。而不是表面上論抽象與具象的問題。

實在說，在目前相當程度的西化大環境中，很難在生活中接觸到中國文化的真義，而光在博物館或書本上研習是不夠的。太極拳與其道理，倒是目前比較能與日常生活結合而具有中國文化特質的「東西」；可以在生活中練習它而不佔太多空間。是為人的「小自然」與「大自然」溝通的導體。它模擬動物的多種攻守姿態，把人拉回原始年代面對假想的自然現象做應變的活動。它講虛實、軟硬、屈直、收放、取予、動靜等一切相對狀態之間的調和關係。它促使個人把生命活動的韻律去搭上宇宙自然生命運動的韻律。總而言之，它是一條簡易的走回自然之路。

我一直認為「自然」本身就是最完美的藝術品，人們不信，也看不見，藝術家的存在非製造「美」，而只是做個導引體，帶人們注意自然，享受自然。是一個喚醒者，以其人力加諸於自然物來喚起人們去看原始自然所造成的物質：一草、一木、一樹、一石，都有自身的完美。

如今，朱銘已經研習太極拳，並刻作了一系列名為「功夫」的作品，說是趕時髦也沒關係，不為過。

雕作的部分愈少，形態愈丟棄，刀法愈精準，勁道愈自如，木質愈透視，精神愈凝聚，也就愈成熟愈近「自然」。然而如何「愈」而不「越」（不「過」也）是下苦功之處，相信也是朱銘一直在努力的事。

朱銘，一直沒有接受正式的美術教育，能確切地在刀下表現木之光華，和自己生命的軌跡，除非他原本就具有這等天賦，內心有這等需要，否則他不可能這麼完美的從工藝的圈子爬昇出來亮就他自己的光華。

原載《朱銘　放牛的雕刻家》頁28-29，1976.3.14，台北：英文漢聲雜誌社

斧痕永在（朱銘）

　　昨天聽到顧獻樑教授說：「老師能教給什麼，但也不能教給什麼。」

　　對朱銘這個學生，我深有這種感覺。從民國五十七年以來，我接受了他兩件作為「考試」的作品，一件是〔慈母〕，一件是〔玩沙的女孩〕，我就接受了他整個人和他的生活。因為這時的他，有太太、孩子，已不再是他自己一個人。他住到我家，他生活的一部份也溜進我家；我知道他太太替他拒絕掉高薪的聘請，讓他專心跟我工作，我知道他家明天沒有米下鍋的事，我更知道他在學習的過程中無數的自我懷疑和不信任。當然，我生活的大部份他也看得清清楚楚。他看到我生活與工作的矛盾，他看到我與社會的矛盾，他看到我不過是家庭的一份子，一個平凡的人。根本不是他初來時想像中高高在上的藝術家。也許我們就是這般的互相介入，我從不

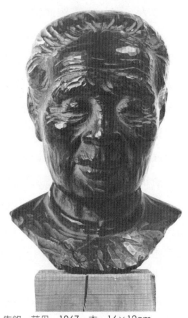

朱銘　慈母　1967　木　16×12cm

當他是個學生，而當他是家庭裡的一份子。然而令我感動的是：他還是站在來找我的原點上，叫著我「老師」。七年後的今天，他成就了自己一番「功業」，仍然是這麼叫著，從生命的根源出來般的那麼謙誠。好像把他與我的關係刻進木頭，一刀下去，斧痕永在。

默默地刻了廿三年

　　「斧痕永在」，朱銘不只是對我，對一切他所愛戀的、追尋的都是如此。什麼事只要入了腦子，就是一記永恆的信念。我知道這是他成就自己的最大原因，是我無能教給他的最大部份。從十五歲起，沒有人知道他默默地刻了廿三年，他刻就了生命中最深沉的斧痕，如今永不磨滅。

　　在我們共同生活的歲月裡，我並不曾按一般美術教育的課程給他上過一天課，只是不斷帶著他在身邊工作。我到日本他到日本，我到新加坡他到新加坡，我做泥巴他做泥巴，我翻銅他翻銅。這裡面可以順便告訴的東西很多，最重要的是一些簡化的要領。一度，他嘗試性的問我可否改做其他性質的雕塑。我知道他並不真想放棄木刻，只是不滿足自己、不信任自己罷了。我趕緊告訴他，他的刀法極好，從民間工藝中出來，能有這等工夫的還不多見，假以時日會有所成就。當時一般人的認識中，木刻只是工藝品的範疇（今天仍然

有這般觀念），朱銘想改做其他材料的想法，難免是這類隱憂所致罷。

專心回到木刻上去

銅鐵泥巴是要摸的，但在他只是個過程，與他的生活不能結合。而木刻才是他生活的根，這條從小就生長起來的根，不是一句話就可以拔掉的。果然，朱銘在問了那一句話和聽了我的回答之後，又立刻專心回到木刻上去。這時我才肯定他終於選擇了一生息息相關的事業。

我不時向他比較東西美學不同之處，強調東方美學的特質，目的在給予一些學理上的肯定，加強他對「自然」這位母親的信念及認識。這是成為中國人藝術家的必要營養。還有在技巧上的返樸歸真，在該停的地方立即停住。他在民間工藝品刻作的長期訓練之下，一手純熟精確的「寫實」功夫是很容易一路刻到底的，到此時，是可以做大膽「大刀」的捨棄和簡化的。於是我們開始一連串的試驗，我說他刻，一刀一刀下去，木頭塊塊掉落，技巧也要一並塊塊掉落，木質的天然處和造型的原始精神，也就慢慢顯現。

生活環境給他力量

如今，他作品有能感人的力量，是來自他生活環境的根部，這根也是我們生活環境的根。這是我無法教給他的部份，是他與生俱來的部份。假使沒有跟他一起長大的牛隻、牛車，沒有那些深入他愛戀的民間故事；沒有他的慈母、太太和孩子，我不知道教給他的一些原則是否仍然有用？換言之，如果沒有那一塊生長他的土地「通霄」及廣大的台灣農村生活實質在朱銘的腳底下，朱銘是否會出生？

我們今天如此深愛朱銘的作品，也許不懂他的技巧如何好，不懂他的材料如何運用，但是我們懂得他在說什麼以及他說了什麼。那些田園的、牧歌的、風土的回憶，也是我們生活回憶的一部份。那牛隻拉車在拼命的力量，也是我們背負著某些重擔在拼命「生活」的力量。通過朱銘的斧痕，我們看到歲月砍在我們自己身上的斧痕。

絕技溶入現代生活

從朱銘，我又想到更遠。如今，民間還有無數石藝、工藝、竹藝、木藝等優秀的匠人，假如得到關心和引導，也很可能發展成為像朱銘的成就。匠人所受的教育和學習過程，都是傳統的師徒制，他們從小接受極為嚴格的生活品德訓練、技巧紀律訓練，其敬業

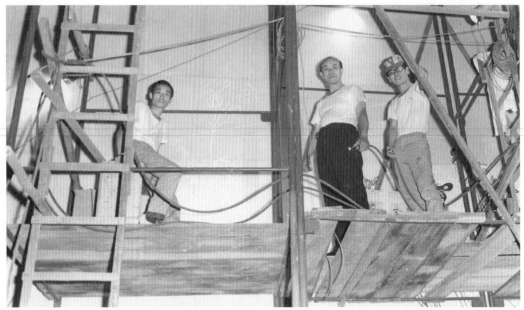

1971年朱銘（左）跟隨楊英風（中）至新加坡工作情形。

精神非我們現在的學院派出來的學生所能望及的。他們根底紮實，功夫到家，只是欠缺配合時代進展的再教育，以致在社會重視科技、機械化的潮流下，生活無依而漸漸被淘汰。這是我國「文化財」的一大損失，政府有關方面不知是否曾注意。

　　但是如果寄望於朱銘在有所成就的今天，來注意此事也許是比較實際的。朱銘從那裡來，知道該如何回去才能導引他們出來（至少在木藝方面）。當然不必個個都走朱銘的路，都做朱銘所做的，而是如何使自己的絕技溶入現代生活，承載現代人的感情，又不失爲是中國的、風土的，而讓木刻藝術在我們的時代重新光大。

　　朱銘在他與我的關係上，刻下了深深的斧痕，在他與廣大的群眾的關係上，也刻下了深深的斧痕。這些深深的斧痕是否繼續使他努力在中國的木刻史上留下更深廣的斧痕。是我所衷心關切的，那樣的斧痕才是永不磨滅的。也許今天，朱銘就在默默的盤算著。

原載《明日世界》第17期，頁36-37，1976.5.1，台北：明日世界雜誌社

另載《朱銘木雕專輯》頁1，1977.5.1，台北：雲水出版社

評全省美展雕刻有感

　　目前國內各項美展很少設雕塑部門，即使有也常是最弱的一環。省展水準雖然不高，但畢竟提供雕塑創作者切磋琢磨的機會，所以本刊特請楊英風先生就三十一屆的得獎作品做一評介。

　　今年全省美展，有關雕塑部份，我是審查委員之一，就評審的感想敘述於後。

　　今年參展的作者，多半是美術學校剛畢業或畢業不久的，程度不高，離初學階段不遠。在學校以外，有些青年作者，雕塑工作的表現不錯，卻沒有參加，是很遺憾的。至於說為什麼不來，恐怕是一個需要檢討的問題。當然不僅是雕塑，參展的繪畫作品亦然，不過雕塑作品比起來是較弱的。從參展的卅多件作品中，選出十四件入選作品，排定的名次如下：

　第一名：〔噓〕，作者高重黎

　第二名：〔守靈〕，作者蔡永順

　第三名：〔蓓蓓的夢〕，作者陳連山

佳作二名：〔受難者〕，作者謝毓之

　　　　　〔愁悵〕，作者：余美雲

入選四名：〔少女與輪椅〕，作者林永祥（浮雕人物）

　　　　　〔悶〕，作者林文杰

　　　　　〔沉思〕，作者陳正雄（木雕）

　　　　　〔另一個星球的指揮家〕，作者林勝正，（壓克力板）其他略。

　　以往省展在參展雕塑方面，以人像、胸像佔多數。偶而有單純就造型或抽象意念來表達的塑像，但為數極少。始終無法在省展中涵蓋台灣雕塑界大致的面貌，或探出台灣雕塑界真正的動向，只能看到部分的習作，不能稱之為作品。久而久之，省展就成了習作的展出，較高水準的作品，或放棄參展，或不予重視，總之是裹足不來了。今年，情形還是如此，選出的作品大致屬於習作，得名者不宜以此自滿。在台灣，要成為一個好的雕塑家，長期的努力還是必要的。此外，希望主辦當局努力去尋訪，邀集社會的好作家來參加，並找出不來的原因，設法改善制度。

　　現在就各得獎作品分析其優點缺失。

〔噓〕

〔噓〕這件作品是今年所有作品中比較成熟的。塑一個俯臥在斜坡熟睡的小孩，小手下垂，前半身寫實，後半身予以簡化，只具輪廓而已。

它的特點是：整體造型上結構很恰當、很美。小孩的身體整個偏靠方塊的邊緣，小手下垂，留下一個很大的空間，作品的氣息便游移在這空間中，作品沒有擠迫感。有些像國畫的留白，思維得以疏散，充分把感情擴張到作品的整體。

小孩的前半部寫實，後半部予以造型、立體化了，尿褲到腳趾，都以立體表現。如腳趾頭變成一片簡化的造型。此外，雕塑觸覺性的處理簡鍊中帶有豪放的氣質，可看出高度的技巧和境界。一般人不敢嘗試的抽象與寫實的結合，作者大膽地表現得很好。

作品的小手垂至台座邊緣，很恰當的利用了台座，使得作品與台座產生了關連，不只是台座以上的東西，台座也成作品的一部份。

小孩裸體熟睡，是生活中常見的題材，是很寫實的對象，可見作者對現代人的體認和憐憫；小孩生而天真爛漫，慢慢被社會教練成一個模式，這是具有時代感的寫實主義。

〔噓〕，有蟬脫殼的意味，成功掌握住成長「蛻變」的時空，在十四件作品中，是較突出的一件。間接說出作者對小孩的關心、對社會與人性的批判。

可惜是沒有翻製成銅質，否則效果更好。質料對作品的感覺表現有很大的助益。

〔守靈〕

父親抱住已經長大的兒子，好像精疲力竭的要保護兒子，將自己的什麼傳給兒子，然而兒子在掙扎，想脫離父親的糾纏。宇宙生靈生息枯榮交接的剎那，一種痛苦深沉的寫照，用赤裸的人體表達，意義很清楚，夠強烈。但這表現方式純是西方神話、宗教故事的手法，也是西方美術史上雕塑發展的基本作法。全裸的人像，用肌肉筋肋來表達感情。中國人的感受套上西方的模式，顯得兀突。我們在學習西方雕塑的過程中，裸體可當作學習的課目去體會研究，作為了解西方的開始，但不能把它當作自己創作的作品。

事實上，「裸體」是導自西方人對「神」的幻覺，或者說是觀念。西方人的國王皇族死後，棺材上的雕像便都是用裸體的。而中國人卻是穿戴十分整齊，美觀。裸體在西方代表的是「神」，而並非「人」的境界。我們雕塑作品，用寫實的中國人裸體，好似看洗澡堂的表演，實在不是中國人的境界。

中國人要表現宇宙生生不息的意念，方式很多，可以很含蓄的用其他現象來「點化」，不一定要直接用「人」表達。作者應該對東方的文化體系加以研究，用東方的本質

來重新表現此一體材，才是今天雕塑該有的路線。從這裡當然也反映出今天美術教育的錯誤；只教西方某些技巧，對西方美術觀念的問題去混淆不清，這是美術教育界該落實檢討的大問題。

把它排在第二名，是讚賞作者對寫實能力和基本技巧所下的功夫。

〔蓓蓓的夢〕

三、四歲的小女孩入睡了，七、八個布娃娃散置在身邊，有的躺在女孩身上，是女孩夢中的情境。這件作品跟第一名的〔噓〕，在取材、表現、意境方面很相似。整個作品很寫實，也許是太被寫實牽制，忽略了造型問題，結構也顯得散慢，把台座當做純是台座，主題本身沒有和它發生緊密的關連，造型不如〔噓〕完美。雖下了功夫，但效果卻不彰顯。題材做的東西太多，就嫌瑣碎，沒有力量，不易發揮內容。

單靠表面的寫實是不夠的，能夠蛻變，才能強調主題。功夫的深厚不在技巧，而在氣質，對造型的考慮有助於氣質的表達。

〔受難者〕

〔受難者〕這件作品，使我想起近代西方雕塑名家布赫代洛（Bourdelle）的一件雕塑〔持箭拉弓的海勒克利斯〕。〔受難者〕的腳、腳上的泥土都是模倣此作，只是沒有拿箭，但布赫代洛的作品粗拙有力，而〔受難者〕的寫實風格缺乏強勁的感覺。作者將作品上彩成白色，雖然雅潔，但男性用白色很難表現力量，看起來色調與題材不一致。

今天看裸像雖已屬平常，但是陰部的處理還是應該將之美化些。過去西方裸像男陰女陰都是刻成未成熟的孩子狀，看起來很可愛有美感。這作品赤裸裸寫實的強調，是不好的。

西方人的路線，不是中國人能完全接受的，我們做做，是一件走不通的路。這件作品整個是做作，沒有情感，只能算是習作，不應當作創作。

〔愁悵〕

這是女性作者做一個男子胸像。觸感不很寫實、細膩，倒使作品顯得獷達有力。整體造型很自然，有賓主關係的照顧、有較完整的效果。題材、氣氛表現得相當含蓄，漆成暗綠色，加深主題的意義。這件作品沒有做作的味道，很單純，是一件不錯的作品。

〔少女與輪椅〕

這是一件淺浮雕人物作品，刻少女坐在輪椅上。作品帶有繪畫性，色彩很美，但可惜主題分散；如頭、手、肩等，沒有照顧到整體像身與椅的關係、身體的前後關係、身體各部份的關係等，所有的東西都鬆散無力。浮雕不是部分淺雕的集合，不能只觀察部份，應該整體地去處理高低。

〔沉思〕

這是木刻作品，老人的四肢緊縮作苦思狀。刀法很傳統，太細膩，太平均，故顯得拘謹些，放不開。不過可以看出作者是用心的，還需加緊努力，把刀法氣勢放開才好。

〔另一星球的指揮家〕

用壓克力板鋸出來，再造型變化成各種方向，很有現代感，也是模倣性的作品，創意不夠。較有創造性的是幾雙伸出來的手。作品中間部位很好，簡化的造型不錯，但有模倣之嫌，與寫實的手顯得不調和。兩種不同材料放在一處，造型不易統一，不能發揮創作的意境。另外，此作有點工藝味道，應該避免。

雖然我們選出這些作品，卻並不能代表台灣雕塑界的菁華，希望主辦單位想出適當的解決辦法，讓所有雕塑家都願意送作品來參展，才能達到省展的教育目標。目前省展的氣氛還是相當保守，應該讓它明朗化。希望作者從實際的生活基礎與情感去捕捉、去表現、去發揮。美術教育則宜利用傳播工具，多加報導鼓勵，才能改善目前僵局。

原載 《雄獅美術》第71期，頁140-143，1977.1，台北：雄獅美術月刊社

藍蔭鼎的畫外故事

一、憶「豐年」

我和藍蔭鼎認識是在光復之後的兩年，那時我剛從大陸回台灣，在台北期間有次機會拜訪他，藍蔭鼎是宜蘭羅東人，我們正好是同鄉，因此談起來相當愉快。他十分健談，對人亦極親切，我請教他藝術方面的問題，他都能不厭其詳地告訴我；所以在師大求學期間，我一有空就會去找他。我和他關係最密切的時期是在「豐年社」一起工作時，下面我將談到「豐年社」的創辦經過。

民國卅八年政府剛遷來台灣時，美國國會曾經撥一筆款項幫助台灣經濟建設。這時候藍蔭鼎認識了一位美國新聞處的職員，他的中文名字叫許伯樂，許伯樂不但會講日語，本身也很喜歡美術，是個業餘的木雕家。他在一次畫展看到藍蔭鼎的作品，進一步認識藍蔭鼎這個人，兩個人一見面就談得很投機。後來許伯樂從藍蔭鼎的談話中，逐漸瞭解繪畫和台灣農民的生活。藍蔭鼎非常關心台灣的農民，因為他出身農家，所以他的畫總是表現農村的景色，觀其人再觀其畫，他認為藍蔭鼎是個具有民族性格的畫家。

當時美援大部份用在國防方面，雖然農復會也曾利用美援幫助農村建設，改善農民生活，但是藍蔭鼎認為這樣做並不夠，必需提高農民知識，傳授農業基本技術，農民生活才能獲得全面改善。他提到日據時代發行的幾份農民刊物，對農村經濟發展有很大的影響。後來藍蔭鼎按照自己的構想，擬定了許多計劃，這些計劃透過好友許伯樂轉遞給美國政府，即藍蔭鼎想辦一份農民雜誌的理想，後經國務院同意，於是批准了這筆經費。農復會知道以後，隨即提出異議，認為這件事情可由農復會來做，在這種情況之下，「豐年社」遂併入農復會，成為農復會的一部份，專辦農民雜誌。對於藍蔭鼎來說，本來可以大力發揮的一本專門雜誌，現在變成農復會的附屬刊物，雖然作法上會有所不同，但他本人並無所謂，至少這個計劃是實現了！

民國四十年，「豐年社」正式成立，雜誌名稱「豐年」，每半月發行一次。在成立之前，藍蔭鼎邀我一起參加工作，他任社長，我任美術編輯。這段時間雖然有接受美援，但在創設期間事務繁忙，可以說工作得相當辛苦。我們經常連袂下鄉訪問農民，希望瞭解農民的生活、想法和風俗習慣。這段期間我天天和藍蔭鼎生活在一起，他的一言一行我瞭解得最為清楚，他不僅到汽車能行之處，並且深入山川民間，考察疾苦，將之報導在刊物上，以藝術家誠懇的本質去為廣大的農民服務，這種精神不僅在過去，就是在今日也很少見到。

我在「豐年社」前後工作了十一年，藍蔭鼎做了兩年，因為理想與實際的差距而離

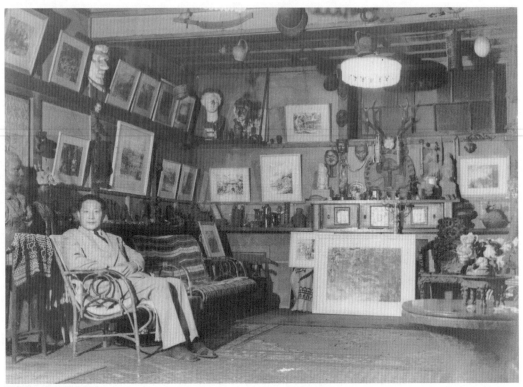

藍蔭鼎，攝於1950年代。

開。離開以後，他的生活曾一度發生困難，僅能靠賣畫爲生。後來許伯樂把「豐年社」的創辦經過向美國報告，國務院因他在工作期間表現良好，加上他本身在繪畫方面的造詣，於是邀請他到美國訪問，這種情況在當時台灣的畫家來說，的確是很特殊的！

訪問期間，美國友人一方面爲他安排畫展，一方面爲他印行專輯，代銷畫冊，所以這樣做，不僅是因爲他的畫好，實際上是受其人格感召的緣故。他的畫最能代表典型的台灣農村，畫得好壞暫且不論，但他畫裡的境界無疑就是他從小生活長大的境界；他的畫是從他的人格、思想出發，並且是一種帶有宗教家性格的表現。

二、曲折的學畫過程

在「豐年社」創辦初期，因爲工作關係，我們每個月都要下鄉一次，一去就在鄉間待上半個月。藍蔭鼎總是隨身帶著畫具，有空就舖紙寫生，偶爾也爲雜誌畫畫插圖，筆觸生動，極獲讀者的喜愛。他的畫都是以農村爲題材，農村就是他的生命、他的生活，這原無可厚非。但是他筆下的農村，多少具有一種懷古的意境，一種鄉愁的抒發，譬如出現在他畫面上穿旗袍的女人，事實上已經不存在當時的農村社會。藍蔭鼎對於現代繪畫一向持反對的態度，他始終堅守著他的風格與技法，造成這種性格的原因，或許要推溯到他早年的出身經歷。

據我所知，藍蔭鼎的父親是羅東世家之子，母親是偏房，他從小與母親住在外面，母子相依爲命，生活極爲艱苦，在這種坎坷的環境之下，很自然地養成他力爭上游的心理。

或許是機緣使然，有次石川欽一郎到羅東寫生，發現了藍蔭鼎的繪畫天賦，便將他從鄉下帶到台北師範學校，並進入「大稻埕洋畫研究所」學畫，作品參加「臺展」曾屢次入選。後來因石川的介紹入台北一女中、二女中任教，並利用暑假期間到東京美術大學補修學分。由於藍蔭鼎沒有經過正式的師範教育，加上他獨來獨往的性格，在當時留日回來的畫家不見得能找到工作的情況之下，他僅憑著小學的資歷，卻能躋身於最高學府教員之列，難怪有人要誤會他向社會權勢妥協了！

　　事實上，石川所以願意推薦藍蔭鼎到一女中任教，是因為他反對日本對台灣的殖民政策。石川曾經留學英國，受過西歐文化的洗禮，基本上他醉心自由，尊重人權。他為了修正帝國主義者的自大，所以塑造了藍蔭鼎，他要日本人改變自己錯誤的想法。在這種情況之下，藍蔭鼎除了本身得具備實力之外，他必需保持強烈的民族精神，他的行為必需一絲不苟，完全站在中國人的立場，對日本帝國主義做不斷的修正。這種修練的過程，使他的人格日趨偉大，但也使他無法對抗台灣畫家的諷刺；事實上他對這些並不在意，因為這些問題比起他個人面對的民族思想觀念衝突的問題又太微不足道了！

三、生活、藝術、宗教的結合

　　客觀的來看，藍蔭鼎一生的遭遇十分曲折，由於他做事誠懇，思想單純，他才能以一連串的人事關係為基礎，實現他的理想與抱負；如果不是遇到石川提拔，如果不是遇到知他的許伯樂，也許他今天的成就又不同了！

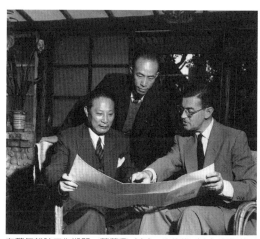

在豐年雜誌工作期間，藍蔭鼎（左）、許伯樂（右）與楊英風（中）合影。

台灣畫壇一直對藍蔭鼎的為人存在著誤解，認為他愛唱高調，認為他獨善其身，甚至懷疑他的成就。事實上，藍蔭鼎的工作環境不允許他再回到過去，三五畫家在波麗都談文說藝的情調，他已經失去那種機會了！一般人對於他的誤解乃是因為沒有機會接近他，這或許和他的生活方式與宗教信仰有關：

　　他永遠不收學生，他認為畫家不一定是個美術教育家，真正的畫家和美術教育不同，畫家沒有義務也沒有權利負起教育的責

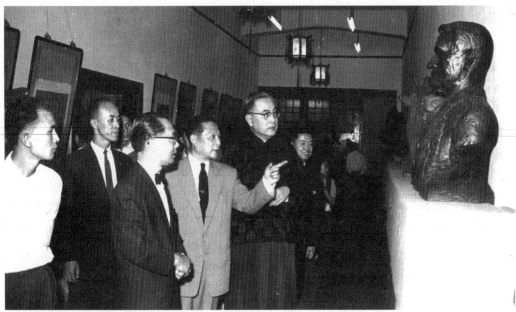

1960年楊英風（左二）開雕塑個展時，藍蔭鼎（右三）陪同于斌主教（右二）前往參觀。

任。這是一般人誤會他的原因。但是你若有機會進入他的家庭，觀察他的生活，就可以瞭解他熱情直爽的另一面，他事母極孝，夫妻相處和諧，對待朋友也很友善。

我跟他交往那段期間，深深覺得他為人的誠懇，是個腳踏實地做事的人。這種氣質來自他的宗教信仰，他是基督教長老會會員，所以言語、行為各方面都極有分寸。他的人生觀和民族性格對我影響很大，在為人處世方面可以說是我的老師。雖然我們對美術的看法不一致，譬如他反對我做抽象、寫意的作品，他覺得現代美術遙不可及；但我始終佩服他的人格，佩服他數十年如一日，專心一志投入繪畫的精神。

至於畫家對他的誤解，我相信總有澄清的一天，這種澄清愈早愈好，站在本國的立場，對於一個畢生孜孜於繪畫，成就有目共睹，在國際間普遍受到推崇的畫家，他的價值是應該予以肯定的，他的榮耀也就是我們的榮耀。

在我認識的朋友當中，他是唯一能將生活、宗教、藝術三方面結合的一個好榜樣。從「豐年社」同事期間，他對農民所做的各項協調工作，及至擔任華視董事長期間，開闢了「今日農村」、「空中教學」等節目，可以證明他是個言出必行的人，他始終念念不忘實踐他的理想。瞭解了他的為人，再去看他的畫，才可能有更深一層的體會。

我一向認為，藝術家的畫就是他的生活，藝術家所畫內容就是他生活的內容，看了藍蔭鼎的畫，更令人覺得他的藝術和生活是一體的。從這一點，我們可以反省自己的創作態度，作品是否從生活裡湧現出來，真正的藝術品是從畫家的人格和生活出發，只具備表面技巧的作品是不會有生命的，而藍蔭鼎的畫告訴我們如何去追求一種真善美的境界。

原載《藝術家》第8卷第4期，頁28-32，1979.3，台北：藝術家雜誌社

蠟炬成灰淚始乾（顧獻樑）

二十年前，顧獻樑剛從美國回來的第二天，我在陽明山羅吉眉先生的家裡認識了他。顧、羅和張大千都是抗戰期間政府請他們到敦煌研究藝術的同道，我們真有緣份。我是他下機後，第一個在台灣認識的新朋友。第一次我們談得非常愉快，由於志同道合，就在羅先生的家裡暢談國內外藝壇動態，以及個人的觀感。

．　　　．　　　．

在這之前，我知道：抗戰勝利後，他和太太相偕到美國打天下。他們都出身望族，文化修養相當高。他畢業於清華大學外文系；太太賢慧美麗，是個出名的女作家。他們兩人都很喜歡文學、藝術。

在美期間，顧先生一直從事傳播中國文化的工作。

那時他在藝壇很活躍，開畫廊、做演講，到處宣揚中華藝術。另一方面也同時研究西方藝術及理論。

之後，他回來了，他是一位民族意識很強的人。

他忠於中國文化，竭力宣揚中華藝術；可是他不能忍受異族無知的歧視，因為他來自一個高尚文化的地方。

因此他回來了。第二次回國之後，永遠也不走了。

它的代價是——賠上一個恩愛的婚姻。

．　　　．　　　．

顧先生是一位生活智慧相當高的人。他深知文化是現實生活中的一種智慧；因此他的一生，便拼命提倡現代藝術、提倡現代生活。他絕不反傳統，事實上他是從傳統文化中走入現實社會的。二十多年前堅持的一個原則至今依然不變。那時他的看法是：

中國的社會將會進入現代化。

要以中國特有的精神走進現代。

要以本土文化做基礎走進現代。

因此，來台後，他到處散播「現代」的種子。他尤其提倡藝術的現代：要創新，要配合著時代走。要認識民族、國家和透視世界。

就因為他太好「現代」，二十年來他始終被打擊，而他也始終硬撐到底，絕不改變思想的原則。

．　　　．　　　．

時至今日，我們才發覺他超凡的睿智和深遠的識見。因為時代真的變了。國際間爭相

進入現代化，即藝術的發展也是現代得超現代、現實得超實現。

　　事實上，現代藝術是中國的產物。從前中國詩畫講的意境、韻味都是一種抽象的境界。遠在宋代我們也有高級的抽象畫；及至元代，畫人更是暢快的自由表達一己思想，他們的畫大別於前期的具象寫實。

　　不可否認：近代西方文化受中國思想影響很大。它們思想的現代化其實就是東方化、中國思想化。而假如二、三十年前我們能夠重視自己優美的文化，以它為基礎，發展新的文化，造就新的藝術，那麼今日我們的藝界也不會落後西方一大截了。

·　　　　　·　　　　　·

　　對於藝術的沉迷，他幾乎到了瘋狂的狀態。他常說「藝術是我的宗教」，想來這句話也最能表達他的心態。為藝術，他可以犧牲一切、奉獻一切；因為藝術是他最大的信仰，且信仰到入魔的程度。也只有到達這種程度的人，可以真正獻出自己的生命。

　　二十年前，他的主張影響了西方的藝界。

　　二十年後，他以心血灌溉的種子，也在台灣發芽吐實。他對年輕藝術工作者的提拔，更不遺餘力。縱觀今日台灣藝壇，到處充滿蓬勃朝氣，到處充滿新血輪……恐怕這是顧先生一生最安慰的地方了。

　　他是一位卓越的藝評家。可是我最佩服的是：他還是一位成功的藝評教育家。

　　後半生，他為了生活，為了畫廊的維持，他兼了很多地方的課。每週都須南北奔波於清大、中原、淡江、銘傳……之間。另外，他在畫廊的家裡，也定期舉辦藝術講座，邀請文藝界人士參與演講示範。日子相當忙，可是絕不影響上課。演講上課必定要相當的準備，一點也不馬虎。

　　他講的東西非常廣闊。舉凡美的東西，如文學、繪畫、建築、雕刻、音樂、舞蹈、戲劇、電影……等都在範圍之內。一旦聽他演講、上課；或與他來個閒聊，很多人會驚訝他的博學和精闢的見解。他不只提倡現代，事實上他了解過去更多；他摸索過西方的藝術，至於中國文化的浸研自然更深。並且時時觀察注意中外藝壇的動態。他的蓄積越勤，學生得到的財富也就越多。

·　　　　　·　　　　　·

　　他的眼光是犀利的；他的心更是靈敏好學。我因環境的關係，近一、二年在國外接觸了雷射藝術。返國後，他馬上邀我到清大做專題演講，同時，還向我借了資料看。他不但向我借資料，自個兒私下也另找雷射的資料，然後拼命的吸收這些最新的藝術知識。

　　這似乎是學者的本色，可是在我眼中，他除了好學以外，好強、好勝的心也強。對他來講，他永遠搶先站在時代尖端，絕不示弱；然後再將所知所學全部吐給學生和來向他討教的年輕一代。他告訴他們藝術要創新，對未來，應該有個大目標。

　　這方面，他的確下了很大功夫。他個人的努力，本質上，那是基於對下一代的愛護，和大環境的照顧。他希望為年輕人培育一個良好的藝術環境——陶冶他們的氣質；開發他們的創造力；轉變他們的人生——使藝術芳香的花朵遍滿人間。

· · ·

　　在幾所大學中，他對清大下的功夫最大。因為出身清華，所以他對母校特別賣力。另個原因是：他不忍見清大的學生過度鑽研理工科技，而喪失了享受文學藝術的權利。那是一個藝術講座，週日他總到那兒為他們傳授文學和藝術的綜合課程。為提高他們的興致，他也常邀請文藝界人士南下助陣。

　　他最大的願望還是希望清華早日恢復文學院。

　　他的教育誠然很成功。因為常被他邀到清大演講，我見到了其中感人的情景。他的學生和他之間親密的感情，是一般師生關係中少見的。但我知：他茹苦含辛為推展下一代藝術教育所做的犧牲，也是常人做不到的事。

· · ·

　　他的交遊非廣闊。舉凡政界、工商界、學界、藝術界的達官名流學者，他都有往來。但他有個原則：真正屬於精神心靈交往的友誼才有維持下去的可能。至於官大、勢大、財大的朋友，一旦在他面前呈露優越感，漸漸地，他就和他們疏遠。假如他看不慣的話，甚至不惜破口大罵，罵得那些人永遠受不了。

· · ·

　　雖然他窮；他需要一筆巨款來推展他的藝術理想；可是對一個有靈魂、有文化素養的人來說，他從來不肯屈服在醜惡的人性之下。

　　相反的，越低層的人，他照顧越周到；因為人性的尊嚴一律平等。他真誠的招待那些藝人名流、社會賢達。一樣，他也用相同的態度接待學生，而且更誠摯，更彬彬有禮。

· · ·

　　他喜歡和藝術界的朋友夜談；談文學、談藝術，直到天亮還不想睡。和年輕的學生也一樣，天南地北，無所不談，直到雞啼才罷。他從來沒有什麼私心，在他眼中，這些年輕的一代，他們將來的成就自不可限量。他和學生之間親密的關係，我想應該就是建立在這

四字上——愛、誠、無私。

．　　　　　．　　　　　．

他就是這樣一個有風骨、有個性的人。所以你當不難了解：他絕不是一位輕易為五斗米折腰的人。

據說他的清大老同學，至今不少達官顯貴、工商巨子⋯⋯他們的能力可輕易幫他解決一些困難。假如他開口的話，他們甚至可以提供很大的資財經援⋯⋯

可是至今他們明白老同學曾面臨過的困頓麼？

唉！往事已矣！藝術家悲劇的下場，只因他固執。

可是他的固執卻又那麼高貴。

．　　　　　．　　　　　．

他的個性很倔，自尊心更強。

走的時候，身邊只剩幾千存款⋯⋯很難叫人相信！他似乎不會困頓到這種地步⋯⋯

請客，他一向最大方。排場，他一向最講究。老上海！也許是吧。可是當你深入了解，你將發現他的客絕不虛請，他的排場自有隱衷。

更可以說：他的做法，一切都為了國家、為了藝術。

．　　　　　．　　　　　．

二、三十年來，他默默在藝園中勤耕，一旦花香遍野時，造訪者自然絡繹不絕。慕名請益的不乏政界首長、外籍藝術家、外交官、學生⋯⋯

你想：他怎能在那時候放走宣揚中華文化、傳播現代藝術的大好機會？他怎能在那時候表現寒酸，而失卻中國人泱泱的大氣度？

請客，他的安排必定用心良苦，恰到好處。尤其外籍賓客來訪，他總是有意邀請國內文藝界人士作陪。當曲終人散時，這些外籍過客也就滿懷收回去了。

．　　　　　．　　　　　．

一切為了國家顏面，一切都為了民族尊嚴。他胸壑中熱愛藝術的根苗，不知什麼時候，竟然成一把熊熊烈火，加速地推他前進。那把熾熱的烈火，燃燒著⋯⋯燃燒著⋯⋯終於指引了藝界，也照亮了藝壇前程。

但當酒酣耳熱之際，誰知他也飲下滿腔苦酒。他當然知道理想不能脫離現實而獨立，可是個人的現實往往是理想的敵人。後來，他第一位太太走了。第二位太太也走了⋯⋯

假如藝術不是他的宗教，那麼他所愛的人可能也不會離他遠走。

假如他不那麼倔。他總是苦了自己；也總是不叫一聲苦。為推展藝術所付出的代價、所犧牲的一切，到如今也祇有蒼天明白了。

他臉上那抹濃濃的雲霧，到如今但願已經隨風飄逝。

後記

藝術界中，有心培植年輕一代，有心為藝術犧牲自我的文化人，實在少之又少。而顧獻樑先生就是這樣一個人——鞠躬盡瘁，死而後已。

他的走，對於藝術的推展，損失實在太大。今日斯人已去，但願他的精神永遠活在人們心中，也永遠鼓舞大眾，推動文化前進。事實上，他悲慘的結局不止他個人的問題，也是文化界的問題，社會當局對文化照顧的問題。一個畢生為文化犧牲奉獻的人，是不該落入這樣悲慘結局的；假如先前社會及有關當局能鼎力照顧文化人，那麼顧獻樑先生的結局可能會好些；而且對於文化的推展，成就也將更大。

我至盼，今後社會人士及有關當局能以具體的力量，來贊助所有的文化界人士。也至盼所有文化界人士，在有關當局的資助下，以自動、自發、自強的精神，為現在，也為將來，打開新局面。

原載《聯合報》1979.4.15，台北：聯合報社

另載《聯副三十年文學大系散文卷(7) 人間壯遊》頁253-261，1981.10，台北：聯合報社

《沒有上完的課》（顧獻樑教授逝世三週年紀念專刊）頁52，1982.3.23，台北：顧獻樑教授紀念會

《楊英風景觀雕塑工作文摘資料剪輯1952-1986》頁89-90，1986.9.24，台北：葉氏勤益文化基金會

《牛角掛書》頁89-90，1992.1.8，台北：楊英風美術館

侯翠杏作品簡介
── 雨後的彩虹（代序）

揮灑自如的圓是她獨特的語言造型。紫藍的色調是屬於她生命的色調。

圓與紫藍的組合，塑造了她作品的風格，也震撼了與觀的共鳴者。

大膽坦率，毫不做作，有時只是簡練幾筆，頃刻已透露了她內心起伏的狀況⋯⋯

這個坦率與眞誠是藝術的寶藏。

二

初次和她相識，她還是一位美麗的少女。聰明秀逸，皮膚白晰；美得很有個性，很有氣質。幾年後，當她已變成兩個孩子的媽媽時，她的美依舊，她的氣質依舊。不同的是：成長的蛻變已令她閱歷更豐，思維更成熟。

當然，她的畫藝也再上一層樓。

三

轉變之大，只緣她是一位感情很豐富，感覺很敏銳的人，因此她所受的沖擊比別人大，她的結果也比別人豐收。

華岡畢業後，她到美國留學。多年旅居異鄉，她不停地作畫，畫畫使她得到宣洩，畫的力量使她生命有存在感。更重要的：作畫是她思維的鍊爐，感情的忠實紀錄。

這非常符合她的個性，也最能表達她繪畫的美。

因爲她覺得環境的際遇及經驗的增長，常能激刺思維的收縮，所以作畫的態度，她強調描述自己的思想，精神上沖擊的感應，或大自然美的感受；而不一定要固守外型美的描寫。

我們顯然可以從她的作品得到驗證。深刻有層次的內容裡面，我們能夠窺見她情感的起伏、轉變；乃至思維的冶鍊，心靈的感受。

或者可以說：她的畫，每張都在述說一段故事、一個情節、一種經驗、一種情緒⋯⋯還有點飛其中的希望、理想⋯⋯

四

圓的造型和紫藍色調的組合，造成她作品最大特色。早期作品，她喜歡用水份較多的方法，渲染出大塊的圓，而表現出一種屬於少女的抒情趣味，無限的詩意，純樸的情感，並滲著些許善感多愁的情懷。

旅居紐約一年後，她的作品漸由詩意的空靈轉爲音樂韻律、節奏美感的表現。一九七七年元旦，她突然痛失小弟，加上客居異鄉的掙扎，她轉而研讀佛學、禪理，借以克服心靈中起伏的悲痛、激昂，於是作品內融合了際遇的影響。

這期間，她也重新對天地間的玄奧觀照洞察。因之再度喜歡大自然的廣袤無際，變化多端的壯美；借著繪畫，她得到了精神上的平和與安穩，視覺上的柔美，並開啓宇宙自然的妙奧。

五

最初她所以選擇圓作爲她畫上的主題，是因爲她認爲圓能讓她的情緒盡情地流露表達，幾經嘗試後，圓便成了她個人最喜愛的獨特語言造型。

同樣是圓，而在意義上早期的圓已不同於後日的圓。因爲過去現在，圓固然將她的內涵、氣質和摯眞的情感，毫不保留地、酣暢淋漓地裸露於每張畫中。但圓的自身生命，卻因她的賦予而隨著歲月，一層一層加深義蘊，到後來便成了一種絕對的象徵。它是宇宙間虛虛實實的總表相。刹那可能是虛的夢幻泡影，刹那也可能是自如自在，最高最圓滿的境域。是實是虛，非虛非實，那就在個人的造化。

每個人都會畫圓，但我所見的圓之中，她的圓最具獨到境界。

這是解脫之後的美，超越之後的境界。

清朗、坦率、和平……彷如雨後的彩虹。

六

她說：她愛藍色，因爲它是大自然原色之一，晴空萬里尤令她感動無比。愛紫色，因爲紫色使她感到穩重成熟。

的確，我們總有許多主觀客觀的因素，叫我們熱愛某種色調。她之所以偏好紫藍色調，除了個人的理由外，有些因緣是她不自知的。

她的確是位紫色的女人。無論身份、氣質、際遇，與她最相襯的色調，還是紫色紫藍色。因爲她有與生俱來的，屬於紫色的富貴與深沈；也有過紫藍色的憂鬱。而紫色系統的顏料，確實最適用於她。這是一種很難使用的色調，除非有意，否則處理不當，容易造成低賤、灰暗、悲觀、絕望的景象。眞正屬於紫色的人，顏料不再是顏料，它會傳遞作者深邃的思維感受，且讓人聞得一股高貴的氣息。

　　她來自一個富裕的家庭。富貴的生活早已涵蘊她高貴的氣質。自小她的生活環境優渥幸福，父母極其疼愛。她眼中所見事物如是那麼美好，於是天眞無邪的她也就更加善良純潔了。往後的成長，她和別人一樣，曾路過荊棘；但她絕少懷疑，絕少仇恨，總是以善良的心接受痛苦，以善良的心面對困難。苦澀之中，高貴的氣質易發清香。

　　那時她在異鄉掙扎，與弟千古別離；心緒直是非常紛亂，她亟須穩定成熟。自然而然，紫色適時令她得到穩定感、平靜感。同時紫色紫藍的深沈也最能讓她表達對於生死、悲歡離合掙扎之後，超越的人生觀。

　　畫境反應一個人的思想程度，經驗的深淺。對她來說，她的畫另一個特色無寧是人格的全部反應。因爲她還是一位孝順、慷慨、慈善、懂得照顧朋友的人，所以畫面上除了深沈之外，亦滿布開朗、美麗、純潔、眞誠的氣象。不但以內容氣氛取勝，更以這些高貴氣象感動他人。

　　深沈中、苦痛中，隱約透露了華貴的氣氛及富貴人家的氣度，使人感受人世的喜悅快樂；而喜悅之中亦隱藏她最深刻的玄秘的一面。

　　可以說，紫色紫藍色一入她的手中，再也不只是顏料的美，讓人透見的還有：她與紫藍色交結後的氣質美、生命感。

七

　　歷史上成功的藝術家，他們成功的共同條件即是：執著眞切的感情，美善的心懷而忠實於自己的藝術工作。也就是說偉大的作品來自眞善美的結合。因此，我們無論從事雕刻或繪畫也一定要隨時涵養一個眞善美的崇高心境。

　　侯翠杏的畫是這種類型之一，每張都有相貫的氣質與性格而富眞善美的內涵。這是她的風格，不假外力，而得之於涵養、內鑠的。

中華民國六十八年二月五日

原載《侯翠杏繪畫簡介》頁1-2，1979.5.5，美國加州：法界大學新望藝術學院

陳松壽《彩色兒童畫輯》序

　　兒童美育是人格最直接，也是最基礎的教育。倘若專心的沉醉在美育的薰陶中，可以使情感均衡，可以激發創作及表達慾望；進而造成奮發向上，竊取更深奧的數、理、哲學。從一種物體的各種觀點的變化，演變成各種不同的表現手法而進窺機智及增長智慧，這些都要從小培養，薰陶及啓發──

　　陳松壽君係國立藝專美術科第一屆畢業，畢業後一直從事美術教育，先在台南家專、台南一中、台北市中山女中等任教，近幾年來台北專門從事兒童繪畫教育，任教聖心、道明、慧光、樂群、蘭心、成功等幼稚園之繪畫班；在短短二、三年裡，陳君熱心指導下學生作品獲許多大獎──

1. 義大利主辦的世界兒童畫比賽得第二大獎（王裕發）。
2. 北市國際青年商會主辦的第一、第二屆中、日兒童畫比賽得金牌獎者有十名左右。
3. 中國家庭教育協進會主辦台北市兒童青年公園寫生比賽得第一名（吳佳眞）。
4. 國泰人壽及聯合報民生報舉辦的「第四屆全國兒童寫生比賽」幼稚園組台北市僅二位小朋友得「特優獎」皆爲陳君之學生（張欽富、吳佳師）。
5. 欣欣大眾娛樂公司主辦的67年暑期寫生比賽國小低年級組第一名（蔡宛玓）。
6. 中國時報爲慶祝發行一萬號舉辦的全國兒童繪畫比賽台北市幼稚園組所有大獎──一個「特優」（張致良）及四個「優選獎」中三個（楊宗憲、李秋萍、戴志恆）皆爲陳君之學生，其他得獎很多不勝枚舉。

　　陳君爲更積極地傳播美育，特集他所指導學生作品中代表性者百二十四幀付印成冊，盼能引起小朋友、家長、老師等對兒童美育之興趣與重視；余喜見陳君提倡之熱誠、特引文爲誌，並盼美術同仁多予指教！

原載　陳松壽編著《彩色兒童畫輯》頁2，1979.5.6，台北：聯亞出版社

掙扎與昇華（曾培堯）

　　曾培堯先生在他的畫裡，用強烈的對比色彩，以及繁複的內容，充份的反映了現階段台灣社會大眾的生活形象和精神面貌。

　　他的畫叫人不期然的感受到，中國人在西方文化強勢壓力下的掙扎和矛盾，很自然的流露出畫家的內在感觸和心靈嚮往。

　　曾培堯早期致力西方繪畫藝術的技巧訓練，中年以後逐漸由西方的理論導出一個東方的主題，開始用東方的心靈來爲人類的生命現象作詮釋，這原是西方藝術界近十年來共有的趨勢，但以一個中國畫家持續數十年作這樣的努力，著實讓人敬佩。

　　近三十年來，台灣的文化表徵，呈現出一種過渡的現象，那就是西方文化的影響，造成生活方式和價值觀的變異，但是舊有的傳統又不願輕易丟棄，形成五花八門的文化面貌，這種現象同樣也表現在各種藝術工作者的創作中。

　　曾培堯顯然也注意到了這種變化，所以在他的畫中，充滿了佛、道、神祇、無限空間，人間百態，以及情慾的掙扎⋯⋯交織成一幅錯綜複雜的畫面，予人印象深刻。

　　曾先生最近的作品中，佛的意味明顯增加，似乎欲以佛教哲學解開生命的奧秘，如確是如此，也許可以說，他又向前邁進了一大步－逐漸由繁複向精純摸索。

　　這種摸索正可以說明藝術家對東方生命哲學的肯定，由尾隨西方而回首東方，正在尷尬的努力消化東西文化這道「大拼盤」。

　　歷史上，佛教中國化的過程，本身就是一個很好的啓示，中國文化順應自然與天人合一的思想，在今天正可以彌補西方爲物所役的物質文明，佛教哲學對人生的看法，也正有助於現代人的精神淨化。

　　可以這麼說，世上所有的藝術，如果沒有宗教的性質，都很難成其爲藝術，但宗教如果沒有藝術上的美境，也不可能成其爲宗教，這是需要我們所有藝術工作者加倍努力的。

　　由曾先生近期的畫，我們發現，就是在試圖超越區域性、民族性的界限，尋求一個直發內心，自然流露的民族性和時代感，並企求和全人類取得共鳴。從這些畫的內容來看，他確實很誠實的表露了他的這份希望，以這種誠實的心爲基礎，逐漸昇華，終有一日可以創作出足以代表這個時代的偉大作品。

原載《曾培堯作品簡介》頁1，1979.8.10，美國加州：法界大學新望藝術學院

另名〈掙扎與昇華——曾培堯生命系列意境〉載於《台灣日報》1983.11.18，台中：台灣日報社

眞善美聖的境界
——聖藝美展的展望

　　一九六二至一九六五年間，天主教大公會議在梵蒂岡舉行，全世界約有兩千多位主教參加會議，會議目標是針對一百年來的天主教作檢討與改革，我於一九六四年代表輔仁大學校友會，隨著于斌樞機前往教廷，爲教廷協助輔大在台復校一事，向教宗致謝，得以躬逢盛會。此次會議中有幾項重要決議，其中之一便是天主教傳播方式應該區域化。此一改變在天主教來講，實爲一大進步。

　　過去，天主教在世界各地的傳教方式，一直以梵蒂岡體制爲統一的標準。此種保守的傳教方式，在宗教文化背景截然不同的地區，自然易受阻礙。因爲以人的情性來觀察，一般人對於不同之風俗習慣、文化宗教，多半只會存以好奇心，若希望他們接受，則非用他們心目中最親切、最熟悉、最自然的方式不可；否則人們很難認同它、適應它，甚且還要排斥、抵抗它。所以，區域化的傳播方法是：深入了解該區的文化特質、區域特質、習性，基於平等的立場加以尊重，再融合天主教精神，以最適當、最親切、最自然的方式來表達，這樣才能溝通，這也就是「因地制宜與入境隨俗」。以中國區域天主教美術而言，過去亦習於統一化，大公會議後，雖然有了區域化的原則，十幾年來，亦尚未達到理想的境地。華明藝廊「聖藝美展」的開展，就是針對著天主教美術的區域化，所作的大膽嘗試與突破。爲了達到區域化運動的目標，華明畫廊花了極大的財力，重新裝修成極大方的畫廊，作爲推動此一活動的永久場所，爲藝術家們提供一個美麗的環境，藉以展出作品、互相觀摩。

　　第一屆「聖藝美展」的成功展出，不是結果，而是開始。爲了使「聖藝美展」將來能夠有好的成果，我們必須有明確的目標，不斷的努力方能事半功倍。

　　除了一年一度「聖藝美展」的正式展出外，其他的時間內，可以利用此場地，舉辦許許多多、各式各樣值得作參考的展覽，來促進天主教區域化的成功。區域化在當今國際藝壇本是很顯著的自然風向，因爲區域化即是生活化、環境化、民俗化。我們可集中世界各地優良藝術家的美術作品在此展出，作我們的好榜樣。藉著這個藝壇的好風向，我們可以吸收靈感，這樣一來，一個蓬勃有朝氣的遠景不久即可來臨。

　　怎樣才是成功的區域化作品呢？表面的技巧並不重要，重要的是作者本身的涵養。藝術品是「冒」（自然流露）出來的，不是「做」（人爲做作）出來的。所謂「誠於中，形於外」，藝術品與作者的人品、生活、環境是息息相關的。作品是否具有區域性，要看作者是否有當地區域特性的觀念。藝術家必須過著區域化特性的生活，對於他自身文化的特性有深刻的體認與實踐，且有愛鄉土、愛社會、愛民族的熱情——有此境界，不管他的創作

是國畫、西畫、雕塑……都會作成感人的好作品。

中國區域化藝術作品該表現的是什麼呢？是藝術家本身的生活與信仰。藝術家的生活是什麼樣的生活呢？是蘊涵豐富中國精神的生活──他有深刻的中國文化生活觀念、親親仁民愛物的博大胸懷，能把握眞、善、美、聖的中國基本精神，以及崇尙自然、質樸的美德，以傳承祖先所留傳下來的生活智慧爲己任。在信仰上，他能深入體念天主教救世愛人的精神，以實踐此一精神爲己任。藝術家的人格、生活與其作品是互爲表裡的，他有深刻的精神生活，其作品才有豐富的內涵，能散發無盡的光芒，予人以無限的啓示。

再者，認眞的精神也是非常的重要，天主教有它的歷史背景與地理環境，藝術家盡自己的了解加以求眞與保留，不宜以自己的環境（中國山水）、衣著（唐裝）來表現。藝術家雖沒到過近東，仍可依自己的智慧與習慣、意念與想像來勾畫其形象；以自己的涵養、境界去表現其內容。我們不妨採用外國的造型（如藍眼的聖母）、背景（如沙漠），而用中國的表現方法。耶穌生活在近東，不宜用中國或日本等環境去表達。不過，中國或日本的藝術家可以憑自己的想像，而創作出與事實有差距的作品，只要純眞可愛的心境能表露出來，雖有毛病，也很可愛。好像我們看小孩子的畫，因爲他們能完全表現天眞、可愛與無私，雖然常識與技巧尙未成長，在不瞭解的範圍內所造成的自然錯誤，仍是可接受的。但是，如果大人明知故犯，這就成了造假，藝術最怕的是造假。好的作品很在乎它的眞、善、美、聖的眞情流露。只要是出自藝術家的眞情，誠心誠意創作出來的，一定可以看得出來的。這也是藝術品所以能成爲不朽的基本要件。

我們熱切期待著「第二屆聖藝美展」能有更多如上所說的、感人的藝術作品出現。

原載《第一屆聖藝美展專輯》頁28，1980.6.8，台北：華明藝廊

有夢的世界（林淵）

　　小時候，我們仰視天上的雲朵，常常就會加上自己的幻覺，把它想像成我們所曾經見過的各種事物。譬如一排捲雲看似一群綿羊；譬如一朵積雲看似一隻蹲著的老虎或是一條狗。這種半抽象的形象，往往在我們腦海中自然而然的浮現，甚至可以把它們編織成一個故事。

　　同樣的，當我們拿起一塊石頭要雕刻時，也總會先看看這塊石頭像什麼，再著手去加工。譬如這塊石頭像一條魚，我們只要稍微加工雕琢，就會變成一條很可愛的魚。如此保留了石頭原來的特點，順著石材的本性去雕刻，才能顯出造型的風格。

　　但是，無論我們把雲彩想像成狗或把石頭雕琢成魚，它們都和真正的狗或魚的形象有一段距離，換句話說，我們所想所刻都只是我們腦海中狗和魚的個性。是我們在日常生活中對牠們的神態舉止作了種種觀察和領會，無形中產生一份相映的情感，同時對牠們生動活潑的模樣有深入的理解，等到一有機會，就會把蘊藏在心中的印象和靈感抒發出來，因此雲彩成了我們心目中的狗的形狀，石頭經過重新揣摩就傳神的雕出一條很有表情又很可愛的魚了。這種半抽象形像的形成，仔細的想來，也就是寫意的境界，正是我們中國藝術精神高明之處。此乃有別於西方的寫實技巧，假如只儘求與實物相像，而沒有境界，便不算是藝術品了。

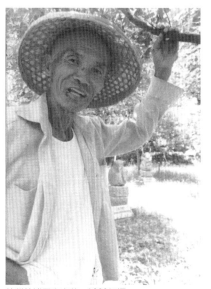

林淵於埔里自宅前，1980年攝。

　　事實上，寫實的精神是西方社會的產物，抽象的精神才是東方文化的本質，中國的藝術尤以「寫意」見長。中國祖先從畜牧生活進入農耕社會，過著安定的生活，在觀察自然，關愛自然中產生了中國文化，這是生活與自然相結合，生活與藝術相通契，由動到靜到境界產生，藝術完全是生活的寫照，感情的流露，這就是中華文化的精髓。

　　我們看中國最早的象形文字，是由觀察自然，模擬生態而創造出來的。例如日、月、山、水、火、鳥等字是。又例如「草」字，刻作「↓」，不正是小朋友畫草的圖形嗎？象形文字的創作，由對萬物的印象繪成符號，演成文字，不就和我前面所述對雲彩石塊的聯想有同工之處？正說明人類創作慾產生的最原始過程。我們再看中國人畫山水，豈真存有那樣的山水景色？也不符合西方的透視原則。然而這完全是畫家行旅各處，把所見到的錦繡山川都融入腦中，之後再以手繪出印象中的山水，因此我們看到的是畫家腦海中的山水

美景，是真正的「印象派」呢！再看看中國傳統的雕塑，也沒有完全寫實的，是觀察實物（如……花）的生態，產生情感，願意保護它，愛憐它，如同照顧小孩般，之後，有一天再刻出生活中有感情的那花朵。也許所刻與實物完全不成比例，但是中國藝術的重心不在比例，而在意境，藝術家把腦海中的印象具體化便是作品，境界愈高，愈遠離俗世，作品亦愈趨抽象，愈富寫意了。

林淵正是以石刻抒發出自己夢境的人。他的石刻所反映的，就是他思維的世界。

埔里鎮是一處壯美的盆地，周圍崇山峻嶺環繞，境內訓練產生的，更不是現代化摩登的工作室或工廠製造出來的，完全是生活文化與大環境共同配合孕育產生的。是林淵生活的點點滴滴，日積月累形成的。他的手巧，他的心敏，或許來自天

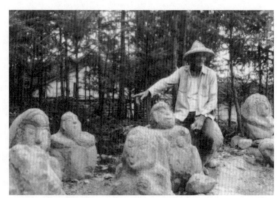

林淵與他的石雕作品。

賦的資質，但是他創作的思維則是由大環境大宇宙造化的。於是當他開始創作，會像泉水般湧溢出來，源源不斷，因為他心中已有太多的境界。他的作品完全是以氣氛取勝，完全是寫意的，可以說，林淵之所以突出，正因為他保留了中國生活文化的根，他的作品充分顯示中國美學的思想，真正代表中國人的藝術精神，文化特質。

林淵又是個充滿愛心的人，他從小照顧殘障的弟弟，親手做很多東西給他，直到幾年前這位弟弟去世為止，數十日如一日，用心如是，我們看他，廢物利用，東拼西湊做成各式各樣很可愛很舒適的桌椅、草帽、玩具等，組合奇特，功能優異，充滿幻想，人見人愛，對小孩如殘障者，尤能賦予滿懷的喜悅，引發他們無窮遐思，如果沒有一顆智慧的愛心，如何能成就這些「作品」（不只是用具，而且是作品）？

因此，起初《埔里鄉情雜誌》的黃炳松兄，伯樂識千里馬，「發掘」了林淵，將之介紹給朋友，有些朋友就準備馬上為林淵開個展，「捧紅」他。當時，我經過仔細的觀察，長久的考慮，為了不希望把林淵造成第二個洪通，提出了相反的意見。

我以為林淵剛從農稼退休，好不容易找到另一個自己滿佈清溪飛瀑，山清水秀，氣候怡人，早已有「小洛陽」的美譽。由埔里入山進魚池鄉，沿途蜿蜒於青山翠谷之間，田園景色十分迷人，如同進入世外桃園。因交通的不便，鮮有的外賓訪客及觀光團體，反而保

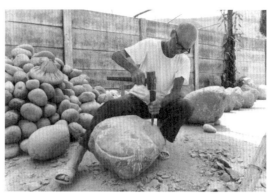

林淵雕刻情形。

持了該鄉純樸的民風，濃郁的人情味，正是中國傳統典型的農家生活，林淵生於斯，長於斯，未受到絲毫現代公害和西化毒素的侵擾，在這樣優美的環境中潛移默化備受薰陶，孕育出他純樸無華的氣質，也產生了他腦中無數的夢境。

我們看林淵的作品，線條樸實，自然純真，不刻意裝潢，非常老實，再一邊聽他訴說石中的故事，格外親切。他拿到一塊石頭，先作觀察，細細揣摩，看看它像什麼，可以雕成什麼。再著手去做，他在農耕社會生活了一輩子，生活在大自然中，眼所見，耳所聞積七十年的人生經歷，有太多太多的故事要說，有太多太多的印象要傳。彷彿他是以石頭來傾訴他的夢境，夢遊於他所想像的世界，在這片田園中，有他的工作，理想和愛。他動腦筋，變花樣，樂在其中。這就是文化──有思想，有境界，用雙手，創出來。

我說，魚池鄉的大環境造化了林淵，同時透過林淵的雙手，呈現出魚池鄉的特色，他是屬於魚池鄉，魚池鄉是屬於他，要真正了解林淵的作品，就必須置身埔里鎮山清水秀的佳景之中，也必須先了解魚池鄉民的生活形態，才能更體會出林淵作品中的神韻和大自然轉移於他身上的境界。我更要說，這份境界的轉移，絕不是學校教育或技藝熱愛的世界，慢慢在走進去，慢慢在成長。要幫助他使他不斷地走下去，使他有更美好的夢境可以發揮，這才是真正關愛他。他剛開始雕刻，有意境，有氣氛，但作品不多，只是一株方萌芽的奇葩，不可能一下子開花結果。如果立即為他宣揚，捧紅他，有利於名，無助於創作，甚至萬一在他未臻成熟之際，就為外界的名利所惑，產生向外炫耀的心理，這時候，整個返璞歸真的天性就破滅了，夢境也不再，天真更不存，一切創作只為了名，為使人家看得懂，為了利，為討人喜歡而作，林淵也就不再是林淵了。

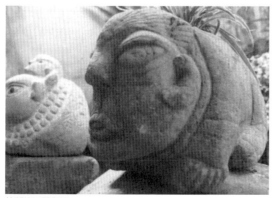

林淵的石雕作品。

所以，當時我和一些關心林淵志同道合的朋友商議後，一致決定先為他作保護性的安排，使他生活安定，情緒安穩，天天可以做自己喜愛的東西，盡量多做一些作品，多表現一些境界，久了，他的技巧慢慢也會成熟起來。另一方面，也幫他安排到日本，韓國遊覽，開開眼界，看看外

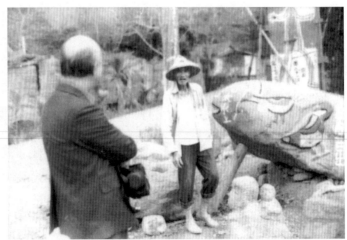

林淵介紹他的石雕作品。

界其他人的作品。這期間一切的安排，並不表示拒絕外人的參觀或認識林淵，慕名之士仍可親自到魚池鄉飽覽，主要是要排除世俗名利之擾，使他創作的成長更康健，更順利。

果然，幾年下來，林淵已頗有成績，作品更順暢，自己可以通達於自己喜愛的工作，並且依然保有他純樸農民的本色，更值得高興的是，這幾年，他的創作慾不斷提升作品量增加，技巧日益成熟，故事越創越多，表現的境界也越來越高，環境與生活的結晶一一呈示在他的作品中了。

西方文化源生於畜牧生活，中國文化啓發農耕社會。畜牧生活充斥競爭、征伐、佔有，成者爲王，敗者爲寇，非常現實。農耕社會，人與自然合一，生活安定，寧靜致遠，心靈中可有無限遐思，人人有夢。前者造成美學的寫實主義，後者則爲寫意的美學思想，愛鄉、愛土、愛自然，境界無窮。正是我們中國藝術精神的特質。

環視國內部分藝壇，一味西化，全盤失眞，眞應回頭繼續中國人傳統的美學思想，中國人的意境，中國人的精髓，絕不能用西方的尺度來衡量甚或詆毀。

今天林淵在台北市公開他多年來的作品，大眾對他的喜愛和關切當預期可見，也必受到廣泛的重視，觀眾若能親往埔里魚池鄉林淵的家鄉，實際體驗該地的農居生活，享受大自然的魅力，當更容易深入了解林淵作品的意境和形成之因。我一本初衷，仍希望大家在熱心之餘，不要忘了讓林淵永遠保有自己的夢境，自己純樸的本性，千萬別因外界名利之誘惑，損毀了他好不容易建立起的天地。要保護林淵，就要照顧他，使他今後創作的旅程更順利，更康健。同時，從林淵作品的路徑，期待人人都有自己的夢境，以自己的雙手和智慧，如草木之應時開花結果，塑造出屬於自己的天地。那麼，人人都可以成爲如林淵所享受藝術意境的作家了。

原載《老人與頑石》頁50-53，1982.11.12，南投：埔里鄉情雜誌社

另載《懷思林淵》頁10-13，1991.9.29，南投

《楊英風景觀雕塑工作文摘資料剪輯1952-1986》頁143-144，1986.9.24，台北：葉氏勤益文化基金會

《牛角掛書》頁143-144，1992.1.8，台北：楊英風美術館

讓東方是東方（變形蟲設計協會）
——設計根源的開展

在世界設計藝壇「走向東方、走向自然、走向生活」的浪潮中，東方的美學與哲學，成爲西方人士探討的重心。從不斷地研究中，發現了和太空科學息息相關的大宇宙現象，頓然產生感悟和覺醒，視野因此而擴大，心胸因此而寬廣，運用於諸般設計工作，成就了今日世界的潮流。

欣見「變形蟲設計協會」，在辛勤耕耘之中，能夠與東方鄰近地區的一些優秀設計者結合在一起，展現屬於東方的特質，這種方式，是可喜的，更是值得鼓勵的。因爲在文化系統相近的幾個不同區域中，設計工作者可藉彼此觀摩、學習、研討，而有所進步，並充分地表現出現代化的、區域性的特質。

以往，有一段很長的時間，東方的各個地區，都是捨近求遠地依附或仰慕西方不同的各地區。然而東西文化系統、區域特性的差異實在很大，使得許多藝術工作者找不到自己的特性，在觀念上、作品的表現上產生了偏差，迷失了方向，迷失了自己。

新的世界潮流使得東方地區猛然醒悟，不再盲目地迷戀西方的一切——日本不再法國、菲律賓不再西班牙、中華民國不再美國……，轉而深入研究自己的歷史、哲學、宗教、美學等，在古人的思想體系中，在先知對宇宙神妙的幻想裡，尋出自己的根源，近而與現代新知、太空科技相印證、相結合，同中有異，異中有同，在浩瀚的宇宙中，展現著地球的光輝，呈現出民族的特性。

然而，研習古人並非一味承襲古人，當物換星移、滄海桑田之後，時代背景、生活方式多有不同。如果祇是食古不化，忽略了時間性，我們會覺得那僅說故事而已；如果仍有著過多裝飾性的表現，則會令人感到繁複、干擾、造作、與生活脫節。因此，如何擷取精神所在；如何化繁爲簡；如何在現實的生存空間中顯露特性，是藝術創作的方向。

現代的生活，緊張而忙碌，不似古人那般優閒，所以，尋找身體的、精神的休閒機會，變得相當重要。此刻，平面設計作品即肩負著休閒心靈的使命，提供一種觀賞的喜悅。作品的主題須明快，畫面處理須乾淨俐落，內容更須深具啓發性、教育性、方向性，以及領導性，使觀賞者能夠得到性靈的美感與共鳴，而充滿了安詳、和諧、愉快、平衡、圓滿的內涵。

在此次「亞洲設計名家邀請暨變形蟲年畫展」中，作品內容包括了年畫、海報、賀年卡、書籍美術、包裝等多樣性。我們從作品中可以看出，設計工作者已能將自己的意念和理想表現出來，不再祇是應業主或產品而設計。他們要求突破、要求改革、要求影響力，於是，往文化中去探索，到生活中去體認，設計中作者對觀賞者作出了正確的生活指導，

使其自然地接受產品、接受觀念、接受現代化，更了解生活的未來性。而這些設計者，在日常工作之餘，結合志同道合的朋友們，一起研究，互相觀摩，再創造出新的理念，引導大家走向更高的境界。

　　國內極需要從事設計工作者，結合在一起，在各方面作更多的研究與改進，使我們的社會更和諧，更美好。「變形蟲設計協會」的成員，年輕、有理想，又有十足的衝勁。雖然在此次展出的作品中，仍舊有些在畫面的處理或色彩的運用上，顯得過於繁雜，但是精神的表現及努力的方向是可貴的。祝福你們穩住腳步，擴大層面，往前邁進再邁進，開創更大的成就。

原載《中國時報》1982.11.27，台北：中國時報社

隨自然演化的腳步而創作（五行小集）

　　以「金、木、水、火、土」五種宇宙生命元素的中國「五行」之名來做爲我們這個雕塑團體的名稱，時間愈久，愈能感受於一、二。

　　一方面；這五種元素確切是我們製作雕塑的重要材質與精神意念。一方面是這個名稱所透析的「中國況味」——十一年以來，不知是我們迎合它，或者是它統合我們（也許兩者皆有），五行的每個成員在無數次的聚合中，大家慢慢發展出一種非常自然、自由、和諧的模式，不論是相聚論藝、亦或是集約展覽，這就是我們所感受到的——中國味。

　　「五行小集」成立至今，我們沒有總旨和派別的標榜，各人自由發展，隨心所欲，各施所長，誰也不影響誰，限制誰，可眞是相當「個人化」的名符其實的小集之合。然而，大家無形之中也相應著「五行」的多重意義——東、南、西、北、中、青、黃、黑、白、赤等等宇宙空間組合的無垠無涯、各居其位，以及物象形體的多采多姿、各俱其色——五行中的我們，悠遊於六合有無的觀想，追索於上下古今時空演化之奧妙，終至由形而下，凌越於形而上。現在，我們拿出這一階段的成績，檢視一下創作的結果，我們發現：當你的創作自由到想與「宇宙精神」相提並論時，這份自由可就變作一份不輕鬆的負擔了。因此，我們互相鼓勵、彼此尊重、努力工作，希望藉這份浩瀚的寰宇冥思所激發出來的格局，無論表現在作品上、亦或是爲人上，都能開展一種呼應於自然時空的氣質，我們相信，這樣是有益於大眾的。

　　從八十幾歲到卅幾歲，五行成員的年齡相差有五十幾歲之多，可以說是「男女老少」皆有，其中沒有孰重孰輕之分，大家的力量都平均展現。這可說是一種全貌；雕塑家年齡層的平均涵蓋，這樣的組合讓我們彼此經驗的觀摩與交流得以擴大。而各人作品的所專所長，亦彼此各有不同，這亦是可謂一種全貌性的概括，所以，這個團體雖小，但可說是以其美學上的代表性面貌立於我國雕塑界，而大致可以由之觀出自由中國地區的雕塑導向。

　　在這裡，我們無任何集體或個人目的，亦無任何領域之限定或盤據，唯一的目的做好份內的事，有機會時，拿出來給大家看看。

　　由於大家互相的認同和屬意，我們才形成了這個集合，所以大家很珍惜彼此之間這份親和的情感。我們常想，不是爲表現而表現，更非爲誇張而誇張，而是一種追尋自然的心境和意念的理性演化，賦於一個具體的「形」上，來印證於自我的認知，來重新思考我們生活空間中美的創造問題。

原載《五行雕塑小集1986》頁4-5，1986.9.1，台北：金陵工藝雜誌

醇厚渾熱的造形世界（陳哲敬收藏）
——回到中國的佛雕，印證了中國文化淵遠博大的精神之美

　　從研習雕塑到從事雕塑的五十年之間，我所涉及的歷程和範圍，大致可說涵蓋了東西方的幾個重要的藝術據點。

　　在中國北平的八年，我初悟到中國文化醇厚精深的包容力。然後是赴日本研習建築，在關東派的代表——東京，染濡國際派的流風，在關西派的代表——京都，見識傳統派的典範，體認到日本移植消化中國文化的理性、精緻層面。然後赴義大利專攻雕塑，看到西方文化以人為本位的藝術思潮之興盛演變。同時，我這段學習空間的轉換自然也經歷了時間的更替；從二次大戰前到大戰後，經歷了本世紀盪動變化最激烈的時代，無論是在文化、經濟、科技、和思想等各方面。因此，從中我學到不少東西，最重要的領悟就是「回到中國」的這個大主題的尋覓和徹悟。

　　第一次對中國文化發自內心的感動是在日本求學時。在接觸日本之初，就立刻比較出中國文化是何其深遠浩大。在環境上，日本的山水如同經過人工的修飾般整齊、劃一，比不得中國山水的源遠流長、靈秀萬千。在人文上，日本更是中國文化的衍變和精緻化，雖然頂真、完密，但亦難避呆板狹氣之拘謹。不似中國之詳和、寬大所釋出的自然舒坦氣息。因此，在京都、東京，我才發現了北平所代表的中國文化的廣蓄天地，放懷今古的博大之美。

　　第二次的感動是到了歐洲之後，看了義大利所代表的西歐雕塑、建築之精華，才悟到憧憬多年的西歐原來如此：充塞著帝國的驕霸和蠻力，予人強大的壓迫感。以前對受的美術教育中所一味崇尚的西歐，其境界比諸中國的含蓄溫厚，中庸均衡及乎精、氣、神的形而上造型要領，真有天壤之別。由是即知西歐的

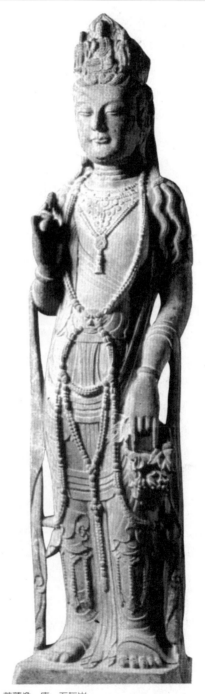

菩薩像　唐　石灰岩

美學尚停息於人的「物形」的堅持階段，處處表現著人的私慾、自我標榜、自我誇示（連宗教藝術都不脫此本質），是典型的人定勝天的演化過程。相形之下，中國也會有輝煌的世界統領地位，但沒有霸氣逼人、奴人、役人的文化質地，而是容人、化人的文化消化融合所有成的精美圓熟氣度之表現。

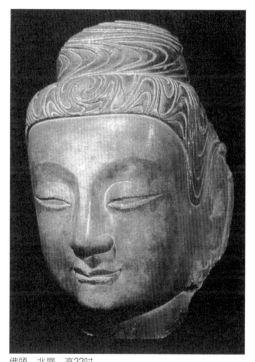

佛頭　北齊　高22吋

這樣的比較後令我大感吃驚與警惕，由義大利回國後，立刻進入花蓮的大理石山中，接受自然的洗鍊及反思中國文化之種種。我從中國出發，在西歐世界兜了一大圈後，終於找出自己的創作之路──承習中國人祖先的美學智慧，回到自然的單純中，也恰切的符合了現代人所需求的素簡造型要領。至今，我仍常說：西方的美學訓練教給我的僅是技術面的知識，而中國的文化體系（不僅單純的指涉美術一項，而是生活美學）卻教我思想形式之上的境界之攀昇。這形而上的精神一直指引著我的創作之路。

我想說的是：在研習和創作的漫長五十年歷程中，我不停的在做著尋找中國文化本質的努力，有了這樣的體驗來看陳哲敬先生的中國歷代佛雕收藏品，其間的感動和喜愛是難以言喻的。

陳哲敬先生長年旅居紐約、香港。並經常在歐美亞洲各地從事古物鑑定及收藏，約有三十年之時光。由於他本身是美術、雕塑學校科班出身，眼光深遠、器識不凡，才會注意到這批零散各地的佛雕文物，而默默進行著這系列藝術品的回收工作。他早已理解這批文物的回收工作。他早已理解這批文物的重要性和珍貴的價值（歷史及藝術上的），故自感責任重大，三十年的投入，辛苦倍嚐，為護持文化財產而竭盡心力，實令人感佩萬分。

民國七十二年，陳先生攜帶四十數件的石雕佛像回國開展，這是陳先生第一次公開這批佛雕國寶，轟動海內外藝術界。當時的許多藝術團體如漢聲雜誌和雲門舞集甚至發起運動，促請有關方面重視此事，設法留下這批流落異邦的古代石雕，彌補國內石雕收藏的空

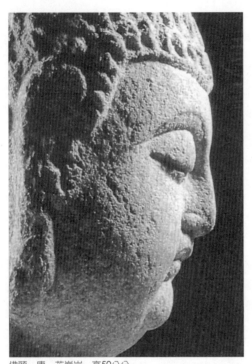

佛頭　唐　花崗岩　高50公分

白。其意義不僅是讓國人領略祖先雕刻藝術的偉大成就，更是如藝評家、畫家楚戈先生所言：以前我們美術教育的缺失，癥結是缺乏石雕的實品，年輕人無從吸收傳統精神紮穩根基，創作具有中國風貌的作品。因此認知這批藝術品對美術教育實有重大影響。而七十四年，陳先生二度在歷史博物館開展石雕收藏精品，再次震撼文藝各界。

陳先生的石雕收藏，其中不乏來自雲岡、龍門、天龍山的精品，多為一千三百多年歷史，跨越南北朝隋唐等時代，是中國佛教藝術最輝煌的時代。陳先生以一己之力購蒐異域漂泊的佛頭，使重寶回到中國，證明中國雕塑藝術的偉大高超造境，實有別於西歐的宗教藝術之本質，其意義非凡重大，貢獻良多。中國的佛雕之美，在於以宗教哲思，淨化了俗念，收攝了宇宙天地的均衡大力，而表現出無我的大美，為世界雕塑領域中所獨有的創革，如今在世界各地的美術館中、博物館中，中國佛雕備受推崇，譽之為人類文化瑰寶，其原因乃肯定石雕佛像的深刻又簡化的造型美及氣質，技巧的完熟與高妙。

由這批回到中國的佛雕藝術，我看到了我民族文化的自信，以及在美學藝術上的不朽碩果。多年來我個人以回到中國作為創作的指引，現在仰視這系佛雕所代表的千年美術歷史精華，不由得自感渺小起來。然而，藉此我第三度的肯定、堅信自己在走回中國的大目標上是慶幸無誤無悔的。陳先生貢獻這批展品，這次在桃園文化中心展出的是放大精攝的照片，頗能表現佛雕的質美、形美，以及神態上所蓄含的光明、澄澈的生命力。其歷史意義和藝術價值對推促我們理解中國雕塑藝術的內含有著莫大的助益。

原載《桃園縣立文化中心年刊》頁33-35，1988.4.30，桃園：桃園縣立文化中心

樸實狂熱雕塑家
── 王英信

　　中國雕刻藝術起源甚早，雖然風格代有興移，然而其豐富的形象、精美的紋飾與和諧的造型，可謂世無其匹。近代以來，先秦遺址的陸續發掘，更證明了中國造型藝術在立意、構思與形式掌握上，極為發達；具極大的寬容性和變化性，形成了東方雕塑藝術獨特的風格。

　　雕塑藝術的限制性遠較其他素材來得大，它不像繪畫具有繽紛的光線與色彩感受，但其藝術的魅力正來自寓動於靜的韻致，及與周遭環境的交感融通，這底蘊是其他所有素材所無法比擬。因此創作者一旦得以接觸到雕塑世界，便會如痴如狂地喜歡上這種在拘束的素材上發揮無限自由意象的樂趣，王英信先生便是這樣一位樸實而對藝術充滿了狂熱的雕塑工作者。

　　我與王英信先生僅有數面之緣，得知他雖非藝術科班出身，然而論及其對藝術工作用功之勤，投入之深，恐為一般人所自嘆弗如。由於未受過正規的學院教育，他的創作歷程，較其他於藝術環境中薰習成長的創作者，來得更漫長艱辛，幸而他能秉持對藝術的誠摯信念，一一克服種種外來的衝擊，絲毫未減其狂熱與幹勁。

　　近年來社會的繁榮富庶，造就了青年實現理想的坦途。王英信放棄他所專修的「機械」，毅然地選擇藝術作為畢生事業，藉著一筆青年貸款，他默默地從事雕塑工藝十多年，漸漸地在摸索中，體會出創作的無窮樂趣，注意力從實用工藝轉向藝術創作。在寫實技巧的純熟度和人物動態的掌握上，王英信有著難能可貴的表現，因此得以在國際性美展上連連展露頭角，獲得相當的肯定。

　　大凡藝術工作者在掌握了技巧的難度之後，緊接著所須突破的瓶頸，便是真正面對藝術奧義的核心──風格的塑造。因為藝術之所以能感動人心、激起共鳴，並非得自於模擬再現的能力而已，否則照相術、攝影機甚至雷射全像攝影的再現能力，早已取藝術而代之了。藝術的可貴處在於透過藝術家獨特的意匠手法，將人類生活的共同經驗凝鑄、錘鍊之後，或取捨或意造，經營出作家個人的視覺形式，此風格中透露出的真實，遠較現實世界的真實更為感人，因為這裡涵藏了藝術家的人生觀、審美觀，藉著作品我們透視了藝術家豐富的心靈與壯闊的胸襟。

　　以今日世界文明交流之頻繁而言，藝術必得具備了區域文化的特質，才能突顯出自我的風貌。我國於史前便已產生了簡拙的雕刻，殷商之後日趨成熟，就抽象之圖案紋飾成就尤高。佛教於東傳之後，更以氣勢雄渾、壁立千尋的佛雕藝術傲世，龍門、敦煌、雲岡、大足等藝術寶窟，造相莊嚴，雕飾奇偉，將中國造型藝術推向波瀾壯闊的最高峰。綜觀千

古以來中國美學成就，之所以能獨步於世，端在中國藝術昇華形下肉眼所見的物質性，而至形上精神層面，即中國人向所最爲推崇的「境界」二字。中國的藝術工作者若捨自己國族之精粹而就西方文明淺簡之理論，豈不殊爲可惜，是故唯有恢宏民族深厚悠遠的美學傳統，才足以立於瞬息萬變的世界舞臺，而能歷久彌新。

王英信的作品正是必須經過這番蛻變與民族文化的洗禮，必然能塑造出自我的風格，邁向格高韻勝的進境，在此希望獲獎的榮譽，成爲王君日後創作出中國美學風格的契機，俾爲現代中國藝術開創新猷。以此相勉是爲序。

原載《第一畫刊》第5版，1988.7.1，台中：第一畫刊雜誌社

別有天地

—— 張敬的木雕世界

　　中國造型藝術在立意、構思及美感形式上，均是與中國文化精神相輝映的。藝術具「成人倫、助教化」的功能，有裨於禮樂社會之實踐，故中國人將藝術擴充到生活器用的範疇，使物質與精神文明得以平衡，如：古代的彝器、宋瓷、明清庭園造景等，莫不是將心智與技巧融鑄，使人浸淫於優雅的生活境界之中，心智清明而時時接受美感的洗禮。

　　張敬先生的木雕作品，便是結集其生活歷程中的經驗與感知而成的藝術創作。二年前，透過了樹石藝術界耆宿林岳宗先生的介紹，瞭解到張君有意於將傳統樹石藝術的精髓，藉木刻的形式傳達，使之煥化成更具寬容視野的景觀雕塑，令我極為讚嘆。事實上，樹石藝術「由小見大」的情趣與「巧奪造化」的意匠，正包容於景觀雕塑的最高理念之中。張君以其對於樹石的研究心得昇華為藝術風格，更足以充份體現中國造型美學的深廣。

　　張君擅於表現聖經故事的題材，融會了中國山川造景與堅毅卓決的人性光輝，將深宏思遠的內容，不露鑿痕地貫注在其細膩的木雕技巧上，令人為之低徊不已。若要探究張敬先生木雕作品的精緻度，可由其使用的工具想見一般，他自行磨製了如針般細小的雕刀，加上以從事眼鏡驗光多年的經驗，所配置的「特殊眼鏡」，其創作過程所需的敏銳耐性、並不下於「毫芒雕刻」，而張君卻悠遊其中，不改其樂。

　　近年來，張敬的努力已漸獲各方肯定，除雲林縣立文化中心的長期展示與雄獅新人獎的鼓勵之外，華明藝廊亦積極為張君籌辦一次系統性的展覽，將其融合樹石藝術與生活基調的獨特風貌，完整地呈現出來。中國造型美學之精恆博大，實為窮畢生之力難窺其萬一，相信以張君誠摯的宗教信仰與敦厚的個性，將向藝術堂奧作更深入的探尋，以期型塑個人的藝術風格與境界。

原載《「張敬的木雕世界作品邀請展」邀請卡》1988.7.16，台北：華明藝廊

另載《雄獅美術》第263期，頁80，1993.1，台北：雄獅美術月刊社

一份歷史情懷的紀錄 （耿殿棟）

　　耿殿棟先生這本「台灣宮殿建築攝影」專輯，不僅是他二十五年以來沉湎於攝影藝術愛好中的又一新創，更是他對中國這塊大土地上的故園山水，殿宅亭閣的一份濃厚思念的寫照。當然，更是一份非常珍貴的記錄：紀錄著整個台閩地區這四十年來所建置的仿古建築之全貌，有其特殊的歷史意義和價值。

　　長年居住在台灣的人，也許不易思索仿古宮殿建築爲甚麼會存在的問題。這其中有主觀的因素，亦有客觀的因素。

　　主觀因素是我們自己基於一種懷舊情感滿足的需要，而去建之築之。對輝煌的中國文化與歷史的回顧而言、雄偉富麗的皇殿宮堂，確實代表過去一項光榮的記錄；這其中有著我中國綿長歷史發展所結晶出來的「美與夢想」的精博內容。我們在此時此地緬懷之，珍愛之，乃至於仿建之，確是人情之常，人性之求。

　　至於客觀因素是什麼呢？較具體的說；國際人士對我們的看法與需要。舉例說，他們不認爲鋼筋水泥和西裝革履能代表中國，因爲這些的確是西方現代化文明的一環。他們所認知的，想像的中國還仍然是亭台樓閣，長袍馬褂。非如此，則難以認同中國，或代表中國。這種國外人士看我們的心態和思維觀念，亦是難以厚非的。因爲國與國之間，民族與民族之間，彼此互表尊重和互相吸引的相異點，就是「文化」這個主題。所以，今天外國人喜歡看那些眞正屬於我們自己傳統與生活的東西，如故宮博物院的收藏，再就是仿古的宮殿建築

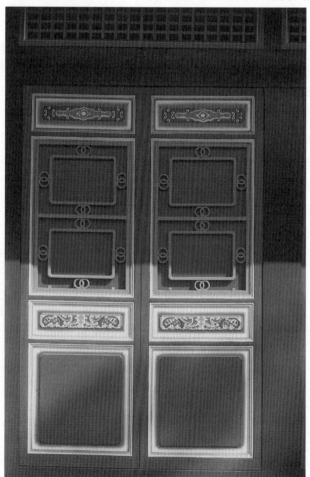

佛青彩繪隔扇門（板橋林家花園）　耿殿棟攝影
（摘自《耿殿棟中國古典建築（台灣省）攝影集》1988.8，台北）

了。因為只有這些具體的標的物，才是他們所沒有的，才與他們有所不同。所以，這也是我們蓋仿古建築的原因。雖然，我個人並不贊同今天許多仿古建築的蓋法（例如廟宇也蓋成宮殿式，甚至希臘式的柱子也進去了。）我對這兩點客觀與主觀的需求亦很清楚，而覺得這個課題很有深思深做的必要。譬如說，我們是否應該做出今天代表我中華民國建築的新風格來給人家看看呢？總不能老是扮演老祖宗的東西阿！

耿先生是一位著名的外科醫生，行醫之餘，又苦苦的鑽研攝影藝術數十年如一日，不但醫學成就斐然，對醫界愛心之發揚亦有具體成就。如多年來協助屏東美和護理專科學校，培育護理人才，嘉惠地方學子，早已贏得社會美譽。於此，耿先生在攝影藝術方面，又卓然成家，這些年來，在國內外舉行多項展覽，普獲佳評。這次，這本專輯的出版，可以說是他繼多本攝影專輯出版後最新進的作品發表。

他從一排廊柱中，一角飛簷中，一扇窗軒中去捕捉對時空的光影，去營造一份獨立的美感，以傳達他的故土之思和懷繫中國的一脈深情。我對他的這份執著和認真，深感敬佩。他以攝影機的鏡頭來代替他的思想說話，在生活中為他自己開闢一片廣大的天地，任意遨遊，寫意抒情，更使得他是很中國人的性情之代表。在這裡，他選擇了一個看人生的角度：「忠誠實在」，我認為這也是他操作攝影機的角度。對於近四十年來台閩地區仿古建築而言，我們委實需要以這種角度來看它，紀錄它，以之為歷史作見證。由之看出此一時代的文化走向和省思。

耿先生名殿棟，「殿」樑畫「棟」之意趣，或許這亦是他取材上一個攝之成理的角度吧！身為他的好友，看他默默的耕耘自己的攝影園地，幾十年來時光增添於他的，無非是天真純厚的樸實之美，這點反映在他的攝影中，成了他的特質。我為這時代還有他這樣的人，感到欣慰和有希望。唯有在生活的基礎上求得美與善的時候，才是接續歷史與文化的契機的成就啟端。

原載　耿殿棟著《耿殿棟中國古典建築攝影集（台灣省）》頁22-26，1988.8，台北

石的傳人（林岳宗）

　　我所認識的林岳宗是用一生堅持石頭的人，是石文化的傳人。他家裡從門口到樓梯、到床下桌上無一不是石頭。沒有財力為它們整理，用塑膠布包著、綑著，在幽暗的燈光下蒙塵，粗陋而怪異。然而就在這裡卻埋藏著他用四十年寶貴的時光所信守的理念：中國的文化在自然。

　　今天，承歷史博物館相邀，讓他有機會重新站起來（四年前中風）為他的石頭說話，讓他的石頭展現中國文化的氣勢之美和闡釋美的宏觀，真是意義非凡。這不僅是林公多年夢想的實現；得到藝術界、文化界的肯定，同時也是做為一個現代中國人的驕傲，我們終於為這一脈彌足珍貴的石文化找到一個傳續光大的立足點，讓它回歸歷史，定位於學術，將石文化做了應有的提昇。

　　林岳宗是福建人。福建恰是中國文化南傳台灣的一個重要據點。從民國三十六年林岳宗隨政府來台開始，林公就在台灣大力推動樹石藝術的傳揚與生根的工作。由於小時候受父親嚴格教導（父親精於書法、樹石、茶藝等諸種國粹），因此承傳父親的絕技和理念是自然之事。例如父親命他用樹枝在沙盤上練字，是書法的要課之一。練腰力、練全身（神）

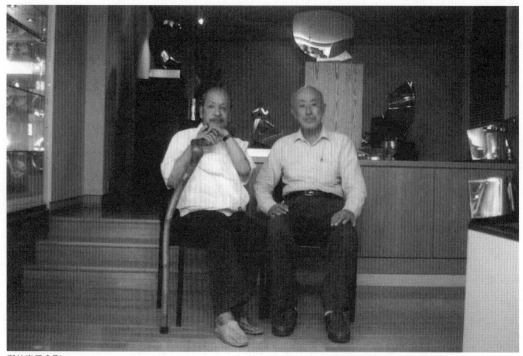

與林宗岳合影。

貫注的靜定功夫。不久前他出示十幾歲時所寫的字給我看，真是早具有大家的筆勢與風範呢。沈潛於家庭濃郁的文化氣息，把茶玩石、植樹弄枝，都是生活中不可或缺的行事，自然培養他深厚的根基於不知不覺。

林公回憶說：福建多奇峰、奇樹，自然環境就是眼前的活標本、好老師，只要稍具經濟基礎的人家，無不承襲古風，調製自己屬意的山水景石、花木盆栽，蔚為一股文人雅士的風尚以彰顯其詩禮修為、書香卷息。因此家父之專精於此，亦算不得什麼奇巧之士，不過是在那種時代與環境下過著一種中國人的精緻生活而已。

這正是中國人的特出之處：崇尚自然的真性力美，將自然收攝於生活之中，眼前咫尺，臥遊山川，提昇自己，放任自己於那一方小天地所含蓄、幻化的大天地之中，從而凝自己於高遠清曠的情操志節，企與宇宙同化一體。然而這也並非高深莫測之玄理，而是人人易懂的民俗文化之一端，是成熟文化的表現。比諸西歐文化，純將石頭當作建材，築城堡造高塔，或將石頭當作素材來雕刻造型，真有天壤之別。因此，我願強調；這就是中國人的「石文化」與西歐人的「石器文化」大不相同之處。中國人會對待一顆石頭起嚴肅尊敬之心，將石頭獨立成一個完整的實體來欣賞，他看到的不只是一顆石頭而已，他看到的是這顆石頭所從出的自然，及跟那自然對話、溝通，呼吸那另一度空間的空氣。石頭代表的是宇宙大而鮮活的生命。

西歐人看石頭，不過是一塊石頭、一種物質而已。物質是材料，要能被使用，或做成器物才能成立，單單一顆石頭是不成立什麼的。從這裡來區分，就很清楚的知道，中國人是一個最善於體認、理解抽象之美的民族。反之，西歐人就大大的囿於具眾的拘限了。在這層無用之用的精神面來講，中國人所拓展的領域是與自然同大、同高、等深的。比諸西歐的「利之，用之」的物化觀念，吾寧是具有超越性與前瞻性的，甚至是寬大為懷的。東西文化根源或發展之差異，由此例可以明證其相當的極端。

中國人傳統文化的結構，由「石文化」所表徵的以小見大，直會自然，神會山水的形而上的心靈視野之探索和超昇，可以剖見中國文化成熟而偉大的特質。這是從石文化的建立和流傳中，我們應當參透、體認的理念。這也是林岳宗四十年來一直在告訴我們的。

林岳宗教導過無數向他學石的學生，士農工商遍佈全省，受到大家衷心的尊敬和愛戴。四十年來苦口婆心的說明點化，帶著學生上山下水，翻山越嶺，尋找石頭，認識石頭，成立石頭的理論基礎，歸根結底來講，乃是在這漫長的石文化之旅當中，他是虔誠的領著人們在追尋一條接續中國文化的歷史之路。他開啓了人們從一塊頑石中去穿透它的結

構、形態、質感、量感的心眼，去感受天地造化的精妙偉大。甚至是要人們提昇自己，向自然看齊，歷練成一個有骨氣的中國人。

說到骨氣，這是林岳宗所倡導的石文化的重要精神旨要。「石者，氣之核，土之骨也。」（李時珍《本草綱目》）。石是大氣的核心，是大地的骨胳，是天地的結晶。反過來說，骨氣亦是代表石頭的精神力量。從石頭體會何者為骨氣，愛石頭是尋找自己的骨氣，培養自己的骨氣。把石的天地純正之氣轉移到人的心中，豎起人的浩然正氣。

林公行事為人，不為名利所惑，堅持一生，只為推動一塊石頭。他所推動的乃是這塊石頭所蓄含的凜然正氣啊！

我最喜愛他書法作品的「正氣」二字。在拜訪他的一次晤談之中，眼見牆上懸著一方裱軸，赫然「正氣」二字。真有排山倒海之勁勢，優美凌空，氣象超絕，可謂神品。那已經不只是書法了。那是關乎他這個人一生的事的說明，或者可以說是一筆說盡石頭的一生。他從石頭走過來的路所歷練的精華心念之揮灑，僅此二字卻包藏萬有。那不是字，那是一種又還原於宇宙大氣面貌核心的石頭，是一種又隱埋於大地骨胳之中的石頭啊！不僅如此，他這個人，自嘲「又臭又硬」，就像石頭。最後，所成就的自己原只是一顆簡單質樸的石頭。他堅持著這樣成為一顆石頭的自己傳下去、滾下去，在歷史中傳出他鏗鏘的響音。

元月十日，一九八九

原載《國立歷史博物館館訊》第29期，1989.2，台北：國立歷史博物館
另載《松青》第3期，頁38-39，1989.3.9，台北：台北市老人休閒育樂協會
《新莊雅石會選集》頁17-18，1993.10.25，台北：新莊雅石會

借古開今（蔡丁財）
──為石藝賦新意

　　中國人玩賞雅石之歷史由來已久，然而歷代雖有興移，亦不出愛石、鑑石如米元章者，所獨鑠「瘦、縐、透、秀」之評品爲尊。中華民族之愛石，且深知石藝「尺寸千里」個中詣趣，直爲其他文化體系所望塵莫及。

　　雅石，精緻者可置於書齋案頭，或靜觀品玩，或凝神臥遊；體鉅磅礴者，可佈局於園林庭景，或盡丘壑之美，或體百里之迴，綻露出傳統文化圓熟的生活智慧和自然觀，同時亦成爲崇尚儒學「克己復禮」社會規範之中國名仕，舒緩身心、陶詠怡情之雅嗜。

　　現代人一切生活、休閒均已傾向「國際化」，而傳統的生活美學已漸闃然；容或是現代生活步調日趨繁忙緊張，尚時效、崇迅速之西風東漸，且加以中國傳統文化精華，對於接受西化教育體系的現代人而言，確有難以探驪取珠之惑，故而如何提煉傳統精華，賦予嶄新創意，乃刻不容緩之工作。近年來，鄰國日本，在高度科技文明發展下，對於傳統之泯滅深以爲憂，乃急起回歸古典，振興如茶道、書道等等傳統藝術，以薰陶人心，型塑民族風格，提昇民族自信；然有識之士則不難透視「大和文化」之母體，乃是濫觴於華夏文明的影響。反觀今日中國文化界，不論「執古」、「泥古」或一味「前衛」、「創新」，均失中和之道，猶如坐擁寶山而矇昧不知一般。

　　蔡丁財君爲青年同倫中，極早意識到將傳統石藝，轉化爲具時代風格者；從整輯傳統石藝理論，介紹石理、選石、養石、鑑石，到投入台灣本地雅石分佈之剖析，其對傳統石藝融入現代生活，可謂行深願切。

　　清之畫僧石濤曾於其畫語錄中，揭櫫「古之鬚眉不能生在我之面目，古之肺腑不能安

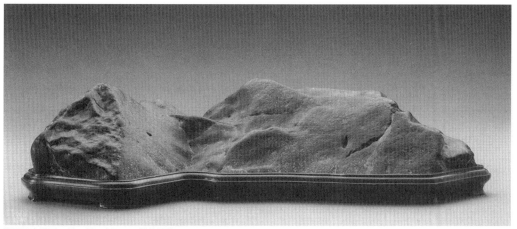

關西玉山溪石　48×23×14cm　楊英風藏
（摘自 蔡丁財《石之美──中國賞石藝術的起源與發展》頁18，1989.2，台北：戲石齋）

入我之腹腸」，同時標榜「法無定相，氣概成章耳」，是故能一撥當時重模仿尚古意而不求創意之畫風，在畫史上立下垂世不朽的典範。百年前與今日在歷史、生活、科技、觀念種種，其異動較之明末清初尤烈；三百年前，石濤即以此語自勉，況乎今日資訊發達之社會，何能再以墨守爲宗呢？蔡君借古開今之見地，便是「我自用我法」的證驗。任何一種藝術必得有傳統嚴格的理念架構及文化深度，輔以時代之氣象及獨特之創新，方可成就。

　　吾曾於偶然機會中，有幸得見蔡君所蒐羅鑑藏之雅石，竊以爲簡約、毫無裝飾性的自然風貌，並不遜於傳統雅石；反因其簡樸不重紋飾，予人產生一份「大方無禺」的古拙美感。石之所以令中國人愛不釋手，乃因其溫恭蘊藉、堅毅沉定，有不可喻之意會，故而能與觀者產生心靈交感。故選石之初，信以爲蔡君心造意境中，所抱持「寓傳統於現代」的構思，便引領了他，去撿選出這些頗具抽象構成、佈局明朗的雅石。事實上，樸拙磊落、直心直性的大塊文章，反而是繁忙的現代生活中，最難能可貴的特質。蔡君不憚疲煩，終年深入經典廣泛吸收傳統，將之輯成系統化學理，並以個人生活實踐與個性愛好，逐步發展出創造性的當代石藝，殊爲難得。

　　近日，蔡君將執教之餘，所發表之玩石賞石心得，分石理暨石務兩篇凡十八章，輯冊付梓，余謹爰就數言，不揣譾陋，是以爲序。

原載　蔡丁財編著《石之美──中國賞石藝術的起源與發展》頁1，1989.2，台北：戲石齋

取法自然・意造胸中

—— 1989中華民國現代雕塑展觀後

　　透過歷年來幾項大型現代雕塑特展，我們隱隱可見到：國內雕塑界的工作者們，已漸漸省思到中國當代藝術如何在西潮衝擊之下有所回應，並逐步回歸到傳統美學中去尋找創作題材、造型乃至思維形式。雖然，目下仍未達深入，也並未造成普遍性影響，但相信這股趨勢對我國藝術未來的發展，將是一個清新的萌點。

　　從歷史演變看來，中國傳統的藝術表現，大都從靜處出發，著重心靈的內觀及意念的轉換，將生活智慧的內涵，昇華為具有靜謐、沈思特質的抽象理念，這是與西方的創作觀迴然不同的。我們簡要歸納而言，西方之藝術以捕捉動感、反射現象界的外觀為主，具有波動、變化的具象表現，對於現代物質文明的表徵更是刻劃無遺；這固然源於東、西方民族的差異，然而除了政治因素的誤導外，造成我們對於自己文化信心的全面破產，無非是缺乏深入的認知所致。

　　在探討本土藝術時，我們無法迴避，曾有過一段漫長的時間，是埋沒在惟西潮是尚的窘困期，我們所有的造型理念、材料運用、審美態度乃至教育制度均全盤移植自西方。雖然蔡元培先生曾於民國初年倡議「美育救國」，但是連我們自小到大的美術教育都沿襲西式體系，摒棄了自己民族對於藝術的認知傳統，漠視自己文化中的美感經驗，復以民族自尊、自信的淪落，我們的美育斷絕了傳統的滋潤，自然一心視西方為鵠的，以致於蔡元培先生當初一番深心宏願，歷經了七十餘年，迄今我們藝術仍在為中西之體用、主客性質爭論不休，距理想有段相當的距離。

　　藝術文化是民族智慧與感情的具體呈現，是長久生活經驗的累積，更是民族精神命脈的寄託。中國文化從山水博大宏偉的氣勢和宗教圓融無我的境界上，落實到敦厚、樸實而理想的人生理念，進而發展出百家爭鳴的華夏美學，歷代迭造嶺峰、各擅勝場，表現出不同的藝術風格，但卻能相融鑄於同一深厚恢宏的文化傳統體系之中。

　　在西方強勢的物質文明席捲之下，崇尚不斷推陳出新、求異求變的藝術精神，遂成為世界藝壇的圭臬。乍看之下，中國藝術重視傳統且偏於靜觀、和同的恒態，的確讓青年創作者們，易感到侷促而無法滿足他們的創作脾胃。但是更深思一層來看，尊重傳統，是因為此中有太多取之不盡的寶藏，值得去發掘與運用，並不就意味著墨守舊制或一成不變，這個迷障不去，則永遠無法談到品賞中國美學的真價值。

　　在中國，雕塑是生活造型的實現者，它既不被孤立在博物館的檯座上，也不僅附屬於建築的裝飾價值，而是深深地與「人」相結合，從國之重器、宗教石窟到日常器用賞玩，乃至於葬墓的華表、俑塑等等，均是講求物我的鎔鑄、彼此交映，是故從典章政教、生

活、信仰上、處處都蘊藏了美感，時時欣悅自然的陶冶，在此中得樂趣和啓迪，化解了物我對立衝突，充滿圓融，和睦的氣氛，這就是中國美學之精華所在。

我國文化中崇尚與自然合一的澄觀，現已被舉世的哲學界及藝術家視爲人類未來發展的核心思想之一，這個認知促使西方在極度擴張之後，逐漸定靜而有所瞻顧。綜觀西方在文化體系的推進中，不停地以嬗變遞移作爲動力，雖然不斷地產生新的藝術，但藝術如同文化一般，應存在於一個具足圓滿的體系中。新的媒材、新的語言的介入，只能豐富它，卻不能以此判定這就象徵了進步；因爲美學不同於科學的縱向發展，無法用時代的先、後，經驗的累積來評量價值，舊文化也未必遜於新文化，在藝術領域中，新固然富創意，但新並不完全等於好，而應視其能否就所選擇的媒材，作最淋漓盡致的發揮，否則科技物質的日新月異，何嘗是藝術們所奔逐得上的？

一九五九年，維也納南方聖‧瑪嘉雷頓村（St. Margarthen）正在進行一次豐盛的「雕塑野宴」（Sculpture Symposium），雕塑家在主辦者卡普蘭（Karl Prantl）的邀請下，相繼來到這裡，在風雨烈日下展開創作工作、交誼、娛樂及生活的全部活動。卡氏並非第一個將作品搬到戶外的人，但他所倡議的這種聚會式的創作形式，點燃了世界各地雕塑家熱情。各國爭相籌辦各種主題的「雕塑野宴」，作品也漸漸從野外、草原、丘陵延伸到市鎮的公園廣場及建築前，他們引動了生活在週遭的人，來參與、關心瞭解自身環境與藝術的真諦。藝術從美術館、畫廊、收藏家的廚櫃及陳列台中向外流瀉，走進了人群裡，與廣闊的自然間，展開真摯動人的對話。

讓我們再回顧一下維也納雕塑野宴的作品，它們一如自然中天成的岩石，粗粗笨笨地堆砌在一起；但是只要你站在它們面前靜靜地仰觀後，你將發覺其任何一個角度，都要比任何刻意的雕鑿更完美、更蓄滿了生命力。它們是以大自然的風霜、雪雨和陽光所共同雕鑿而成的。看來似乎殘缺粗糙，但卻是以樸拙的面目示現，將我們從僞裝修飾的薰習中拉出來，去體認坦誠的、敦實的情感與力量，真正虛心地去聆聽自然的清香與美意。這不啻呼應了中國文化中對於自然的律規秩序之相融相忘的情感。這個東西文化匯流的必然趨向，映現人類跨越種族、國籍的共同心靈需求。

在國際間，原本是存在一種以歐美爲核心、東方爲邊陲的文化偏見：以爲東方的古文明均已殂亡，毫無發展潛力可言了。事實上，近來西方也發覺中國文化有一種與時推移之嬗變機制。其寬容博大，並不會爲一時求新的浪潮所掩噬，反而在變局中靜靜地蓄起力量，以更宏闊的襟懷去融化一切外來力量，此即中華文化的特質與延續力所在。正如此次由大

陸學生所契發的民主浪潮，其弘毅、理性、溫和而悲壯，如同一闋「敢有歌吟動地哀」的史詩。這種超越個人利害的理想與熱情，乃是足以令人蕭然動容的。我想所謂的華夏文化之慧命，便是由此涓流而匯為波瀾壯闊，衍化昇華、重生的契機吧！可見中華文化所能提供的創作美質，絕非僅是仿古的、虛靈的、或是一種鄉愁的情調而已；而是一種內在的力量、淵遠的生活智慧、宏闊無際的精神領域，當我們體會到這些時，藝術家將會認真地思考到：西方是不是唯一的藝術天堂？

現代都市中的機械性、冷漠感、疏離感、已經侵蝕了我們原本活躍自然間的靈思，我們之間的大多數人已遺忘了如何去親近自然、禮讚自然，甚至還以工業公害無限制的擴延，去危殆這個滋蕃萬物的母親，自然的反撲力量是人力所無法抵擋的。這個巨大的恐懼與壓力，遂成當代人類共同的陰影。此次雕塑特展中，蕭麗虹所創作的〔途徑〕，便強烈地傳達出那般無奈、無力、乃至瀕臨毀滅性的自詰。這是因為這個時代的中國人，已淡忘了中國悠久深遠、含蓄內歛的文化之源，悖謬了祖先的美學與智慧，因為缺乏創作飽蓄的原動力，而易埋首在自己的工作室中，沉浸在自我的情緒波動裡，苦悶油然而生，更在文化的承續中，產生了嚴重的傷害與鴻溝。「途徑」是唯一的途徑嗎？這個命題頗值得我們深思。

此次有許多作品是涵泳於傳統的氛圍中，而又發為意象流變後所創的，雖然在媒材的運用上無有東、西分野，但仍可視如文前所言的「萌點」。陳正勳的〔回位〕是以陶土、薰磨過的木材等，經過樸拙而單純的構組後，讓人一眼便聯想到五行的交互運用，或增益，或減損，每個元素經過簡練的佈局，既是工具、也是材料：象徵了個體生終將歸依於自然的大律則中，這種超越物質現象、終下又始的統合觀，是中國人一種特殊的思考方式。

〔同船共枕〕的作者蔡根，採用了複雜的合成材料，卻毫不見斧鑿之痕。意象都是最單純的，與孩童們對於船、海浪等印象輪廓相去不遠，而這種去繁入簡的形式，訴說了中國倫理與人際關係中的一種微妙牽繫──緣。

董振平的〔山水系列〕，以水渦、風紋等自然中的造型，加上古典庭園建築中的門洞和漏明窗等符號，作為點的銜接，共同佈局為對於自然乃至意造自然（園林）的整體觀。這種符號的轉換亦見於徐文哲的〔水、壺之間〕，除了壺蓋、壺嘴及柄的破題法，又利用篆字之 ，來象徵無形無色的水，並以之貫連虛實、動靜之間，惟壺的各種代表部位處理過簡略，若能加上一些靈透感，更能精微地表達壺、水兩者間的互動。李林的〔漸〕所用

的材料，是利用他人雕或塑（或者說增或減）之後的廢材（雖然，這些材料仍可見曾刻意的檢選過），但「無用人之用」的思辯，饒富弦外之音。

我很慶幸，此次展出之總體面貌，已不致令人產生誤入西方的雕塑展覽場之幻覺。但這離我們共同期望的具現民族整體智慧的藝術，尚有一段距離。

開放大陸探親政策以來，我個人已數次前往大陸去探晤久已嚮往之山川、文物及宗教石窟。返台後，凡有與青年接觸的機會時，我均不憚其煩地再三強調，身為藝術創作者，要有廓然大度的胸中丘壑，用真感情去喚醒創作的靈思，才能引起廣大而深遠的共鳴。面對這樣一個苦候四十年，才揭幕的文化交流契機，有許多自然的博大性、文化的豐富的內涵，值得我們如饑似渴地去吸取，無所「溫故」、何以「知新」呢？所謂「取法自然・意造胸中」茲以此與共同為昇起中國現代藝術之曙光，孜孜不倦的藝術創作者相期勉。

原載《1989中華民國現代雕塑特展》頁11-15，1989.5.13，台北：台北市立美術館

沉思於一石（林岳宗）

　　在我的工作室中，有一塊林岳宗先生的石頭。我時常看它、想它，眞的很好。小小的一塊，但又大的很，像一座山，什麼都有。奇巖飛瀑，老檜蒼松，青山萬疊，流泉清淺，孤雲殘霞，物換星移，胸臆千里，浮生若夢……。工作累了，便游移其上，絲毫沒有造作的美，非人爲之所能，便能將人超脫而使其豪放於物之外，這便是自然的神奇。我終生所致力，信守的造型藝術，不過也是想說這句話，一塊石頭全替我說了。

　　由林公的石，我想起自己的石頭經驗。

　　一九六六年從義大利留學歸來後，有機會進入花蓮榮民大理石工廠工作，以後的十數年間便跟花蓮的石頭結下不解之緣。在指導工廠的手工藝品設計、製作中，我整日與石爲伍。許多時候，我佇立於石礦場，眼見整座山都是大理石，氣勢浩壯，令我屏息。石形、石質、石紋、石色，瘦、縐、透、秀、醜，千變萬化，鬼斧神工，每令我感動震撼不已。那期間我做了花蓮航空站的〔太空行〕大理石浮雕等展現花蓮石之美的作品，同時設計了花蓮太魯閣大理石城的規劃，航空站景觀大雕塑等。我的作品開始放大到去創造一個大環境，去關心一個大空間的問題。「景觀」的觀念，乃至於景觀雕塑的新路，便是由此時此地而誕生的。在歐洲三年留學，我看過無數大師的偉大傑作，學到了雕塑造型的重要技法、觀念。但是回到台灣，進入花蓮，才發現該怎麼運用這套東西，那便是與自然結合，運用自然，再現那個有了「自己的小我」也有了「自然的大我」的大自然。爲什麼會有這

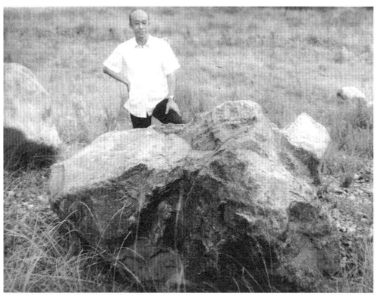

1970年8月1日攝於花蓮玉里榮鑫礦區。

種領悟呢？無他，因爲我身在山中，時有山即我，我亦山的激動。我的景觀理念便是被山所掌持、充實起來的。在這個起點上，我澈悟了中國藝術家應往何處走的問題。我在花蓮的石山中找回自己，同時也將自己推放在中國的歷史軌道中去參與一部分的藝術創造活動，獲得無限的安然與快樂。

從林公的石，想到自己的石，便可理
解爲何我對林公和他的石有如此深刻的認
知和認同。林公前幾年得了幾種最嚴重的
老人病，一度完全癱倒。現在不但恢復，
而且又能寫字了。大筆一揮，腰身旋動
中，飽含生命的墨汁又源源流出──美與
力的氣勢，構出風骨堅勁的乾坤世界，那
又何止是書法而已。他四十年的堅持石
頭，終於成爲一塊敲不破、推不倒的石
了。一個藝術工作者，形可殘，氣不可

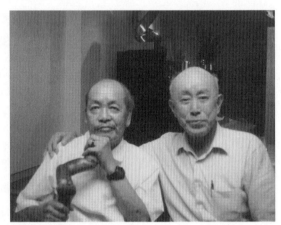

與林宗岳合影。

缺，林公這次展石，可以感知何者爲氣之飛凌於形之上，何者爲無用之大用。一種最無實
用價值的東西爲什麼會站在這裡？天地萬物皆可觀，爲何選它？

如果一塊石頭都能美，那麼人間有何者不能爲美？

如果能在石頭找出美，那麼你心中必早有美。我們試著在林公的石之旅中找尋自己的
石頭吧，一塊能鎮定自己生命步伐的石，一塊能煉化自己心靈純度的石。

跋：本文作者楊英風先生，爲享譽國際藝壇的我國當代雕塑大師，林岳宗先生爲
台灣樹石藝術宗師，二公對藝術創造、鑑賞，心契互通，此文爲楊先生於七十八年春
節，當林先生在國立歷史博物館展出石藝時所作，特爲披露以饗同好。（編者）

原載《松青》第5期，頁10，1989.9.9，台北：台北市老人休閒育樂協會

第二屆美展雕塑評後感言
—— 師法自然，塑出氣慨

　　台北縣第二屆美展元月十二日假台北縣立文化中心評審，其中雕塑作品部分，參加作品抽象與寫實各佔其半。但綜覽全貌，技巧方面參加者皆表現得十分圓熟，意涵及精神風貌則無法傳達出東方獨特的美學意念。

　　追溯以往，中華文化有五千年的悠久歷史，在哲學、文學、美學表現都有其完整風貌。而探其源流，即如先哲老子所言：「人法地，地法天，天法道，道法自然。」中國廣袤的山川，壯闊的地理環境，先民從自然中體會出生活的智慧，也發展出東方特有的美學精神，在這獨特的美學孕育下，先民感悟了天人合一、心包宇宙的宏觀，付之於藝術創作便時時感受到自然的薰陶，達到忘我的境界。所以，在商周青銅禮器我們看到莊重、端凝的秩序之美；魏晉的佛雕，呈現出超脫絕塵的靜穆。中國的山水畫更是淋漓盡致、灑脫自然，於筆墨處眈遊，於留白處沉思。綜括而言，中國藝術精神由靜處出發，於澄徹中觀照宇宙萬物生命的流轉，用心眼去意會其精神內涵，再將生活智慧昇華到具有靜謐、沉思的抽象理念。所以，觀賞中國藝術，鮮少看到內心交戰的痛苦，及之，卻常去細細品味作品蘊含的氣韻美感。

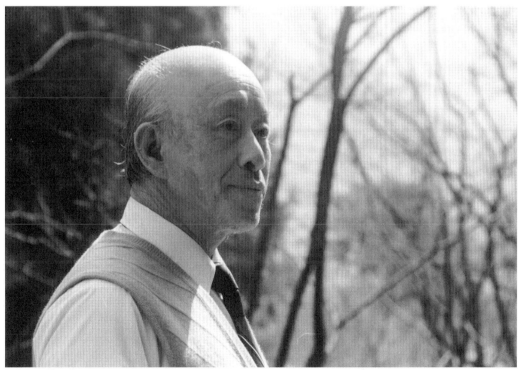

楊英風，1987年攝。

　　承此中國獨特的美學精神發揚創作現代雕塑作品，我們應該可感應到，作品內含的氣韻及氣勢。但受到西式美術教育的學子，很難神領意會。因爲西方的藝術是以捕捉動感、反射現象界的外觀爲主，觀者可以很輕易地肉眼看到具波動、變化特質的表徵，在刹那間感受到作品帶來的震撼。但再仔細品味、卻少了一份欣悅的美感。

　　這次參展的作品大多以寫實爲主，在人物紀實當中，我們看到不同階層芸芸眾生的生活苦樂。

　　陳立安的〔毅力〕以雙足殘障者肩負書包，坐在滑板上奮力前行的姿態爲主題，意含人生難免有歧嶇不平的道路，若憑堅強的毅力，必能發揮所長，再創生機。這件作品以殘障者爲主，觀者很容易心生同情，體驗到生存意志的堅韌，和人生坎坷的不平。作者以極寫實的手法，細膩的塑出殘障者勇往直前的神情和肌理。

　　紀逸鋒的〔惱〕藉人物頭像皺眉煩惱的神情，使之產生豐富的表情化，使人觀之意會人情緒的多變。這件作品強調雕塑泥土的趣味，明顯的觸紋，使人體驗到作者創作的苦心。

　　張錦郎的〔童稚〕以孩童天真無邪的稚氣爲表現體材，他裸露著半身、右手拖腮，左手拉開短褲的姿態，傳達出成長過程的認知和體驗。這件作品亦以細膩寫實的手法。光滑地磨出孩童的肌膚，但乏一份泥塑的趣味。

　　以這次得獎的作品觀之，要塑出中國的作品，作者已體驗出以中國人的生活爲創作泉源，技巧方面是以臻圓熟，可是要承現出整體民族風貌，尚有一段長路待行。

　　雕塑在中國藝術史上由工藝昇至藝術品的時日尚短，在雕塑工作者的孜孜不倦學習技巧之餘，期待他們努力汲取中華文化豐富的內涵，師法自然，塑出氣慨，繼魏晉南北朝後再創雕塑史上之光輝。

原載《台北縣第二屆美展展覽彙刊》頁114，1990.3.24，板橋：台北縣立文化中心

順應自然、忠於生活映照的朱銘

　　近日朱銘以海綿爲材料，創作出運動的人間諸貌，對他大膽地求新創變，並不斷嘗試新題材及新材料，反映出現階段人群生活的形態，不禁感到欣喜和安慰。

　　昔日朱銘困於傳統手工技藝無法突破創新，毅然決定放棄家鄉優渥的待遇，攜家北上虛心請教。而當時一席放棄或堅持木雕的深談，至今憶起依然記憶猶新。當時因鑒於他長久用功傳統木雕技藝，又精熟於刀法和技巧，斷然揚棄實屬可惜，便勉勵他於觀念上求突破，並從自然、生活中去體會大環境孕育萬物的生機妙趣。由於他來自農村，又曾因身體因素勤練太極，從農村生活的苦樂到太極天人合一的啓示。朱銘一次又一次地從周遭生活環境擷取菁華，並去體會大自然巧斧神工的洗練，他學會了捨棄蕪雜的技巧和力求精緻的匠氣。嫻熟的刀法，配上木頭的質感紋路，朱銘大刀闊斧地劈出了獨特自然的風格。

　　當年鄉土論戰濃厚，知識界期待出於草根的朱銘成爲農村生活的代言者，並不斷創作出屬農村系列的雕刻，用以符合他們的鄉土情懷。但實際上朱銘已離農村久矣，在勤練太極並體驗深奧的文化內涵後，豈可靠不斷地回憶來限制他創作的發展呢？因此，他忠於生活，勤刻出每個階段賦予他的感動，從太極、人間到今日之運動系列，他心如明鏡般映射出他對人對事的感受和周遭生活環境的變遷。上進勤勉的朱銘雖不斷求變，變的是創作觀念、題材和材料，不變的卻是他對生活的忠實，和追求自由壯闊的自然氣概。

　　這種創作態度，固然是藝術家的性情本質，卻也是淵源於中國傳統美學的創作精神——師法自然。中國大畫家石濤曾言：「山川使予代山川而言也。山川與予神遇而迹化也。」而中國的藝術境界所欲達到的氣概又如王船山曾言：「繪畫者日，咫尺有萬里之勢……。」咫尺有萬里之勢便意指物相在自然中創現的空間和流動的韻致。所以朱銘在創作這一系列的運動景觀雕塑便擷取自然賦予人群在運動中的氣韻，使他們或立或臥，奔馳跳躍，在一片晴空蔚藍的襯托下，氤氳出人與自然環境互動的整體氣勢。莫怪乎他曾言：作爲一個「人」及作爲一個「藝術家」，他最感謝的是——自然。

　　而「自然」，不但是藝術家創作的泉源，也是從事景觀雕塑者所欲呈現的空間。英文的Landscape，意指一部份可見的風景或土地外觀，二十多年前我譯爲「景觀」，景是外景，是形下的感官經驗；觀是內觀，是形上的反省思考。中國人的景觀是內蘊外包的整體世界，也與自古天人合一的廣袤宇宙合而爲一，是故我們常言：「宇宙即吾心，吾心即宇宙，心包太虛，量周沙界。」在微至個人感受，廣及自然環境影響人類生存的景觀設計，藝術家的參與和美化，就得細心體會環境蘊釀的整體氣勢，和人類於此環境所感受的造化，然後「外師造化，中得心源。」才能「取之左右逢其源。」是故，朱銘體察到現今社

會在經濟富裕之餘，運動風氣也日益昌盛，便構思出一組以大地藍天爲背景的景觀雕塑，在晴空碧藍下，或跳傘、跳高，或賽跑、飆車，將人於動中的形神凝聚起來，賦予鮮豔的顏色，使觀者體會運動的人群在空間中所呈現的活力。

至於他運用生活中的素材作爲創作的媒體，將大塊海綿構思切割，以竹料、木料和鋼筋爲支柱，再以草繩結紮處理，充分運用了海綿漲圓、浮腫的效果，切口的毛糙和挺鼓，形成一種質樸古拙，未假人工雕飾的痕跡，也是體察生活、順應自然，擷取現今生活隨手可得的材料來創作。早期的木頭、保麗龍、陶土，至今海綿、鋼筋、紗網，朱銘純以「興緻」去運用，並未刻意去符合什麼現代主義或思想，只不過是以敏銳觀察力，擺脫舊有自我的執著，嘗試用新材料去表現萬物萬相共通之理。其精神正如傳統雕刻家，在土木石之外，嘗試運用象牙、樹根，甚至米粒的意趣一樣。

順應自然，體察生活，並不斷從師法的人事物脫殼而出，朱銘已如春蠶脫繭般褪去昔日窠臼。從牛車、功夫、人間到活潑躍騰的運動者，他創作的題材是愈來愈豐富，而運用的材料也愈來愈廣泛。在虛心忘我不斷地向最好的老師——自然請益下，朱銘躋身國際藝壇，成爲知名的雕刻巨匠之一是可期待的。

原載《雄獅美術》第230期，頁212，1990.4，台北：雄獅美術月刊社

在傳統中尋思（葉倫炎）

　　葉倫炎君爲我學生葉松森之弟，在雕塑領域靠著天資秉賦和與其兄學習的精神，也獨具一格，慢慢地走出自己的風味，嘗試在寫實和抽象之間變形，取得特徵鮮明、令人注目沉思的特質。

　　雕塑是立體的藝術，無論寫實或抽象，造型皆需面面俱到，形制優美；意涵更需以小見大，在刹那間摸捉到深廣的精髓，融合創作者民族文化的背景泉源。尤其是身爲中華民族的藝術創作者，從自己的母體文化便有汲取不盡的養份，在中國有容乃大，無我忘私的氣魄下，創作發揮的空間更是寬廣，園林、建築、工藝、書畫，我們都有自成體系的美學理論，是故商周的青銅、隋唐的佛雕皆呈現含蓄、沉鍊、端重的秩序美感及謳歌生命、自然的奉獻精神，即使其中有歷經戰亂、外族侵入的歷史過程，中華文化中一種包容調和的特質，終歸將外來文化轉化成中國氣質。

　　但明清以降，西方文化挾帶侵略特質席捲中國，民國以後全盤西化的教育理論通盤實施，加上戰爭的連連挫折，民族自尊自信已喪失殆盡，傳統文化淪喪爲「迂腐」、「八股」的代名詞。青年人對眩目激烈的西式文明盲目崇拜學習，以致棄置自己的文化、罔顧自己的傳統，在藝術的表現上便呈現出紊亂、破碎、不具民族色彩之風格，有人將此現象通稱爲「國際化」藝術表現，但思及世界各地愈是開發進步的國家，其地方特色表現愈強，也愈尊重原塑性和本土性，「國際化」的籠統稱呼，並不能明確標示出我們自己的風格在哪兒？或我們追求的目標是西式文明標準統一規格的國際化？還是溶合中西深具中國氣質的國際化？深具慧眼、創作才華的青年藝術家對此課題不可不深思。

　　葉倫炎先生在雕塑的領域極其認眞用心，在寫實邁向抽象的艱難歷程，也勇於摸索創作，運用人與人之間共通感情、特徵，喚起尊重他人、彼此體諒的關心，期待他個展成功，並在未來藝術創作領域有更上層樓之突破。

原載《藝術家》第180期，頁334，1990.5，台北：藝術家雜誌社

另名〈葉倫炎雕塑展〉載於《雄師美術》第231期，頁214，1990.5，台北：雄獅美術月刊社

永不低頭的母親
——吳李玉哥

九十一歲的吳李玉哥，

是一位永不低頭，

努力創作的老祖母，

她純任自然的作品，

展現出泱泱大國的風範，

是我們學習的好榜樣。

　　中國傳統婦女刻苦耐勞、一手拉拔孩子長大的堅忍毅力，以及母親總在孩子失望傷悲時所賜予之溫暖慈愛，從吳李玉哥創作的作品中，我們可以深刻感受到。

純真的「素人畫家」

　　吳李玉哥，現年九十一歲，早年生活富裕，精於女紅刺繡。爾後因戰亂攜子徙台，家貧如洗，爲持家養子，只得一針一線地獨力扶養兒子成人。爲了培育兒子對藝術的興趣，不惜仿效孟母數次遷徙，目的只是爲了博得新鄰居的稱讚，好獲得母子心靈上的支持。「人窮志不窮」，在鄰居苦勸藝術不能填飽肚子的諍言下，她依舊堅定地活在自己的信念中，點點滴滴地供給兒子成爲藝術家的心願。六十歲那年，她好奇地拾起畫筆畫下童年景象，此後，不假修飾雕琢的童稚天眞，和源自中國傳統的濃郁純厚，人們開始尊稱吳李玉哥爲「素人畫家」。

　　和洪通、林淵一樣，吳李玉哥並未接受學院的藝術教育，只是憑著個人對事物的感受，很純眞地表達，正因爲如此，她沒有被教育牽絆，無拘無束地以她自成一套的思維邏輯創作，所以不管比例大小，遠近透視，牛腿好比象腿一般粗大，孩子也可以和花卉一樣大小，都不損害她作品風格，反而更添稚趣，讓觀者爲這高齡的祖母藝術家仍存赤子之心感動不已。

作品去蕪存菁樸質和諧

　　她創作的題材多半源自家鄉生活景象，由於來自農村，打穀割稻、飼養家畜、持家育子，便成爲她經常表現的素材。而她的作品乍看寫實，再仔細尋思，其實是源自心靈，留神存形的寫意。尤其吳李玉哥女士在純樸自然的鄉村成長，濃郁的人情、辛勤的操作以及人與牲畜相存相依的互需，都可從作品看出。難得的是，她一生飽經離難，不但早年喪夫、家道中落，所生子女也只餘幼子相依爲命，在咬緊牙根，求取生計的生活磨鍊下，她

的作品我們只看到去蕪存菁的和諧，和母子嬉遊的天倫樂，這固然是吳李玉哥具有堅毅開朗的性格，將她置於整個文化背景之下，也可說是中國傳統農村社會所孕育的樂天知命、堅毅不撓反映在這樣一位傳統素樸的女性身上。我們都知道中國農村夙來生活艱苦，農村婦女更是從早操勞到晚，手腳從未停歇過。在這樣的生活景況中，她卻截取農忙的樂趣、孩童爬樹摘果的天眞和母親育子的滿足。若不是文化內涵了「樂天」、「知命」的豁達，這位素樸的女性怎堪忍受生命中一再遭受的責難？

自然可愛見之忘憂的作品

　　中國自古以農立國，人與自然息息相依，在與天時共存的景況下，中國人很特殊地對自然抱持了天人合一的和諧關係。即使孕育中華文化的搖籃——黃河，數千年來氾濫成災、塗炭生靈，中國人面對自然時依舊謙虛自牧，悠遊其中以和樂共存。即令無法暢遊名山大澤，園中常置樹石賞玩，陶藝竹雕以山水神遊。此時藝術已純然生活化，現實的辛勞苦悶可移情轉化至尋常生活器皿中以忘憂解悶。所以中國傳統民間工藝多小巧精緻、神態融洽，即使老人稚子隨手拾起一塊泥土捏塑，神話傳說、牛羊雞豕，也是自然可愛，見之忘憂。在這樣的美學陶冶下，中國雖飽經戰亂，人民生活艱苦，無論是文人雅士或民間工匠的藝術製作上，卻鮮見人飽受煎熬之苦狀。相反地，在現實戰亂最頻繁的時期，卻出現了佛像的雍容靜穆、俠隱的豪放不羈，即如民間信仰殷勤之彌勒、濟公，也多嬉笑自在，超脫現實苦悶，另闢人心嚮往之精神境界。因此，素樸的藝術創作者，很自然地以周遭事物爲題材，佐之以個人豐富變化的想像力，創作出多彩多姿自然樸質的藝術品。不變的是，隱藏在每個作品背後中國文化樂觀豁達的精神，使這些作品依舊呈現一脈相傳的融洽和樂、昂然不屈。

　　欣賞吳李玉哥女士的作品，我們除了欣賞她不矯飾不做作的純眞自然外，更要體會深植於中國傳統的精髓。傳統文化，正如她作品中呈現的豐碩景象：多彩多姿、飽滿豐富。中國，這歷經苦難的文明古國，更像她作品一再呈現的母親，肩負稚子，永不低頭。

原載《婦友》第428期，頁36-37，1990.5.10，台北：婦友雜誌社

另載《龍鳳涅盤——楊英風景觀雕塑資料剪輯》頁103，1991.7.26，台北：葉氏勤益文化基金會

於理性中尋覓傳統中國的哲思
——談孫宇立的雕塑創作

　　一九八五至一九八八年間，我往來新加坡和台灣之間製作大型景觀雕塑作品，如一九八五〔飛翔的風箏〕（布料、鋁架／玻璃大飯店），一九八六〔新加坡天際線〕（大理石浮刻／新加坡郵政儲蓄銀行），一九八七〔大佛主題牆〕（鑄銅／東方大酒店），一九八八〔向前邁進〕（鑄銅／華聯銀行前）。得力於建築師孫宇立先生的協助甚多，也因之結緣，指導並協商其藝術創作理念。一九八九年孫宇立先生正式拜我爲師，專心致力於雕塑的創作，至今努力不懈，作品甚眾。

　　由於孫宇立是位建築師，也從事建築設計規劃多年，其雕塑作品的結構也從建築的角度出發，方正、平穩、厚實、理性。他曾自述中國的雕塑要看其虛無透空的表現，因其鏤空部份含蘊空間的範圍很廣，能將雕塑融入空間中使之成爲一體，呈現虛實掩映、方圓互現的理趣。這和中國傳統美學中強調以有限包容無限，於咫尺傳達千里之勢的道理一樣。因爲孫先生在學校教育受到的訓練是理性的、邏輯的，他本身又喜愛閱讀哲學、數學、語言學、考古及探討空間的書籍，他的雕塑便表現出強烈的思維邏輯，以理念爲出發點，不著重雕塑技巧的表達。在塑原型時，他裁切紙板塑型再翻製成銅，這迥異於傳統的雕塑以土塑型的方法，他認爲這是由線而面而體的思維方式，正如他追求的是「雕塑的雕塑」，有如語文之文法，以概念和結構之原型達到創作者和欣賞者的溝通互動。

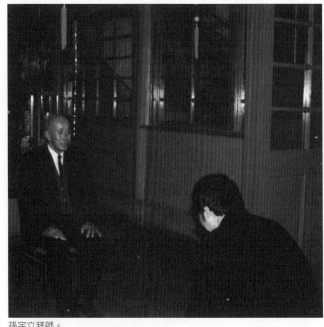

孫宇立拜師。

　　雖然孫宇立的作品是理性的、井然有序的，畢竟感情的歸宿是東方的、中國的，所以在剛直堅硬的線條塊面中多寓有圓柔的表現以軟化冷冽堅硬的感覺，而作品的內涵也以天圓地方、緣、融、痕、回等簡潔又富哲理的意味爲主，質材他偏愛「青銅鑄作」，因爲青銅蒼勁古樸的色調令人發思古幽情，憶起前人艱辛草創的規模，歷歷至今。

　　再由他的雕塑中我們可尋覓出現代中國雕塑的創作發展的軌跡。

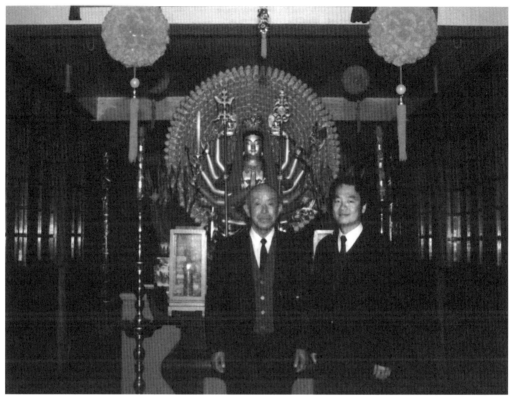

與孫宇立合影。

　　十九世紀始，歐洲工業革命和新文化運動強勁地帶動了西方在經濟、科技、軍事和文化方面的強大優勢，亞洲地區先後也都曾淪為歐洲列強的殖民地或半殖民地區，文化上也受到沖激，因而變遷沿革，這其中包括了抵抗和接受。一度我們的文化迷失在「全盤西化」的迷霧中，但悠久的歷史文明根基穩固，不是短暫而強烈的沖擊所能摧毀的。經過時代的動盪和抉擇，古樸、單純、典雅、神秘的東方藝術反而令西方人著迷。因為東方藝術中的單純和簡潔、象徵和變形的運用，充滿了趣味和諧，這正是西方藝術中所欠缺的。在遭受西化沖擊後，東方藝術無論在質材或題材都變得複雜而多樣起來，以雕塑而言，中國雕塑在清末以前，主要還在佛教雕塑和民間工藝雕刻方面，民國以後，一批藝術家至歐洲、日本求學，回國後成為我國近代藝術的開拓者，受到西方的影響，也有標榜純藝術的創作，為藝術而藝術，脫離了生活美學的範疇，成為欣賞或抒發的工具，但在不斷省思和回歸傳統文化的內省中，亦有一批藝術家追求一種不失民族傳統特色而又具現代性的藝術特色，嘗試用最新科技質材傳達中國傳統哲理的精髓。

　　孫宇立在這方面算是有了起步，以西式邏輯和建築中的精準平穩去詮釋中國古老哲思，在勉勵他在傳承傳統文化的精神上繼續努力外，亦慶賀他這次參展的成功！

原載《雄獅美術》第242期，頁194-195，1991.4，台北：雄獅美術月刊社

大化初開
——談陳槐容「海與石頭」系列

　　陳槐容是個室內設計師，但他也是個熱心推介藝術，並且擁有創作熱誠的藝術家。多年前我在偶然的機會下認識陳槐容，他是朱銘的好友，在創作的觀念和啓發上得助於朱銘相當多。當時他在台北市松江路擁有一個相當寬敞的辦公室，除了一部分作爲自己室內設計業務之用，其他絕大的空間則闢成一個展覽場，專門展示朱銘的作品，這在當時是一個很難得的做法。後來他邀我爲這個地方重新設計，取名爲「藝鄉」，便把這個自由適性的空間提供給喜愛藝術的朋友作爲研究創作理念、演講及聯誼的地方。爾後雖然因爲種種原因而不得不結束這種定期性的文藝聚會，卻已顯現出他爲藝文推展不吝付出的深心。

　　不過，也因爲這段時間腦力激盪的營養滋補，他避居到新竹山上一段相當長的時間，嘗試陶瓷的創作、運用各種媒材來活化雕塑的形式，並興起開闢雕塑公園的願心。可惜好事多磨。因爲路權問題難以解決而被迫擱置，自此他便移居台北大直，全心投入雕塑創作。多年來，陳槐容一直像一位勤墾的園丁，孜孜不懈的在藝術的領域中埋頭探索。他用一份永遠不竭的精力和無所爲而爲的心，專心追求不拘形式的造型純度；而且室內設計的專業素養讓他無後顧之憂的進出創作中，使他的作品能擺脫時下藝術商品化的習氣，而呈現出一種自然磊落的風格特色。

　　陳槐容的作品有一種大巧若拙的況味，簡約的造型，柔和圓轉的線條，給人一種涵容蘊藉的美感。本來初涉抽象創作的人在造型上都難脫主觀的限制而失之於奇特造作，陳槐容早期的作品即經歷這種風格上的陣痛，但他是個用功的藝術家，在創作數量驚人的作品的同時，也敢於嘗試，並勤於請教。他所涉獵的創作媒材相當廣，從木、石到保麗龍應有盡有，這樣一個頗富創作頭腦的人，當智慧的觸角經過一再的試探，邁進雙腳就爲自己開出了一片豐富清明的天空，在作品上就呈現出一種大化初開、璞質曠實的美感韻味。

　　觀看陳槐容的作品，有些在柔和中帶著豐厚的彈性，有些則在粗獷中涵容質實的神采，從每一件創作中，都可以看出藝術家率眞不羈的天性。他蝕刻在作品上粗糙舒放的肌理，融會對自然的禮讚與觀照。其實，一切藝術創作的本源應是自然之美，但是眞正能體會自然化育的奧妙美質，並進一步表現這種深層的生命風華的人卻也不多，陳槐容在這上面所下的苦功和心力，的確令人讚許。

　　石頭是大自然無私造化下的精品，它經過風雨的蝕刻，日月的華光而呈現出一種與生俱來、純樸坦率的美。陳槐容雖不是玩石之人，但他的作品也有這樣的特質，它們雖然是人爲的，但外表已被解構，去掉稜角崢嶸的部份成爲極其簡化的形，作品的面相已然回歸成渾沌大塊的一部分，煥發出內在蘊積的生命活力。我一直認爲「石文化」是傳統美學中

最能圓融中國人生活智慧及宇宙觀的東西，因爲中國人不但從石中以小見大，更擺脫我執的限制，穿透石頭質感、量感的心眼而參悟到自然界最深奧玄妙的抽象之美。陳槐容現階段的作品已展現出澄淨可喜的風貌，如果能再把賞石的高遠意境融入創作的意念中，作品的風格將會更臻於完美。

原載《藝術家》第193期，頁346-347，1991.6，台北：藝術家雜誌社

薪傳（楊奉琛）

　　長子奉琛成長的這一段時間，正是我精力最充沛、工作量也最大的一段日子，我在家中窯泥、繪圖、設計景觀造型，豐實而繁忙的藝術工作充實了我的生活，也爲我的家構築起一份濃濃的藝術氛圍。奉琛從小在這樣的環境中耳濡目染，在潛移默化中由懵懂而瞭解而喜愛，進而全心投入成爲一個藝術工作者，自然而然的就成爲他創作生涯的發展歷程。

　　在藝術的領域中，技術傳承很簡單，但觀念的承續就難有長久的堅持。我從事雕塑與景觀設計造型藝術數十年，一直秉持著爲工作而工作的態度，希望以傳統純樸的自然美學觀念，爲社會大環境生活境界的提升略盡綿力。雖然四、五十年代的台灣經濟並不發達，在藝術的推展上難

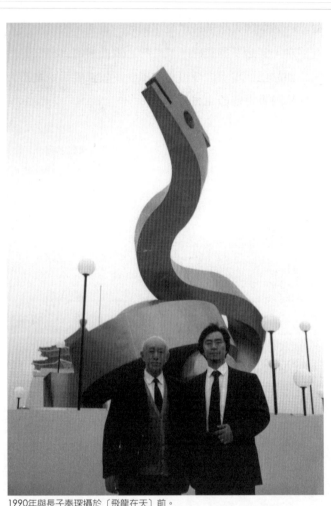

1990年與長子奉琛攝於〔飛龍在天〕前。

有長足的進境，但只要有熱心人士願爲環境藝術進行規劃，我必然全力支持共襄其事；而今，奉琛不但承接了我的理想繼續努力，更以他年輕的熱情執著的投入景觀雕塑藝術的行列中。

　　當然，我們父子彼此的歷練背景有很大的差異，我生長在一個動盪不安的年代，承受許多尖銳的變化與衝擊，而訓練了作爲一個藝術工作者應變的彈性與耐力。奉琛則在安定的環境裡成長，因此在創作上自有其不同的條件和發展空間，尤其，奉琛光電技巧運用得很好，我在一九七八年將雷射藝術引進國內後奉琛是第一個學習的人，因爲他接觸得早又熱衷的投入，累積了許多經驗，去年〔飛龍在天〕大型景觀雕塑，我們共同研究，並在很

短的時間內設計出特殊的光電雷射效果，使這隻不銹鋼巨龍在夜間煥發出炫麗色彩，令人嘆為觀止。

　　景觀雕塑是一門必須結合眾力完成的藝術，尤其因為它所涵容的範圍很廣，各類門專業人士的協力合作就變成景觀藝術的精神核心，我一直認為西方以自我為標地的創作態度過於狹隘，能以「大我」為主導、各司其職、各盡其力才是中國「有容乃大」的互惠表現。長久以來我對於任何景觀工程無不盡心盡力，不但獲得工作伙伴不計辛苦全新配合的默契，更得到委製者完全的信任與支持。奉琛他不但有服務「大我」的精神，更有一股藝術家拼勁和傻氣，尤其在承接藝術工程時，他不但能廣納不同的資源和機會，更常以推廣藝術、提升生活環境境界為前提而不計成本的投入，這樣的抱負理想和寬大為人的本性的確令人讚許。

　　今天我之所以有自己的一些成就，得助於許多朋友的關懷和支持。奉琛是一個年輕的藝術家，有適當的鼓勵和發揮的機會才能讓他在創作的土壤裡茁壯得更從容。在他為景觀雕塑的推展盡心盡力的同時，期望更多伯樂能伸出協助的手，共創我們未來美好的生活空間。

原載《楊奉琛工作集I》頁1，1991.7.22，台北：楊奉琛景觀雕塑工作室

戲曲春秋
──談周義雄的「南管樂舞」系列

以抒情寫意的樂舞爲特徵的中國戲曲藝術，可以說是一種融合語言、詩、歌、舞蹈表演於一體以表達深刻思想內容的民族藝術，它綜合諸美、昇華生活、再現眞情的美學形式，凝煉出屬於中華民族特有的精神美質。周義雄此次以「南管樂舞」系列作爲現階段創作的呈現，展現了他對作品內涵與形式深層探究的意匠與用心。

周義雄很早以前就從我學習雕塑的創作，他在泥塑的研究上投注許多的心力，是一個十分用功的藝術家，而且他涉獵的範圍相當廣闊，在雕塑的領域之外，他又深研古文、宋詞，國學底子相當好，也因爲他這份對中國文藝的瞭然，多年前我就鼓勵他從北魏雲岡石刻入手，深入研究中國造型藝術的精妙表現，體會自漢至唐恢宏巨麗的民族風範。大

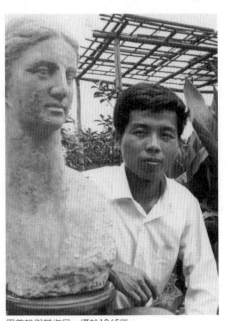

周義雄與其作品，攝於1965年。

陸的幾番行腳，周義雄凝匯出他的所研、所觀、所感，以此結合近年來對閩台南管戲文舞姿的研究心得，形成他「南管樂舞」系列雕塑的特色。

周義雄的作品很能掌握戲曲人物曼妙婀娜，纖美窈窕的身段動作、細膩柔潤的寫實風格，刻劃出舞雩中衣帶飄飄、寓露於藏、藏中透露的神韻風采。其實戲曲樂舞之所以能煥發出強烈的民族色彩，不僅在於它凝煉的生活內涵，更在於它是中國詩美、聲樂美、舞蹈美、繪畫美……和諧完整的化身，它所展現的思想、藝術、生活、美，正是中國人民族性格的深層兌現。

戲曲藝術是中國歷史發展的產物，它經歷時代的遞變及社會大環境的刺激而產生必然性的融匯及改變。中國具有氣勢雄偉的自然山川，浩浩江水、無垠漠野，培育出中國人廓然大肚的恢宏氣度。尤其，由漢至唐中國封建社會的政治文化都獲得了高度的發展，造就出一個豐富燦爛的藝術世界，在百戲雜陳的熱鬧氛圍中，戲劇美如交響樂般反映了時代的精神魂魄，自然、壯美、明豁、雄健的美學風格成爲時代的代言者。十三世紀，國民生計江河日下，抗金失敗，朝廷南渡，戲劇家以深長的嘆息傾吐時代的積鬱，但他們仍以宏偉深刻的戲曲藝術，積極健康的著眼於社會的改造，面向著未來世界。然在社會歷史的大背景之下，北藝南遷，不同的風土人情依據、相異的藝術傳統積累和南北審美口味的界域，

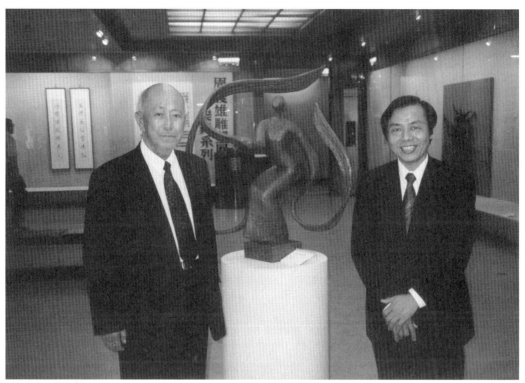

1994年與周義雄合攝。

形成了不同於以往的藝術格局，因此今天我們欣賞南管樂舞，不應只著眼於現代的風格樣式，而應以更廣闊的文化視野來賦予它時代的生命。

具有象徵性、富於想像力是中國戲劇的重要象徵，戲曲人物以舉手投足間的象徵示意來顯現人物的內涵與生命，這種由內在煥發出來的高度雕塑美的確令人讚嘆感動。在中國，唐代戲劇意涵的空靈豪放一直是中國戲劇的典範，現今尚能保存這種特質而加以表現的可算日本的能劇，雖然亦已不復唐代的風采，但細細觀察能劇演員的舞台動作，便不難體會出屬於中國的那一份超脫高遠的藝術內蘊──已擺脫形下的限制而達到無我的形而上的境界。現今不管是大陸或台灣的戲曲藝術。在本質上都已難覓大唐的氣度。周義雄多年來致力於漢魏石雕、南朝金銅佛及三唐彩塑的研究，欲以結合南管舞樂，為雕塑的形式內容探索出新的蹊徑，他的努力讓人讚許，如果能以現在的成績、進而由日本能劇的表達方式上究中國最深層的藝術內蘊，相信在他不斷的創造嘗試中，必能為作品的面相開拓出更為完滿的風采。

原載《藝術家》第195期，頁364-365，1991.8，台北：藝術家雜誌社

自然意象（陳田稻）

　　宇宙自然，化生萬物，在動靜的生長消滅中，不斷的創新種種形式的可能性，為紛呈的萬象擘畫出動人心弦的外在和諧。中國人常說：「宇宙即吾心，吾心即宇宙，心包太虛，量周沙界。」其實自然之大，無物無非景觀，透過性靈的心眼去觀照，才能使自然內蘊外包的不息生命具有更深一層的精神意義。攝影師以亮察的視野，將物像於自然中所創現的空間和流動的韻致透過鏡頭來表現，咫尺萬里的氣概，氤氳出一份人與自然相濡互動的心境，情景交融中再現自然浩瀚無袠、奧妙萬端的眞性。

原載　陳田稻著《陳田稻攝影作品集》1991.9，台北：台灣英文雜誌社有限公司

楊英風談朱銘

　　朱銘來找我之前，很多人告訴他：「你沒有學院背景，他不會收你當學生的。」但他很懇切，帶著太太一起來，告訴我已準備了幾年的生活費，要拋開工作專心來學，朱銘可說是我教過印象最深、最滿意的學生。

　　當初他一度想放棄木雕，跟我學捏塑，我告訴他：「你的刀法不錯，就是用錯了，用純藝術的觀念來表現會很好。」他沒有西方雕塑觀念先入為主的影響，教起來反而順暢，七年學藝，他由工藝走向追求境界與刀法，散發極大的潛力與轉變。

　　台灣的藝術家當中，朱銘是近年最能穩定累積國際聲望的雕塑家。最早從三義的工藝木刻開始，朱銘跳出學徒與師傅的命定進程，跨入藝術創作的範疇。但他也不以鄉土生命氣息的層次為滿足，以木雕下手的朱銘敢於接受陶土、青銅與不銹鋼的挑戰，作品的量體與質感隨著技巧的成熟而增長，空間的照應也因思考的週全而完整。

　　朱銘的作品屢屢攻進海外重要展場，從日本、新加坡、香港、韓國、美國、英國、法國到西班牙，他將西方世界對中國雕塑的普遍認知從佛像與獅獸帶進現代領域，卻讓他們體會了其中造型與精神的中國質素。

　　在今年八月大型鑄銅〔太極〕系列結束倫敦泰晤士河畔「皇家南岸藝術中心」的展覽之後，他轉往法國敦克爾克藝術館安置運動系列〔降落傘〕的展覽，最近回到台北在漢雅軒的展覽也回歸木刻。同樣的〔太極〕在戶外以銅塑呈現時是一種凝聚於天地之間的恆常

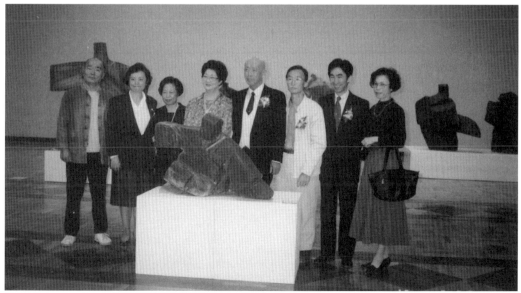

1991年楊英風（右四）參觀朱銘（右三）展覽時合影。

動勢，而小尺度的木刻則隱含著一股內斂的文士修為。

朱銘雕塑的處理風格傾向化繁為簡的手法，因此在作品上不見得有標準太極姿勢，卻以身影的瞬間凍結捕捉神韻，而他刀斧的鑿痕也成了特出的筆觸，凸顯了下刀的流利。

原載《蘭陽》第60期，頁74-75，1991.10，台北：台北市宜蘭縣同鄉會蘭陽雜誌社

訪楊英風：林淵 台灣生活文化的代表

「林淵，他是台灣的一塊寶！從他身上，我們可以對中國文化的脈絡了解更清楚，因為中國的文化即是生活化的文化，而林淵是個典型的代表。」

我之所以強調林淵的中國文化性特質，一方面是深刻感受到現代社會已受西方教育的污染太多，而這一代的中國人對自己優良文化，儒雅的中國氣質關心太少，甚至一點一滴都被埋沒，這是很可惜也很可怕的。

林淵所呈現出來的典型中國文化特質，可以從他生長於傳統農家，保有著中國農家子弟純樸、勤勞、刻苦、樂天知命的悠閒生活觀得到印證，他小時沒受過多少教育，卻在喜歡聽戲、看戲及鄉下人押韻的生活諺語中領受生活風采，而自成一格人生觀。他很「博」，我想，如果他多受一些教育，不走上藝術創作路線，很可能會成為一位文學家。而林淵很自然的將他的生活經驗表現在他喜好的雕刻上，所雕的作品，就是屬於與大自然融合的寫意感覺。作品中，你無法用西方美學比例來衡量，卻有一股雋永而清新的氣勢，讓觀者自然而感受到饒富趣味的意念境界，這種種蹟象，完全與中國藝術所強調自然與生活融合的寫意境界不謀而合。

他在黃炳松議員的公園工作時，自詡是位「長工」而十分勤奮工作，關於他專注於工作的精神，是相當值得大家學習的。

為了保存、延續林淵這位素人藝術家創作特色，我當時提出了「保護他，就不要刻意捧他，不要干擾他」的建議，當時有個洪通的借鏡，我深深擔憂林淵的發展，是否會因過多世俗的渲染而有所失真，因此，即使是他問了我許多專業雕刻的意見，我仍謹慎得用暗示態度說明我的看法，希望完全由他自己發揮，儘量不去影響他。

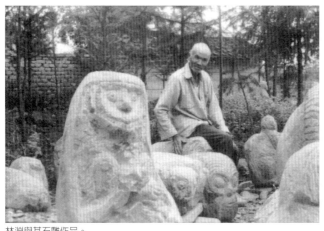

林淵與其石雕作品。

林淵的真情至性，率真得令人難忘，而他的各項藝術表現就是他所有生活、想法的一面鏡子，除了牛耳公園的三千多件作品外，目前在他家裡仍有許多作品散置著，而這些可以說是林淵一切最合適的見證，很希望有心人能在當地設個美術館，將這些作品完整保存下來，不要散失掉，一方面是對這位素人藝術家

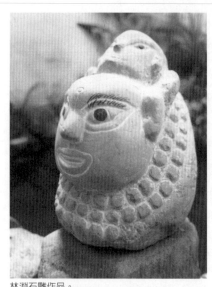

林淵石雕作品。

的一份尊敬、懷念，另一方面，這也是展現魚池鄉文化特色最佳的代言。

從林淵的省思，我深深感受素人藝術保存的不易，最重要的，除了社會對保護定義的正確認同外，家人的配合，也是關鍵。這些素人藝術都是十分珍貴的寶藏，保存得當，將是歷史研究工作上最好的材料，那麼像林淵、洪通，雖然是個名字，藉著有心保存，他們的精神將影響、帶動我們的文化氣質更為深遠了！

原載《藝術貴族》第23期，頁104，1991.11，台北：藝術貴族雜誌社

從中國生態美學看米羅的夢幻世界

一、前言

　　任何文化的成就，都是由環境造就而來，是環境創造文化，不是人創造文化。自然環境與人造環境，經過長時期孕積、演變，成就出世界各地不同特質的文化景觀：文化在生活中展現，藝術則表現生活境界。自然環境、人造景觀和生活文化相互影響依存，綿延展現宇宙造化圓融和諧的生命。

　　東方歷史文化孕育自農耕生活型態，七千年的人類文化，循時序、配合自然的變化生息，生命因此綿延存續。浩瀚江河、層巒山岳、無垠漠野，祖先們生活其間，對大自然由敬畏而順服而和諧，謙卑的明瞭「人」只是宇宙的一部分，「大人者，以天萬物爲一體者也。」中國人「天人合一」精神的傳承，至王陽明的推演文化意涵更豐富。

　　魏晉南北朝時代佛教興盛於中國，安定人們徬徨無助的心，提昇精神文明，使生活境界臻於高峰，爲中國歷史上最燦爛輝煌的文化生活奠定基礎，終以造成豐足圓融的漢唐盛世。天地不語，生養萬物亦葬眾生，像是無怨無悔的母親。佛家重視自然生態，保護生靈、照顧生命、利益眾生，是佛教對生命的態度，亦即中國生態美學的宗旨，生活境界的展現，由對人生的觀察體驗發展出「天人合一」的生活境界與圓融和諧的生命智慧。

　　萬物靜觀皆自得，透過發掘物與物之間的互動和潛能，米羅將事物重新轉換組合，傳達其即興、幽默、天眞的夢幻世界。其取材自大自然、順應並表現自然的創作方式，正與中國人「天人合一」的思想相契合。適逢米羅作品系列展覽的機緣，和各位探討米羅創作生命的泉源，東方美學圓融淨化的生活態度、中國生態美學慈悲護生的生命開悟，三者之間相通相契的微妙關係。

二、米羅的童年、成長、轉變

　　米羅是一八九三年四月生於巴塞隆納舊市區的中心。米羅的童年時光大部份是在科紐德拉與從事獸醫工作的外祖父共度。秀拉那是科紐德拉的鄰莊，也是米羅初識山川之美，並影響他日後畫風甚巨的地方。

　　一九一〇年米羅從商工職校畢業後，受父親安排從事出納的工作，一九一一年因病到蒙特羅伊的農場靜養，米羅在農場每天觀察山峰和田裡的植物，一邊寫生自然的種種姿態，一邊使健康逐漸康復，由此堅定了他當畫家的決心。

　　一九一二年米羅回到巴塞隆納，進入加利藝術學院，該校的特色在於對抗遲鈍的官方式藝校訓練，並能迅速回應當代的各項前衛藝術運動。該校主持人加利是一個對新藝術動

向很敏感的藝術家，在巴塞隆納的文藝中頗負盛名。他開啓了米羅雕塑的天賦，訓練其渾厚的表現技巧，對米羅的藝術生命有著不可忽略的影響。

　　一九一五年米羅結束加利藝術學院的訓練，在巴塞隆納和巴黎，米羅陸續認識畫商達茂、結交畢卡索、海明威、米勒等人，經過野獸派、達達主義，成爲現代主義的最後一位開山祖師。米羅基金會於一九七一年五月正式在巴塞隆納設立，讓西班牙愛好藝術的青年能擁有一良好的學習環境，達成米羅提攜後進的心願。米羅的藝術生命對後世有著廣泛的影響，位於西班牙巴塞隆納的米羅美術館，隨時都陳列著琳瑯滿目關於米羅的作品，令人嘆爲觀止。

三、米羅與歷史因緣中的東方和西方

　　西班牙文化比之西歐各國，帶有一些東方色彩，同時也融合了一小部份的非洲文化，這由西班牙的歷史可以證明。

　　一九四二年，西班牙政府資助哥倫布橫渡大西洋，發現美洲新大陸。並在中南美洲建立殖民地，拓展了西班牙的海外貿易，使大量金銀流入西班牙，造成十五到十八世紀西班牙經濟和藝術的黃金時代。哥倫布原來的目的地是中國，因爲十三世紀時，義大利旅行家馬可波羅曾到中國遊歷，回國後寫成「馬可波羅遊記」，書中對中國豐盛的財富有詳盡的描寫，引起歐洲人對中國的興趣和嚮往，之後歐洲人往外發展時，總希望能到中國。

　　十五到十八世紀中國的主要貿易國是葡萄牙、西班牙和荷蘭。十六世紀正值文藝復興時期，十六、十七世紀歐洲重商主義盛行。中國在此時開始普遍用銀作貨幣，對銀的需要大增，但中國銀礦產量有限，供不應求。美洲銀多而價低、中國銀少而價高，但物產豐富，許多中國商船經由廣東、福建將商品運往菲律賓，把貨物賣給西班牙人，西班牙商船便以菲律賓爲媒介，購買中國的絲綢、茶和商品，中國則買進白銀。

　　乾坤不設藩籬，只要溝通有方，人類可自在遊歷貿易。根據李約瑟博士的研究，希臘字SER來自中國的絲，中國的絲綢在服飾和文化方面對於歐洲的影響，散見於希臘羅馬時代的傳說和史料。米羅生平特別仰慕東方文化，並直覺認爲東方文化對於西方有深遠的影響，史實同時證明這影響開始的很早。

　　東西方由於自然環境不同，文化型態亦有差別，但是就廣大的空間，就整個地球來看，東方和西方、自然和人類之間，一直有著相互影響的循環關係，西方經由貿易體會中國美好的生活內涵，擴展了東方文化和藝術的影響。

偉大的藝術通常根植於鄉土特有的風格裡，米羅亦不例外。西班牙的語言、民風及景觀深深融入他的思想中，使其創作靈感源源不絕。中國文物經由貿易輸進西班牙，中國文化沉潛無邊圓融豐富的藝術境界，跨越時間空間至近代更深深影響著西方的藝術。

四、米羅與中國圓融淨化的自然觀

自文藝復興至十九世紀中期，西洋藝術受東方藝術的影響，起了很大的變化，探討各民族的原創力，嘗試以各種不同的現代藝術型式來表現發揮。

米羅的創作追求詩意，旨在表現自然本身的概念，他用二十世紀成人的理智，像原始人或孩子一樣描繪自然。對米羅這位藝術家園丁而言，自然其實指的就是地球上所有的現實情況。他從未失落與大自然本身的呼應，每一根線條和筆觸都只是表達自然形象的宇宙，輕快活潑的表現大自然的韻律、領域和精神。大地的景物投影於內心世界，經過夢幻意境重新思索、轉換組合，米羅讓我們明瞭天堂就在我們周遭的生活環境裡。

近年來，中國道家回歸自然與天地萬物為一體的思想，佛教淡泊的精神境界，中國文字的造型和藝術的審美觀，正不可遏止的影響西方藝術形上領域的探索與運用。然而西方藝術家大體還是承襲著奔放熱情、具象寫實的傳統精神。米羅許多關於人物的作品，仍偏重以表現人體美的方式，傳達其豐富激烈的感情。

東方文化中所蘊含的生活自然觀，與充滿競爭、征伐的西方文明有很大的不同。中國人把自然環境看成一個有機的生命體，尊重愛護它，產生「宇宙即吾心，吾心即宇宙，心包太虛，量周沙界」的天人合一思想。天人合一是中國哲學的基本精神，它所追求的是人與人，人與自然的和諧統一關係。祖先們注意到人必須符合自然界的規律，要求人的活動規律與自然的活動規律相應，易經說的：「天地之大德曰生」「贊天地之化育」都是肯定生命，要求人順應自然規律積極的有所作為。中國生態美學最動人處即這積極的生活態度，生命境界。

近年台灣經濟富裕、傳播事業開放、自由思想發達，在藝術的表現上更多彩多姿：如洪通、林淵、吳李玉哥等素人藝術家，都是源自中國文化系統，反映傳統道德觀和豐富圓融的生活境界，展現中國民間生活的藝術。

中國人所謂「正德利用厚生」的「利用」意指盡物之性、順物之情，儘量和天地萬物協調共存，而不是征服。這與西方一心祇想征服自然、控制自然、改造自然的態度截然不同。西方式的戡天役物發展到極端的結果，破壞了自然中原有的平衡和和諧，由現代走到

後現代的過程中，西方人正主動追求東方傳統理念再闡釋。我們更應在經濟富裕之餘，將中國悠久的藝術文化去蕪存菁，創造具有現代性的中國藝術文化。

五、中國生態美學與未來展望

儒家思想以天人合一爲中心，注重宇宙秩序的平衡安定，「親親而仁民，仁民而愛物」，以仁愛之心厚生養民。道家法自然，順萬物之本性運行，追求與世無爭、恬適安詳的生命情調。佛家重視自然生態、保護生靈、照顧生命、利益眾生，以「淨土」意涵萬物生存環境的理想。

佛家說：「一切唯心造。」「心淨國土淨。」眾生清淨，大地清淨，則莊嚴無污染的世界就是人間淨土。這種關愛眾生，萬物平等，追求和諧圓融的生命態度，發之於藝術創作，便是直覺觀照、心驗體悟、安頓精神、表現道德內涵，進而與日常生活合一，擴展美的形式，「外師造化，中得心源，取之左右逢其源」，調和精神和物質，平衡抽象和寫實，藉有限的藝術表達無限的境界。佛教重視形上精神境界的探索，昇華爲藝術空靈寧靜的「禪」境。對於二十世紀西方藝術創作的衝擊和啓發，可由一九四九年德國畫家蓋格（R.Geirger）首創「禪49」（zen49）以禪的藝術精神創造可見一般。

西方科技文明富足了人類的物質需求，卻犧牲了生態環境的均衡。唯有大地常新，生命永不停息，文化藝術的存養蘊藉，才得以綿延存續。眞正要救我們的生存環境，唯有從人心救起，關懷眾生，予萬物一個自然生存發展的空間，才能常保自然、樸實、圓融、健康的生活環境，使生命順暢舒適的運行。

希望我們在對米羅的藝術欣賞、讚嘆之餘，更能從華夏精神和固有的藝術思想出發，以中國幾千年來豐富的藝術文化爲基礎，讓二十世紀的時代精義與歷史會流，創新具世界性的中國現代藝術。使中國的藝術文化在國際舞台上有新的存在價值和適當的表現。

1991.12.1於台中台灣省立美術館之演講稿

更上層樓（鄭春雄）

　　藝術從生活與文化中昇華而來，是人類對生命真善美的理想與永恆所作的探索。造型藝術中以雕塑起源最早、成就最大、與人們的生活最密切。雕塑藝術經由造型語言和觀者溝通並融入人類的生活，對觀賞者具有潛移默化的深遠影響。

　　鄭春雄是我在國立藝專美術科雕塑組任教期間第一屆的學生。他有一雙勤勞的手和堅忍不拔的性格，使他執著於藝術工作四十餘年，成績斐然。他對造型藝術的取材和風格勇於嘗試且多變化，對當前國際流行的雕塑語言很用心研究，其雕塑作品之技法觀念頗能把握現今國際間流行的趨勢，惟關乎中國本土文化的表達比較不明顯。中國文化有非常博大精深的內涵，尤其祖先的生活哲理和造型藝術如果深入研究，當可發現更寬廣的題材、獲得更大的啓發。

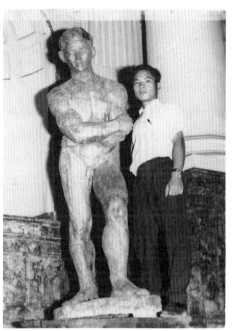

鄭春雄與其作品，攝於1965年。

　　鄭春雄一心追求屬於自己的創作風格，他的努力和成果是大家有目共睹的。雕塑作品除了重視創造個人的風格、時代的潮流外，更不可忽略傳統文化的根脈，兼顧創新與民族文化本具的精神，汲取新的科技知識和材料，融入中國藝術文化更深的哲理與更高的意境，則雕塑創作將可推展出妙得自然的藝術領域。我欣見鄭春雄今日青出於藍，更期待他能百尺竿頭更進一步。

1992.8.18文稿

評審感言（第一屆台中市露天雕塑大展）

近幾年來，國內美術活動隨著經濟的成長日益受到政府與民間的重視與推廣，畫廊、藝術中心如雨後春筍般陸續成立，政府並且設立專門單位計劃性地籌備舉辦藝文活動，對社會文化生活的提升不遺餘力。台中市立文化中心以「倡導文化建設，推展雕塑藝術，提升生活環境藝術化，鼓勵創作人才」為宗旨，舉辦「第一屆台中市露天雕塑大展」，不僅樹立獨特的風格，對本土性的美術教育具有積極的鼓勵與貢獻。

這次應徵參展的作品共三十三件，作品的創作題裁大多偏向人體和生活性的寫實，雕塑技巧的運用，也以民國以來盛行的西方雕塑特質表達為重。整體而言，如能在西化與現代化的衝擊中，多研究充實傳統文化的精神內涵，涵溶自我的內觀省思和外觀宇宙達於物我交融的境界，則藝術創作將更能「外師造化、中得心源」，神遇而跡化。

以下僅以本屆得獎之前三名作品為例，分別就其特色說明之。得到金牌的陳尚平，他的作品〔在快樂之島〕，型塑小孩子在野外遊玩，是平實的表達，寫實而易懂，稚子天真爛漫快樂嬉戲的情景，引人追憶懷想童年時期在大自然中生活的經驗，溫馨且富趣味性。

得到銀牌的李正富，他的作品〔在和平之城〕，型塑兩隻和平鴿相擁而成溫柔的雲，稚子安祥舒適地俯臥其上，彷彿在母親溫暖的懷抱中休息，表達小孩子需要在和平安祥的環境中成長，思想內涵頗有意境。台座如果能配以一般方塊的簡樸造型，顯示平穩的視覺感受，則主題當可更集中，整體造型也更有力量。

得到銅牌的王忠龍，他的作品〔風格的誕生〕塑造的技巧頗具功力，體裁是思考創作的過程，用脫衣的造型表達思想的蛻變，創作上力求突破的嶄新風格，是一位難得的新秀。唯仍屬人體寫實的作品，思想內涵較西式。西方的文化基礎以人為本，偏重個人主義。中國文化的思想是「天人合一」，人歸屬於大宇宙中的小自然，一切要向大自然的長處學習，而此欣賞學習的基礎在於生活體會，進而由大自然的規律法則學習生活的美學，使萬物和諧平衡的發展，生機無盡、希望無窮。中國文化的內涵較寬廣，具有更大的思想空間可發揮運用。

作為一個雕塑藝術家，唯有深入瞭解中國博大優秀的造形藝術精華，進而廣收四海之長，賦予作品中國現代化的內涵，才有別於西方的雕塑，也才能提升中國人文的特色，更唯有這種特色才能領導全人類的未來。

近日因評審之便，有幸先睹其應徵參展作品，因綜述觀感，以為畫冊之序。

原載《第一屆台中市露天雕塑大展專輯》頁5，1993.3，台中：台中市立文化中心

回返本初（盧月鉛）

皮革和人類文明的起源與發展生息攸
關。太初之民將動物毛皮披在身上，扮演
狩獵經驗，教育下一代如何溫飽、如何生
活，歲時日久皮革遂隨文明的增進而演變
成娛樂、雕刻等的媒材。以皮革製成的工
藝品，廣泛地被運用於生活中，唯仍停留
於工藝層面，能將之提昇至藝術層面者幾
希！

盧月鉛，潛心研究皮革藝術迄今二十
餘年，致力以繪畫、雕刻等各種不同的技

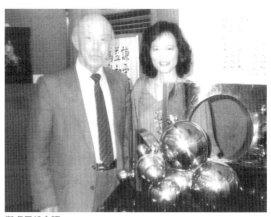
與盧月鉛合照。

法，表達皮革藝術多彩的風貌。其努力的成果非常豐富，在國內外舉行幾次展覽，都獲得
各方的肯定與讚賞。她能不斷嘗試研究新的媒材與表現方式，將皮革由實用的工藝品提昇
至藝術層面，不僅樹立獨特風格，對皮革藝術的開展更具積極意義。

盧月鉛的皮藝創作題裁和造型，大多偏向景物和生活性的寫實。其技巧的表達，也以
鮮麗活潑的用色為重。整體而言，有根據的寫實題裁已掌握得很好，若能漸轉為半抽象，
甚至進而以抽象為主，則應有更大的空間可以發揮運用。思想上，如能多充實傳統文化的
精神內涵，涵容自我的內觀省思和外觀宇宙達於物我交融的境界，則藝術創作將更能「外
師造化，中得心源」，超以象外，神遇而跡化。此外，可深入探討皮革單純的材質特性，
嘗試以皮革樸素自然的本質作刻畫處理，當更能使皮雕藝術開啓更脫俗的藝術境界。

作為一個現代中國的藝術家，應更深入瞭解傳統文化博大優秀的內涵，賦予作品現代
中國文化的特色，才能提昇藝術的境界。

近日藉展覽之便欣賞盧月鉛的皮藝創作，於其作品結集成冊之際，邀拙見為文，因綜
述觀感，爰以為畫冊之序。

原載　盧月鉛著《盧月鉛皮藝專輯》頁1-2，1993.5.11，台北

光明的希望

——論「二二八紀念碑」的前瞻性

　　二二八事件對台灣近代史影響深遠。由戒嚴到解嚴，以至一九九二年二月李總統登輝先生出席「二二八紀念音樂會」並慰問受難者家屬，近期且由政府籌組「二二八建碑委員會」專司籌建二二八紀念碑，台灣近代史中由禁忌邁向開朗光明的新紀元。

紀念碑的要件

　　「二二八紀念碑」競圖的結果，評審小組票選表決者與建碑委員會核定公佈的結果略有出入。也因此引起社會上關心注意。在此我僅就「二二八紀念碑」在台灣近代與造型藝術轉型期所內涵前瞻性略作說明。

　　好的紀念碑除了紀念歷史悲劇，造型單純、明朗、主題明確外，且應以中國文化為基礎，並具有現代化與前瞻性的創意表達。中國文化的特性在於高超的生活境界，以祥和和啓發性為重，相異於西方文化的特色之一是隨機應變，因應天災（如：洪水）人禍（如：戰征）。在不安定的社會和自然環境中，仍能以慈悲的思想襟懷，運用智慧作適當的改變與應對。在建築方面的表達則是空間處理的活潑性，充份運用材料的特性和變化，並與自然界採取平衡順適的手法。中國歷史上魏晉時期簡樸、高超空靈的生活和藝術表現是最好的典範。只是清季以來文化藝術大都以西化為導向，忽略了先民寶貴豐厚的文化資產。

　　我參加「二二八紀念碑」競圖評審時，在兩百多件參選的作品中，發現王爲河的作品風格超脫、不落俗套，引起我多加注意。他用兩條弧線包圍而成台灣的外形，曲面的處理方法簡要。本土性意涵頗深，技巧上純度亦高。格狀綠色的玻璃架構而成山谷空間，造型單純明朗，人在其間仰望蒼穹，悼念逝者，念天地之悠悠，覺人類之渺小，體宇宙自然之無私，愛與寬容之情油然心生，更明白光明的未來才是最須要努力的目標。下雨時，雨水沿玻璃牆面順流向下，產生哭泣的聯想。王爲河活用曲面的處理，充份發揮材料的特性，構化空間的活潑性。作品主題清楚、造型材質統一，藉玻璃的透明度用在氣候環境的變化中產生高境界的多種聯想與變化。在紀念碑特殊涵意上，他的作品充份表達樸質、單純、大方、宏觀、明朗的意境，更與魏晉南北朝時期的藝術精神相合，極具中國文化現代化的意涵。如能將此件作品落實爲景觀藝術可使周圍環境具示範性改變的引導。參選作品中，雖然有很好的作品，但仍以此作最爲單純有力，具超脫性的設計品味。

王爲河的作品呈現出光明的意涵

　　四十多年來，因政治型態的特殊與矛盾產生許多禁忌，今日籌建「二二八紀念碑」是

很好的轉變，特別值得珍惜發揮，藉此將過去的陰暗轉向光明，由禁忌引向透明化，對整個過去的昏亂產生有效的整理方向，對整合社會的轉變極具引導與代表的意義，以「二二八」為命題出發的改變，對台灣的環境和藝文的整理，都是一個值得珍惜把握的機會。評審委員中美學的專業人士有四位，其餘四位的專業在美學之外。當評審票選表決的結果第一名是王為河的作品時，我們對台灣藝術文化的未來和光明充滿了樂觀的期待，未料隔天建碑委員會公佈的結果，使我們感到很意外也很擔憂。建碑委員會和評審小組有不同的意見，應提供一個協調溝通的機會再作公佈，才不致顯得如此不尊重專業，甚至給人輕率的印象。

鄭自財等人的作品雖可安慰受難者的心靈，但作品造型複雜，是目前混亂環境的再現，缺乏光明的未來，徒讓現存的人再回想悲劇的歷史，其後果唯有悲傷與哀痛的一再提醒與紀念，對未來光明的前瞻性可說沒有。安慰受難者的心靈雖然重要，但是整個台灣藝術文化光明的未來也是很須要積極努力的。

王為河很年輕，是台灣本土文化培養出的新生代，他以「二二八」為命題表現的紀念碑型式，在國際上屬創意很高的佳作，將引起世界性的注意，對本土文化的現代化也有正面的啟發。中國造型藝術單純、明朗、樸實不重虛華，高雅空靈的空間變化，王為河的作品都有很好的應用表達，對於繁忙的現代化生活正可以運用此單純簡鍊而涵意深遠的造型藝術和環境美學來平衡混亂繁忙的生活。

王為河和鄭自財等人的作品在造型、涵意和前瞻性上都有明顯的不同，本人僅站在美學和關心中國文化發展的立場上，提出基本的想法，供建碑委員會和社會關心此事件的人士作為參考。

原載《建築師》第223期，頁78-79，1993.7.1，台北：中華民國建築師公會全國聯合會雜誌社

另名〈論二二八紀念碑的前瞻性〉載於《二二八紀念碑設計作品專輯》1994.2，台北：二二八建碑委員會

石話舊因緣（新莊雅石會）

　　淨靜空靈的宇宙空間，由於磁場與能量的衝擊，星河雲系像生命的呼吸一樣，經由不斷爆炸爆縮的演化，形成星球、太空、石、石塊、瓦礫甚至塵土，展現宇宙妙化變幻無窮的造型，記載歷史演進的痕跡。明李時珍本草綱目中云：「石者，氣之核，土之骨也。大則爲言巖，細則爲沙塵。」先民的生活以農業爲主，生命的延續依靠土地的滋養，人死復歸於土，化作春泥再現生機。石頭是生命最初的元素，泥塑，即是塑造生命。石頭是最鄉土化、民俗化、本土化，解讀石頭的型與內涵，就是解讀宇宙間無數歷史與生命變化的故事。

　　石頭的型是生命演化的歷史，也是生命造就的環境、生命成長過程的代言。東西方因自然環境和氣候的差異，石頭的品質也有不同。大致說來，東方石頭色彩較雅純、含蓄、圖案沉定。西方石頭色彩較鮮麗，圖案較明朗。石頭的內涵同時代表了東西方民族文化的特質。台灣地處大陸板塊與菲律賓板塊交接，氣候寒暖具足，物產資源豐富，石頭的紋理和質地變化無窮，實爲「寶島」地理環境和歷史演進的最佳見證。

　　中國人玩賞雅石的歷史由來已久，從「舜之居於深山之中，與大石居之」崇尚自然簡樸，到米元章獨創賞石「瘦、皺、透、秀」精闢圓融的見解，具現中國人崇尚自然、「天人合一」的生活智慧。中國人喜愛自然，將石頭引置於庭園案牘，尺寸千里，由小見大，體會宇宙造化的變替與無限，將有形的具象感官提昇爲抽象形上的深觀演化，連綿回首千年、遠瞻未來、跨越時空的豁達宏觀。

　　玩賞石頭貴在眞實、天然，取石之神勝於取石之形。如此，方能從一顆石頭觀看一個純樸坦率、超然物外的世界。中國人欣賞石頭，就等於在欣賞大自然，從瞭解一個石頭出發，體會天地間隱含的能量，培養介立宇宙浩然的正氣，是復興中華文化最經濟、最根本的教育入門之道。台灣賞石文化自民國三十六年林岳宗先生隨政府來台，致力推動傳揚，風氣日盛。近年社會安和樂利，年輕一輩玩賞雅石者越來越多，收藏的內容和欣賞的角度也有很好的體會進展，這對清紀以來西方文化爲主導的發展情勢，具有特殊的意義。因爲玩賞雅石是最能代表中華文化精神內涵的風氣，可使人們在潛移默化中，發展現代中國特有的民族風格，進而將「天人合一」的宏觀思想在國際間發揚光大。

　　林岳宗源創「新莊雅石會」，他窮畢生之力探索學習大自然的生命之美，推廣發揚中國文化。今「新莊雅石會」成立已悠忽十載，林岳宗先生遽爾病逝半年有餘，精魂不遠，倘能寄石再生，當欣見今之成效。茲爰引數語，以爲紀念，是爲序。

原載　《新莊雅石會選集》頁7，1993.10.25，台北：新莊雅石會

撫今追昔話石雕（林聰惠）

　　中國雕刻史，可上溯至舊石器時代山頂洞人以石片打磨的器物，也是最早的石雕藝術。以後石雕作品代有興替，各具特色。如：石虎、石獅、絲路沿途岩洞壁畫與巨大的石雕佛像等。石雕作品以其厚實的量感、不怕風吹雨淋日曬的特性，存留千百年，是人類珍貴的文化遺產，在中國的雕刻史上佔有重要地位。

　　石頭的長樣其實是歷史演變和區域文化的表現。藝術工作者取天然的石頭爲雕塑材料，運用技巧融和石頭簡單樸實的氣魄與區域特色，轉化創作者個人的藝術境界與文化涵養，由石材的原形決定雕刻的形態，盡量減少人工雕琢，使宇宙大化的自然之美和人類的感情智慧相融相入，石雕作品可說是中國「天人合一」哲思的具體表現。

　　林聰惠君由其熟稔的舞蹈（體育）出發，更深入體會藝術之美，且選擇石雕爲專心研究的目標。選擇台灣石材最豐富的花蓮居住，在東台灣自然環境宏偉壯麗氣氛中從事藝術創作，潛移默化更有助於石雕工作。堅毅的天性和後天不斷努力使他克服藝術工作者諸多現實生活的困難和辛苦，成爲一位雕刻家。只要秉持過去堅苦奮鬥的精神，將來的成就必然可期。此次階段性地整理近年作品舉辦個展，展覽內容以生活情趣爲主題，分親情、音樂、舞蹈、體育四系列，作品風格具現個人涵養與堅毅性情。難得的是林君以純中國文化的精神爲創作指標，運用產地的石材表達當地人文特性和感情，用心瞭解體會各種石材特性，深觀各地自然環境、氣候、人文歷史之演變，把握石材大巧若拙、質樸、曠實、天然、沉穩之面貌，盡量保留宇宙的自然之美，這是中國藝術「法自然」的要領，循此方向繼續努力，將可闢出屬於中國現代特色的創作風格，在藝壇開闢一個新的領域。

　　中國有很好的造型藝術，立體雕塑發展的歷程多采且變化豐富，中國藝術的特質爲「法自然」、「外師造化，中得心源」。「形似」只是臨摩學習的過程，重要的是作者文化涵養與審美意識的再表現，材料和造型（形態）的境界特質要統一，作品方能展現宏偉氣勢，並啓發觀者無限的想像空間。換言之，中國藝術重神韻、重「意」的表現，其境界遠超越現實物質形貌的羈絆，變化無窮。西方藝術則偏重描繪眞實對象細部輪廓線條，追求和眞實物體的表面酷似。這是東西方藝術文化根本不同之處。雕刻文化的基本精神亦由此延伸，甚至生活美學、環境藝術的整理發展，也是以這獨特的精神爲基礎。

　　林君今日的成就已然不易，以中國文化精髓爲發展方向也很好。今後爲更上層樓應多體會中國立體藝術文化的精髓，及生活美學的應用融合，多觀察區域性社會風俗和人民的生活習慣，融匯文化哲思，轉換爲具象、半抽象以至抽象的石雕作品，表達於立體藝術。應用雕刻藝術增減損益的精神延伸至生活美學，以智慧巧思調合增減生活的環境和步調，

可創造更美好舒適的生活，創造眞善美的生命境界。我個人研究幾十年的經驗，認爲魏晉時期文藝美術：單純、樸實、健康、自然、無我的精神，是傳統文化中境界最空靈超越的時期，我運用於藝術創作已數十年，希望林君多體會其中精義，將更能深入開啓石雕藝術獨特意趣，表現人類和大自然的依存與觀照。

　　林君第一次個展在即，輯錄作品精華專冊付梓，英風爰引數語，勉林君繼往開來，建立中國現代石雕藝術之特質，並以爲序，率爾草就，尚祁博雅君子教正。

1994.1.1文稿

植基民間之賞石文化（黃忠勝）

　　浩瀚宇宙，由最先的爆炸開始，形成無數星系，規律運轉於淨靜空虛的蒼穹空間。

　　由於磁場與能力量衝擊，星群在宇宙間不斷爆炸爆縮，有如生命的呼吸現象。太陽系中的地球，也歷經四十六億年才孕育生物，地殼形成之初，隕石遺落地表，再經氣候、環境、熱度，幾番分離、凝固，石頭的型與氣韻記載了生命與歷史的演進。從瞭解一個石頭出發，由小見大，體認宇宙造化，善養天地浩然正氣，體會「天人合一」的生命哲理，更尊重自然、維護萬物演進平衡循環的規律法則。總之，玩賞雅石是復興中華文化最經濟、最根本的入門之道。

　　台灣在十九世紀末，經貿發達，民生裕足之餘，人們追尋精神文明更熾盛，各種藝術活動燦然，而本乎自然，源自固有文化之賞石活動，由林岳宗與地方縉紳等之率先倡行，而今已成全民之基層文化活動，聞全省已有七十個賞石社團，每年石展達百場，英風亦受邀前往台北縣、高雄、花蓮等地作數場專題演講與各地石友相識，欣幸中國之賞石文化已厚植在民間，弘揚於亞洲及世界各地亞裔家庭中，對賞石人士熱愛鄉土，厚植文化之精神，令人感佩！

　　在濟濟多士中，生長於花蓮之黃忠勝君，賞石多年，留意人文，以面對歷史、宏觀大環境，撰寫首部以大中國之賞石大觀，深廣豐富，寫下賞石內涵，精闢入裡，樂為之作序，以期賞石文化之更臻佳境。

1994.9為黃忠勝書《中國賞石大觀》寫序

昔人已遠　德慧常存（宣化上人）

　　宣化上人，東北黑龍江人，幼年出家，釋名度輪，中國大陸解放前至香港，客居香港多年，后忽得一夢：佛陀示其前往美洲大陸，預告其弘法因緣道場在彼處。遂攜簡陋行囊微薄旅費隻身赴美，初履異國萬緒茫然，暫居於舊金山黑人區，創金山寺。時正值中國紅衛兵鼎盛，舊金山「嬉皮」源起，風行全世界。初始「嬉皮」之起，因於青少年對成人言行之頹廢不滿，又聽聞東方有衛德兼備之神仙，居於世外桃源，乃離家浪跡各國尋求，周行世界仍不得仙跡，失望而返，遇上人，受其德感召忽悟仙人即在舊金山，自此停駐上人左右，學習佛法儀軌甚至剃髮為僧尼，信眾日增。

　　二十多年前，攝影家劉濟生夫婦由移民地哥斯大黎加至美遇上人，為其服務護法。我因劉兄引見，得殊勝因緣拜會上人，並受託規劃萬佛城與其中之藝術學院，時正為我皮膚痼疾發病初始。其間三年，多次往返客居萬佛城，常聽上人講經說法、與僧團禪坐共修，祥和平寧的宗教氛圍常令我忘卻病苦，身心得安穩。見上人與美籍僧眾糲食布衣、過午不食、經行苦修，美籍僧眾且中文流利、言行溫文舒緩，頗具中國古文人氣質，加以聽聞上人講述平生經歷，感佩讚嘆之餘，更於籌擘萬佛城與藝術學院的工作中，見識真實的社會層面，一介藝術儒生，本不善籌集資金，雖多方奔走，仍未能使藝術學院之規模臻於理想，然其間學習所得，終生受用，這仍要感謝與上人這一段殊勝因緣。

　　近日，友人輾轉來告，得上人圓寂消息，倏爾徬惶茫然，驚一代高僧竟早涅槃，嘆紅塵眾生福薄，再無緣得上人教化！想前景因緣，上人由隻身赴美，於治安惡劣的黑人區始創寺院，至德感化美籍嬉皮為謙雅僧尼，擴建萬佛城與大學，培養更多的美籍僧眾，漸爾信眾日夥，以至遍佈全球，此與大多數法師居於華人區弘揚佛法，大相逕庭，成就亦不可同日而語！

　　更難能可貴者，上人旅居美洲大陸，心懸台灣社會大眾與政局穩定，以瘦弱之身不辭長途奔波，多次回台舉辦大型息災護國法會，嘉惠台灣百姓良多。今忽爾辭世，英風追憶昔人德惠，本擬詳述感懷，然俗務碌碌紛繁，匆匆率爾草就數語，誌殊勝因緣並爰以為紀念。

原載《宣化老和尚追思紀念專集 第一冊》頁194-195，1995.8.28，美國加州：法界佛教總會

序（吉田球子）

　　吉田球子女士與我本舊識，三年前，她因籌劃朱銘個展來訪，此後往來聯繫更頻繁，對她做事認眞努力與高效率成果也有更多了解。

　　近年，日本藝壇漸呈整理東方現代藝術傾向，吉田球子女士爲此輩新秀。她費時三年積極推動朱銘之雕刻藝術，奔波溝通協調聯繫企業家、美術館等各界人士，終於近日在箱根美術館展出，開幕時我應邀參加，親臨盛況感受各方熱烈反應。同時彰顯吉田球子女士居間聯繫、整理與推展以至成功的軌跡。

　　近代美術史，以個人創作爲主流，於國際美術現代化之推動蔚爲風潮，但思惟上仍有許多難以突破的瓶頸，藝術家本身也不斷地深觀、反省、批判。廿一世紀美學價値觀應如何發展？如何調整轉換？我之管見：美學乃純精神活動，唯精神文化內涵方可充實營養之。西方物質性的機械文明發展出高精密科技貢獻很大，但東方文化本具而被遺忘的精神境界，更應是美學價値觀重新定位的動力來源。今天，東方藝術極須熱心有效率如吉田球子女士者，整理推動介紹給全世界人類，並共同尋找美學價値觀的新定位。

　　時値吉田球子女士成組公司並輯錄專刊，本人應邀爰引數語，誌往來因緣，更伸其對東方藝術熱心推動與成就，是以爲序。

1995.9.11文稿

《1995高雄國際雕塑創作研究營》專文

　　「型」本身是生命最基本的語言，自然萬物的「型」說明了當地的氣候環境；城市建築空間表現地區民族的文化內涵；雕塑造型傳達雕塑家的思想感情，替雕塑家「講話」、雄辯和觀眾溝通，運用人類精神體對「型」的基本反應，體會作者的語言、內涵。同時具有思想性和藝術性，兼具「潛移默化」的作用，使觀眾欣賞感受聯想，產生好的影響和善的啟發，能將這樣的語言表現清楚，並與週圍環境協調，就是好的雕塑。近代資訊快速發展已縮短人與人、國與國的距離，地球好似一個村落，不同國籍的人，可用好的雕塑在任何地區談他的語言，和當地的雕塑家及觀眾作國際文化交流。這次高雄市立美術館的國際雕塑營就是最佳例證。

　　這回國際雕塑營選出的作品都能恰當地和當地環境結合，以有限的經費、簡要的辦法，短短時間內很快達成活動目標，展現這次活動的成功。工作人員廢寢忘食辛苦籌備功不可沒；更借鑑上回舉辦相同活動的經驗，變化國際性雕塑營作家需於當地客居一個月的慣例，因應現代忙碌的生活步調改為客居兩週，迅速瞭解當地環境文化即著手創作，這是

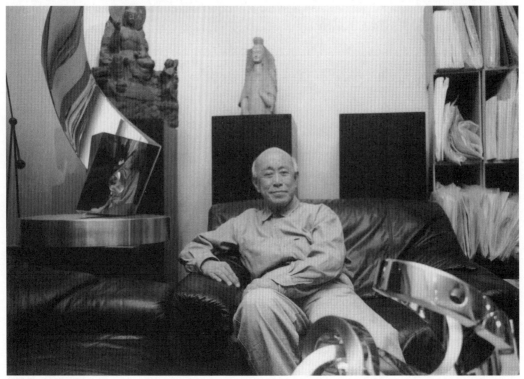

楊英風，1995年攝。

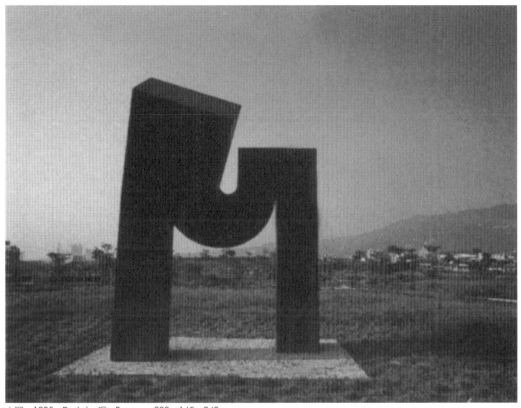

大門　1995　Portal　銅　Bronze　203×145×243cm

智慧的表現。加以由各國延聘之評審，未經私議，對佳作評鑑的眼光相同，無形中更縮短作業時間，統一入選作品語言風格，充分顯示評審群專業的國際水平，與高美館之籌幄得宜。選出的五位雕塑家及作品都很優秀，達成短期間運用機會達到國際交流的目的。

　　入選的五件作品放在高雄市立美術館旁的小丘上，猶如開國際會議，一方面表達他們個人想法、國家文化特色，且五件作品整體和諧地好像本就生長在那個區域。每件作品造型簡鍊有力、健康自然、單純樸實、觀照精神性、關心生態美學與整體人類的生活文化，又似乎互相檢討，反應並期待未來發展，所表達的雕塑語言都很單純清楚，感覺上好像一個融匯地新文化正在成長。概敘如下：

作品〔大門〕，克利門特・米德摩

　　美國國勢強盛，科技文明發達，國民有自信。作品〔門〕的造型規律，上方反轉變化結合寫實與浪漫，其構成表現自由、不呆板。雕塑的造型語言呈現其國家文化、生活、信心與天真想法。和其他四件作品相容共處於小丘上，充分表現自我同時作文化交流。

作品〔你正在和兩隻動物打交道〕，尼克勞斯・伯托斯

　　看起來造型中低者昏昏欲睡，高者仰頭張望、保護低者。整體造型內涵陰陽，高者為強者、在外工作者、保護低弱、關照在家生活者。和諧的雕塑語言轉換傳達作者內心的思

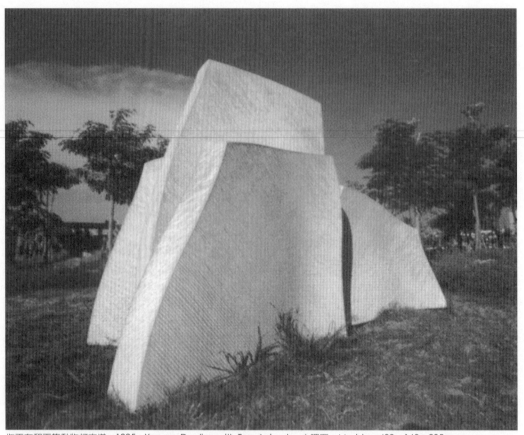

你正在和兩隻動物打交道　1995　You are Dealing with Two Animals　大理石　Marble　430×160×235cm

想感情。雖是選用厚重的大理石材，但線條柔軟、感性，也頗具西方游牧民族文化特性（造型讓人聯想到羊群牛群）同時象徵個體和群體，呈現厚重、感性但不囉嗦的表態。姿態方面，一個安詳，一個高揚，陰陽的個性不言可喻。雕塑語言傳達自然、安詳、慈悲、溫柔、健康（量感）、安定平和，反映其內心思想健康，讓觀於此情境氛圍享受中，相映聯想本身過去美好經驗與生命，啓發善性和諧的生命氣質。

作品〔邂逅〕，枸蘭・瞿帕雅

　　共產國家生活艱苦，他們更感覺需要互相依靠。造型中棒狀部分表現堅強，好像兩個不同性者偶遇邂逅正親切地握手招呼，互相照顧和平共存，雕塑語言表現共產社會的辛勞與人際間感情關懷。選用厚重的石材，穩定地表現其文化現實的問題，具地區民俗特色。

作品〔和善的回報〕，薩璨如

　　這件單純而大的大理石作品，傳達柔軟、喜悅、輕飄、隨風翻轉的感受。使人聯想到浪潮，表現細緻的情感、自然、和善，把中國女性謙卑溫柔典雅的內涵特性，於白大理石雕琢的簡單造型中舒緩地伸張展現。

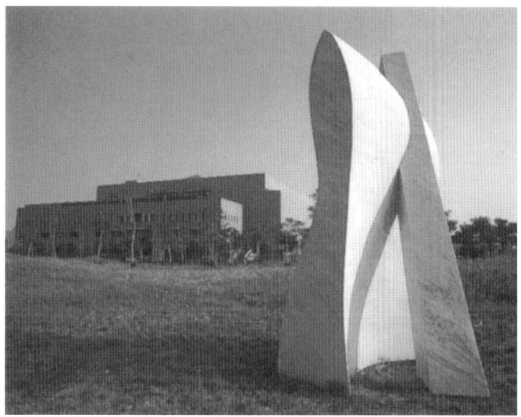

邂逅　1995　The Encounter　白色大理石　White Marble　140×180×300cm

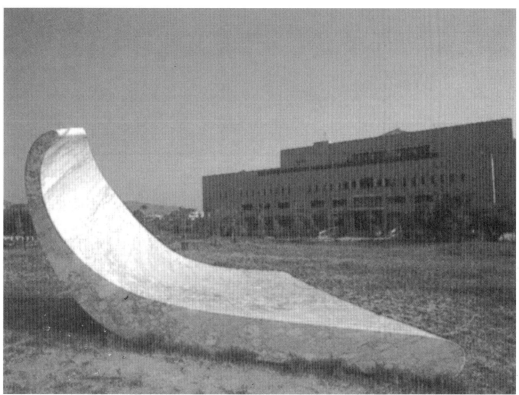

和善的回報　1995　A Gentle Return　白色大理石　White Marble　400×210×200cm

作品〔生命跡象—成長之二〕，許禮憲

　　中國人「型」語言是在宇宙自然中觀察得來，此作品即是一例，其造型描繪大自然植物的芽正在成長，沉靜中有變化，以紅花崗石材，表現中國人對自然生態的觀察體會與讚美，表現中國人的生命力。整體造型恰到好處、簡潔單純有力地展現其健康思想。

　　人類生活與空間環境需要視覺的美好調節，尤其城市生活繁忙緊張，更需要好的雕塑配合著建築與環境創造出調節美的環境與空間，使精神體獲得陶冶提昇而平衡安定。現代人生活步調緊張繁忙、精神負擔很重，雕塑語言更需具鼓勵性、關懷、單純、活潑、慈悲，這是現代雕塑必然的發展方向。使觀者受其影響心受感動、不虛偽，引導觀者反省而不是批判，以鼓勵、樸實、單純、健康、關懷、安詳的境界氣質，表現於造型語言，感化提升健康的感情。上述作品的共同語言是：簡單、有力、健康、造型語言清晰，並各自表現其文化特色，異中有同同中有異，所以放在一起很協調。正充分符應了現代雕塑的特質與需要，也是這次國際雕塑營成功之處。惟美中不足者，是製作經費過於簡少，讓優秀藝術家做這麼大的體恤犧牲，實難以彰顯慎重禮聘之心意！

　　值高雄市立美術館國際雕塑營活動完成，輯冊付梓前夕，因參與評審之便，率爾草就略書管見，以為之序，供大家參議。

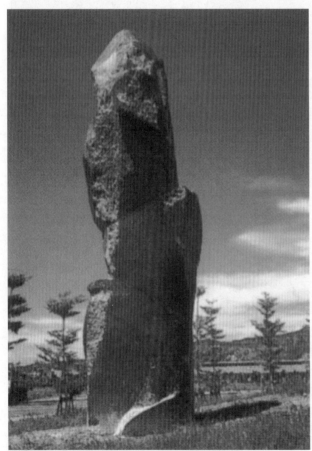

生命跡象—成長之二　1995　Phenomenon of Life-Growth II
花崗石　Grinte　90×140×535cm

原載《1995高雄國際雕塑創作研究營》頁22-

25，1996.1，高雄：高雄市立美術館

衣錦還鄉（楊英鏢）

英鏢小我六歲，秉性開朗、善良，四歲隨父母去東北。他八歲時，我到北平，再度歡聚，直到我讀大學。他一直喜愛繪畫，進取、好問，深刻的藝術體驗昇華我倆契入靈性交往，感情與時諧增，更勝幼年。光復後，我回台，他留在父母身邊，哪知山河阻隔，一別即三十三載！在日本闊別重逢才知，他時切懸念，並保藏了我在北平時代十年的全部日記本，在文革期間這是何等不易！

我在東京美術學校唸建築，他後來選擇上海同濟大學建築系，跟我走同樣的路。近年，多次東京會晤，我告訴他許多中國藝術哲理，他一貫認

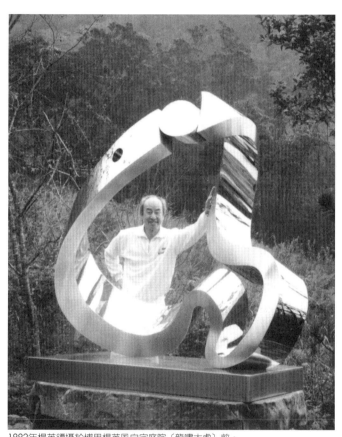

1992年楊英鏢攝於埔里楊英風自宅庭院〔龍嘯太虛〕前。

真聽取，共同盡力推展中國藝術的現代化，我們樂觀地相信：中國藝壇的前景是光明的。

今天他在日本已獲盛名，畫風嶄新，也受到國際重視。他的聲樂家夫人一直全力支持英鏢，他的繪畫受其影響，充滿了樂音情感與奔向希望的生命力。

今，英鏢因回鄉機緣，舉辦個展，敦請專家惠賜指正。

原載《「畫業四十餘年楊英鏢教授回鄉首次個展」展覽邀請卡》1996.6.25，台北：楊英風美術館

國家圖書館出版品預行編目資料

楊英風全集・第十三卷・文集 = YuYu Yang
corpus. volume 13,article / 蕭瓊瑞主編.
——初版.——台北市：藝術家. 2007.12
面 19×26 公分
ISBN 978-986-7034-75-5（軟精裝）

907   96023889

楊英風全集
YUYU YANG CORPUS 第十三卷

發　行　人／張俊彥、何政廣
指　　　導／行政院文化建設委員會
策　　　劃／國立交通大學
執　　　行／國立交通大學楊英風藝術研究中心
　　　　　　財團法人楊英風藝術教育基金會
諮詢委員會／召　集　人：張俊彥、吳重雨
　　　　　　副召集人：蔡文祥、楊維邦、劉美君（按筆劃順序）
　　　　　　委　　　員：林保堯、施仁忠、祖慰、陳一平、張恬君、葉李華、
　　　　　　　　　　　　劉紀蕙、劉育東、顏娟英、黎漢林、蕭瓊瑞（按筆劃順序）
執行編輯／總　策　劃：釋寬謙
　　　　　　策　　　劃：楊奉琛、王維妮
　　　　　　總　主　編：蕭瓊瑞
　　　　　　副　主　編：賴鈴如、黃瑋鈴、陳怡勳
　　　　　　分冊主編：賴鈴如、黃瑋鈴、吳慧敏、蔡珊珊、陳怡勳、潘美璟
　　　　　　美術指導：李振明、張俊哲
　　　　　　美術編輯：廖婉君、柯美麗

出　版　者／藝術家出版社
　　　　　　台北市重慶南路一段147號6樓
　　　　　　TEL:(02) 23886715　FAX:(02) 23317096
　　　　　　郵政劃撥：01044798／藝術家雜誌社帳戶

總　經　銷／時報文化出版企業股份有限公司
　　　　　　中和市連城路134巷16號
　　　　　　TEL:(02) 2306-6842

南部區域代理／台南市西門路一段223巷10弄26號
　　　　　　TEL:(06) 2617268　FAX:(06) 2637698

初　　　版／2008年4月
定　　　價／新台幣600元
ISBN　978-986-7034-75-5（第13卷：軟精裝）

法律顧問　蕭雄淋
行政院新聞局出版事業登記證局版台業字第1749號